中国期货业协会联合研究计划（第六期）研究报告集

中国期货业协会 编

中国期货业发展创新与风险管理研究 ④

China Futures Industry Development Innovation & Risk Management Research

中国财政经济出版社

图书在版编目（CIP）数据

中国期货业发展创新与风险管理研究：中国期货业协会联合研究计划（第六期）研究报告集/中国期货业协会编.—北京：中国财政经济出版社，2011.10

ISBN 978-7-5095-3149-5

Ⅰ.①中… Ⅱ.①中… Ⅲ.①期货市场-经济发展-研究-中国②期货市场-风险管理-研究-中国 Ⅳ.①F832.5

中国版本图书馆CIP数据核字（2011）第195554号

责任编辑：耿 伟　　责任校对：胡永立
封面设计：陈 瑶　　版式设计：兰 波

中国财政经济出版社出版
URL：http：//www.cfeph.cn
E-mail：cfeph@cfeph.cn

社址：北京市海淀区阜成路甲28号 邮政编码：100142
发行处电话：88190406 财经书店电话：64033436
北京中兴印刷有限公司印刷 各地新华书店经销
787×1092毫米 16开 21.75印张 485 000字
2011年10月第1版 2011年10月北京第1次印刷
定价：68.00元
ISBN 978-7-5095-3149-5/F·2668
（图书出现印装问题，本社负责调换）
本社质量投诉电话：010-88190744

编委会

中期协联合研究计划（第六期）
专家评审委员会成员

（按姓氏笔画排序）

马险峰　中国证监会研究中心处长

马龙龙　中国人民大学商学院贸易系主任、博士生导师

王永进　南开大学商学院副院长、博士生导师

冉　华　中国证监会期货一部副主任

冯　博　中国证监会期货二部副主任

曲立峰　大连商品交易所副理事长

刘　涛　中国期货业协会研究部主任

张宜生　中国期货业协会研究发展委员会主任

张　维　国家自然科学基金管理科学部主任、天津大学教授

贺　强　全国政协委员、中央财经大学金融学院教授

胡俞越　北京工商大学证券期货研究所所长

廖英敏　国务院发展研究中心市场经济研究所副所长

QIANYAN

前言

中国期货业协会会长　刘志超

经过20多年的探索实践，我国期货市场在完善商品市场定价机制、优化产业资源配置、为企业提供风险对冲工具方面已经取得了显著的成绩，期货市场服务国民经济发展的能力不断提升。但是由于我国期货市场发展时间仍然较短，期货市场的运行机制、交易制度、市场结构仍不十分完善，加上受现货产业市场化程度、企业及社会公众的认识不充分等客观因素的限制，我国期货市场功能发挥仍不充分，还难以满足国民经济稳定健康发展的需要，同时也面临着许多深层次的问题需要研究和解决。

与欧美等现代期货市场已经发展了160多年，市场体系和运行机制已经非常成熟的情况不同，我国期货市场无论是在市场发展环境，还是在运行机制、市场文化等方面都有很大的不同，都带有很强烈的“新兴加转轨”市场的特征。因此，我国期货市场的发展既要充分学习借鉴国外先进的理念、制度和经验，也要充分考虑中国国情，培育发展符合中国国情的期货市场。

不断加强期货市场的基础理论研究，积极探索适合我国国情的期货市场发展途径，努力解决市场发展中遇到的困难和问题，是促进期货市场稳步发展和有效发挥功能作用的重要保障。同时，也是在国内外经济和金融形势日益复杂的大背景下，引导社会各界更加客观、深入地了解和认识期货市场的功能作用，为期货市场健康发展创造更加有利舆论环境的重要手段。

回顾我国期货市场的历史，由于受思想认识、经济实力、人才资源等客观因素的限制，期货市场的研究工作，特别是基础性研究一直没有得到足够的重视。但是，近年来，随着我国期货市场的平稳快速发展和功能作用的日益显现，各个市场主体以及社会科研机构也都日益重视和加强了期货研究工作，并取得了一批有价值的研究成果。

中国期货业协会（简称中期协）作为全国性的期货行业自律组织，其重要职责之一就是要组织开展期货市场的研究，推动市场的创新发展。因此，中国期货业协会于 2003 年正式启动了“中期协联合研究计划”，并以此为依托，开展了多种形式、内容丰富的期货研究工作。“中期协联合研究计划”以促进期货市场的稳步发展为根本目标，旨在通过联合行业和社会力量，共同推动期货市场理论和实践研究工作。

为了提高研究成果的质量和实用价值，在开展研究工作时，我们坚持实用原则，有针对性地就期货市场基础理论、制度建设以及行业发展中需要解决的问题等开展系统的研究。自“中期协联合研究计划”实施以来，受到行业各方和社会研究机构的广泛关注，参与申报的单位达到了 200 多家，前六期项目形成课题成果 67 份。

本书正是第六期“中期协联合研究计划”研究成果的结晶，共包括 7 篇研究报告，其中公开招标课题 5 篇，特别委托课题 2 篇，内容涵盖期货市场功能发挥、期货公司创新发展及风险管理研究等方面。这些研究报告都是在各课题组研究人员的辛勤努力下，经过近一年的认真研究和严格的专家评审才呈现在读者面前的。同时，由于我们科研管理经验和行业研究水平所限，不足之处在所难免，敬请读者批评、斧正。在此，我也要对中期协专家评审委员会的各位专家、各课题组研究人员以及协会的工作人员致以衷心的感谢！

当前，我国期货市场正处于快速发展的新时期，新情况、新问题不断涌现，不断开展扎实系统的研究，深入分析问题产生的根源，努力探索市场发展的规律，使理论为期货市场的实践提供更为有力的支持，这是我国期货行业研究人员的责任和使命。中国期货业协会将切实履行责任，进一步加强对期货行业研究工作的支持力度和组织工作。我衷心地希望，在行业各方的努力下，在社会各界的关注和支持下，我国期货市场的研究工作将取得更丰硕的成果，为业内同仁提供更多的视角和启迪，为行业建设奉献更多、更具有建设性的建议，为期货市场创新发展提供更加有力的理论支持。

2011 年 8 月

MULU

目录

中期协联合研究计划（第六期）项目

期货市场在经济发展方式转变中的作用研究

课题负责单位：南开大学经济学院
课题合作单位：一德期货经纪有限公司
课题负责人：陈瑞华
课题组成员：段文斌　常志武　薛智胜　刘惠杰　黄治斌
温　剑　杨　昕

一、导　　言

在后危机时代，我国为应对国际经济形势的新变化，保持国内经济持续、健康、稳定发展，大力推进经济发展方式的转变，促进产业结构升级。经济发展方式的转变，不仅要求经济增长模式的转变和产业结构的升级，而且要求经济发展的可持续，避免经济增长的大起大落，实现“流线型”的稳定增长。当今发达国家无一例外地将金融工具作为保证经济可持续发展的推进器和有效保障，尤其运用成熟的期货市场来对冲经济波动产生的系统性风险。随着全球经济一体化和中国跃升为世界第二经济大国，我国更有必要进一步大力发展期货市场，有效利用期货投资工具，为国民经济和相关产业的又好又快发展保驾护航。

本课题以金融深化理论为逻辑起点，探讨期货市场作为虚拟经济和实体经济的纽带，如何对商品市场和金融市场产生积极作用，从期货市场的外部效应（风险规避）、内在机制（价格发现）、宏观经济政策导向（市场传导）、开放条件下的市场竞争（国际定价）等不同角度深入阐述期货市场的功能，并以此四项功能为核心，结合国际期货市场的发展和产业的风险内置需求，建立期货市场作用于经济发展的理论模型，揭示期货市场和实体经济共同发展的辩证关系。本课题还以历史和现实的维度，从正反两方面对中国经济可持续发展与期货市场发展的内在逻辑联系做出理论诠释和实证。

本课题从理论和实证两个不同角度，分析期货市场对经济可持续发展的作用。在理论层面，首先，从金融深化理论出发，结合期货市场的发展历程，阐释在不同经济发展阶段期货市场的功能发挥，揭示在制度变迁和金融深化过程中期货市场对经济发展的作用；其次，对经济发展方式转变和产业结构升级的内涵和外延做出界定，将期货市场的功能变量和经济发展的结果变量引入经济增长模型，揭示期货市场和经济发展两者之间内在逻辑联系。在实证层面，通过国内外不同期货市场（成熟市场和发展中市场）和经济发展的历史变迁和数据分析，对期货市场作用于经济发展的功能进行实证检验，并对未来作出预判。最后，本课题在理论和实证研究的基础上，对我国期货市场的进一步发展和经济发展方式转变提供对策建议。

在研究中，本课题分别运用金融深化理论、内生增长理论、制度变迁理论、静态和动态比较分析方法、规范分析和实证分析方法、计量经济学方法等理论和方法来对其中的相关论题作有针对性的深入分析。例如，运用金融深化理论框架，研究期货市场的相关变量与宏观经济发展之间的关系，探讨期货市场的相关经济指标对宏观经济指标的影响。运用内生增长理论模型，分析在具有风险规避功能的期货市场条件下经济增长路径和经济增长率的变化，将期货市场的功能内生于经济增长，研究期货市场对经济增长方式、经济增长率等指标的影响。运用时间序列、面板数据等多种数量统计方法，进行多元回归和假设检验，对分析结论进行验证。

关于发展期货市场与转变经济发展方式之间内在逻辑联系的研究文献，随着期货市场的发展和深化而层出不穷。由于本课题以金融深化理论为逻辑起点，因此只对金融深化理论诞生以来的理论文献作一综述。

麦金农（Mckinnon，1973）和肖（Shaw，1973）运用发展经济学的研究方法和视角对发展中国家的金融深化问题作了深入研究，提出金融深化理论，认为发展中国家应该取消金融抑制政策，通过恢复金融体系集聚金融资源的能力，达到金融深化的目的。后来经过金（King）、莱文（Levine）等人的完善，一般金融发展理论得以建立，研究得出所有国家金融发展的共性，建立起金融市场作用于实体经济的内生增长模型。

早在金融深化理论诞生之前，约翰逊（Johnson，1959）阐述了期货市场的套期保值功能和套利机会，施泰因（Stein，1961）分析了期货市场的价格发现功能，Working（1962）认为期货市场降低了交易成本，增加了流动性。在金融深化理论诞生之后，关于期货市场的研究开始更加关注于其市场功能的研究。Grossman（1977）、Brannen 和 Ulveling（1984）发现期货市场有良好的信息外部性，有利于实现套保和价格发现。Williams（1986）认为期货市场是一种隐性借贷市场，能够规避信用风险。Miller（1986）还论述了 20 世纪 70 年代至 90 年代金融创新中金融期货的作用。Hieronymus（1993）认为期货市场是最接近完全竞争的市场，具有确定投机价格、提供风险转移机制和建立公平的融资渠道等功能。

在研究方法上，经济学家们主要是用金融功能计量等不同的计量方法和不同的样本数据来分析和检验金融市场（包括期货市场）在经济增长中的作用，包括时间序列方法、工具变量方法，面板数据、行业数据和公司数据等。大量的理论和实证分析表明，在金融发展和经济增长之间存在着正的一阶关系。

遗憾的是，经济学家们或者单纯探讨期货市场套期保值、价格发现功能，或者笼统地解释期货市场与经济增长之间的关系，鲜见能够将两者结合起来，从不同的功能出发，设立相应变量关系，来探讨期货市场和经济增长之间的内在联系。

国内在这方面的研究成果也非常丰富。吴冲锋（1998）、常清（1999）、陈述云（2001）和华仁海（2002）分别对我国期货市场的功能作了实证研究，并提出了宏观经济研究的主要研究方向。姜洋（2005）认为期货市场还具有确立大宗商品定价权，加强和改善宏观调控等功能。田源（2005）指出期货市场不仅能在全球资源配置中发挥重要作用，而且还能化解价格波动风险，促进经济增长，维护国家利益。马文胜（2005）从宏观和微观角度阐述了期货市场的作用。曹和平（2005）认为期货市场产品的需求和供给价格弹性决定了期货市场能够成为宏观经济的稳定剂。此外，张灿（2004）、曾丽瑛（2005）、朱玉辰（2007）等人从不同角度对期货市场作用于经济增长、产业和企业发展进行了相应的研究。

国内的上述研究同样存在着“两分法”的缺陷。这些研究大多以理论阐述为主，未能采用有效的经济学方法予以更深层次的研究，未能有效地将期货市场与金融发展、经济发展的有关理论联系起来，分析期货市场在经济增长中的作用，更很少涉及期货市场在经济发展方式转变中的重要性。

本课题的研究意义主要体现在以下几个方面：

第一，从宏观角度分析期货市场的功能。分别从期货市场的外部效应（风险规避）、内在机制（价格发现）、宏观经济政策导向（市场传导）、开放条件下的市场竞争（国际定价）等角度，系统探讨期货市场对经济增长的作用，拓宽期货市场功能的外延，深化对期货市场发展的认识。

第二，以金融深化理论作为分析期货市场功能的逻辑起点。从金融深化角度来分析期货市场发展与经济发展的内在关系，避免了当前在期货市场功能研究和经济发展方式转变研究方面“各说各话”的尴尬局面，既是对金融深化理论发展的有益补充，又从理论层面为期货市场的功能发挥做出了解释。

第三，构建引入期货市场后的内生经济增长模型，在对期货市场发展和经济发展进行制度变迁分析的基础上，分析具有风险规避、价格发现、市场传导、国际定价等功能的期货市场对宏观经济变量的影响，为期货市场对经济发展的作用进行因果论证。

第四，从国际和中国的经验看，研究期货市场的发展对经济发展和宏观变量的影响，尤其是期货市场金融创新对经济发展的内在动力，为期货市场的功能发挥提供实践检验。

第五，为我国循序渐进地发展期货市场，转变经济发展方式提供政策建议。

二、经济发展方式转变与期货市场角色定位

"十二五"时期，是我国全面建设小康社会的关键时期，也是我国深化改革开放，加快转变经济发展方式的攻坚时期。深刻理解经济发展方式转变的内涵及要求，清楚认识期货市场在其中所应该承担的角色，对于我国期货市场的平稳、健康、持续发展，对于我国金融市场的不断深化、完善，对于我国经济发展方式的成功转变，都非常必要。邓小平同志曾讲过："金融很重要，是现代经济的核心。金融搞好了，一着棋活，全盘皆活。"① 在现代市场经济体系中，没有一个完善发达的期货市场，搞好金融就是一句空话，实现经济发展方式的根本转变更是无从谈起。从这个意义上讲，包括期货市场在内的金融市场的不断深化发展对我国成功实现经济发展方式转变的影响重大而深远。

（一）我国经济发展方式转变的内涵

自从党的十七大明确提出"转变经济发展方式"以来，国内理论界就不断深入探索研究"经济发展方式转变"的内涵。从研究成果上看，理论界普遍认为，经济发展方式转变的内涵比经济增长方式转变更加丰富，对实现全面建设小康社会奋斗目标的新要求更具有战略意义，是全面贯彻落实科学发展观的重要内容，并且其内涵随着国内外经济社会发展而不断延伸发展和完善。

总体而言，我国经济发展方式转变的基本内涵应该是，在经济发展的过程中，坚持以科学发展观为指导，紧紧围绕"以人为本"的核心理念，切实做到全面协调可持续发展、统筹城乡发展、区域发展、经济社会发展、人与自然和谐发展、国内发展和对外开放，使经济发展朝着有利于人和社会全面协调可持续发展的目标前进。

具体来看，我国经济发展方式转变的内涵至少应该包含"量"和"质"上的两层含义：在量上，要求我们转变经济增长方式，即经济增长要由粗放型向集约型、由外延增长向内涵增长转变，其关键是提高要素投入产出效率和全要素生产率；在质上，要求我们调整经济结构，缩小收入差距，提高人民消费水平及科技教育水平，改善生态环境，提高人民生存及生活的质量水平，其实质在于全面追求和实现经济社会更高的发展质量和整体协调。

（二）我国经济发展方式转变的具体要求

在党的十七大上，党中央将加快转变经济发展方式作为关系到国民经济全局紧迫而重大的战略任务，明确提出了要实现"促进经济增长由主要依靠投资、出口拉动向依

① 邓小平：《视察上海时的谈话》（1991年1月28日~2月18日），载《邓小平文选》第3卷，人民出版社1993年版，第366页。

靠消费、投资、出口协调拉动转变，由主要依靠第二产业带动向依靠第一、第二、第三产业协同带动转变，由主要依靠增加物质资源消耗向主要依靠科技进步、劳动者素质提高、管理创新转变”① 的要求。

党的十七大之后，党中央一直把转变经济发展方式放在十分重要的位置，多次就深入贯彻落实科学发展观，加快实现经济发展方式转变提出更加具体的要求。

在2007年年底的中央经济工作会议上，胡锦涛总书记明确提出，转变经济发展方式在工作中要突出把握好几个重大问题：“必须坚持创新驱动，为转变发展方式、推动产业结构优化升级提供有力和持久的技术支撑，加快从工业大国向工业强国转变的历史进程；必须坚持城乡统筹，形成城乡经济社会发展一体化的格局，努力实现城乡共同繁荣；必须坚持节约资源、保护环境，把推进现代化与建设生态文明有机统一起来，把建设资源节约型、环境友好型社会放在工业化、现代化发展战略的突出位置；必须坚持内外协调，统筹利用好国内国际两个市场、两种资源，努力促进我国发展和各国共同发展的良性互动；必须坚持以人为本，更加注重改善民生，切实实现好、维护好、发展好最广大人民的根本利益。”② 这“五个必须”是在新的历史条件下，贯彻落实科学发展观的重要保障，也是我国进行经济发展方式转变的内在要求。

2008年2月召开的党的十七届二中全会进一步要求，在转变经济发展方式过程中，要努力做到“速度质量效益相协调、消费投资出口相协调、人口资源环境相协调、改革发展稳定相协调。”③ 把“四个协调”放在一起突出强调，更加深刻地反映了转变经济发展方式的更高要求。

全球金融危机以来，针对国际国内不断出现的新形势，党中央对推动经济发展方式转变多次进行安排部署。

2010年2月，胡锦涛总书记在省部级主要领导干部深入贯彻落实科学发展观加快经济发展方式转变专题研讨班开班式上发表重要讲话，提出要加快推进经济结构调整，加快推进产业结构调整，加快推进自主创新，加快推进农业发展方式转变，加快推进生态文明建设，加快推进经济社会协调发展，加快发展文化产业，加快推进对外经济发展方式转变。这“八个加快”各有侧重，相互依存，互为补充，是党中央在后金融危机时代对我国实现经济发展方式转变要求的具体化和明确化。

2010年10月，在党的十七届五中全会上，党中央进一步明确指出，制定“十二五”规划，要“以科学发展为主题，以加快转变经济发展方式为主线，深化改革开放，保障和改善民生，巩固和扩大应对国际金融危机冲击成果，促进经济长期平稳较快发展和社会和谐稳定，为全面建成小康社会打下具有决定性意义的基础。”④ 由此来看，加

---

① 胡锦涛：《高举中国特色社会主义伟大旗帜 为夺取全面建设小康社会新胜利而奋斗——在中国共产党第十七次全国代表大会上的报告》，2007年10月15日。

② 胡锦涛：《在2007年中央经济工作会议上的讲话》，载《人民日报》，2007年12月6日第1版。

③ 《中国共产党第十七届中央委员会第二次全体会议公报》（2008年2月27日中国共产党第十七届中央委员会第二次全体会议通过）。

④ 《中共中央关于制定国民经济和社会发展第十二个五年规划的建议》（2010年10月18日中国共产党第十七届中央委员会第五次全体会议通过）。

快经济发展方式转变，已经成为我国“十二五”期间经济社会发展的一条明确主线。经济发展方式的成功转变对于我国在后金融危机时代实现国内和谐发展，稳步提升国际地位具有重大的战略意义。

（三）我国经济发展方式转变中期货市场的角色定位

对于我国期货市场而言，经济发展方式的转变是一次严峻挑战，更是一次难得的发展机遇。这就需要期货市场深刻认识把握我国经济发展方式转变的内涵及要求，及时认清自身的角色，找准定位，为促进我国经济发展方式转变发挥出积极的作用。简单来说，在我国经济发展方式转变过程中，期货市场要在以下两个方面发挥重要作用。

首先，期货市场要在“促发展”中承担重要角色。我国进行的经济发展方式转变，不是要转变不要发展，而是要以发展带转变，以转变推发展，在经济发展的过程中逐步实现经济结构调整、产业结构调整等一系列重大转变。在这个过程中，保持一定的发展速度是重要而且必要的。期货市场要充分发挥自身独特的功能，承担起促进我国经济又好又快发展的重要角色。

从微观的角度看，期货市场可以通过价格发现与风险规避两大基本功能辅助实现资源的优化配置，降低企业成本，间接提高社会生产效率，为市场经济条件下的经济发展奠定微观基础。从宏观的角度看，期货市场通过促进三次产业的发展，间接推动经济增长。在农业发展方面，期货市场可以引导相关产业的发展，保障相关产业的发展质量，促进农业生产现代化；在工业发展方面，企业可以通过期货市场转移风险，提前锁定利润，有利于企业的长期稳定发展，提高工业生产的整体发展水平；在服务业发展方面，期货市场提供了金融产品的交易平台，推动了现代金融市场的发展，有利于提高金融市场的竞争能力，直接促进金融业的快速发展。另外，期货产业本身作为高端服务业的一种，在带动信息、物流等一系列服务业快速发展的同时，自身的快速发展就有带动经济发展的直接作用。

其次，期货市场要在“促转变”中发挥重要作用。我国经济发展方式的转变，不但强调发展，更要强调转变。没有转变的发展是对原有发展道路的简单延续，其负面影响已经在我国的经济实践中逐步显现。所以，我国的经济发展方式一定要转变，而且要向着以科学发展观为指导的方向加快转变。但是，我国在现阶段面临着极其复杂的国内外环境这一现实决定了经济发展方式转变的过程中蕴含着极大的风险。如果没有合理有效的风险管理工具，实现经济发展方式的成功转变不容乐观。期货市场独特的风险管理能力注定其在促进经济发展方式转变过程中大有用武之地。

从企业发展的角度看，在经济发展方式的转变过程中，企业面临着很大的市场风险，需要被合理管理与化解。期货市场作为一个理想的风险管理工具，可以被企业利用来进行风险管理，提高市场化管理水平，营造一个相对平稳的发展环境，逐步实现转型升级。从产业发展的角度看，期货市场价格发现功能的发挥，可以引导相关产业发展方向，优化产业结构，避免产业盲目发展的风险。风险规避功能的发挥，可以克服产业链上下游价格波动带来的风险，增强产业发展稳定性。从国家发展的角度看，期货市场的风险管理能力更为重要。期货市场既能够对国家宏观调控政策的制定提供重要的信息参考，又能为国家实施宏观调控政策措施充当有力工具。在开放市场经济条件下，期货市场还要承担起保护国家经济安全的任务，在大宗商品定价和金融安全领域发挥重要作用，保证在我国经济发展方式转变的过程中国家的经济安全，化解外部负面影响冲击带来的风险。

三、期货市场服务经济发展的国际经验

随着世界经济发展和科技进步，在全球金融市场不断深化创新的背景下，国际期货市场经历了一个突飞猛进的发展过程。自诞生以来的150多年里，国际期货市场为世界经济发展和稳定发挥了至关重要的作用，得到广泛认可，其中的宝贵经验更值得我国学习和借鉴。

（一）金融深化背景下的国际期货市场发展演变

1. 农产品期货市场的产生与发展

农产品期货交易的思想可以向前追溯很久。在两千多年以前，为了确保收成，我国的稻米种植者在栽种之前就会和下游商家敲定收割后销售数量和价格。上述交易行为已经隐现期货市场的核心思想，但由于其交易没有组织，没有形成标准化合约和制度，因此还不能被称为完整意义上的期货交易。17世纪前后，随着商品经济的迅速发展，期货市场开始萌芽，荷兰发明并推出了期权交易。日本在1697年就有大米期货交易的记载。18世纪，英国利物浦的棉花交易商开始使用期货交易，茶叶期货和橡胶期货在当时也较为盛行。

现代意义上的期货交易是以1848年美国芝加哥期货交易所（CBOT）的建立为标志的。19世纪中期，优越的地理环境使得芝加哥成为美国最大的谷物集散地。由于农产品需求的持续性和供给的季节性之间的矛盾日益加剧，价格时常大起大落，众多的农场主、农产品贸易商和加工商产生强烈的避险需求，美国芝加哥期货交易所应运而生。标准化期货合约、履约保证金制度、涨跌停板制度、大户报告制度、交易清算制度等一系列期货交易制度相继形成。在芝加哥期货交易所获得成功的带动下，美国芝加哥商业交易所（CME）、堪萨斯期货交易所（KCBT）等一系列农产品交易所先后成立，期货交易方式逐步扩散到世界各地。

2. 工业化进程与金融深化催生金属能源期货

最早的金属期货交易产生于英国。一方面，作为工业革命的发源地和领头羊，十九世纪的英国成为世界经济史上首个“世界工厂”。一方面，英国对有色金属的巨大进口需求导致市场对远期交易需求的与日俱增；另一方面，英国发达的金融市场与金融深化创新能力为英国出现金属期货交易提供了技术支持。1876年12月，伦敦金属交易所（LME）正式成立，1877年1月，铜、锡等主要金属期货开始交易。美国的金属期货交

易晚于英国。1933 年，纽约商品交易所（COMEX）正式成立，交易品种涵盖黄金、白银、铜、铝等金属期货。

能源期货产生较晚。1973 年之前，国际油价长期处于平稳状态，能源期货无用武之地。1973 年及 1978 年的两次石油危机导致以石油为代表的能源价格出现大幅剧烈波动，加快了石油等能源期货的推出步伐。1974 年，纽约商业交易所（NYMEX）尝试推出燃油期货，1978 年又推出了取暖油期货。之后，1981 年伦敦国际石油交易所（IPE）成立推出柴油期货合约；1999 年东京商品交易所（TOCOM）推出汽油期货合约。

金属和能源加入期货市场后，期货交易开始向全世界蔓延，新的交易所在世界各地如雨后竹笋般兴起，极大地推动了现代期货市场的发展。同时，期货制度日趋完善，期货市场的性质、功能和运作方式等都得到质的飞跃。特别是以石油为代表的能源期货的出现和发展，不仅导致能源市场本身结构的改变，而且还推动了金融市场的繁荣。大量闲置的金融资本将投资热情转移到具有战略意义的石油上，以石油期货作为投资工具，在期货市场和现货市场从事大量的套利活动。

3. 金融期货的兴起与繁荣

作为金融深化的成果，金融期货的产生和发展是由金融市场的发展本身来决定的。金融期货的产生完全来自于金融市场的内在需求，这些需求因素主要有三个：一是布雷顿森林体系瓦解之后金融市场规避风险、锁定收益的需求；二是在金融市场不稳定的环境下，投资者为了防止自有资本惨遭吞噬而产生的提高金融资本流动性的需求；三是投资者逃避政府金融管制的需求。当然，金融期货市场的形成也是金融市场发展的结果，金融理论的发展和 IT 技术的进步是金融衍生工具产生的客观基础，而放松金融管制推动了新型金融工具的创新和新型金融服务的兴起。在此历史背景下，商品期货元素和金融市场得以结合，金融期货终于破茧而出。

金融期货是按照外汇期货—利率期货—股指期货的顺序产生和发展的。20 世纪 70 年代初，布雷顿森林体系崩溃，浮动汇率制正式取代固定汇率制，世界各国立刻面临着巨大的外汇风险规避需求。芝加哥商业交易所敏锐地察觉到这种需求，果断设立了国际货币市场分部（IMM），于 1972 年首次推出包括英镑、加元、日元等在内的 7 种外汇期货合约。也就在这一时期，严重的经济滞胀局面使得各国相继放松利率管制，把利率作为一个调控经济、干预汇率的重要工具。利率管制的取消使得利率波动日益频繁而剧烈，利率风险成为各经济主体、尤其是各金融机构所面临的一个最重要的金融风险。1975 年，芝加哥期货交易所推出国民抵押协会债券期货合约，标志着第一个利率期货诞生。此后，美国国库券期货合约、美国长期国债期货合约等利率期货相继推出。

在外汇以及利率投资者拥有上述两大避险工具的同时，如何创造出一种能够适合股市的避险工具，成为金融市场深化创新的首要任务。1982 年 2 月，美国堪萨斯期货交易所开发了价值线综合指数期货合约。同年 4 月，芝加哥商业交易所推出标普 500 指数期货。5 月，纽约期货交易所（NYBOT）推出纽约证券交易所综合指数期货。这些股指期货的成功推出引发了全球性的股指期货交易热潮。与此同时，股票期货与期权等新的金融期货也逐步产生并发展壮大。到 2000 年，全球期权交易的总量首次超过了期货交易的总量。

随着商品期货和金融期货的不断深化和发展，人们对期货市场的机制和功能的认识水平不断提高。期货期权交易作为一种规范的风险管理工具和高效的信息汇集工具应用于社会的各个领域。目前，全球期货市场上还出现了以天气、信用、房地产指数、消费者物价指数等为标的的期货期权等创新产品，奠定了商品期货保持稳定，金融期货后来居上，期货期权如日中天的市场格局。

（二）国际期货市场促进经济发展转型的历史经验

1. 国际期货市场发展对经济增长作用的数据分析

作为现代金融市场体系的重要组成部分及金融深化的重要结果，期货市场在促进经济增长方面具有重要的作用，国内外的大量研究对这一观点提供了有力支持。本课题将利用国际期货市场与经济增长的历史数据建立内生经济增长模型，对期货市场在促进经济增长方面的作用进行量化研究，在现有研究的基础上进一步探究期货市场在促进经济增长方面的作用及影响。同时，为了有所对比，将证券市场作为变量引入模型，进一步丰富模型的研究内容与结果。[①]

从全球期货和证券的交易情况看，1994～2009 年间，全球期货交易量由最初的 10.64 亿手增加到 2009 年的 85.14 亿手，增长了 7 倍。在此期间，全球股票成交额由 8.82 亿美元跃升至 71.56 亿美元。由图 1 可以看出，期货成交量和股票成交额总体呈现增长的态势，并且期货成交量稳定性要大于股票成交额。与此同时，随着期货市场成交量和股票市场成交额的不断增长，全球 GDP 也由 1994 年的 46.39 万亿美元增长至 2009 年的 83.91 万亿美元。

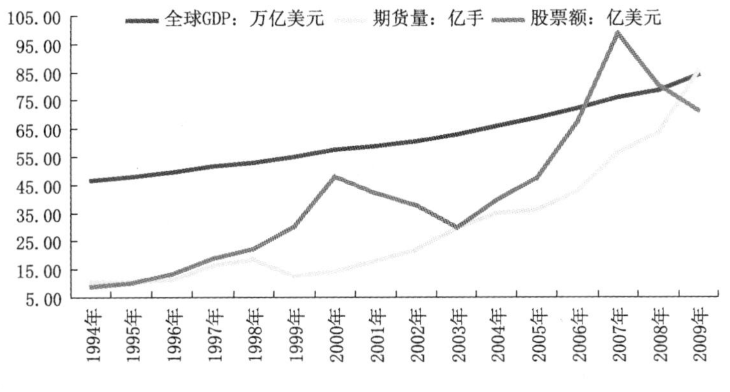

图 1　全球 GDP、期货成交量、股票成交额走势

为了考察全球期货、股票市场与经济增长之间的相互作用，假定其他条件保持不变，建构三者之间的关系为：$GDP = F\ (FVOL,\ SVOB)$，其中，$FVOL$ 表示全球期货成交量，$SVOB$ 表示全球股票成交额。以 1994～2009 年的 GDP、$FVOL$、$SVOB$ 作为样本数据[②]，建立二元回归模型，进行分析检验，得到回归方程为：

---

① 详见附录 1。

② 数据来源：Wind 资讯数据库。

$$LN\_GDP = 0.0923 \cdot LN\_SVOB + 0.1789 \cdot LN\_FVOL + 3.2148$$

相关的检验结果证实，全球股票市场和期货市场对世界经济增长具有明显的促进作用。同时，全球期货市场对经济增长的促进作用明显强于股票市场所起的作用。

根据全球 GDP 的预测方程：

$$GDP = 24.8982 \cdot SVOB\hat{}0.09229 \cdot FVOL\hat{}0.1789$$

可以得到实际 GDP 和预测 GDP 的走势图（见图 2）。预测效果和实际 GDP 的拟合度较高，在一定程度上也说明基于期货成交量、股票成交量和 GDP 三者关系之间的逻辑关系是成立的。

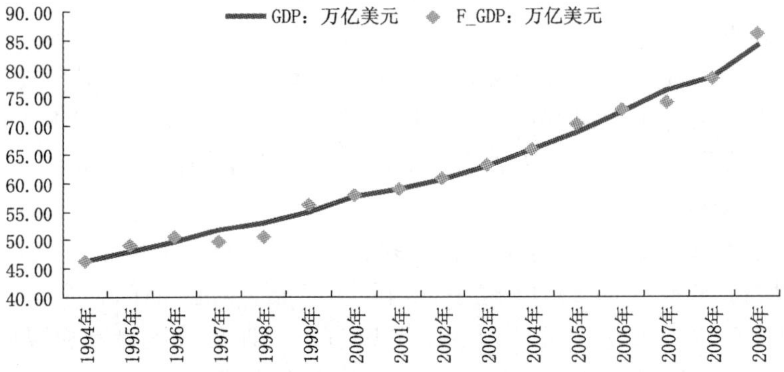

图 2 全球 GDP 的预测效果

从以上分析结果来看，全球金融市场经过 200 多年的发展，金融深化程度高，金融发展相对成熟，期货市场与股票市场对全球经济增长起到极其重要的推动作用。

2. 国际期货市场促进产业发展和转型

国际期货市场已经成功运行 150 多年，发达国家在利用期货市场促进相关产业发展与转型方面积累了丰富的经验。在这方面，期货市场最发达的美国最为典型。

自期货市场诞生以来，美国凭借其发达的农产品期货市场、庞大的交易规模和成熟的交易机制，获得了全球范围内玉米、大豆、棉花等主要农产品的定价权。通过掌握定价权，给本国的农产品加工贸易商带来特殊的利益。美国政府巧妙地把补贴政策与期货期权交易结合起来，将农产品市场巨大的风险转移到期货市场之中，既减少了国家的财政支出，又稳定了农业生产，取得了积极效果。应该说，美国能够成功实现农业现代化生产，成为小麦、玉米、大豆等主要大宗农产品全球最大的生产国和出口国，发达的农产品期货市场功不可没。

20 世纪 70 年代末，国际原油价格逐步市场化，大幅波动的原油价格对工业生产造成极大影响。美国抓住机遇，及时上市了原油期货，建立起全球原油贸易的定价基准，牢牢掌握了原油价格制定的主动权，为国内工业企业的健康稳定发展奠定了稳固的基础。20 世纪 80 年代，美国政府为提高经济效率，放开了各大战略性产业的管制。期货市场在这一“去管制”进程中为企业提供了高效的风险管理工具，并以其杠杆效应及组合功能为私募基金、投行等创造更为灵便的投资渠道，促进各类企业和机构的壮大，降低了实体经济的融资成本，进一步促进了上述产业的发展，推动了美国工业化的完成。

在后工业经济时代，期货市场对美国经济转型升级的推动作用更加明显。布雷顿森林货币体系解体之后，美国率先推出外汇期货，增强了境外投资者持有美元的信心。之后，美国又相继开发推出一系列金融衍生产品，直至今日，仍旧引领世界金融创新的潮流。毫不夸张地说，期货市场有力地促进了美国金融模式的国际扩张，强化了美国在全球金融市场中的规则掌控权。此次全球金融危机之后，期货市场在美国经济复苏和扩大美国经济影响力方面发挥了重要作用。美国几家著名的期货交易所凭借其丰富的市场经验、雄厚的金融资本、先进的技术系统和机制优势，积极参股海外期货交易所，呈现出强烈的扩张性。正是由于美国在金融期货市场上的绝对统治地位使得美国能够实现流动性的跨国配置，分享其他地区的发展成果，高坐全球产业链的顶端位置。

3. 国际期货市场对通货膨胀的预警作用

期货市场发展不但可以促进经济增长，还可以进行宏观经济预警，使政府宏观调控更具有预见性和针对性。由于美国金融深化程度高，金融系统完善，期货品种既广泛又全面，因此其商品期货价格指数（CRB）[①] 对消费者物价指数（CPI）[②] 具有一定的发现功能。所以，本课题以美国作为典型对象，利用历史数据展开实证研究。[③]

为了揭示期货市场对 CPI 的预警作用，分别选取非农就业人数（NAEP）[④]、每小时工资（HW）[⑤]、CRB 指数与 CPI 一起构建函数关系：$CPI = F\ (NAEP,\ HW,\ CRB)$，以美国 1966 年 1 月至 2010 年 8 月的 CPI、NAEP、HW 和 CRB 指数作为样本数据[⑥]，建立多元回归模型，进行分析检验，得回归方程：

$$\Delta ln(CPI) = -0.0016 \cdot ln(NAEP) + 0.0067 \cdot \Delta HW + 0.0034 \cdot \Delta CRB + 0.0179$$

相关检验表明，上述方程拟合精度很高，故此用 ln（NAEP）、ΔHW、ΔCRB 做自变量能够很好地解释因变量 Δln（CPI）。

上述回归模型是一个关于 CPI 的递归模型：

$$ln(CPI)_t = ln(CPI)_{t-1} - 0.0016 \cdot ln(NAEP)_t + 0.0179 + 0.0067 \cdot HW_t - 0.0067 \cdot HW_{t-1} + 0.0034 \cdot CRB_t - 0.0034 \cdot CRB_{t-1}$$

根据变量初始取值与上述方程，可以得出实际核心 CPI 和核心 CPI 预测数值。通过计算，两个序列的相关系数高达 0.99，因此利用每小时工资、非农就业人数和 CRB 指数可以预测当期 CPI（见图 3）。

通过以上研究，从实证角度证明了期货市场的价格 CRB 对 CPI 的形成具有显著的先行作用。

---

① CRB 指数是依据全球市场上 19 种基本的大宗商品期货价格编制的商品期货价格指数，总体反映了全球主要商品价格的动态信息。

② 消费者物价指数（CPI）是反映与居民生活有关的商品及劳务价格统计出来的物价变动指标，通常作为观察通货膨胀水平的重要指标。

③ 详见附录 2。

④ NAEP 是美国经济发展的重要指标，反映制造行业和服务行业的发展及其增长，指标下降就代表企业减少生产，经济趋于萧条。

⑤ HW 是劳动者每小时的平均劳动报酬，反映的是劳动力价格水平。

⑥ 数据来源：Wind 资讯数据库。

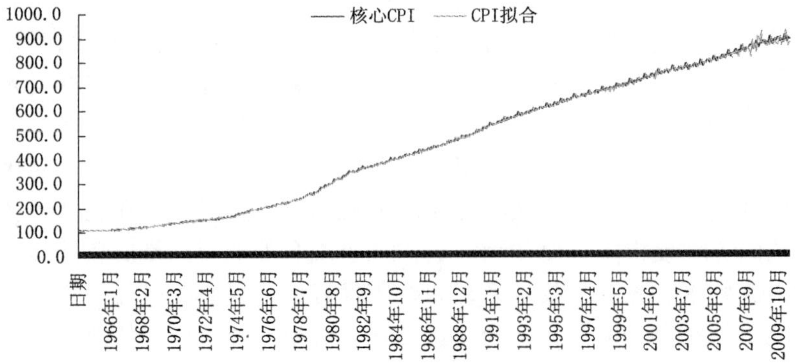

图 3 CPI 的预测效果

（三）国际期货市场促进经济发展转型的启示与借鉴

毫无疑问，国际期货市场在促进经济发展与转型方面发挥了重要的作用。同时，也应该看到，国际期货市场重要作用的发挥是和一系列因素紧密联系的。通过分析这些因素，对我国期货市场的进一步发展提供了一些很有价值的启示和借鉴：

1. 期货市场在促进经济增长方面的作用并不弱于证券市场

国内金融市场发展当中长期“重证券轻期货”的发展方向使得期货市场在促进经济增长方面的作用很少被人提及，新闻舆论也往往把期货市场当作一个高度投机、很容易扰乱经济运行的市场来看待。事实上，期货市场在促进经济增长方面的作用并不亚于证券市场，甚至在一些方面还要强于证券市场。本课题的实证研究同样证明了这一观点。作为经济增长的晴雨表，证券市场与经济增长的周期是同步的，甚至在一定程度上有放大经济波动的可能。而期货市场是为保证经济增长的稳定性而存在的，尤其是在经济活动的广度和深度都在不断拓展的现实背景下，对期货市场的规模和范围都提出了更高的需求。

众所周知，期货市场促进经济增长的核心功能在于风险配置和价格发现。因此，它对经济增长的作用可以通过以下两个方面来实现：一方面，期货市场将现货市场的价格风险在套期保值者和投机者之间进行有效转移，对产生的风险在全社会范围内进行重新分配，从而优化风险配置；经济增长过程中的周期性波动风险通过期货市场得以化解，本身就是对持续经济增长的巨大贡献。另一方面，建立在充分竞争基础上的期货价格信息成为投资者、消费者、生产者在制定相关决策时的重要依据，从而达到优化资源配置的目的；相对于证券市场的资金配置功能而言，期货市场的“价格指挥棒”配置资源的效果更为明显。通过优化风险配置和优化资源配置两种渠道，期货市场有力促进资本积累和技术进步，最终促进经济的增长。所以，对于我国来讲，不是期货市场本身促进经济增长的作用不大，而是由于种种原因导致期货市场促进经济增长的作用未能够有效发挥。未来，需要我们进一步做大做精做细做强期货市场，使其更好地为促进经济增长发挥作用。

2. 期货市场促进经济发展转型作用的发挥需要良好的内外部环境

期货市场建立在高度发达的市场经济基础上，其本身也是高度发达的市场经济的一种表现形式。期货市场适应市场的需求而产生，也一定要适应市场的需求才能生存和发展，因此，期货市场的一切交易制度必须以市场为导向，营造宽松自由的市场交易环境，使得期货市场具有高度流动性，低成本和高效率，反映出市场自身运行的规律，这样才可以吸引广泛的参与者，真正发挥期货市场的功能和作用。在美国，交易所和监管机构在交易制度的制定上严格遵循了上述规则，营造出良好的市场环境，使得具有避险需求的现货相关企业、愿意通过承担风险而获取高收益的企业、基金、个人等都可以自由进入期货市场参与交易，由此形成了广泛参与的合理的市场主体结构，这既拓宽了市场资金来源，增加了市场流动性，又保证了期货市场与现货市场间的密切结合。在保证金制度上，美国采取的是净额保证金制度，即根据持仓净额收取保证金，这就大大降低了交易成本；此外，美国期货交易所实施的保证金制度、持仓限制制度等一系列制度为期货市场真实、客观地反映现货市场运行规律创造了条件，也为期货合约交投活跃创造了条件，成为美国期货市场具有相当大的市场规模、极强的市场流动性和充分发挥经济功能的基础与保障。所以，对我国来讲，要想使期货市场促进经济转型的作用充分发挥，就要在完善优化期货市场的内外部环境上多下工夫。

3. 期货市场的发展与经济本身的发展密切相关相辅相成

国际经验表明，一个国家的期货市场的发展同该国的经济发展基本上是保持一致的。具体来说，期货市场一方面要与国民经济的发展阶段相协调，另一方面要与国民经济的产业结构相协调。在成熟的期货市场中，期货交易额大致是同现货产值维持一定比例的，这就保证期货市场的品种结构同国民经济的产业结构也是保持一致的。再从期货市场品种演变的历史来看，每一个重大品种类别的出现都是同产业结构的重大调整相关的。在农业占主导的社会，随着农业生产技术的提高和农产品贸易的大规模发展，产生了农产品期货；工业原料及能源期货的产生是工业革命后西方社会进入工业化社会的必然结果；在后工业时代，金融期货最终乘势登上历史的舞台，大显风采。农产品期货—金属与能源期货—金融期货这一国际期货市场发展演变的先后顺序与国际经济经历过的传统的农业经济—工业经济—金融服务业经济三个发展阶段息息相关。了解这一规律，对像中国期货市场这样的后发期货市场的发展是至关重要的。对后发的期货市场来讲，没有条件再去经历一个期货市场的自然演进过程。因此，在尊重市场创新的主体地位的前提下，国家必须从宏观角度把握期货市场的发展方向，根据产业的发展需要和产业结构来部署期货市场的发展战略，使得期货市场发展适应中国市场经济的发展阶段，满足中国经济发展的内在需要。只有认清这个问题，才能正确对期货市场进行定位，正确对期货市场健康发展进行引导。

四、期货市场功能演进与制度变迁分析

价格发现与风险规避是期货市场的两大基本功能。随着市场经济的不断发展，期货市场作用于经济社会的广度和深度也在不断扩展延伸，由此带来期货市场的功能不断演进和深化。同时，经济发展本身也要求期货市场在制度和功能等方面与其发展步伐和模式相适应。顺应经济发展的这种要求，期货市场的制度也在不断完善，并且通过期货市场功能的有效发挥最终推动经济发展和经济发展方式的转变。

（一）自由市场经济的期货市场功能形成：价格发现与风险规避

形成于19世纪末的自由市场经济是市场经济的初级阶段。作为自由市场经济的代表人物，亚当·斯密的“看不见的手”的理论主张，政府不应参与经济，产品的生产及销售完全由自由市场的自由价格机制所引导，市场参与者按照自由竞争形成的价格信号进行经济决策，安排生产和消费活动，市场机制通过价格信号自动地调节经济活动，引导资源的配置，使市场自动达到均衡。

在市场经济发展的初期，经济活动的规模范围有限，市场商品单一，因此市场经济可以较好地发挥作用。然而，随着生产的发展，市场经济的规模和范围不断扩大，市场机制出现“失灵”的现象，价值规律被扭曲，商品价格频繁出现大起大落，为市场主体的生产经营带来了很大的风险和损失。随着市场经济的进一步发展，这种影响也越来越大，市场对锁定成本，规避风险的要求也愈发强烈。于是，期货市场应运而生。

为了规避价格波动的风险，期货交易所采用了远期交割的方式，通过远期交易，买卖双方得以提前锁定价格，从而避免了未来价格波动的风险，后来通过合约交易的方式进一步优化了价格波动风险的规避机制。因此，期货市场从诞生之日起就是与风险规避紧密联系在一起的。同时，由于将所有交易集中于期货交易所进行集中竞价，使得交易所内形成的期货价格直接地反映了市场的供求，这就使得期货市场具有一定的价格发现功能。

总的来说，在自由市场经济阶段，由于市场机制是唯一的市场调节机制，市场价格对经济反映的滞后和扭曲是当时市场经济存在的主要问题，也是造成经济波动的主要原因。因此，期货市场的建立，主要是为了弥补市场机制调节的缺陷，还原真实的市场价格，维护经济行为平稳进行，其功能也仅仅局限于价格发现和风险规避。

（二）社会市场经济的期货市场功能发展：宏观经济政策导向

随着机器大工业和社会化大生产的发展，自由市场经济所存在的一系列弊端不断暴露出来，资本主义经济频繁出现“市场失灵”的现象。最终，自由市场机制带来的有效需求不足导致1929年资本主义经济大危机的爆发。危机开启了经济学界对于国家干预经济理论的研究。1936 年，凯恩斯发表了《就业、利息和货币通论》，提出失业和经济危机的根源在于有效需求不足，改善经济需要国家全面干预经济的观点并在西方国家中得到广泛认可。由此西方国家开始了对经济的干预，社会市场经济逐渐发展起来。

与自由市场经济相比，社会市场经济在注重建立竞争制度和维护竞争秩序的同时，也强调企业制度建设、健全的法律体制和有效的宏观调控。社会市场经济的政府调控要求政府作为市场活动的参与者，通过自由竞争机制影响经济的运行。政府在制定政策依据和政策效果评估时，以价格水平作为调控的主要参考指标和最终目标。随着社会市场经济的发展，期货市场的功能也从单纯的市场领域向政府调控领域扩展，期货市场也逐渐产生了宏观经济政策导向的功能。

国家对经济的调节需要市场价格作为调节的信号与参考，这就使得期货市场的价格发现功能同时具备了宏观经济政策制定依据的功能。由于期货市场有助于发现反映市场供求的有效价格，商品的供求双方会按照期货市场提供的价格信息安排下一期的经济活动，这也就使得期货市场具有“经济先行指标”的功能，尤其是重要大宗商品的价格更是集中反映了经济运行及市场供求状况，作为宏观调控参考的重要依据和指标，这是其他市场价格所不能替代的。

宏观经济政策对实体经济运行调控，必然会通过影响生产经营者的预期或实际经济活动而改变其在期货市场的交易行为，由此形成的期货价格所反映的信息也必然包含了宏观调控的信息及对国家调控的各种预期，进而使期货市场逐渐具备了宏观经济政策导向的功能。

（三）全球化经济的期货市场功能延伸：开放条件下的市场竞争主导权

随着全球经济一体化程度的逐步加深，市场经济进入到全球化市场经济时代。全球化市场经济的主要特点是：各国的生产、贸易都参与到国际分工，资源在全球范围内进行配置，各国经济的发展受到世界范围内更多复杂因素的影响，对各种商品价格的变动也更加敏感。各国企业甚至国家本身都面临着来自全球市场的竞争及风险。因此，在经济全球化的背景下，如何在全球经济竞争中获得有利地位，取得市场竞争的主导权，就成为世界各国一致的诉求。在这个过程中，期货市场的功能自然而然地延伸为争夺国际市场竞争的主导权。期货市场提升国际市场主导权的功能主要包括产品市场竞争主导权和金融市场竞争主导权。

从产品市场竞争主导权来看，主要体现在两个方面：一是大宗进出口商品的“国际定价权”，二是在国际产业链中的竞争优势。在经济全球化的背景下，拥有国际定价权国家的企业也就拥有了在国际价格谈判中的主动性及发言权。不仅可以借助国际市场价格信息提前安排生产及进出口计划，而且可以制定更符合本国生产及贸易习惯的市场制度安排，主要期货市场所在国还可以降低本国企业的交易成本。另外，一个具有国际竞争力的期货市场也会增强一国在国际产业链中的地位，有助于一国向国际产业链的高端发展。期货市场特有的价格发现和风险规避功能，使得企业可以掌握更多的国际市场供求信息和国际市场价格变化趋势，有目的地安排调整生产计划，充分利用自身资源获得最大化的收益；期货市场的交割机制也会使得世界资源向期货市场东道国转移，这必然会给东道国企业提供丰富的生产资源，使东道国企业有条件不断优化产业结构，提升产业层次，从而在国际分工中占据国际产业链的高端位置。

从金融市场竞争主导权来看，作为金融市场的组成因子，期货市场本身就是金融市场不可或缺的一部分，是一国金融市场稳定发展的根本保证。从国际竞争的角度看，金融业的竞争主要体现在金融服务的竞争上。期货市场以其特有的功能成为金融产品构造中不可或缺、不可替代的元素。因此，构建完善的期货市场本身就是金融市场发展的重要基础，是我国金融市场在国际金融市场竞争中取得发展主动权的保证。

（四）经济危机中的期货市场功能深化：维护经济安全及全球经济稳定

自20世纪30年代美国经济大萧条后，经济危机开始与全球市场经济的发展相伴而行。20世纪70年代以来的经济全球化更使得经济危机在全球范围传播蔓延，系统性风险在全球范围内被放大。对于风险规避的需求不仅仅局限于一国企业及投资者，包括一国的政府也需要更有效的市场经济手段进行经济调控，保障本国经济安全。期货市场的风险规避功能也进一步深化为维护一国的经济安全。考虑到金融危机在经济全球化及金融自由化背景下的快速扩散的特征，期货市场维护本国经济安全的作用在某种意义上就具备了维护全球经济稳定的功能。

从一国国内角度看，国际贸易的不断扩大使各国的贸易依存度不断提高，国际市场供求价格的变化会对国内经济产生直接影响。例如，进口商品价格的上涨很容易引发国内的通货膨胀，尤其是关系国计民生的大宗商品及能源、原材料等商品价格的波动更会对一国国内经济的稳定产生深远的影响。因此，建立有效的价格风险规避机制可以为本国企业提供稳定的生产、销售环境，防止本国重要的经济资源被他国操控，减少国际竞争对本国产业的冲击，保持本国经济的独立性。

从全球角度看，在开放经济条件下，资本的逐利性使得国际巨额游资在全球范围内寻找“攻击机会”，金融体系不健全的国家往往成为国际资本攻击的对象，进而造成国内金融动荡。在此情况下，期货市场作为对冲风险，维护经济安全的阵地，其作用尤显重要。由于金融危机的扩散性，如果危机发生国可以利用国内期货市场有效化解危机，保持本国经济金融的稳定，就会在很大程度上减小危机扩散给世界经济带来的冲击。同时，其他国家如果能够利用期货市场进行风险规避，就可以减轻危机对本国经济的不利影响，保持本国正常的生产经营活动，而非危机国的稳定发展反过来又会通过国际贸易、投资等途径帮助危机国迅速从危机中复苏，从而保持整个世界经济秩序的正常运行和全球经济的稳定。

刚刚结束的这次全球金融危机正好有力地诠释了一个发达的期货市场在维护全球经济安全方面的重要作用。由于拥有发达的期货市场和广泛的参与主体，在次贷危机爆发时，美国许多大企业和金融机构在期货市场进行了套期保值，对冲了风险。否则，美国的金融体系很可能面临崩溃的命运，随之而来的经济萧条及美元急剧贬值，不但会给众多国家的国际收支带来沉重的打击，更会导致世界范围内的资产缩水及汇率波动，给整个世界经济安全和稳定造成难以想象的冲击。正是由于期货市场有效缓冲了风险，使金融危机的不利影响得以逐步释放，为各国调整本国经济，从容应对危机提供了宝贵的时间，世界经济也因此可以快速地从危机中恢复过来。

（五）中国经济发展与期货市场制度变迁

1. 中国期货市场的制度变迁

在我国，关于期货市场的研究和建设是从 20 世纪 80 年代末开始的。在这 20 多年的时间里，中国期货市场制度变迁大体经历了四个阶段：

第一阶段是理论研究阶段（1987～1990 年）。20 世纪 80 年代，随着改革开放的不断深入，我国开始逐步对价格放开管制，但由于当时计划经济体制并没有改变，于是便出现了“价格双轨制”的现象，这种制度使得我国农副产品价格时常出现大起大落，市场连续出现大幅震荡。产生这种问题的根源就在于市场体系不健全，只有现货市场而没有期货市场，没有形成一个通过期货调节现货的市场运行机制与调控体系，经济发展的实际迫切需要研究与发展期货市场。1987 年年底，国务院发展研究中心价格组开始研究期货市场。1988 年，国务院体制改革委员会和国务院发展研究中心成立了期货市场研究工作小组，开始对我国建立和发展期货市场进行正式研究。1990 年 7 月 27 日，国务院发出《国务院批转商业部等八部门关于试办郑州粮食批发市场报告的通知》，关于中国期货市场的前期研究工作至此取得了圆满成功。在这一过程中，正是决策层、各有关部门以及相关理论研究工作者的共同努力推动，使得期货市场迈出了制度变迁的初始也是关键一步。

第二阶段是建立与盲目发展阶段（1990～1993 年）。1990 年 10 月 12 日，中国郑州粮食批发市场成立，这标志着中国期货市场的正式建立。会员制、保证金、集中交易、公开竞价、统一结算等一系列国际通行制度的建立保证了良好的市场秩序和市场功能的发挥，期货市场价格发现与风险规避功能逐步显现。1992 年，国务院发展研究中心期货研究小组牵头，研发了标准化交易合约的设计原则以及其他交易规则。标准化合约的推出标志着我国完整的期货制度正式建立，也为我国期货市场的发展奠定了基础。同年，深圳有色金属交易所和上海金属交易所开业，中国期货市场很快进入商品期货时代。此后的一年里，中国期货市场开始超常规地盲目发展。截至 1993 年年底，全国共开办 33 家交易所，经批准的期货经纪公司 300 多家，交易品种涉及包括石油、农产品、国库券等在内的七大类 50 多个。期货市场发展已经完全超越当时中国经济发展的水平及承受能力。在缺乏相关法律及部门监管的情况下，期货市场风险事件不断发生，期货市场发展出现混乱局面。

第三阶段是清理整顿调整阶段（1994～2000 年）。1993 年 11 月 4 日，国务院下发《关于制止期货市场盲目发展的通知》，开始对期货市场清理整顿。在这一次整顿行动中，多数交易所被撤并，一些交易品种被停止交易，最终仅有 15 家交易所被确定为试点交易所。1998 年 8 月 1 日，国务院下发《国务院关于进一步整顿和规范期货市场的通知》，开始第二次清理整顿工作，15 家交易所最终被裁并为 3 家，交易品种也相应减少。两次清理整顿，扭转了我国期货市场的混乱局面，同时一系列的法规制度及自律监管部门相继建立，为我国期货市场的有序发展及规范运行提供了保障。1999 年 6 月 2 日，国务院颁布了《期货交易管理暂行条例》；同时，与之相配套的《期货交易所管理办法》、《期货经纪公司管理办法》、《期货经纪公司高级管理人员任职资格管理办法》和《期货业从业人员资格管理办法》也相继发布。2000 年 12 月 29 日，中国期货业协会宣告成立，标志着我国期货市场三级监管体系的形成。至此，我国期货市场基本法规监管框架构建完成。我国期货市场的制度建设迈上了一个新台阶。

第四阶段是恢复性规范发展阶段（2001 年至今）。2001 年 3 月，全国人大批准的“十五”规划第一次提出了“稳步发展期货市场”，我国期货市场长达 7 年的清理整顿宣告结束。2002 年，为了使期货管理法规更好地与中国期货发展的现状相适应，中国证券监督委员会又陆续对《期货经纪公司高级管理人员任职资格管理办法》、《期货从业人员资格管理办法》、《期货交易所管理办法》和《期货经纪公司管理办法》进行修订，期货市场的法制建设更加完善。2003 年 10 月，中共十六届三中全会将“稳步发展期货市场”写入《中共中央关于完善社会主义市场经济体制若干问题的决定》。2004 年 2 月，国务院发布《关于推进资本市场改革开放和稳定发展的若干意见》，对稳步发展期货市场做出进一步的阐释和部署，成为指导期货市场发展的纲领性文件。2006 年 9 月，中国金融期货交易所在上海成立，2010 年 4 月 16 日，试验运行 3 年的股指期货正式推出，中国期货市场正式步入金融期货时代。在相关制度不断完善的基础上，我国期货市场也逐步走上了规范发展的道路。

2. 关于中国期货市场制度变迁的几点思考

在短短 20 年多的时间里，中国期货市场几经起伏，制度在不断的发展变化中得到加强和完善。冷静思考之后，下面几个问题尤其值得关注：

（1）经济发展的客观需要是推动中国期货市场制度变迁的根本力量。虽然中国期货市场的发展具有立法先行的强制性制度变迁特点，但归根到底来看，其终究还是与经济发展密切相连。正如之前所分析，中国期货市场建立的背景是我国改革进程中的“价格双轨制”运行带来的一系列问题，市场经济发展本身急需一种机制来解决价格发现与信息传导机制的缺陷。20 世纪 90 年代期货市场逐步被清理整顿，作用日益边缘化的背景是那一阶段我国物价波动较小，经济运行面临的国内外风险不大，经济发展对期货市场的需求并不迫切。新世纪以来，国际经济波动逐步增大，国内通胀压力逐渐升温，商品价格的不断起伏波动重新唤起人们避险意识的增强，期货市场才重新回到我们的视野。近几年，在我国股票市场规模及国际影响力不断增强，股票市场对国民经济影响日益增强的背景下，为了适应市场投资者规避市场风险，推动金融市场平稳发展的要求，在政府主导下，股指期货能够顺利推出，其出发点自然也是为了满足和适应经济发展的需要。上述情形均表明，推动期货制度变迁的根本性力量还是经济发展的客观需要，这也同时是期货市场得以存在和持续发展的基础。

（2）相关研究的裹足不前是制约中国期货市场制度变迁的重要因素。改革开放以来，随着理论界对市场经济体制的研究不断取得突破，为我国的社会主义市场经济体制改革提供了直接的理论指导和支持，促进了由计划经济向市场经济转变的一系列制度变迁的发生，这其中就包括期货制度的产生。20 世纪 80 年代末，国务院发展研究中心专门成立期货研究小组，专门从事期货制度相关研究，国家决策层也要求有关部门组织力量展开对期货市场的研究，这种对期货研究资源的特殊强化配置加速了期货制度变迁领域新知识的诞生，并且使期货制度变迁的目标和期货制度在中国的具体实施过程中保持了准确的联系，直接降低了期货制度变迁的成本，促进了期货制度在中国的建立和快速发展。但是，国务院发展研究中心期货研究小组在期货市场刚刚建立便宣告解散，交易所及期货公司又没有较大的经济力量来支持专门的期货研究，这导致中国期货市场的理论研究多年来裹足不前，进展缓慢。对于在中国社会主义市场经济条件下如何培育和发展期货市场这样一个事关中国期货市场生存发展的大课题，一直以来都没有取得重大研究突破，不能不说是一个重大的遗憾。在期货市场试点发展的初期出了一些问题，产生了一些负面影响，决策层对期货市场在中国经济发展中的作用产生疑虑的时候，期货行业无法拿出能够说服决策层关于期货市场正面功能发挥的理论与实际案例，以至于政府和企业逐渐都放弃了对期货市场制度创新的努力，甚至在某种程度上开始怀疑期货市场在中国经济发展中存在的必要性，不断挤压期货市场的生存空间，直接导致期货市场的制度变迁受到重大影响和制约。

（3）初始选择的偏差是造成中国期货市场制度变迁路径锁定的主要原因。制度变迁具有路径依赖。中国的期货市场制度的发展变迁更是显示出强烈的路径依赖特点。由于初始选择的偏差，导致中国期货市场没有能够走上良性循环的轨道。以期货市场定位为例，期货市场本质上属于金融市场范畴，客观上要求对期货市场的培育、运作和监管都要遵循金融衍生产品的发展规律来做。我国期货市场成立之初，就将其主要定位于商品流通领域，而不是金融衍生品。这就导致了多年来对期货市场发展片面地强调商品流通性，用现货商品流通的运作来规范和管理期货市场。不仅没有将期货市场作为金融衍生品来看待，反而还严格限制了期货市场与金融市场的正常联系渠道，以至于大量金融投资机构被排除在期货投资之外。在这种初始选择偏差的影响下，期货制度在中国的实际运作当中就难以找到降低成本、学习效应、协调效应以及适应性预期这几种有效的自我实施机制。期货市场在经济发展中的作用得不到有效的支持，制度效率逐步衰退，制度变迁逐步陷入路径锁定状态。只有当全社会改变对期货市场定位的思想认识，借助于政府支持制度创新的外部力量，这种路径锁定状态才有改变的可能，中国期货市场制度变迁才有可能走上良性循环的道路。从这一点来看，中国期货市场的制度建设依然任重道远。

五、中国经济发展与期货市场发展的内在逻辑联系

改革开放以来，中国经济实现了多年的持续快速发展。客观地讲，作为一种高级的市场组织形式，期货市场在微观上能够优化资源配置，在宏观上可以促进经济增长、支持国家宏观调控以及保障国家经济安全，这一系列的作用有力促进了我国的经济发展，成为支持国民经济发展不可或缺的重要力量。

（一）对当前中国经济发展阶段的再认识

1. 当前中国经济发展的内外部环境

当前，我国经济发展面临着严峻复杂的内外部发展环境，其中有利于经济发展的因素更多。

从世界范围看，虽然地区局势时有紧张和冲突，但和平、发展与合作的时代潮流并没有发生根本性的改变。世界经济格局出现新变化，由美国一极逐步向以美、欧、亚为代表的多极化转变。随着经济全球化深入发展，以新能源技术为代表的科技创新孕育着新的突破，国际环境总体上有利于我国和平发展。但与此同时，国际金融危机对全球经济影响深远。后金融危机时代，世界经济增速将明显放缓，全球经济结构将出现重大调整。围绕市场、资源、人才、技术、标准等的竞争更加激烈，气候变化以及能源资源安全、粮食安全等全球性问题更加突出，各种形式的保护主义抬头，我国发展的外部环境将日趋复杂。

从国内情况看，经过改革开放 30 多年来的快速发展，我国在工业化、信息化、城镇化、市场化以及国际化方面取得长足的发展与进步。国民收入稳步提高，结构调整不断加快，基础设施日益完善，体制活力显著增强，社会保障体系逐步健全，政府宏观调控和应对复杂局面能力明显提高，经济持续健康稳定发展的基础依然牢固。但与此同时，也必须清醒看到，我国发展中存在的资源环境对经济增长的制约不断加大，经济结构整体失衡，国民收入分配差距较大，科技创新能力不强，产业结构不合理，城乡区域发展不协调等等这一系列矛盾和问题也在一定程度上对经济的健康发展造成制约。

2. 当前中国经济发展的阶段分析

市场经济体制在西方社会经历了一个由自由市场经济——社会市场经济——全球化市场经济的自发演变的完整过程，其中的每一个阶段都经历了数十年甚至上百年的历史。而对我国来讲，在自由市场经济都尚未发展完善的同时就被动地被卷入到全球化的市场经济当中来。可以说，我国用短短 30 多年的时间就走完了西方国家市场经济数百年才能走完的道路。所以，我国的市场经济体制亟待完善的地方很多。目前，我国亟须进一步完善社会主义市场经济体制，经济发展进入到一个重要的转折阶段。

（1）当前是我国由经济大国向经济强国转变的阶段。过去 30 年，我国依靠劳动密集型的制造业成功地实现了经济起飞，逐步进入中等发达国家的行列。当前，我国的经济总量已经成功超越日本，成为世界第二经济大国。但是，经济大国并不等于经济强国，成为经济强国才是我们的目标。要成功地由经济大国发展转变为经济强国，金融是其中的一个重要因素。在当今世界竞争格局中，金融的战略地位和作用不可替代。西方国家利用发达的金融市场和工具，掌控着世界经济的命脉，对发展中国家的财富进行一次又一次的掠夺。对我国来讲，金融市场发展同经济发展水平相比，显得极不相称，在高端金融衍生品方面更是落后世界先进水平数十年，甚至几十年。以这样的金融发展水平同发达国家去竞争，不但无法获得利益，而且多年辛苦得来的经济发展成果也将会被掠夺殆尽。要保住我国经济发展的成果，就一定要由经济大国向经济强国进行转变，要加快发展完善包括期货市场在内的金融市场，争夺金融领域的高地和竞争主动权。

（2）当前是我国经济发展由“重数量”向“重质量”转变的阶段。过去30年，外延式的经济增长模式使得我国资源越来越紧张，环境越来越恶化，生态越来越脆弱。同时，收入差距扩大造成的社会矛盾开始频频爆发。各方面的不利局面意味着我国长期以来“重数量、轻质量”的经济增长模式已经走到尽头。当前，我国经济发展必须向“更加重视发展质量”的阶段转变。可以说，我国经济发展方式需要转变的观念早已树立，只是由于条件没有完全具备而转变缓慢。现在经过改革开放30年的发展，我国已经基本具备了经济发展方式转变的基础和条件。未来5～10年既是我国实现经济发展方式转变的“黄金时期”，又是一个“矛盾凸现时期”，这就要求我们充分调动能够促进经济发展方式转变的一切积极因素，克服困难，化解矛盾，在经济持续快速发展的过程中成功实现转变。

（二）中国期货市场对经济发展的促进作用

1. 优化资源配置，服务微观市场主体

期货市场的两大基本功能——价格发现与风险规避，直接服务于微观市场主体。通过这两大基本功能的充分发挥，在微观层面上优化资源配置，为经济发展塑造良好的基础。

诺贝尔经济学奖获得者默顿·米勒曾经指出，期货市场的魅力在于让你真正了解价格，所以，价格发现是期货市场的核心功能，也是期货市场能够促进经济发展的关键所在。参与期货交易的生产者、销售者、加工者、进出口者等微观市场主体通过期货市场上公开、公平、高效、竞争的交易运行机制所形成具有真实性、预期性、连续性、权威性的价格来改善生产经营管理、更好地计划生产和销售，保证了企业的健康稳定运营，从而间接形成微观市场主体效用最大化和整个社会效益最大化。同时，期货市场的风险规避功能使得生产者、加工者、销售者等期货参与者通过在期货市场上进行套期保值业务，有效地回避、转移或分散现货市场上价格波动的风险。以达到锁定利润或锁定生产成本的目的。另外，期货交易作为商品交易的高级组织形式，其独特的制度安排，有助于降低交易成本，提高市场运行效率。首先，期货交易采用保证金制度，大幅降低了交易成本，提高了市场流动性；其次，期货交易的成对交易模式几乎没有违约风险，有效降低了违约成本；最后，期货交易很方便为交易者应用，大大降低了搜寻信息成本。交易成本的降低意味着提高经济绩效、节约资金占用、提高流动性，从而有利于经济增长。

2. 促进经济增长，协助国家进行宏观调控

从促进经济增长的角度看，影响经济增长的消费、投资和进出口的稳定增长都离不开期货市场的作用。从消费方面看，我国期货市场的价格发现和风险规避功能的充分发挥可以帮助企业进行风险管理，避免企业经营出现大幅波动，从而促进居民收入稳定增长，进一步促进居民消费能力的提高；从投资方面看，期货市场的价格发现及风险规避功能的充分发挥可以帮助投资主体提前锁定投资收益，从而确保固定资产投资保持稳定增长；从进出口方面看，期货市场有利于我国外贸进出口企业合理规避风险，实现平稳运营，对于我国外贸进出口保持稳定增长作用重大。

同时，国家也可以通过对影响宏观经济的一些关键指标的提前判断来进行宏观调控，中国期货市场可以为宏观调控提供重要的信息参考，甚至也是国家进行宏观调控的一个有力工具。强大和发达的期货市场能够超前反映宏观经济的整体运行状况。作为宏观经济运行的先行指标，期货价格指数可以帮助国家超前准确判断整体经济状况，从而制定调控政策。目前，大宗商品价格已经成为国家判断宏观经济形势同时进行宏观经济管理的一个重要指标，政策制定者开始密切关注期货市场的价格变化，并将期货价格作为宏观调控的一条主要依据。

期货市场价格信息传导效率高，对现货市场影响大，国家宏观调控信息通过期货价格信息传递，能够避免信息传导的时滞，提高政策实施的效果，强化国家对市场的宏观调控效果。以粮食市场为例，国家可以通过在期货市场买进或卖出调控粮食价格，以减缓农业生产减产或丰收造成的粮价暴涨暴跌。通过对农产品期货价格的追踪和预测，政府可以及时调整对农业生产的补贴，加强农业补贴的针对性和及时性。农业部门还可以参考期货市场价格，制订政策引导农民加快粮食生产结构调整步伐。可以说，在对国家经济的宏观调控方面，期货市场是一种公开市场运作最有效、最低成本的调控，可以有效地避免经济的大起大落。

3. 参与争夺定价权，维护国家经济安全

期货市场作为市场经济定价机制的最高级形态，对于全球化时代的商品定价具有重要影响。它既有助于提升一个产业和国家的经济市场化程度，又事关一个产业和国家的国际市场定价能力与价格话语权。目前，我国已经成为世界天然橡胶、电解铜、铁矿石等大宗商品的最大进口国，但是我国缺乏对这些大宗商品的国际定价权，致使我国企业往往被动地接受其他国家制定的商品价格而损失惨重。因此，为了维护国家经济安全，我们应当通过构建商品期货、股指期货、利率期货和外汇期货四个市场组成的完善期货市场体系，为国民经济各产业提供风险管理工具，并将期货产业提高到事关国家经济安全的战略性产业来发展，出台相关政策扶持中国期货业的发展，使中国期货市场在若干重要的大宗商品价格决定上具有一定的影响力和发言权，从而维护国家经济安全。

（三）中国期货市场内生经济发展模型的实证分析

1. 中国期货市场服务微观市场主体

（1）企业利用期货市场发现价格。期货市场产生的价格能反映出许多买卖双方对目前以及未来一段时间内的供需关系的综合预测，因此当供需关系发生改变时，价格也随着买卖的积极性而波动。正是期货价格的这种敏感性，才使得生产商、贸易商、销售商对其予以高度重视。以下通过对近两年我国郑州白糖期货的变动进行实证分析，检验其价格发现的效率水平。①

本课题选取的现货数据来自昆商糖网发布的主产区现货报价②，期货数据是郑州商

① 详见附录3。

② 数据来源：昆商糖网，网址：http：//www. sugarinfo. net/。

品交易所郑糖指数日收盘价[①]，时间跨度为 2008 年 3 月 21 日至 2010 年 9 月 29 日（见图 4）。

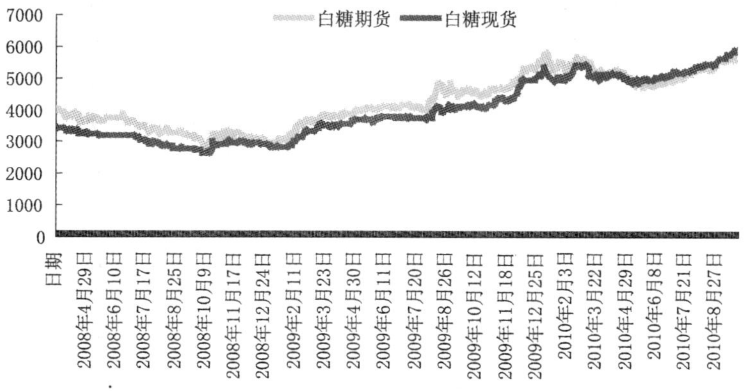

图 4　2008～2010 年白糖期货和现货走势

由于白糖价格的数量级较大，为了提高分析的精度，减少数量级的影响，以后的计算中，对白糖现货和郑糖期货取自然对数，分别记为 *SRXH*、*SRQH*。

用最小二乘法建立 *SRXH* 和 *SRQH* 的方程，拟合得：

$$SRXH = 0.9422996431 \cdot SRQH + 0.001582545$$

研究结果表明：郑州白糖期货价格与白糖现货价格存在双向引导关系，我国郑州白糖期货市场价格发现功能良好，在市场中处于主导地位。也就是说，利用郑州白糖期货市场的价格可以很好预测未来的白糖现货价格，二者之间的关系为：

$$SRXH = 0.001582545 \cdot SRQH^{0.9422996431}$$

因此，涉糖企业可以利用郑州白糖期货市场良好的价格发现功能，将其作为重要的参照标准，为白糖现货市场的交易定价；糖农和相关产业投资者可以据此为获得稳定的收益提供保障；国家可以据此制定相关产业发展政策。

（2）投资者利用期货市场套期保值。2010 年 4 月 16 日股指期货上市以后，使得证券市场具有做空机制。因此，在市场下跌预期较强的情况下，持有限售股的投资者可以通过在期货市场抛空股指期货，对持有的股票保值，规避市场下跌的风险。

下面选取 A 股市场中联合化工（002217）作为研究对象，并以联合化工所在板块 300 材料和 300 工业各取一半组成综合指数，进而说明利用股指期货对股票进行套期保值的功能以及股票组合保值效果明显好于单只个股保值效果。[②] 数据选取 4 月 16 日至 6 月 28 日股指期货、联合化工、综合指数、沪深 300、联合化工的日收盘价，其中综合指数以沪深 300 指数 4 月 16 日的收盘为初值进行同步调整[③]。从其走势图（见图 5）可

① 由于郑州白糖期货主力合约移仓换月时，前后合约价差相差甚远，若单纯以主力合约或者连续合约进行检验，期货数据的跳跃性使得期货数据平稳性很差，而且不利于代表整个期货价格水平，而选用郑糖指数收盘价则有效避免了这一点。

② 详见附录 4

③ 数据来源：Wind 资讯数据库。

以看出，综合指数、IF 指数与沪深 300 波动幅度接近，走势高度正相关，在理论上用综合指数代替 IF 指数进行套期保值研究仍能有较好的效果，振幅相当的收益率也说明了这一点。但是，对于个股联合化工而言，其滚动 β 值的波动率要远大于综合指数 β 值的波动率，个股对市场的敏感程度远强于指数。这是因为，综合指数是由相关行业的数只股票构成的，个股间可以相互对冲绝大部分非系统性风险。不仅个股的 β 值较综合指数偏高，其与沪深 300 现货的相关性也低于 0.7，没能达到高度正相关，且方差较大，运用套期保值存在一定风险。

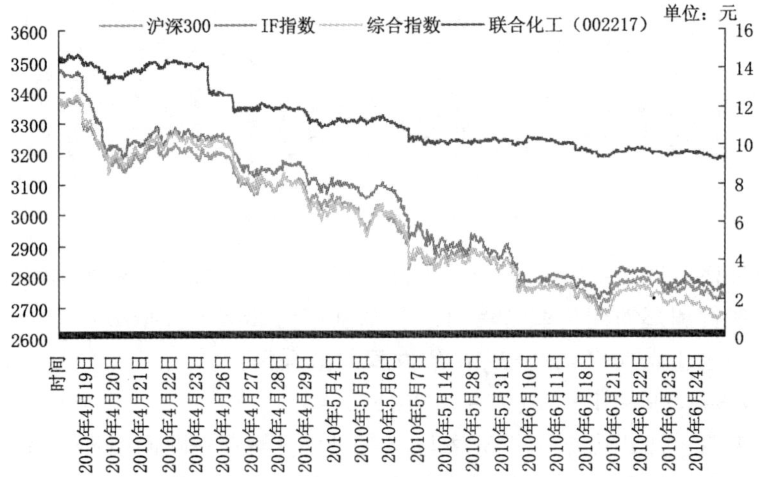

图 5　股价及各指数走势

假定进行套期保值的现货头寸 40 亿元，期货初始资金 10 亿元。从股指期货上市的 4 月 16 日到 6 月 25 日套期保值结果分析，得出结论：对于综合指数，在无套保情况下资产缩水至原来的 83.28%；在套保情况下，资产增至原来的 100.4%。对于个股联合化工，在无套保情况下资产缩水至原来的 70.72%，在套保情况下，资产缩水至原来的 87.24%。

从权益走势图（见图 6 和图 7）可清晰地看到，无论是综合指数还是个股，在一波下跌行情中进行适当的套期保值操作，可以使资产价值得到较好的保护。综合指数的套保操作，不仅使资产在跌势中没有亏损反而小有盈利，而个股虽有较小幅度的亏损，但仍比不进行套期保值的亏损小，可见套期保值还是起到了一定的积极作用。

2. 中国期货市场促进经济增长，协助国家进行宏观调控

（1）促进中国经济增长。期货市场产生的成交额固然能为 GDP 增长做一定的贡献，但其作用远非如此。下面以 1998 年 1 月至 2010 年 6 月月度 GDP、期货成交量（FVOL）、股票成交量（SVOL）、M2、消费（CONSUME）、工业增加值（IVA）数据①进行检验，分析 GDP 发展的基本规律，建立向量自回归模型（VAR），挖掘金融市场尤

① 数据来源：Wind 资讯数据库。

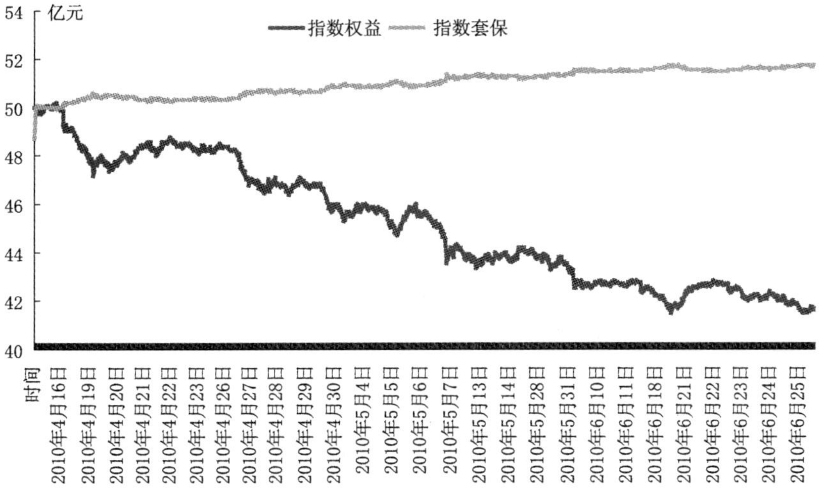

图 6　综合指数套期保值效果

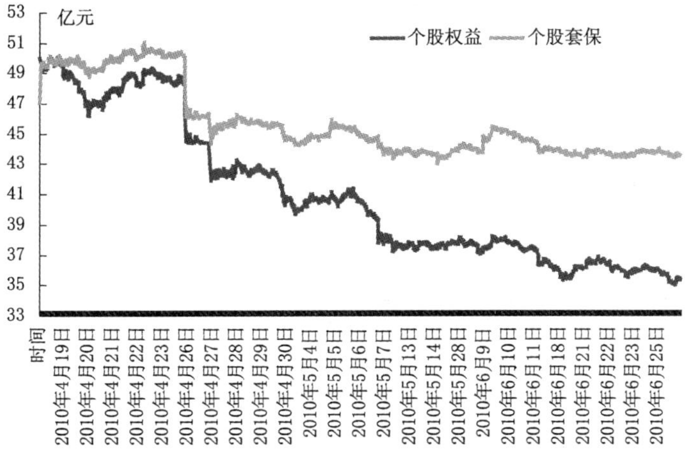

图 7　个股套期保值效果

其是期货市场对 GDP 增长做出的贡献。①

建立多元回归方程：

$$LN\_GDP = 0.43 \cdot LN\_CONSUME + 0.03 \cdot LN\_FVOL + 0.07 \cdot LN\_IVA + 0.29 \cdot LN\_M2 + 0.03 \cdot LN\_SVOL + 1.13$$

一系列检验结果表明：对于全民消费水平，95% 的置信度可以认为期货成交量、GDP、工业增加值是全民消费的格兰杰原因，其中 GDP 的可信度最大，这也说明经济发展是人们物质生活水平提高的重要支柱；对于期货成交量，拒绝 GDP 不是期货成交量的格兰杰原因，其他经济变量并不能显著地拒绝。对于 GDP，95% 的置信度水平下

① 详见附录 5。

能够接受“期货成交量、全民消费、M2、股票成交量格兰杰产生 GDP”，期货成交量、M2、股票成交量代表了金融深化的程度，从而说明金融深化促进了经济进一步发展。99%的置信度水平下接受期货市场是经济发展的格兰杰原因，大力发展期货市场对经济发展大有裨益；对于股票成交量，在 95% 置信度水平下接受期货成交量是股票成交量的格兰杰原因，而随着股指期货上市，股票市场和期货市场之间期现套利行为的增加，这种因果关系将表现得更加直接。

（2）服务国家宏观调控。期货成交量是指一个期货交易时间单位内对某项交易成交的数量，其与市场上的流动性直接相关，反映了金融市场上资金的充裕程度。消费者物价指数是反映与居民生活有关的商品及劳务价格统计出来的物价变动指标，通常作为观察通货膨胀水平的重要指标。虽然商品的价值决定其价格，但市场上资金的宽裕与否却能将商品价格普遍拉升或打压。所以，期货成交量领先于消费者物价指数。①

统计分析结果显示，自 1998 年 1 月至 2010 年 8 月这十多年间期货成交量②和 CPI③的相关系数为 0.8987，期货市场与宏观调控表现出某种相关性。从走势对比图上看出，期货成交量和 CPI 两者的总体趋势基本一致（见图 8）。

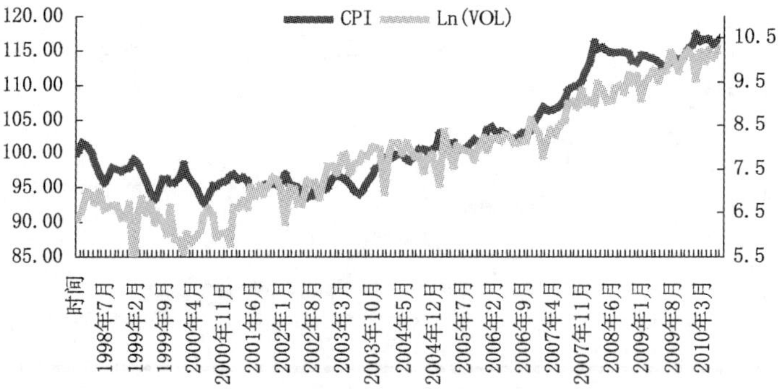

图 8　Ln（VOL）和 CPI 走势对比

对数据进行时差相关检验。可以看出，期货成交量 VOl 对CPI（ -i）的滞后时差相关系数稍微低一些，滞后 6 个月以上，相关系数已经低于 0.5。而 VOl 对 CPI（ +i）的领先时差相关系数表现的要强一些，领先 9 个月时相关系数仍保持 0.5 以上，可见，VOl 对 CPI 具有明显的领先作用，领先期达三个季度；同时，CPI 对 VOl 的领先作用达到半年。随着滞后期限的延长，两者相互影响的程度呈现递减趋势。

以 1998 年 1 月至 2010 年 8 月为数据样本进行因果检验，在滞后期为 1 ~3 个月的情况下，VOl 是 CPI 的格兰杰原因。同样，1 ~2 个月的滞后期情况下，CPI 是 VOl 的格兰杰原因。从检验的结果，明显发现 VOl 是 CPI 格兰杰原因的显著性更大，说明期货成交量能够敏感地先行于 CPI，因此期货成交量对 CPI 起到一定的预警作用。

① 详见附录 6。

② 数据来源：中国期货业协会，网址：http：//www. cfachina. org/index. php？ id =1。

③ 数据来源：中华人民共和国国家统计局网站，网址：http：//www. stats. gov. cn/。

3. 中国期货市场参与争夺商品国际定价权

目前，我国沪铜、沪胶期货成交量已经成为全球上市同类商品成交量的首位。下面就上海期货交易所天然橡胶期货作为实例说明通过期货市场夺取大宗商品国际定价权的作用。

全球主要的天然橡胶交易所共四家，分别为上海期货交易所（SHFE）、东京商品交易所（TOCOM）、新加坡商品交易所（SICOM）和泰国农业期货交易所（AFET）。AFET 参与交易的多属于本地现货商，投机活动较少，同时外资无法进入，因此其价格波动对全球橡胶市场价格参考意义不大。TOCOM 橡胶交易始于 1952 年，是全球最早的天然橡胶交易所，曾经市场地位显著。TOCOM 橡胶交易在第二次世界大战以后的数十年间发挥了巨大作用。但是随着 SHFE 橡胶成交日益活跃，TOCOM 定价中心的地位开始动摇，尤其是金融危机以来，定价地位逐年向 SHFE 倾斜。SICOM 是主要的现货天然橡胶定价中心，价格比较反映海外现货价格的波动情况，全球约 70% 的轮胎制造商在新加坡设有采购中心，买家常以 SICOM 月度平均价为基准来决定长约的价格。金融危机以来，大宗商品价格波动剧烈，为了避免剧烈波动带来的不利影响，橡胶贸易参与者不得不将目光转向期货，以此对冲风险，SICOM 定价中心的地位有所动摇。SHFE 作为后起之秀，成交量和成交额逐年增大，现已成为全球最大的天然橡胶期货交易所。

综合来看，SHFE 橡胶成交量已经远远地领先于其他三个交易所的橡胶成交量（见图 9）。从每日橡胶期货行情走势来看，每当上午 9 点国内 SHFE 开盘后，已经运行一个小时的 TOCOM 橡胶价格总会出现大的修正，国内橡胶期货的引导作用越来越明显。

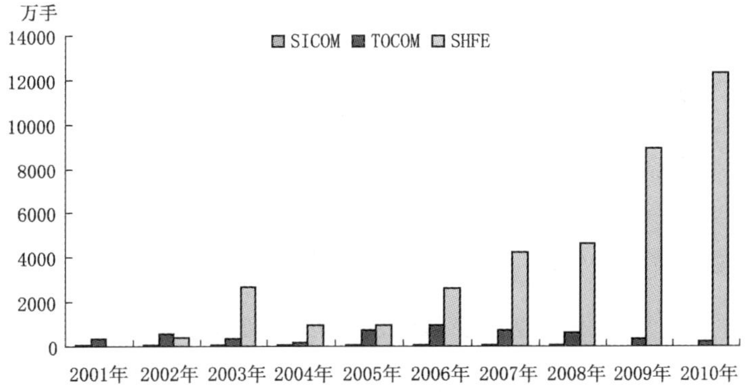

图 9　SICOM、TOCOM、SHFE 橡胶成交量走势

为了更系统地说明上海期货交易所、新加坡商品交易所和东京商品交易所橡胶价格之间的联动关系，本课题定量地刻画每一个市场在引导其他市场运行方面的作用，立体地揭示上海期货交易所在国际橡胶定价中的影响力。[①]

本课题选用三个交易所价格指数收盘价，数据时间跨度为 2001 年 1 月 1 日至 2010 年 9 月 30 日，剔除因不同市场上节假日不同导致的数据不匹配部分，得到有效配对组

① 详见附录 7。

合2359组①。由图9可知，三家交易所橡胶成交量是从2007年发生根本性的变化，上海期货交易所橡胶成交量开始遥遥领先。为了研究三个市场期货价格之间的影响关系，将样本区间分成两部分：第一部分为2001年1月1日至2006年12月31日，数据分别记为SHFE1、TOCOM1、SICOM1；第二部分为2007年1月1日至2010年9月30日，数据分别记为SHFE2、TOCOM2、SICOM2。

实证分析结果表明：对于两部分数据而言，新加坡商品交易所橡胶价格指数一直是东京工业交易所和上海期货交易所橡胶价格指数的格兰杰原因。而上海期货交易所的地位在前后两个阶段中发生了重大变化，第一部分中，新加坡商品交易所和东京工业交易所橡胶价格指数都是上海期货交易所橡胶价格指数的格兰杰原因，但是第二部分中，上海期货交易所橡胶价格是其他两个交易所橡胶价格指数的格兰杰原因。三个期货市场价格之间相互影响，相互作用，一个市场的价格波动将传导到另外两个市场，对相关市场上的价格波动产生影响。总体而言，新加坡商品交易所的橡胶价格在国际橡胶定价中地位显著，但随着时间的推移，上海橡胶期货市场在国际橡胶定价中的作用和影响力呈现明显上升的趋势，时至今日，上海期货交易所橡胶价格已经能够影响其他两个交易所橡胶价格，国际橡胶定价格局正发生深刻的变革。

六、中国期货市场的发展对经济发展方式转变的作用

多年来，中国经济发展方式的转变进程之所以缓慢，主要原因在于保障和促进转变顺利实施的核心问题没有得到圆满解决，而期货市场的健康快速发展能够对上述问题的解决发挥关键作用。未来，期货市场应紧密结合我国经济发展方式转变的要求，在现有成就的基础上，进一步消除制约自身作用充分发挥的因素，为我国实现经济发展方式的根本转变发挥出更加重要的作用。

（一）中国经济发展方式转变实现须解决的核心问题

从20世纪90年代提出“经济增长方式转变”到党的十七大提出“经济发展方式转变”，我国对经济发展方式需要进行根本转变的认识越来越深刻。但经济发展方式转变的进程却不尽如人意。究其原因，两大核心问题始终无法得到圆满解决严重制约了我国经济发展方式转变的成功实现。

1. 经济发展方式转变中的风险如何得到有效管理

经济发展方式转变是对原有经济发展方式的摒弃，是中国经济发展的一场深层次变革，这其中蕴含着各种各样巨大的风险因素。这些风险因素不能够得到有效的控制或消除，就无法打破原有经济发展方式已经形成的平衡，各市场主体参与经济发

① 数据来源：Wind资讯数据库。

展方式转变的热情和积极性就无法被充分调动，经济发展方式转变实现起来将举步维艰。

经济发展方式转变过程中企业面临着很大的风险。在原有的发展模式下，企业已经习惯了粗放式的经济增长模式，由于相对低廉的劳动力、原材料、土地等生产要素的价格，使得企业无需过多关注这些生产要素价格的变动仍可以取得相对高额的利润。如果上述生产要素的价格仍然维持在一个相对较低的水平，那么企业就无需费尽心力去进行生产设备的更新换代、生产技术的不断创新等等一系列能够导致经济发展方式实现根本性转变的微观行为。所以，要改变这种状况，就要彻底告别多年来以低廉的原材料、能源等生产要素的价格等为主要竞争力的发展模式，尽快实现生产要素价格的市场化。通过市场化的要素价格反映资源的稀缺程度，再通过适当的政策鼓励与引导迫使企业进行创新，进行生产方式的转变。但是，在生产要素价格逐步市场化这一过程中，大幅波动难以避免，企业将不得不直接面对这一巨大风险。能够控制这种风险，企业就有信心迎接经济发展方式转变带来的冲击；不能控制这种风险，企业要么困守，要么倒闭，舍此别无他途。如何控制或消除这种风险？国际与历史经验表明，利用期货市场是当仁不让的最好办法。

经济发展方式转变过程中政府同样面临着很大的风险。企业是实现经济发展方式转变的微观主体，而政府在经济发展方式转变中要承担重要的管理角色。一个企业出了问题，是企业自己的事；一批企业出了问题，就会影响到整个经济与社会的发展。所以，政府在推动经济发展方式转变过程中势必慎之又慎。经济发展方式转变不可避免要涉及经济增长速度的适当下降、财政收入的短期下降、结构性失业的大幅增加、生产要素价格上涨带动的通胀压力等等问题，这些问题的积累就给政府的宏观调控及管理带来很大风险，使得政府不能够放手推动经济发展方式进行根本性的变革。

另外，在目前全球化程度不断加深的时代，国际环境对国内经济发展的影响也变得越来越大。闭关自守显然是不可能的，要融入整个世界经济的发展，就必须面对与之而来的严峻挑战。在中国经济发展方式转变过程中，整个国家经济要面临外部实体经济的冲击、金融资本的冲击以及汇率、利率等多方面来自外部的风险和压力。如何化解和消除这种风险和压力，对政府的管理能力提出了巨大的挑战。如何迎接这种挑战？无疑要加快发展期货市场，发挥中国在相关方面的影响力，参与争夺商品期货与金融期货的定价权，争夺现代金融的制高点。

2. 经济发展方式转变中的方向如何得到合理引导

我国经济发展方式转变最终要实现的目标已经明确，但在这一过程中如何合理引导其沿着正确的方向前行是一个十分关键的问题。得不到合理的引导，经济发展方式转变很可能事倍功半，甚至无法达到事先预想的结果。

从产业结构调整方面来看，过去数十年，在追求 GDP 高速增长的背景下，第二产业以其见效快的特点得到各级政府的大力支持与发展，而投入大，见效慢的农业长时期难以得到重视。同时，在工业生产当中，由于资源要素价格的不合理，导致粗放式的增长模式占了上风，不但造成了资源浪费、环境恶化的后果，而且导致中国经济发展形成了低水平的路径依赖发展模式。未来，我国经济增长要由主要依靠第二产业拉动向第三次产业协调拉动转变。这其中包含着两层意思，一是我国经济增长当中第一产业和第三产业的贡献偏小，未来要加快发展。农业要向现代化、产业化发展，第三产业要向高端化发展；二是我国第二产业本身的结构也需要进行调整，高新技术产业的比重要逐步加大，高消耗、高污染的落后产能要逐步淘汰。那么，这一过程如何实现？除了政府配套出台相关的鼓励政策合理引导之外，期货市场在其中可以起到很大的引导和促进作用。以农业为例，通过期货市场，可以实现农户“小生产”与“大市场”有效对接，提高农户组织化程度，有效推动我国农业产业化的发展。

从区域结构调整来看，我国东、中、西部地区经济社会发展极不平衡。东部地区已经基本实现了工业化，部分地区已经开始逐步进入工业化后期。而中西部大部分地区还停留在较为落后的农业社会，工业经济才刚刚起步，地区差距很大。这种区域发展不平衡的形成不是一朝一夕，其中包含着许多复杂的因素，解决起来也十分棘手。区域如果能够平衡发展，那么我国目前存在的诸如收入差距拉大、劳动力相对过剩、大城市人满为患等诸多问题都将迎刃而解。所以，区域结构调整是我国经济发展方式转变当中的一项重要工作。要进行区域结构调整，期货市场是很好的引导工具之一。一个品种在期货市场上市，将影响一个产业，覆盖一个地区，对于当前经济实力较弱的西部，西南部、中部地区，就可以通过开发一些包括焦炭、畜产品、农林产品等具有中西部特点的期货品种，把市场经济的理念引进来，用市场交易的方式带动当地的企业和产业实现发展。

（二）中国经济发展方式转变对期货市场发展的内在要求

由于我国经济发展方式转变是一个长期复杂的过程，涉及多种多样的问题，所以，对各行各业来讲，都势必要承担起一定的责任。既然期货市场能够在经济发展方式转变中发挥重要的作用，那么理所当然要承担起着经济发展方式转变对它的多项要求：

1. 期货市场要为转变过程中微观市场主体提供风险管理服务

经济发展方式要实现顺利转变，企业需要平稳的生产经营环境。价格风险对企业的正常生产经营影响很大。随着我国资源要素价格改革的进一步深化，生产要素价格出现大幅波动的情况不可避免，企业日益面临一个不确定的经营生产环境，需要期货市场充分发挥其价格发现功能。另外，由于经济全球化程度的提高和金融深化与创新进程的加快推进，国际间经济和金融的风险也随之增加。大宗商品价格、利率、汇率、股指等重要经济变量波动愈加频繁，实体经济以及信贷、证券等金融市场的风险也日益复杂与集中。所以，在我国当前经济发展方式转变的过程中，外部环境变化带来的市场风险也日益增大。这就要求期货市场充分发挥其风险规避功能，作为一个套期保值和风险管理的场所为微观市场主体提供风险管理服务，有效规避经济变量大幅波动造成的损失。

2. 期货市场要为转变过程中的产业升级调整提供引导帮助

在农业发展方面，农产品期货要起到有效发挥化解农业市场的价格风险、实现农业标准化、引进生产资金、引导农业结构的调整等等重要作用。例如，期货市场可以为农业生产提供有利价格信号帮助农民进行生产决策，这样就克服了传统农业产业结构调整当中存在的盲目性和随意性的问题，从而引导农业生产健康稳定发展。另外，由于期货市场交易的是标准化期货合约，其对交割标的物制定了严格的质量标准。期货交割标准确立之后，企业更有动力以期货市场的交割标准为技术创新的方向，进而全面提升企业的产品质量。如果相关产业的生产者及贸易商等都能够广泛参与期货交易，那么不符合期货合约要求的产品市场需求就会逐步萎缩，从而可以达到充分保障相关产业发展质量的目的。这是期货市场特有的功能，也是行之有效的市场化手段，其作用是行政措施难以替代的。

在工业发展方面，要求期货市场为现代化工业企业提供价格发现和风险规避的场所。无论是原油、铁矿石还是有色金属，现代化工业的发展都离不开发达的期货市场。如果没有期货机制，企业缺乏避险工具，价格剧烈波动时，将给全行业带来巨大冲击，不利于行业的稳健发展。同时，期货市场还可以借助资源配置的作用促使资源向着有利于结构调整的产业方向流动，对于促进新兴产业发展，淘汰落后产能都能够起到重要作用。

在服务业发展方面，大力发展服务业是我国进行产业结构性调整的主要任务之一。大力发展服务业不仅符合国民经济结构调整的需要，而且符合行业发展的内在要求。而期货市场作为现代金融市场的重要组成部分，本身就是高端服务业的一种类型，属于金融服务业的范畴。期货市场兴旺发达，除了解决不少就业问题之外，还可以带动包括旅游、餐饮、房地产、物流、电子商务等在内的其他相关服务业的大力发展。所以，大力发展服务业就隐含着加快发展期货市场的要求。

3. 期货市场要为转变过程中的区域经济协调发展发挥作用

从我国区域经济结构调整来看，同样需要期货市场在其中发挥重要的作用。期货市场可以将区域的资源优势最终转变为经济优势，从而促进区域经济的不断优化发展。我国中西部地区经济虽不发达，但拥有储量丰富的自然资源。通过期货市场，就可以加速中西部地区经济的快速发展。期货上市品种可以极大提高产地的国际知名度和影响力，相当于为产地和产品作长期免费广告；期货交易所利用产地现有的仓储、运输等资源，将符合条件的仓储企业指定为期货交割仓库，那么这些仓库将成为当地企业与政府的一个收入来源；期货品种的上市增强了国内外对相关企业的关注和认识，可以促进产地龙头企业的形成；有利于增强区域企业在国内外市场的竞争力。

4. 期货市场要为转变过程中政府宏观调控政策实施提供支持

我国要完成经济发展方式转变，不是一蹴而就的事情，需要多方面、长时间的努力，单靠市场的力量无法解决，客观上需要国家宏观调控政策来发挥巨大作用。无论是为宏观调控提供决策依据，还是落实宏观调控目标，都要求期货市场深度参与，提供支持。在我国经济发展方式转变过程中，由于国内外一些突出矛盾和问题的交织，使得政府对宏观经济运行态势的判断会变得异常艰难，原有的判断宏观经济运行质量的指标远远不能满足需求。在这种情况下，要求期货市场充分发挥自身的独特功能，为国家宏观经济运行状况进行提前预警，为政府宏观调控决策提供有力支持。一般来讲，宏观调控政策效果显现的时滞至少有 3～6 个月，而期货市场最为活跃的合约一般都是 3～6 个月的合约，正好可以为决策部门提供一个可以预期的价格参考信号。另外，在开放的市场条件下，政府利用以货币政策、财政政策等为主的工具来进行宏观调控已经有些力不从心。这就要求期货市场充分发挥其宏观政策导向功能和作用，协助政府进行宏观调控。

5. 期货市场要为转变过程中的国家经济安全提供保障

中国经济质量要提升、经济增长速度要保证、经济发展方式要实现成功转变的一个重要前提是：国家经济安全必须得到保障。当前，在全球化市场经济条件下，许多经济问题已经不单单是一个国家内部的问题，也不能指望关起门来就能得到解决。如何在保持国内经济健康快速发展的同时保障国家经济安全不受外在环境或力量的冲击是摆在每个国家面前的现实问题。

粮食安全、能源资源安全和金融安全是国家经济安全的最重要的方面。近年来，国际粮价、油价以及大宗商品价格的大幅波动、金融市场也连续发生动荡，已经对我国的经济发展造成了不小的冲击。在我国经济发展方式的转变过程中，一旦国家的经济安全得不到保障，全体国民多年来辛辛苦苦创造的经济财富很可能在顷刻之间就被其他国家通过市场化的手段掠夺。实现经济发展方式的根本转变也就无从谈起。所以，我国的期货市场一定要参与到国际大宗商品定价权争夺和国际金融竞争之中，切实维护和保障国家的经济安全。

（三）中国期货市场在经济发展方式转变中的作用发挥现状

1. 服务微观市场主体作用日益明显

近年来，随着我国期货市场品种的不断丰富、市场流动性的不断增强和市场参与者的不断增加，由此形成的期货价格能够比较准确的反映市场的供求状况和预期，对于生产者和经营者有较强的指导性，在优化市场资源配置的结构，提高生产经营的效率方面作用明显。

我国众多参与到期货市场中来的有色金属行业的企业，在签订贸易合同时，都要参照期货市场的有色金属价格，有色金属期货价格已经成为有色行业定价的基准价格，对国内有色金属生产、加工、流通、消费企业起到一定的导向作用；一些需要原材料的生产企业，也在利用期货市场进行原材料采购管理，锁定采购成本，缩短储存时间，降低流通费用，实现预期利润方面取得了较好的效果，甚至有的企业开始尝试利用期货市场实现“零库存”的管理。

目前，在市场风险面前，国内各类企业利用期货工具进行风险管理的需求和意识不断增强，越来越多的企业开始积极参与到期货市场中进行套期保值，规避风险。在有色金属行业和大豆行业，几乎所有的企业都会跟踪利用有色金属和油料油脂期货市场的价格。如中粮集团、五矿有色、江西铜业、中国铝业、中油燃料油公司等诸多大型国有企业都已经积极参与并利用期货市场管理风险，完善公司管理体系。

同时，许多中小企业的入市积极性也明显增强。大量电厂、陶瓷厂、远洋运输企业陆续参与到燃料油市场中。通过在期货市场上的操作，企业可以通过套期保值转移价格变动的风险，从而按预期价格出售产品，也可以按预期价格购进原料，有力地促进了企业的长期稳定发展。例如，2010 年以来，面对不断上涨的棉花价格，大量的棉纺企业通过在期货市场的套期保值，有效克服了棉花价格不断上涨带来的成本压力，进入期货市场转移价格波动风险已经得到越来越多的企业的接受和认可。

2. 服务产业结构升级调整成效显著

在农产品生产和销售中，大豆、小麦、玉米、橡胶等期货价格也已经成为东北、华北、云南等地农民以及农业产业组织安排农业生产、调整种植结构、确定销售计划、锁定预期利润的重要依据。例如，郑州商品交易所上市的强筋小麦期货品种，通过建立严格的优质小麦交易、交割标准，形成了真实反映优质小麦质量与价值的价格，拉开了与普通小麦的差距。并且利用期货市场强大的信息发布能力，引导农民种植优质小麦。目前，在期货市场的引导下，优质小麦在中原及周边地区已经形成了较大的种植规模。参与强筋小麦期货交易广泛的河南、河北、山东、江苏等省优质小麦种植面积达到了70%～90%。豆类期货的日益成熟对我国豆类产业链的形成具有重要的作用，大豆期货使得农民开始广泛种植用于食用精深加工的高油大豆和养殖业与加工业应用的高蛋白大豆，并且帮助大豆加工企业掌握大豆话语权，提升了我国大豆产业核心竞争力。

近年来的市场实践表明，不断规范的农产品期货市场正逐步体现出其具备的发现价格和预警功能，有力地促进了我国农业产业结构调整和农产品质量的提高。农产品期货市场的作用在实践中已被社会充分的认识，正在向广度和深度上发展，期货市场对我国经济发展的重要意义日益体现。

3. 服务区域经济协调发展成绩斐然

随着我国期货市场的不断发展壮大，品种的日益丰富，服务区域经济协调发展成绩斐然。以白糖期货为例，2006年1月6日，郑州商品交易所上市白糖期货。郑商所制定的白糖期货合约及其有关交易交割制度安排，把支持和服务广西糖业发展放在突出位置。完善了广西食糖价格体系，促进了广西糖业创新甘蔗订单农业新模式的发展，提高了广西农民的收入。目前广西食糖产量已占到全国食糖产量的60%以上，蔗糖业已成为广西最重要的支柱产业。广西甘蔗种植面积接近1600万亩，超过全区耕地总面积的1/3，蔗糖业对广西GDP贡献达到15%～20%，从事白糖上下游产业生产的人数占全区总人口的56%，广西糖业的发展对广西整体经济的稳步发展意义重大。

4. 服务国家宏观调控作用有效发挥

合理调节商品价格，缓解供求矛盾，平抑市场波动是宏观经济调控的一个重要方面，期货市场在这一方面发挥出了重要的作用。2005年3月，国内玉米丰收，为缓解玉米价格走低，合理保护农民利益，增加农民收入，国家对玉米实施了出口退税、发放配额等一系列举措。国内期货市场以高度的灵敏度和超前性对国家这一宏观调控政策做出了反应。由于期货价格信息公开透明，并有巨大的市场影响力，国家宏观调控政策及涨价信息当天就传到现货市场各个层面，特别是直达农户，农民对价格上涨信息了解充分，改变了以往由于现货市场传递环节多、传递周期长、贸易商截留、信号传递中途衰竭，调控效果打折扣的情况，使调控效果立竿见影。2009年以来，国家对玉米品种实行临时收储政策，对玉米市场带来了深刻影响，玉米期货市场运行及企业经营都面临着新的形势，玉米期货国内市场特征明显、及时反映和强化国家调控政策的新特点。由于国内玉米供需基本平衡，玉米进出口实行配额管理，玉米市场价格形成更多受国内因素影响，国内市场风向标的特点突出。国家临时收储政策出台后，国内期货市场快速反应了调控意图，以超前、权威的价格信号强化了国家调控效果，体现了期货市场价格发现功能，发挥了配合服务国家宏观调控的作用。

5. 服务国家经济安全保障日益增强

目前，在我国商品期货交易所上市交易的铜、大豆、小麦等品种的价格已逐步具有一定的国际影响力。在金属铜期货市场，上海铜期货价格已经成为国际三大铜定价中心之一，“上海价格”已经成为国际铜价的重要参考，铜交易价格也已摆脱了国际资本的控制和操纵；在大豆期货市场，我国大连大豆期货市场已成为世界第二的大豆期货市场和世界最大的非转基因大豆期货交易中心。大连大豆期货价格已成为国内大豆销售市场的代表价格，是大豆价格形成的重要因素之一。大连大豆期货市场逐渐成为全球非转基因大豆的定价中心。在小麦期货市场，郑州小麦、棉花期货价格被纳入世界小麦、棉花价格体系，增强了我国小麦、棉花在国际市场定价过程中的话语权。路透社在其全球报价系统每日发布郑州小麦、棉花期货价格，美国众多国际著名粮、棉商对此高度关注，增强了我国在全球小麦、棉花定价过程中的影响力。

2010 年以来，国内农产品价格不断出现上涨。但同样是上涨，小麦、白糖、玉米、大豆等这类大宗农产品价格的上涨因素就与绿豆、大蒜、生姜等小杂粮和调味品品种不同。没有期货市场的小宗农产品，其价格涨幅明显高于拥有期货市场的大宗农产品。这是因为，大宗农产品有对应的期货市场，价格形成公开合理，供求信息透明对称，国家也拥有储备物资可随时对供需进行调节；而绿豆、大蒜、生姜这类农产品因产量偏小，并未形成规模种植，产地也较为集中，容易受到天灾影响，再加上这些品种并没有公开透明的统一交易市场，国家也没有相应储备，因此容易被资金炒作，价格波动也比较剧烈。所以，大宗农产品期货市场有效避免和消除了市场的疯狂炒作可能给我国经济带来的不稳定。

（四）期货市场服务中国经济发展方式转变作用发挥的主要制约因素

“十二五”期间，中国经济发展方式的转变需要期货市场发挥更大的作用。但是，当前一些存在于期货市场内外的因素严重影响和制约了期货市场对经济发展转变的作用发挥，主要表现在以下几个方面：

1. 社会对期货“投机行为”的认识误区制约了期货市场作用的有效发挥

期货市场功能和作用的充分发挥是建立在充分尊重期货市场本身运行规律的基础上的。投机行为的存在是期货市场正常运行的一个基本和重要条件。正确认识并且充分肯定投机行为在期货市场当中的角色对期货市场功能和作用的充分发挥至关重要。

在市场经济体制条件下的经济发展方式转变过程中，风险是时刻存在的。微观市场主体如果想规避或转移风险，就必须借助于投机者愿意承担风险的投机行为来实现。对于期货市场来讲，价格发现功能是靠充分的市场流动性而形成的。如果没有期货市场的投机行为，参与者都去进行套期保值的话，势必供求不足，交易量也难以形成规模，市场的流动性很小，难以形成客观反映供求关系的真实价格，价格发现功能无法有效发挥。如果只有套期保值者而没有投机者，风险的转移不可能顺利进行，期货交易无法实现，规避风险的功能不能有效发挥。

从传统文化的角度来看，中国两千多年的儒家文化造成了“重农轻商”这一根深蒂固的思想。经商被认为是舍本逐末之举，贱买贵卖的投机行为更是与中国传统文化当中的“贵义贱利”这一道德标准背道而驰。改革开放之前，长时间计划经济体制下更是把以“投机倒把”来命名的投机行为看做是资本主义体制下的邪恶行为列入法律打击对象，投机行为长期背负着道德与法律的双重打压，为全社会所不容。改革开放以来，特别是从20世纪90年代初以来，随着我国社会主义市场经济体制逐步建立，资本市场与期货市场快速发展，市场经济逐步为大多数人所接受并认可，对投机行为的认识出现了一定的宽容与变化，但时至今日，对于社会主义市场经济以及期货市场当中投机行为的地位和作用，仍然没有一个清醒正确的认识。全球金融危机爆发以来，包括金融衍生品市场在内的期货市场又一次走上了风口浪尖，投机行为受到广泛的指责，导致本来就亟须培养发展壮大的中国期货市场也遭受牵连。管理者、社会公众以及媒体都对“投机行为是造成价格波动的根源，期货市场是造成经济波动的根源”这一错误观点深信不疑。长期以来，由于社会对期货市场正常运行当中的投机行为存在的认识误区而导致政府对于期货市场的发展慎之又慎。种种限制与打压措施严重损伤了投机者参与期货市场的积极性，造成我国期货市场一直处于参与者寥寥、流动性不足的局面，严重影响和制约了期货市场功能和作用的充分发挥。自身运行发展尚且步履维艰，更不要说为经济发展方式转变发挥重要作用。

2. 外部体制机制与政策性障碍等问题制约了期货市场作用的有效发挥

改革开放以来，虽然我国在市场经济体系建设中已经取得了明显成绩，但受体制转轨、基础薄弱和发展阶段等各种因素影响，目前在市场体系建设中还存在一些突出矛盾和问题。在期货市场建设的思想上，仍然没有完全摆脱计划经济思维的约束，始终在期货市场的规范与发展问题上左右摇摆，徘徊不前。实际上，期货市场的规范与发展不是对立的，没有期货市场的快速发展，规范就无从谈起。期货市场作为市场经济体制的典型代表，本身就具有对市场经济发展的强大适应性。所以，目前貌似是期货市场发生的不规范问题实质不在于期货市场本身，制约期货市场发展的其他因素规范了，障碍扫清了，期货市场自然会逐步走向规范。

期货市场价格发现与风险规避功能的充分发挥是建立在资源要素价格充分变化流动的基础上的。但我国对期货市场的多次治理整顿虽然使得期货市场日益规范，但由于期货市场建设的指导思想和规则逐步脱离了市场化的原则导致这个市场出现了扭曲和变形，从而没有内在的活力，无法充分发挥其功能。在价格出现大幅波动的时候管理部门首先想到并且愿意采用的管理工具仍然是行政管制，这样的制度及行为本身都会对期货市场的发展以至于期货市场功能和作用的发挥产生消极影响。

另外，我国目前存在的市场壁垒和地方保护主义严重阻碍了全国统一市场的形成，没有一个要素充分流动的市场，阻碍了资源合理流动，降低了市场资源配置效率，期货市场的功能自然不能有效发挥。我国资源要素价格市场化改革还不充分不彻底，上下游企业市场化程度严重不匹配，企业垄断、行业垄断、部门垄断等顽疾处处存在，现货市场秩序混乱和商业信用普遍缺失等现象十分严重等等这些问题在一定程度上也影响了期货市场价格发现功能的实现。同时，国家对于国有企业参与期货市场、金融机构参与期货市场等等进行了一系列的限制，针对期货市场的相关法律法规的不完善等政策性问题也制约了期货市场功能的有效发挥。

3. 期货市场本身发展存在的问题制约了期货市场作用的有效发挥

除了外部制约条件之外，期货市场本身发展存在的一系列问题也严重制约了期货市场功能和作用的有效发挥。

我国期货市场的规模小且影响力弱。从期货市场规模与经济规模比率来看，我国期货市场规模约为 GDP 的 2 倍，远不及 20 ~ 30 倍的世界平均水平。这样的期货市场规模显然完全不能适应我国经济发展的需要。我国经济总量已经跃居全球第二的位置，成为许多重要资源性商品的需求和供给大国。但我国期货市场对国际期货市场的影响力很弱，地位不高，难以对重要的国际资源性商品的价格形成产生影响，从而使我国经济活动不能很好适应经济全球化时代的要求，在参与全球经济竞争当中付出很大的代价，同时也使国家长远的经济安全受到很大威胁。

我国期货品种少且结构不合理。与国际上发达国家成熟的期货市场相比较，国内的期货交易品种明显偏少，作用发挥有限，增加新品种困难，远远不能满足国民经济发展与结构调整的需要。国内虽然近几年新产品上市的速度大幅提高，交易品种逐渐增多，截止到 2010 年末，已经上市交易了 23 个商品期货合约和股指期货 1 个金融期货合约。但主要集中在农产品上，金属期货品种较少，而能源期货仅上海期货交易所燃料油一种，能源期货及金属期货明显缺乏，金融衍生品期货更是刚刚开始起步，发展严重滞后。商品期货品种的缺失，既不利于市场资源配置效率的提高，也不利于相关企业参与套期保值规避经营风险。特别是金融期货发展的严重滞后，不利于市场主体利用金融衍生品种进行有效的风险管理及建立合理的投资组合，危及金融市场的稳定性，从而对实体经济的平稳运行留下隐患。

我国期货市场参与主体结构失衡。期货市场功能若要有效发挥，多元化的主体参与非常重要。相对国际期货市场结构而言，我国期货市场自然人投资者的比重较大，缺乏商品期货机构投资者和专业投资者，期货公司自身不能参与期货交易。国内企业对期货市场功能的认识不足，金融机构虽在条例修改之后已具备了法规上参与的许可性，但还并未得到完全准许。而国外投资者的参与又受到相关法规的严格控制。市场参与主体结构的失衡使得在期货市场流动性有限的情况下，很容易形成市场操纵力量，导致价格大起大落，严重影响了期货市场的价格形成机制。而价格信号的失灵又进一步打击了套期保值机构和个人的参与热情，从而陷入恶性循环。

除此之外，我国期货市场还存在着内部运行机制与管理的不完善、从业人员知识层次不高、对外开放程度较低等等问题，这些期货市场本身发展存在的问题也是制约其功能和作用有效发挥的一个重要因素。

七、服务于经济发展方式转变的中国期货市场深化发展建议

新时期，在加快转变经济发展方式的背景下，我国期货市场的发展已明显滞后。“十二五”期间，国家有必要重新审视期货市场在促进经济发展方式转变过程中的作用，澄清对于期货市场作用的错误认识，确立期货市场在国民经济发展当中的战略地位，引导期货市场深入健康有序发展，促进期货市场功能不断完善，使期货市场在服务我国经济发展方式转变的过程中能够发挥更加重要的作用。

（一）澄清认识误区，明确期货市场战略地位

期货市场要加快发展，要在中国经济发展方式转变中发挥积极作用，首先要澄清长久以来社会对期货市场以及期货市场中存在的投机行为的认识误区，重新审视期货市场在经济发展当中的重要作用，从国家的高度给期货市场以明确的战略地位。

1. 对期货市场中的投机行为给予恰当的认识和评价

投机是一种正常的市场行为，对其评价不应该掺杂过多的道德标准。投机行为的存在是由市场经济的内在规律和运行特点所决定的，同时，投机对于市场经济的健康运行发挥着重要的作用。对于期货市场来讲，投机行为促进了信息与资源的流动、调节着供求关系、提供了竞争激励、承担并转移着风险，是有利于期货市场的作用有效发挥的。“水至清则无鱼”，离开了投机行为，期货市场的交易无法进行。当然，投机行为在某种程度上也反映了市场机制的自发性和盲目性，投机过度会使期货市场出现一些误导性的价格信号，会人为加剧市场的非正常波动。但其过错不在于投机行为本身，而在于投机者及管理制度。为了预防这种消极影响，也为了使投机所承担的风险合理可控，需要政府保持一定程度的宏观调控，尽可能完善对市场的管理，对投机者的资格要严加限制，但对投机行为则应该适度宽容。积极倡导和鼓励依照公平的条件，在公正的监督之下，在商品交易所、期货交易所、证券交易所等规范的场合公开进行“场内投机”。

2. 明确社会对期货市场功能和作用的认识

期货市场与证券市场的功能与作用虽然不同，但二者在市场经济体系下都是经济运行不可或缺的对象，具有同等重要的地位。证券市场解决的是资本聚集与配置的问题，而期货市场解决的是风险管理的问题。期货等衍生产品的出现，使社会经济从仅仅是关注财富的积累与分配，转而更加关注风险的集聚与分散，从而更加注重经济发展的可持续性和稳定性。与证券市场相比，虽然期货市场的功能和作用的发挥是隐性的，但决不能因此忽略甚至否认期货市场在促进经济发展方式转变中的重要作用。专家学者、新闻媒体、社会舆论等要公正客观看待和发表对于期货市场的认识和评价，充分肯定期货市场的功能和作用。

3. 国家要从战略高度赋予期货市场一定的地位

多年来，期货市场在我国金融市场发展的过程当中一直是被边缘化的对象，长期遭受冷落和打压，错过了很多快速发展的机遇，这也直接导致目前期货市场服务经济发展方式转变的广度和深度都远远落后于其潜在能力，也不能满足新时代国家对期货市场服务经济发展方式转变的期望。当前，急切需要国家重新审视期货市场在促进微观资源配置方面、风险管理方面以及维护国家经济金融安全方面的重要作用，将其定位为促进中国经济发展方式转变的关键角色，关乎国家经济长远发展与安全的角色，大力扶持发展。

（二）改革体制机制，破除期货市场发展障碍

期货市场要加快发展，要在中国经济发展方式转变中发挥积极作用，就必须加快改革目前存在的一系列阻碍期货市场发展的体制机制问题。

1. 加快改革资源和要素价格形成机制

期货市场的产生与市场经济密不可分。同样，期货市场功能和作用的发挥也离不开一个统一开放竞争有序的现代市场体系。要建设这样的一个现代市场体系，改革资源和要素价格形成机制是核心。这既是经济发展的需要，也是期货市场能够健康运行并且充分发挥其作用的基础。从我国目前的情况来看，资源和要素价格形成机制不完善，不能反映资源利用和要素使用的真实成本，既不利于资源节约和保护，也不利于生产要素合理配置。缺乏了价格形成的市场机制，期货市场很难发挥作用。所以，下一步必须深化价格改革，理顺资源价格体系，消除垄断，完善反映市场供求关系、资源稀缺程度、环境损害成本的生产要素和资源价格形成机制。

2. 深化涉及期货行业的财税、金融等体制改革

期货行业本身并不创造价值，其交易零和性的特点决定了国家在期货交易税收制度的确定上，要坚持税负从轻的原则。否则，期货市场上的资金将会逐步转化为国家税款，导致期货市场的资金萎缩，不利于期货市场发展壮大和作用的充分发挥。在金融体制改革方面，要进一步深化资金、外汇等要素价格改革，积极发展债券市场，稳妥地推进利率市场化，继续完善人民币汇率形成机制，为未来推出利率期货、汇率期货创造条件。

3. 积极推进行政体制改革

深化对于期货行业相关的行政审批制度改革。对期货交易所的设立、期货公司的成立以及期货品种上市等一系列审批制度进行深入研究和改革，最大程度为期货市场健康发展创造条件。进一步健全和完善对于期货市场的监管体制，明确监管部门的职责，强化期货市场风险预警机制及事前控制能力。加强政府的宏观调控能力，优先采取市场化的调控手段，逐步减少对价格的直接管制，重视和掌握更好利用期货市场来进行宏观经济调控。

（三）加大政策扶持，拓宽期货市场发展空间

期货市场功能和作用的发挥与期货行业的发展紧密相连。为适应经济发展方式转变

及期货市场发展的要求，需要国家加大政策扶持力度，不断拓宽期货市场发展空间。

1. 全面开放咨询业务，加大行业竞争力度

就实质讲，投资咨询业务本身并不具有很大的风险，而且就经纪业务的服务性质来说，经纪业务本身就很难与投资咨询业务完全独立开来。期货公司在进行客户开发和维护的过程中都会不可避免地涉及投资咨询性质的服务内容，其差别仅仅在于咨询专业水准的高低及方式的优劣。因此，对于咨询业务的开放应该尽早取消准入限制，为竞争缺乏的期货市场创造一个公平的市场竞争环境，这样不仅可以全面提升期货业的服务能力，更可以使期货公司尽快实现优胜劣汰，实现期货市场的规范发展。

2. 稳步推进理财业务，促进行业差异化发展

在经过第一轮咨询业务的大浪淘沙之后，得以生存的期货公司基本都已具备了一定的专业水平和竞争力。此时，可以根据期货公司的注册资本、净资本及风险状况的等因素，向部分实力雄厚的期货公司开放代客理财、账户管理等理财投资类业务，逐步引导行业经营的分化，形成综合类期货公司和专业期货公司共同发展的市场格局，吸引不同投资需求的投资者进入市场，从而全面扩大期货市场规模，增强期货市场服务经济发展的整体实力与能力。

3. 审慎开放自营业务，严格控制风险

相比于期货公司的其他业务，自营业务对于期货公司的稳健经营和稳定发展的威胁最为直接也最容易造成期货公司违规操作及损害投资者利益的行为。因此，对于自营业务的开放，必须以严格的风险控制制度的建立为基础，在选择试点期货公司时，除了考虑资本实力外，还要综合考虑期货公司的诚信记录以及公司内部风险控制制度的制定和落实情况，同时要加大投资比例的管理，严格控制自营资金的投资规模及其占期货公司总资产的比例，在鼓励期货公司发展壮大的同时，时刻将投资者权益放在首位，维护好行业整体形象，推动行业发展。

4. 尽快试点期货投资基金，培育基金投资者

期货投资基金的设立对于期货市场来说有利于广泛吸收社会资金，增加期货市场的资金供给，对于扩大期货市场规模有着难以企及的作用。对于期货行业的发展来说，设立期货投资基金有利于期货公司更好地满足不同层次投资者的需求，为投资者提供更加完善的投资服务，吸引更多的投资者进入期货市场，增强期货公司在整个金融行业的竞争优势。目前，可以以现有的基金管理公司为试点，放宽基金投资期货市场的限制，逐步完善立法及监管，在此基础上，可以允许部分综合类期货公司发起设立期货投资基金。在试点初期，可以将期货投资基金的类型限定为封闭型，此后，再逐步放开开放式基金的交易；在投资范围上，初期也应以套利交易为主，在市场发展到一定规模后逐步扩大投资交易的范围。

（四）加快创新步伐，推动期货市场健全完善

随着我国经济发展方式的转变，要更好地发挥期货市场的功能，就有必要完善现有的期货市场制度，不断增加制度的弹性，更有效地维护期货市场平稳运行。

1. 优化期货交易制度

在我国转变经济发展方式的背景下，要进一步优化期货交易制度。交易制度的优化既要考虑经济发展方式转变的需要，也要注重风险的防范和市场效率的提高。一是要实行动态保证金制度。对于保证金比例的设定，可以根据经济发展方式转变的需要，对新兴产业、战略产业相关的期货品种，特别是新上市的品种实行较低的“保护性”保证金比例，并根据合约上市的时间及市场规模不断进行调整。二是要灵活设定涨跌停板比例。在现有涨跌停板制度基础上，对于涨跌停板比例的设定可以从品种上市时间及市场规模两方面考虑。对于与经济发展方式转变密切相关的新品种，可以根据相关企业在产业链中的位置及产品的价格弹性来制定不对称的涨跌停比例；对于已上市多年较为成熟且市场规模较大的品种，可以适度放宽涨跌幅比例，允许市场充分发挥价格发现功能。对于国际化的大品种，可以适当考虑实行与国际市场基本一致的涨跌停安排，充分利用市场机制实现资源的优化配置。

2. 完善期货交割制度

交割制度是连接期货市场与现货市场的主要纽带，交割地点与交割价格的选择对于期货市场的发展及功能的发挥都有着极其重要的作用。而目前我国的期货交割制度虽然对区域经济的发展产生一定的促进作用，但从服务经济发展方式转变的角度看，对于交割制度仍有进一步完善的必要。第一，在交割仓库的选址上与设置上，应该统筹考虑行业分布状况，兼顾经济发展方式转变战略中重点地区及主要的品种交割需求方，尤其是考虑在重点发展的区域设置交割仓库，降低当地企业的运输成本，增加其参与期货市场的热情。第二，在交割价格的确定上，对于仓单价格升贴水的确定可以在交割日前，通过交割双方自由报价由市场决定，这样可以充分反映市场真实供求，有利于期货市场价格发现功能的实现，也有利于企业收益的最大化。

3. 丰富完善期货品种

继续完善商品期货品种。第一，对于国际市场发展较为成熟，国内产量大的品种，特别是大宗商品期货要加紧相关期货品种的上市步伐，如石油、矿产、稀有金属等关系国计民生的主要战略商品，应该加快上市步伐。第二，选择与经济发展方式转变密切相关的同时产业链相对完善的期货品种加快上市，这样就可以根据经济发展的需要实现产业的优化升级。目前，在现有的PVC、塑料期货和焦炭期货的情况下，以此为基础，未来我们可以推出房地产期货，这样通过产业链条的互动影响既可以使房地产企业及相关金融机构可以及时防范和化解风险，也有利于房地产市场的稳定健康发展。第三，设计推广适应经济转型的新品种。伴随着经济发展方式的转变，可以预见，种类繁多的各种新材料、新能源将会广泛地应用于经济生产和生活的方方面面，相应的行业产品标准也亟待规范。因此，预先设计新能源、新材料相关期货品种，不仅有助于扶持行业的快速规范发展，更有助于新产品的应用推广以及经济发展方式转变的顺利实现，如硅期货、稀土永磁材料期货等都是未来可能与我国经济发展方式密切相关的期货品种。

稳步发展金融期货品种。与商品期货相比，我国金融期货发展还处于起步阶段。从市场规模、品种类别及国际影响力上都与发达国家存在很大差距，也难以满足经济发展方式转变的需要。未来，要在严格控制风险的基础上，进一步完善现有金融期货品种，稳步开发推进新的金融期货品种上市。第一，积极开发商品期权。目前，我国一些期货品种，如铜、大豆等在市场规模及市场影响力上都已达到相当的程度。客观上，需要有相应的避险工具，以保证相应期货品种更好地发挥作用。第二，审慎发展新品种。从我国金融市场的现状看，利率、汇率等一些关键的经济变量还没有完全实现市场化。但是，随着我国国际贸易的不断发展，推出适应市场需求的避险产品已是当务之急。因此，对于此类期货品种，我们应以审慎的态度，逐步推进。比如：以银行外汇远期产品为基础，选择美元、欧元等主要外汇品种开发外汇期货品种；适时恢复国债期货，开发拆借、大额存单等利率期货品种。

积极鼓励创新品种。从国际期货市场的品种创新看，目前的期货品种已延伸到了天气、自然灾害、环境污染指数等没有现货市场基础的品种上。目前我国已经开始了碳排放期货的试点，未来应该在此基础上扩大实践的范围，如针对我国近年来自然灾害频发的情况，设计自然灾害期货，进而减少灾害带来的损失。除了学习发达国家已有的品种外，我们也要结合我国国情开发有利于经济发展方式转变的新品种。如针对经济转型中的结构调整，我们可以研制城镇化指数期货，产业结构期货、行业发展期货等；针对我国中小投资者比例较高的特点，可以开发一些低风险的小品种期货，在拓宽投资者投资渠道的同时，还可以增加投资者的资本收益，达到扩大消费的目的。

4. 改革品种上市机制

一个期货品种的推广上市离不开上市机制的保障。目前我国严格的统一审批制度虽然保证了期货品种上市的质量和风险，但却影响了新品种上市的周期和时间，导致我国期货品种建设步伐缓慢。作为新兴加转轨的国家，我国国情和金融市场状况也限制我们不能过分放开期货市场。因此，在品种上市机制上，我们应该做到有保有压，根据品种区别对待，将审批制与核准制相结合，并以此为过渡，逐步实现期货品种上市由审批制向核准制的转变。对于市场需求强烈但关系国计民生的大宗商品和重要品种，如：石油、汇率、利率等期货品种的上市，仍应由政府专业审批部门进行审批，严格论证，并在交易制度上实行一定的限制，以稳定市场规避风险为主要出发点，做好风险防范工作。而对于那些有一定的市场需求但品种相关较小或者与经济发展方式转变特定需求相关的品种，则可将合约的设计及上市前的论证等工作交由交易所完成，由证监会核准即可上市，让市场对合约的存亡进行选择，优胜劣汰，充分发挥市场机制，以推动产业发展为主要目标，努力增强期货市场整体的流动性和生命力。

5. 丰富期货市场结构

目前，我国期货市场投资者结构比较单一，投资者水平不高、抗风险能力差，无法使我国期货市场的功能充分发挥并服务于经济发展方式转变。因此，要下大力气培育合格的期货投资者，丰富期货市场的投资结构。

大力发展机构投资者。机构投资者不仅包括银行、证券、投资基金、期货公司等金融机构，也包括现货企业等套期保值者。对于这两种不同性质的投资者，应以不同的方式加以培育引导。对于金融机构，如证券公司、商业银行、证券投资基金等机构投资者，应重点制定投资者投资期货市场的方式、途径及投资品种等的规定；对于社保基金、保险基金等机构投资者应主要将其投资方式限定在套利和套保交易，并对进入期货市场的资金比例加以限定；对于期货自营业务及期货投资基金等专业的机构投资者，应积极鼓励其进入期货市场，并为其创造公平、公开、公正的竞争环境，以防止市场操作，充分发挥机构投资者稳定市场、增强期货市场流动性，促进期货市场功能发挥的作用。对于一些现货企业来说，一方面要不断扩大现货企业参与国内期货市场交易的规模及市场参与程度，提高我国期货市场中套期保值者的比例；另一方面，也要求期货公司做好现货企业客户的教育和维护，帮助指导现货企业更好地参与期货市场交易，使期货市场的套期保值功能充分发挥，建立一个比例健康的期货市场投资者结构。

发展做市商制度。随着我国经济发展方式转变的不断深入，更多的期货品种将会被不断开发并推出。但是，新品种上市之初，不可避免会面临市场规模小，流动性差的问题。引入实力雄厚的做市商，不仅可以稳定市场，提高市场流动性，更可以保证重要期货品种的正常交易，为新兴战略产业的发展保驾护航。发展做市商制度，首先应该加强相关法规的完善，为做市商提供一个公平的法律环境。其次，要积极培育一批做市商。目前可以考虑选择具有一定规模、具有较强资金实力及专业能力的期货公司。同时，一些大型金融控股集团也可以通过旗下的基金、投行等成为做市商。再次，要引入竞争机制，允许做市商在价格及服务上自由竞争，允许做市商根据自身对市场的判断分析自由决定交易价格，对一种交易品种，允许若干做市商联合做市，防止做市商操纵市场。最后，期货交易所、期货业协会要加强行业自律和市场监管，使做市商有效发挥稳定市场，促进市场功能发挥的作用。

审慎引入国外投资者。丰富期货市场投资者结构，不能忽视境外投资者的作用，尤其是对于大宗商品期货市场，国外投资者的引入有助于我国期货市场国际影响力的提高和国际定价权的取得。引进境外投资者除了允许国外投资者直接参与我国期货市场交易外，还应考虑审慎引入国外资本进入我国期货公司，试行中外合资期货投资基金，在学习国外同行现金技术经验的同时提升我国期货投资者的能力和水平。

加强投资者教育。要培育合格的期货投资者，就必须从做好投资者教育开始。尤其是对于我国这种个人投资者占有很大比重的市场结构，加强投资者教育对于合格期货投资者的培育尤其重要。投资者教育首先要从投资者入市教育开始，要在投资者入市交易前让投资者充分了解期货市场风险，评估自身风险偏好和风险承受能力，确定适合自身的投资策略，在交易中，也要继续对投资者进行风险意识教育，定期向投资者介绍期货投资相关法律、法规及交易技巧，提高投资者素质，对于风险较高、能力较低的投资者要及时向其提示风险，建议其通过其他途径投资期货市场，提高期货市场投资者整体水平，减少个人投资者数量，不断优化投资者结构。

（五）加强国际合作，提升期货市场国际影响

达沃斯论坛创始人施瓦布于 2010 年天津夏季达沃斯论坛前夕，在南开大学的一次演讲中提出，“危机已经根本改变了整个世界，我们不能采用过去的体系，要把个人和集体的力量加在一起改变新的体系，面临新的现实。”经济全球化的发展使世界各国经

济的依存度极大提高，期货市场在这样的背景下，也同样需要国际的合作交流。

首先，加强期货行业的国际合作需要一个良好的法律环境作为保障。这是因为由于各国经济体制、发展水平、交易习惯等方面的差异，各国在制定各自交易制度和监管规则时必定以本国经济发展需要为依据，使得各国在交易制度和监管要求方面必然存在很大差异。因此，制定一个既符合本国国情又有利于期货市场开放发展的期货市场监管法规对于期货市场的国际化发展至关重要。虽然我国监管机构已与许多国家、地区签署了合作备忘录，达成许多交流合作意向，但由于对于期货市场国际化方面的相关立法的滞后及具体法规的缺失，目前，我国在期货市场的对外交流及合作方面都没有实质性的突破，因此，尽快出台《期货法》，对于我国期货市场国际化发展进行规范，是我国期货市场进行国际合作的重要基础。

其次，从合作的范围看，期货业的国际合作不应仅仅局限于监管当局的合作与交流，更多的是期货市场主体间的学习合作。如：加强交易所间信息的交流与共享不仅有利于各国交易所加强对本国市场参与者的保护，更有利于交易所维护公平有效的市场环境，使期货市场功能充分有效地发挥；通过交易品种的联网共享，一方面可以为本国参与者提供规避风险的工具，另一方面也有利于本国企业根据国际市场价格变化调整生产及进出口计划，同时，合约的竞争也会促进本国期货品种的不断丰富，促进本国期货市场的发展。此外，加强国际合作也要加强各国期货市场在人才、技术上的交流合作，各国之间应通过定期或不定期的人员互换、学习考察、举办研讨会等形式相互学习先进经验，并结合各方的情况探讨更有利于各合作国利益的合作方式。

再次，对于中国来说，国际合作的深入在推动我国期货市场发展的同时，也必然会给期货业带来巨大的挑战。因此，在国际合作的过程中，我们要始终坚持我国经济安全为根本，以经济发展方式转变需要为根据，充分利用国外发达期货市场的优势地位，加快推进期货市场的国际化，利用国际广阔的市场，发展优势品种，在优势品种上努力争取主导权；加快新品种上市推出，防止被他国抢占先机。吸引国际投资者在活跃市场、增强市场流动性、提高市场效率方面发挥作用。

最后，我们应以期货业的国际合作为契机，利用好我国商品生产大国和消费大国的优势，努力争取期货市场的主动权，吸引利用国外资本及商品，丰富我国大宗商品和战略物资储备，提升我国商品层次，提高出口商品竞争力，巩固我国作为世界工厂的地位，提升加工产品的附加值，降低企业风险及成本，同时，利用好期货市场不断优化产业结构，在我国保持加工制造的优势基础上，培育更具持续性的核心竞争力。

八、结　论

风风雨雨20多年，中国期货市场从无到有，从小到大，有过辉煌，也曾一度低落。在当前中国经济发展的重要转折时期，如何看待期货市场的地位和作用，不仅是众多学者，也是政府、社会以及期货行业共同关注的热点话题。本课题从分析我国经济发展方式转变的内涵及要求入手，明确了期货市场在促进我国经济发展方式转变中的角色定位。并通过对国际期货市场促进经济发展转型的历史经验、期货市场功能作用以及制度变迁的认真梳理与实证分析，进一步阐明了期货市场在我国经济发展方式转变中的重要作用。同时，本课题还对当前制约我国期货市场服务经济发展方式转变作用有效发挥的现实因素作了理性分析，对下一步加快期货市场发展与完善，促进其功能及作用更好发挥提出了一些意见建议。总体来讲，通过研究，本课题得到如下一些主要结论：

（一）期货市场能够在经济发展方式转变中发挥重要作用

作为一个处于经济转型期的新兴经济体国家，我国的社会主义市场经济体系亟须发展与完善。随着世界经济一体化进程的推进，我国经济融入经济全球化愈加深入，不可避免地要面对来自后金融危机时代的各种冲击与挑战。期货市场作为金融体系的重要组成部分，可以在经济发展方式转变中发挥重要的作用。期货市场的促进资源配置能力可以帮助市场实现资源的优化配置，从而奠定促进经济发展方式转变的微观基础。可以促进经济结构及产业结构的优化升级，促进区域协调发展；期货市场的风险管理能力可以满足经济发展方式转变环境下企业以及政府和国家对于风险规避和管理的需要。帮助企业摆脱价格风险，实现稳定生产经营。支持政府进行科学的宏观调控，保持宏观经济稳定运行。对外可以参与争夺大宗商品定价权与国际产业链的高端位置，维护国家金融安全，保障国家经济安全，为经济发展方式转变提供一个安全稳定的内外部环境。

（二）期货市场作用发挥的基础在于其功能的不断演进深化

期货市场的功能和作用不是一成不变的。在自由市场经济阶段，期货市场的主要功能集中在价格发现与风险规避上，其作用发挥也主要表现在平抑现货市场价格波动及为企业转移经营风险上；在社会市场经济阶段，国家介入市场经济管理，期货市场逐步衍生出宏观经济政策导向（市场传导）这一新的功能，在国家管理经济方面发挥出新的作用；在全球化市场经济时代，国际的经济合作与竞争日益复杂和密切，期货市场又逐步衍生出开放条件下的市场竞争（国际定价）的功能，并且通过该功能的有效发挥为国家在国际竞争中争夺有利地位发挥了重要作用。在刚刚过去的全球金融危机期间，期货市场在维护国家安全及全球经济稳定方面的功能和作用初步显现。总之，期货市场的功能和作用不是静止不变的，其随着经济发展的需要而不断演进和深化。同时，期货市场逐步演进深化之后的功能顺应了经济发展的客观需要，反过来进一步促进经济的发展。可以说，正是期货市场功能不断演进的生命力奠定了其在促进经济发展方式转变当中作用发挥的基础。

（三）期货市场作用有效发挥的关键在于制度的发展完善

期货市场功能的发挥是建立在其特殊的制度安排基础之上的，独特的制度安排不仅是期货市场区别于其他市场最根本的特征，也是期货市场功能发挥的关键。尤其是对于我国这样一个以强制性制度变迁为主的国家来讲，建立适合经济发展现状和目标的期货制度对于期货市场的发展是至关重要的。由于种种原因，我国期货市场在发展的初期就出现了一些由初始选择偏差所导致的路径锁定。这种路径锁定导致我国期货市场在经济发展中的作用难以得到有效的支持，制度效率逐步衰退。另外，关于期货市场相关的理论研究的裹足不前也是制约我国期货市场制度发展完善的一个主要原因，其导致我国期货市场的作用多年来一直未能得到政府与社会的广泛认可，严重影响了期货市场制度的发展完善以及作用的有效发挥。因此，我国期货市场的发展应加强理论研究，澄清对于发展的认识误区，突破路径锁定困境。以政府为主导，以制度建设为重点，加强期货市场内外部制度建设，完善社会主义市场经济体制，加快资源要素价格机制改革，深化财税、金融体制改革，推进行政体制改革，拓宽期货行业发展空间，完善期货品种上市机制，放开对期货公司业务的限制，积极引入各类投资者并加强国际合作，引导期货市场服务经济发展方式转变作用有效发挥。

（四）期货市场发展的决定因素在于经济发展的客观需要

虽然中国期货市场的发展具有立法先行的强制性制度变迁特点，但归根到底来看，其终究还是与经济发展密切相连，是经济发展的客观需要。美国经济学家米勒曾说过：“只要有自由市场，就会存在未来价格的不确定性；只要存在未来价格的不确定性，就需要期货市场”。按照马克思主义的观点，生产力是决定一切经济关系的根源，生产力发展及生产方式的变迁决定了人类经济制度的变迁。这就意味着，期货市场作为降低交易费用的制度，是社会经济系统内生的。也就是说，期货市场的发展，其功能的发挥，依赖其生存、运作的社会经济环境，是社会经济发展的产物，不可能独立存在，也不可能超前发展。与经济发展保持同步发展的期货市场发展可以对经济发展起到积极的促进作用，滞后于经济发展阶段要求的期货市场难以满足经济本身发展的需要，甚至可能对经济的进一步发展造成制约。太过于超越经济发展阶段的期货市场发展不仅不利于金融体系的稳定，更不利于经济发展方式的平稳转变。所以，合理评估我国目前的经济发展阶段与期货市场的发展阶段的一致性，成为一个至关重要的命题。

孙子兵法云：“机之未至不可以先，机之已至不可以后。”对于中国期货市场来讲，身处中国经济发展方式转变的重大历史转折关头，要当仁不让地承担起支持转变这一光荣而艰巨的任务。这不仅是期货市场本身发展的需要，也是我国经济发展方式转变的需要，更是我国在激烈的国际竞争当中立于不败之地，实现中华民族伟大复兴的需要。

当前，我国期货市场已经具备了进一步发展的条件，这就要求我们从战略的高度认识到发展这一市场对我国经济长期健康发展的重要性，在“十二五”时期，抓住机遇、加快步伐、规范建设，使期货市场完全融合到有中国特色的社会主义市场经济体制之中，在经济发展方式转变的过程中发挥更加突出的作用。

展望未来，我国的期货市场将是一个法规制度完备、交易品种齐全、投资者结构完善、期货公司实力强大、拥有一定国际地位的开放的大市场。这个市场不仅可以代表我国的经济实力和发展水平，更能为巩固我国国际地位和争取国际竞争的优势发挥重要作用。实践终将证明，在建设有中国特色的社会主义市场经济的过程中，在促进中国经济发展方式转变的进程中，期货市场大有可为。

附录1：国际期货市场发展促进经济增长

为了单纯考察期货、证券市场与经济增长的相互作用，本模型略去经济增长中的常见因素：资本、技术和劳动，假定其他条件保持不变，建构三者之间的关系为：

$GDP = F(FVOL, SVOB)$

其中，FVOL 表示全球期货成交量，SVOB 表示全球股票成交额。以 1994～2009 年的 GDP、FVOL、SVOB 作为样本数据（见表 1），进行分析检验。

（一）相关性检验

为了验证三个指标之间的相关性，根据样本数据得到相关系数（见表 2）。

表 1　GDP、FVOL、SVOB 数据样本

年　份	GDP（万亿美元）	FVOL（亿手）	SVOB（亿美元）
1994 年	46.39	10.64	8.82
1995 年	47.91	10.35	10.23
1996 年	49.71	11.26	13.60
1997 年	51.71	16.27	18.87
1998 年	53.04	18.37	22.17
1999 年	54.95	12.60	30.36
2000 年	57.60	14.44	47.87
2001 年	58.91	18.02	42.07
2002 年	60.61	21.92	37.77
2003 年	62.80	29.71	29.85
2004 年	65.89	34.63	39.46
2005 年	68.84	36.17	47.39
2006 年	72.34	43.01	67.49
2007 年	76.08	56.30	98.82
2008 年	78.36	64.01	80.36
2009 年	83.91	85.14	71.56

表 2　　GDP、FVOL、SVOB 相关性检验

	GDP	FVOL	SVOB
GDP	1.000000	0.954076	0.913466
FVOL	0.954076	1.000000	0.833387
SVOB	0.913466	0.833387	1.000000

由表 2 可以看出，GDP 和 FVOL、SVOB 的相关性较大，均在 90% 以上，而 FVOL 和 SVOB 的相关系数则相对较小，但仍高达 83%。这基本上可以说明，期货成交量、股票成交额与全球 GDP 之间至少在某种程度上存在较强的线性关系，其中，以期货成交量和全球 GDP 之间的线性关系最为明显。

（二）ADF 单位根检验

为了检验期货成交量、股票成交额与全球 GDP 之间的协整关系，需要对三个指标序列进行平稳性检验。GDP、FVOL、SVOB 三个指标序列具有非零均值，且呈现明显的上升趋势，必然不是平稳序列，因此将三个经济变量取对数，分别记为 LN _ GDP、LN _ FVOL、LN _ SVOB，得到取对数后的三个序列单位根检验结果（见表 3 ~ 表 5）。

表 3　　LN _ GDP 单位根 ADF 检验

原序列			t - Statistic	Prob. *
Augmented Dickey - Fuller test statistic			0.638209	0.8396
Test critical values:	1% level		-2.771926	
	5% level		-1.974028	
	10% level		-1.602922	
一阶差分序列			t - Statistic	Prob. *
Augmented Dickey - Fuller test statistic			-4.453248	0.0003
Test critical values:	1% level		-2.771926	
	5% level		-1.974028	
	10% level		-1.602922	

表 4　　LN _ FVOL 单位根 ADF 检验

原序列			t - Statistic	Prob. *
Augmented Dickey - Fuller test statistic			3.167533	0.9985
Test critical values:	1% level		-2.728252	
	5% level		-1.966270	
	10% level		-1.605026	

续表

一阶差分序列			t – Statistic	Prob. *
Augmented Dickey – Fuller test statistic			–2.070860	0.0407
Test critical values:	1% level		–2.740613	
	5% level		–1.968430	
	10% level		–1.604392	

表 5　　LN _ SVOB 单位根 ADF 检验

原序列			t – Statistic	Prob. *
Augmented Dickey – Fuller test statistic			0.528514	0.8182
Test critical values:	1% level		–2.728252	
	5% level		–1.966270	
	10% level		–1.605026	
一阶差分序列			t – Statistic	Prob. *
Augmented Dickey – Fuller test statistic			–2.826878	0.0083
Test critical values:	1% level		–2.740613	
	5% level		–1.968430	
	10% level		–1.604392	

由表 3 ~ 表 5 的 ADF 检验看出，在 5% 的显著性水平下，经取对数后的序列 LN _ SVOB、LN _ FVOL、LN _ GDP 的 t 统计量均大于临界值，意味着期货成交量、股票成交额、GDP 均是非平稳的。而经过一阶差分后，在 5% 显著性水平下，t 统计量值均小于临界值，说明三个指标序列均是一阶单整序列，因此可以进行协整检验。

（三）协整检验

建立二元最小二乘模型，得到回归方程为：

$$LN\_GDP = 0.0923 \cdot LN\_SVOB + 0.1789 \cdot LN\_FVOL + 3.2148$$

对以上回归方程进行显著性检验（见表 6）。

表 6　　回归方程显著性检验

Variable	Coefficient	Std. Error	t – Statistic	Prob.
LN _ SVOB	0.092292	0.015819	5.834115	0.0001
LN _ FVOL	0.178896	0.016881	10.59747	0.0000
C	3.214795	0.031007	103.6795	0.0000
R – squared	0.985432	Mean dependent var		4.108333
Adjusted R – squared	0.983191	S. D. dependent var		0.182789

续表

Variable	Coefficient	Std. Error	t - Statistic	Prob.
S. E. of regression	0.023698	Akaike info criterion		-4.479458
Sum squared resid	0.007301	Schwarz criterion		-4.334598
Log likelihood	38.83566	F - statistic		439.6952
Durbin - Watson stat	1.766804	Prob (F - statistic)		0.000000

由表6可知，回归方程F统计量为439.7，方程显著。同时，LN _ FVOL 和 LN _ SVOB 的系数T检验统计量分别为10.6和5.8，明显小于0.1%显著性水平下的临界值。对残差序列做1～12阶的自相关分析和偏相关分析，得到二阶自相关系数和二阶偏相关系数最大，但是其不为零的概率仅为10.9%，因此接受残差序列不相关的原假设。进一步对残差序列做ADF单位根检验结果见表7。

表7　　残差序列单位根检验

残差序列			t - Statistic	Prob. *
Augmented Dickey - Fuller test statistic			-4.783603	0.0001
Test critical values:	1% level		-2.740613	
	5% level		-1.968430	
	10% level		-1.604392	

T检验统计为-4.783603，小于1%显著性水平时的临界值-2.740613，而由概率值可以得出，残差序列存在单位根的概率仅为0.01%，因此接受残差序列平稳的原假设，也即期货成交量、股票成交量存在协整关系，它们存在长期的均衡关系。

(四) 格兰杰因果关系检验

由于期货成交量、股票成交额、GDP三者之间存在长期的协整关系，因此可以进行格兰杰因果关系检验，来验证三者之间的因果关系。经计算得出最优滞后阶数为2，进行滞后二阶的格兰杰因果关系检验（见表8）。

表8　　格兰杰因果关系检验

Lags: 2			
Null Hypothesis:	Obs	F - Statistic	Probability
LN _ FVOL does not Granger Cause LN _ SVOB	14	3.72846	0.06615
LN _ SVOB does not Granger Cause LN _ FVOL		0.46155	0.64444
LN _ GDP does not Granger Cause LN _ SVOB	14	1.59232	0.25582
LN _ SVOB does not Granger Cause LN _ GDP		3.94904	0.05873
LN _ GDP does not Granger Cause LN _ FVOL	14	2.76251	0.11603
LN _ FVOL does not Granger Cause LN _ GDP		4.50972	0.04398

从检验结果可以看出，在10%的显著性水平下，拒绝期货成交量不是股票成交额的格兰杰原因和股票成交额不是GDP的格兰杰原因的假设，也即在10%的显著性水平下，期货成交量是股票成交额的格兰杰原因，股票成交额是GDP的格兰杰原因；在5%的显著性水平下，接受期货成交量是GDP的格兰杰原因的备择假设，也即期货成交量是GDP的格兰杰原因。

以上结果进一步证实，在10%的显著性水平下，全球股票市场和期货市场对世界经济增长具有明显的促进作用。同时，从期货成交量和GDP与股票成交额和GDP的相关系数及格兰杰因果关系检验结果比较，证明了全球期货市场对经济发展的促进作用要稍微明显于股票市场所起的作用。

附录2：国际期货市场对通货膨胀的预警作用

选取美国1964年1月至2010年8月的CPI、非农就业人数（NAEP）、每小时工资（HW）和CRB指数（CRB），首先，为了验证四个指标之间的相关性，得到相关系数表：

为了揭示期货市场对CPI的预警作用，以美国期货市场为例，构建CPI与非农就业人数（NAEP）、每小时工资（HW）、CRB指数之间的函数关系：

$CPI = F(NAEP, HW, CRB)$

所选取的数据是美国1966年1月至2010年8月的CPI、NAEP、HW和CRB指数。NAEP是美国经济发展的重要指标，反映制造行业和服务行业的发展及其增长，指标下降就代表企业减少生产，经济趋于萧条；HW是劳动者每小时的平均劳动报酬，反映的是劳动力价格水平。

（一）相关性检验

为了验证四个指标之间的相关性，根据样本数据得到相关系数（见表9）。

表9　　CPI、NAEP、HW及CRB相关系数

	CPI	NAEP	HW	CRB
CPI	1.000000	0.790158	0.993527	0.911841
NAEP	0.790158	1.000000	0.820857	0.816542
HW	0.993527	0.820857	1.000000	0.907293
CRB	0.911841	0.816542	0.907293	1.000000

由表9可以看出，CRB指数和CPI的相关系数高达0.91，表明两者之间存在正相关线性关系；每小时工资与CPI的相关系数更是高达0.99，说明工人的平均工资水平

和 CPI 是同步的，这一点符合经济规律；非农就业人数与 CPI 的相关系数为 0.79，虽然与 CPI 的相关性明显小于其他指标，但仍具有较强的正相关线性关系，说明非农就业人口的增加与经济发展形势趋好及温和通胀是一致的。另外，CRB 指数和每小时工资相关系数为 0.91，说明两者之间关联较强；非农就业人数和每小时工资与 CRB 指数的相关系数均为 0.82，表明其正相关关系显著。综合来看，四组指标序列均存在显著的正相关线性关系。

（二）ADF 单位根检验

为了检验 CPI、HW、NAEP、CRB 之间的协整关系，需要对四个指标序列进行平稳性检验。经观察发现，这四个指标序列具有非零均值，且呈现明显的上升趋势，必然不是平稳序列。经检验，CPI、HW、CRB、NAEP 均为非平稳序列，其中 CPI ~ I（2），HW ~ I（1），NAEP ~ I（1），CRB ~ I（1），因此需要对四组指标序列进行相关处理，进而对 Δln（CPI）、ln（NAEP）、ΔHW、ΔCRB（其中 ln 表示取对数，Δ 表示一阶差分）做 ADF 检验（见表 10）。

表 10　　ADF 单位根检验

dln（CPI）			t – Statistic	Prob. *
Augmented Dickey – Fuller test statistic			–17.45310	0.0000
Test critical values:	1% level		–3.441840	
ln（NAEP）			t – Statistic	Prob. *
Augmented Dickey – Fuller test statistic			–3.534969	0.0075
Test critical values:	1% level		–3.441903	
d（HW）			t – Statistic	Prob. *
Augmented Dickey – Fuller test statistic			–3.491898	0.0086
Test critical values:	1% level		–3.441946	
d（CRB）			t – Statistic	Prob. *
Augmented Dickey – Fuller test statistic			–17.72891	0.0000
Test critical values:	1% level		–3.441840	

结果显示，在 1% 显著性水平下，Δln（CPI）、ln（NAEP）、ΔHW、ΔCRB 四个指标序列 t 统计量值均小于临界值，说明该四个指标序列均是平稳序列，因此可以进行协整检验。

（三）协整检验

设 ln（$NAEP$）、ΔHW、ΔCRB 为自变量，Δln（CPI）为因变量，得回归方程：

$$\Delta ln(CPI) = -0.0016 \cdot ln(NAEP) + 0.0067 \cdot \Delta HW + 0.0034 \cdot \Delta CRB + 0.0179。$$

对以上回归方程进行显著性检验（见表 11）。

表 11　　　　　　　　　　　　　　　　回归方程显著性检验

Variable	Coefficient	Std. Error	t - Statistic	Prob.
ln (NAEP)	-0.001642	0.000588	-2.793499	0.0054
DHW	0.006681	0.019383	3.344698	0.0025
DCRB	0.003381	4.66E-05	72.61560	0.0000
C	0.017866	0.006025	2.965504	0.0032
R - squared	0.904829	Mean dependent var		0.002766
Adjusted R - squared	0.904314	S. D. dependent var		0.026072
S. E. of regression	0.008065	Akaike info criterion		-6.795437
Sum squared resid	0.036100	Schwarz criterion		-6.764481
Log likelihood	1903.325	F - statistic		1758.865
Durbin - Watson stat	1.358233	Prob (F - statistic)		0.000000

由表 11 看出，整个方程的 F 统计量值为 1758.87，说明模型具有良好的显著性。拟合优度 R_2 为 0.905，修正后 R_2 为 0.904，故此用 ln (NAEP)、ΔHW、ΔCRB 做自变量能够很好地解释因变量 Δln (CPI)。

上述回归模型是一个关于 CPI 的递归模型：

$$ln(CPI)_t = ln(CPI)_{t-1} - 0.0016 \cdot ln(NAEP)_t + 0.0179 + 0.0067 \cdot HW_t - 0.0067 \cdot HW_{t-1} + 0.0034 \cdot CRB_t - 0.0034 \cdot CRB_{t-1}$$

由于 1966 年 1 月各指标的初始值都已知，用上述递归方程可以得出各公布期 ln (CPI) 的预测值，然后将所得 ln (CPI) 序列每一项做取指数函数，进而得到各公布期 CPI 数据，初始值可以一步一步推算出各公布期的 CPI 数值。根据以上方法，可以得出 CPI 与 CPI 预测值（即 CPI 拟合值）（见图 10）。

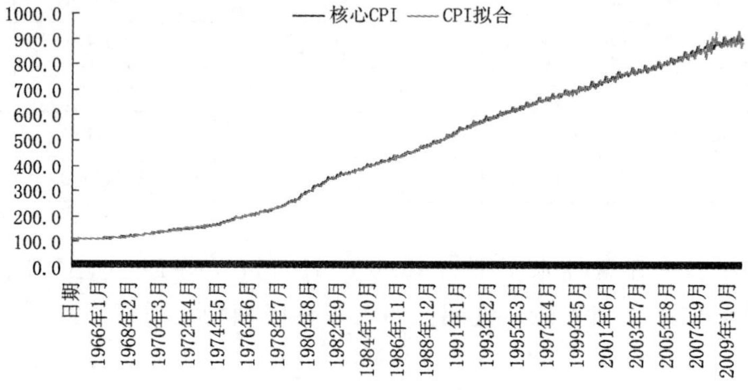

图 10　CPI 预测效果图

根据递归方程得到的核心 CPI 预测数值和实际核心 CPI 走势图可以看出，两者走势基本一致，通过计算，两个序列的相关系数高达 0.99，因此利用每小时工资、非农就业人数和 CRB 指数可以预测当期 CPI。

为了说明四个指标序列存在长期的协整关系，有必要对方程得到的残差序列做平稳性分析（见表12）。

表12　　残差序列 ADF 单位根检验

残差序列			t - Statistic	Prob. *
Augmented Dickey - Fuller test statistic			-6.671764	0.0000
Test critical values:	1% level		-3.442076	

经过对回归残差原序列进行 ADF 单位根检验，得出残差序列是平稳序列的结论（见图11），因此 CPI、CRB、HW、NAEP 之间存在着长期均衡关系。

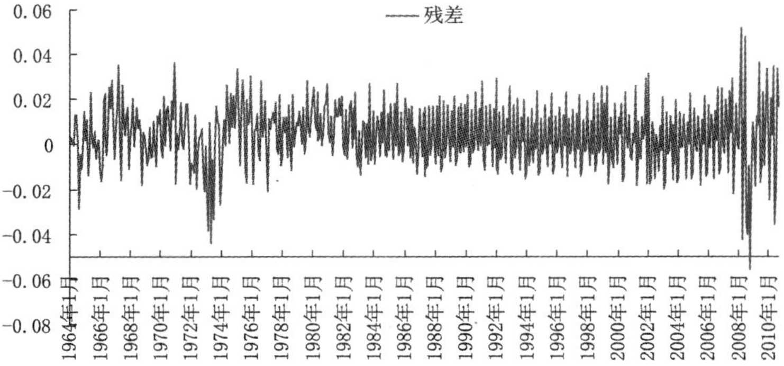

图11　残差序列图

由表13可知，偏度值从左侧接近于零，说明残差序列基本是正态的，稍微有点做偏离，也即 CPI 预测的数值稍微偏大一点。由于峰度明显大于3，说明残差序列明显比正态分布陡峭，但因为均值基本为零，说明回归方程预测的 CPI 数值误差总体上集中在原点附近，表明预测误差很小。

表13　　残差序列基本统计信息

均值	中位数	最大值	最小值	标准差	偏度	峰度
0.003655	0.002702	0.0555467	-0.055467	0.014003	-0.190909	3.664428

通过以上研究，从实证角度证明了期货市场的价格 CRB 和其他指标对 CPI 的形成具有显著的先行作用。美国金融深化程度高，金融系统完善，期货品种既广泛又全面，因此其商品期货价格基本上对 CPI 具有一定的发现功能。

附录3：企业利用期货市场发现价格

本课题选取的现货数据来自昆商糖网发布的主产区现货报价，期货数据是郑州商品交易所郑糖指数日收盘价，时间跨度为2008年3月21日至2010年9月29日。由于郑糖主力合约移仓换月时，前后合约价差相差甚远，若单纯以主力合约或者连续合约进行检验，期货数据的跳跃性使得期货数据平稳性很差，而且不利于代表整个郑糖期货价格水平，而选用郑糖指数收盘价则有效避免了这一点。

由于白糖价格的数量级较大，为了提高分析的精度，减少数量级的影响，以后的计算中，对白糖现货和郑糖期货分别取自然对数，分别记为SRXH、SRQH。

首先对郑糖期货和白糖现货进行单位根检验，以判断它们是否满足协整的前提条件。经检验，白糖现货和白糖期货的原序列均存在单位根，因此是非平稳时间序列，进而将原序列做一阶差分作单位根检验，结果显示平稳，即原序列均为一阶单整序列，检验结果见表14。

表14　　平稳性检验结果

变量	是否差分	ADF检验值	临界值（1%）	是否平稳
SRQH	否	-0.039690	-3.440771	否
SRXH	否	1.073541	-3.440771	否
SRQH	是	-24.92554	-3.440771	是
SRXH	是	-20.31079	-3.440771	是

因此SRQH ~ I（1），SRXH ~ I（1），也即白糖期货和现货均为一阶单整序列，因此有可能存在协整关系。用最小二乘法建立SRXH和SRQH的方程得：

$$SRXH = 0.9422996431 \cdot SRQH + 0.001582545$$

经检验，上述方程的残差序列是平稳序列，由此可以得出白糖现货价格和郑糖期货价格存在长期的均衡关系。为了证明两者的因果关系，可以对这两种价格进行格兰杰因果关系检验，检验结果见表15。

表15　　白糖Granger因果关系的检验结果

原假设	最优滞后	样本数	F - Statistic	Probability
SRQH does not Granger Cause SRXH	50	610	16.2654	1.9E - 14
SRXH does not Granger Cause SRQH			4.2515	0.00152

结果表明，郑州商品交易所白糖期货指数和主产区白糖现货价格存在较高程度的正相关线性关系，相关系数达0.975。期货价格是现货价格的格兰杰原因，表明期货价格对现货价格具有引导能力，表现出期货市场价格发现的功能，可以为我国制定产业发展政策提供参考和依据，同时为保证糖农和相关产业投资者获得稳定的收益提供必要的保障。同时，产区白糖现货价格也是郑州商品交易所白糖期货指数的格兰杰原因，白糖现货价格对郑糖期货价格有一定的指导意义。

通过以上对郑糖期货市场和白糖现货市场价格发现功能的层层递进研究，我们得出以下结论：郑糖期货价格序列和白糖现货价格序列均是非平稳的，但它们取对数后的一阶差分是平稳的，郑糖期货价格与白糖现货价格之间存在长期的协整关系。郑糖期货价格与白糖现货价格存在双向引导关系，郑糖期货市场在价格发现功能中处于主导地位，结果显示我国郑糖期货价格发现功能良好。也就是说，郑糖期货市场的价格可以预测未来的白糖现货价格，两者之间的关系为：

$$SRXH = 0.001582545 \cdot SRQH^{0.9422996431}$$

附录4：投资者利用期货市场套期保值

本课题选取A股市场中联合化工（002217）作为研究对象，并以联合化工所在版块300材料和300工业各取一半组成综合指数，进而说明利用股指期货对股票进行套期保值的功能以及股票组合保值效果明显好于单只个股保值效果（见表16）。

表16　　样本说明

联合化工（002217）				综合指数	
所属行业	化学原料及化学制品制造业			成分	配置比例
上市日期	2008年2月20日	招股日期	2008年1月24日	300材料	50%
发行价	11.39元	首日开盘价	28.00元	300工业	50%

数据选取4月16日至6月28日股指期货、联合化工、综合指数、沪深300、联合化工的日收盘价，其中综合指数以沪深300指数4月16日的收盘为初值进行同步调整，初步统计分析可知：联合化工与沪深300相关系数为0.6869，β值为1.2059；综合指数与沪深300的相关系数为0.9243，β值为1.0177（见图12）。

从其走势图可以看出，综合指数、IF指数与沪深300波动幅度接近，走势高度正相关，在理论上用综合指数代替IF指数进行套期保值研究仍能有较好的效果，振幅相当的收益率也说明了这一点。但是，对于个股联合化工而言，其滚动β值的波动率要远大于综合指数β值的波动率，个股对市场的敏感程度远强于指数。这是因为，综合指数是由相关行业的数只股票构成的，个股间可以相互对冲绝大部分非系统性风险。不仅个股的β值较综合指数偏高，其与沪深300现货的相关性也低于0.7，没能达到高度正相关，且方差较大，运用套期保值存在一定风险。

假定进行套期保值的现货头寸40亿元，期货初始资金10亿元。从股指期货上市的4月16日到6月25日套期保值结果分析，得出结论：对于综合指数，在无套保情况下资产缩水至原来的83.28%；在套保情况下，资产增至原来的100.4%。对于个股联合化工，在无套保情况下资产缩水至原来的70.72%，在套保情况下，资产缩水至原来的87.24%（见表17）。综合指数套期保值效果见图13。个股套期保值效果见图14。

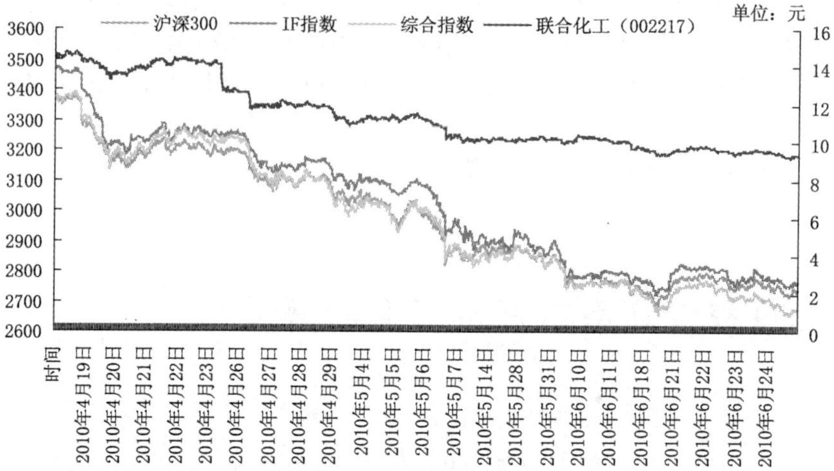

图 12　股价及各指数走势

表 17　　**套期保值操作明细**

操作名目		联合化工		综合指数	
时间	明细	现货	股指期货	现货	股指期货
2010 年 4 月 16 日	操作方向	已持有	卖出	已持有	卖出
	价位	14.7 元/股	3471.7	3375.4	3471.7
	数量	2721088 股	3902 手	3950 份	4764 手
	资金	总市值近 40 亿元	10 亿元初始资金	总市值近 40 亿元	10 亿元初始资金
2010 年 6 月 25 日	继续持有总市值	缩至 25.36 亿元	增至 18.3 亿元	缩水至 31.6 亿元	增至 20.1 亿元
2010 年 6 月 28 日	最终权益	41.64 亿元		51.7 亿元	

从权益走势图可清晰地看到，无论是综合指数还是个股，在一波下跌行情中进行适当的套期保值操作，可以使资产价值得到较好的保护。但由于前文所论述的综合指数与个股的差异，其套期保值的效果也是不尽相同。综合指数的套保操作，不仅使资产在跌势中没有亏损反而小有盈利，而个股确有较小幅度的亏损，但仍比不进行套期保值的亏损小，可见套期保值还是起到了一定的积极作用。

分析表明，对于此类 β 值偏大、与沪深 300 指数相关性略差、方差稍大的个股，仍然可以进行套期保值操作，但其发挥作用也要相应地有所保留。因此，如果单纯地运用股指期货进行套期保值，并不能十分有效地规避风险。对于与实业相关的个股，可以考虑搭配相关的商品期货进行套期保值，以最大程度地规避价格下跌的风险。

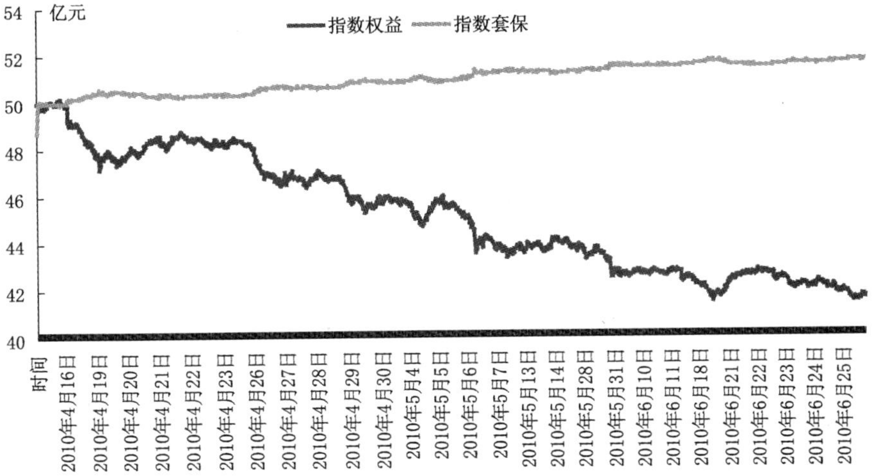

图 13　综合指数套期保值效果

图 14　个股套期保值效果

附录5：期货市场促进中国经济增长

期货市场产生的成交额固然能为 GDP 增长做一定的贡献，但其作用远非如此。由图 15 可以看出，1952～1980 年间，中国 GDP 增长缓慢，这段时间主要是新中国成立初期社会主义经济发展摸索阶段；1980～1990 年间，GDP 增长明显加快，改革开放的成果逐渐凸显出来；20 世纪 90 年代初到 2002 年，随着证券市场和期货市场的兴起，GDP

增长速度进一步加快，这段时间的特点是第一产业发展缓慢，第三产业和第二产业得到长足进步；21 世纪以来，经过整顿的期货市场蓬勃发展，GDP 曲线斜率空前增大。

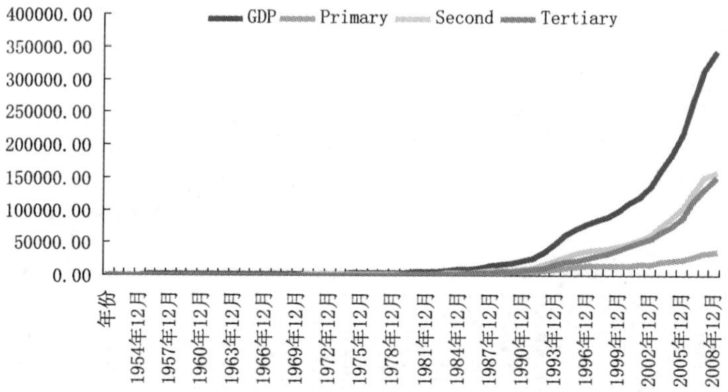

图 15　1952 年以来我国 GDP 的基本走势

下面以 1998 年 1 月至 2010 年 6 月月度 GDP、期货成交量（FVOL）、股票成交量（SVOL）、M2、消费（CONSUME）、工业增加值（IVA）数据进行检验，分析 GDP 发展的基本规律，建立向量自回归模型（VAR），挖掘金融市场尤其是期货市场对 GDP 增长作出的贡献。

首先进行相关分析，相关系数见表 18。由此得出，FVOL 与 GDP 的发展呈现正相关关系，相关系数为 0.91。而 FVOL 与 M2 相关性最大，从而也说明市场流动性增大，有助于活跃期货市场。

表 18　　我国 GDP 等经济数据相关分析表

	GDP	FVOL	IVA	CONSUME	M2	SVOL
GDP	1.000000	0.910637	0.904554	0.987593	0.985931	0.835391
FVOL	0.910637	1.000000	0.774663	0.910814	0.918523	0.802699
IVA	0.904554	0.774663	1.000000	0.865945	0.902819	0.744701
CONSUME	0.987593	0.910814	0.865945	1.000000	0.986549	0.832439
M2	0.985931	0.918523	0.902819	0.986549	1.000000	0.852628
SVOL	0.835391	0.802699	0.744701	0.832439	0.852628	1.000000

首先进行平稳性检验，六个经济数据明显呈现出上升趋势，故而原序列都不是平稳时间序列。进行单位根检验，得出，GDP、FVOL、M2、CONSUME、IVA 是二阶单整序列，SVOL 是一阶单整序列。

将六组经济数据取对数后，得相关系数见表 19。可以看出，六组数据之间的相关系数均有不同程度的增大，尤其是 LN _ FVOL 和 LN _ GDP 的相关性增大至 0.95。但经检验，六组经济数据仍不是平稳序列，进行单位根检验得，取对数一阶差分后的序列均为平稳序列，即 LN _ CONSUME、LN _ FVOL、LN _ GDP、LN _ IVA、LN _ M2、LN _ SVOL 都是一阶单整序列。

表 19 变换后 GDP 等经济数据相关分析表

	LN _ CON	LN _ FVOL	LN _ GDP	LN _ IVA	LN _ M2	LN _ SVOL
LN _ CONSUME	1.000000	0.935768	0.989702	0.908328	0.983329	0.846476
LN _ FVOL	0.935768	1.000000	0.947906	0.887254	0.945623	0.791766
LN _ GDP	0.989702	0.947906	1.000000	0.933003	0.991601	0.864351
LN _ IVA	0.908328	0.887254	0.933003	1.000000	0.935880	0.781510
LN _ M2	0.983329	0.945623	0.991601	0.935880	1.000000	0.854817
LN _ SVOL	0.846476	0.791766	0.864351	0.781510	0.854817	1.000000

建立多元回归方程，

$$LN\_GDP = 0.43 \cdot LN\_CONSUME + 0.03 \cdot LN\_FVOL + 0.07 \cdot LN\_IVA + 0.29 \cdot LN\_M2 + 0.03 \cdot LN\_SVOL + 1.13$$

由回归方程统计检验结果来看（见表 20），F 值为 3656.824，拟合优度 R_2 为 0.9922，各项系数为 0 的概率几乎为 0，因此方程整体显著性很高，用解释变量来说明被解释变量整体非常适合。对回归方程的残差进行单位根检验得表 21。

表 20 回归方程显著性检验

Variable	Coefficient	Std. Error	t – Statistic	Prob.
LN _ CONSUME	0.427829	0.039478	10.83713	0.0000
LN _ FVOL	0.032036	0.009231	3.470467	0.0007
LN _ IVA	0.066962	0.015653	4.277844	0.0000
LN _ M2	0.286565	0.045885	6.245312	0.0000
LN _ SVOL	0.029005	0.006573	4.412698	0.0000
C	1.132222	0.226641	4.995669	0.0000
R – squared	0.992186	Mean dependent var		9.422344
Adjusted R – squared	0.991915	S. D. dependent var		0.491055
S. E. of regression	0.044155	Akaike info criterion		–3.363031
Sum squared resid	0.280755	Schwarz criterion		–3.242605
Log likelihood	258.2273	F – statistic		3656.824
Durbin – Watson stat	0.963580	Prob (F – statistic)		0.000000

表 21 残差序列 ADF 单位根检验

		t – Statistic	Prob. *
Augmented Dickey – Fuller test statistic		–2.956316	0.0033
Test critical values:	1% level	–2.582076	
	5% level	–1.943193	
	10% level	–1.615157	

检验结果表明，在1%的显著性水平下，拒绝残差存在单位根的假设，接受残差序列平稳的结论，即取对数后六组经济数据存在长期均衡的协整关系。令

$Y = (LN\_CONSUME \quad LN\_FVOL \quad LN\_GDP \quad LN\_IVA \quad LN\_M2 \quad LN\_SVOL)$

建立VAR模型，为了得到无约束情况下VAR模型最优的滞后阶数，采用LR、FPE、AIC、SC、HQ五个指标作为参考（见表22）。结果显示，运用LR、FPE、AIC三个指标得到VAR模型的最优滞后阶数均为7个月，大约半年的时间。运用SC指标得到最优滞后阶数为1，而HQ指标显示最优滞后阶数为4，少数服从多数，因此认为滞后阶数为7是无约束VAR模型的最优选择，也即期货成交量、股票成交量、GDP、消费、M2、工业增加值六个经济数据在大约半年时间内显著受到其他变量的影响。

表22　　VAR模型最优分析

Lag	LogL	LR	FPE	AIC	SC	HQ
0	98.92706	—	1.09e-08	-1.308832	-1.183938	-1.258080
1	955.4154	1628.534	1.04e-13	-12.86501	-11.99075*	-12.50974
2	1003.376	87.13926	8.83e-14	-13.03346	-11.40984	-12.37369
3	1073.544	121.5590	5.50e-14	-13.51470	-11.14171	-12.55042
4	1139.305	108.3671	3.66e-14	-13.93387	-10.81152	-12.66508*
5	1195.681	88.13673	2.80e-14	-14.22086	-10.34914	-12.64755
6	1238.843	63.83158	2.61e-14	-14.32173	-9.700653	-12.44391
7	1301.764	87.73530*	1.87e-14*	-14.70091*	-9.330461	-12.51858
8	1321.124	25.35853	2.51e-14	-14.46654	-8.346727	-11.97969

进行格兰杰因果关系检验，当滞后阶数为7的情况下，因果关系检验结果见表23。

表23　　格兰杰因果关系检验概率分析表

Dependent variable: LN_CONSUME				Dependent variable: LN_FVOL			
Excluded	Chi-sq	df	Prob.	Excluded	Chi-sq	df	Prob.
LN_FVOL	15.24263	7	0.0330	LN_CONSUME	11.71272	7	0.1104
LN_GDP	83.24998	7	0.0000	LN_GDP	21.99144	7	0.0025
LN_IVA	19.07721	7	0.0079	LN_IVA	1.994360	7	0.9602
LN_M2	9.814211	7	0.1993	LN_M2	6.488334	7	0.4840
LN_SVOL	7.126383	7	0.4158	LN_SVOL	9.311590	7	0.2311
All	344.5203	35	0.0000	All	74.84448	35	0.0001

续表

Dependent variable：LN _ GDP				Dependent variable：LN _ IVA			
Excluded	Chi - sq	df	Prob.	Excluded	Chi - sq	df	Prob.
LN _ CONSUME	35. 44503	7	0. 0000	LN _ CONSUME	38. 28811	7	0. 0000
LN _ FVOL	19. 50503	7	0. 0066	LN _ FVOL	6. 936608	7	0. 4355
LN _ IVA	9. 831269	7	0. 1983	LN _ GDP	22. 90618	7	0. 0018
LN _ M2	19. 72203	7	0. 0062	LN _ M2	24. 97151	7	0. 0008
LN _ SVOL	15. 17627	7	0. 0338	LN _ SVOL	8. 161067	7	0. 3186
All	152. 1179	35	0. 0000	All	114. 7924	35	0. 0000
Dependent variable：LN _ SVOL				Dependent variable：LN _ M2			
Excluded	Chi - sq	df	Prob.	Excluded	Chi - sq	df	Prob.
LN _ CONSUME	10. 83095	7	0. 1462	LN _ CONSUME	16. 98697	7	0. 0175
LN _ FVOL	23. 42568	7	0. 0014	LN _ FVOL	13. 29911	7	0. 0651
LN _ GDP	2. 218575	7	0. 9468	LN _ GDP	19. 71330	7	0. 0062
LN _ IVA	2. 465545	7	0. 9297	LN _ IVA	26. 50944	7	0. 0004
LN _ M2	3. 057830	7	0. 8796	LN _ SVOL	12. 19058	7	0. 0945
All	85. 46096	35	0. 0000	All	120. 3763	35	0. 0000

由表 23 看出，六组方程在 1% 的显著性水平上表现良好，任何一个经济变量均可以显著的由其他五个经济变量解释。

对于全民消费水平，95% 的置信度可以认为期货成交量、GDP、工业增加值是全民消费的格兰杰原因，其中 GDP 的可信度最大，这也说明经济发展是人们物质生活水平提高的重要支柱。

对于期货成交量，拒绝 GDP 不是期货成交量的格兰杰原因，其他经济变量并不能显著地拒绝。

对于 GDP，95% 的置信度水平下能够接受“期货成交量、全民消费、M2、股票成交量格兰杰产生 GDP”，全民消费置信度最高，说明消费和经济发展息息相关，消费是经济发展的重要动力，政府致力于扩大内需符合经济规律。期货成交量、M2、股票成交量代表了金融深化的程度，从而说明金融深化促进了经济进一步发展。99% 的置信度水平下接受期货市场是经济发展的格兰杰原因，大力发展期货市场对经济发展大有裨益。

对于工业增加值，在 99% 的置信度水平下接受消费、GDP、M2 是工业增加值的格兰杰原因，而期货和股票市场的显著性比较低。

对于股票成交量，在 95% 置信度水平下接受期货成交量是股票成交量的格兰杰原因，而随着股指期货上市，股票市场和期货市场之间期现套利行为的增加，这种因果关系将表现得更加直接。

对于广义货币，置信度水平达到95%的只有GDP和工业增加值，说明经济发展是M2的格兰杰原因，M2和GDP的双向因果关系也表明货币供应量和经济发展的互惠互利良性循环的经济关系。

附录6：期货市场服务国家宏观调控

期货成交量是指一个期货交易时间单位内对某项交易成交的数量。一般情况下，成交量持续低迷时，一般出现在熊市或期货整理阶段，市场交投不活跃，市场流动性偏低。成交量持续高涨时，市场一般出现在牛市当中，此时市场流动性较高。居民消费者物价指数（CPI）是反映与居民生活有关的商品及劳务价格统计出来的物价变动指标，通常作为观察通货膨胀水平的重要指标。虽然商品的价值决定其价格，但市场上资金的宽裕与否却是能将商品价格普遍拉升或打压。既然期货成交量能够反映出资本市场的活跃程度，从而可以领先于居民消费者物价指数。统计分析结果显示，自1998年1月至2010年8月这十多年间期货成交量和CPI的相关系数为0. 8987，期货市场与宏观调控表现出某种相关性。

首先，进行时差相关检验（见表24）。可以看出，Vol对CPI（－i）的滞后时差相

表24　　Vol和CPI滞后相关分析表

i	Vol, CPI(+i)	Vol, CPI(−i)	i	Vol, CPI(+i)	Vol, CPI(−i)	i	Vol, CPI(+i)	Vol, CPI(−i)
1	0. 8505	0. 8505	13	0. 3726	0. 2527	25	0. 1975	0. 1477
2	0. 7957	0. 7718	14	0. 3439	0. 2406	26	0. 1947	0. 1469
3	0. 7482	0. 7076	15	0. 3119	0. 2192	27	0. 1896	0. 1457
4	0. 7067	0. 6477	16	0. 2858	0. 2055	28	0. 1849	0. 1451
5	0. 6554	0. 6027	17	0. 2638	0. 1881	29	0. 1829	0. 1443
6	0. 6244	0. 5343	18	0. 2495	0. 1737	30	0. 1817	0. 1450
7	0. 5915	0. 4885	19	0. 2378	0. 1617	31	0. 1796	0. 1439
8	0. 5762	0. 4252	20	0. 2301	0. 1578	32	0. 1763	0. 1431
9	0. 5455	0. 3895	21	0. 2200	0. 1560	33	0. 1740	0. 1408
10	0. 5053	0. 3530	22	0. 2109	0. 1559	34	0. 1713	0. 1420
11	0. 4704	0. 3341	23	0. 2037	0. 1497	35	0. 1686	0. 1410
12	0. 4461	0. 3024	24	0. 1989	0. 1479	36	0. 1656	0. 1405

关系数稍微低一些，滞后 6 个月以上，相关系数已经低于 0.5。而 Vol 对 CPI (+i) 的领先时差相关系数表现得要强一些，领先 9 个月时相关系数仍保持 0.5 以上，可见，Vol 对 CPI 具有明显的领先作用，领先期达三个季度；同时，CPI 对 Vol 的领先作用达到半年。随着滞后期限的延长，两者相互影响的程度呈现递减趋势。

可以看出，Vol 和 CPI 呈现明显的上升趋势，而单位根检验结果也表明，Vol 和 CPI 原序列均为 I（2)，即二阶单整序列，检验结果见表 25。

表 25　　ADF 单位根检验：1% level：-3.48

变量	是否差分	ADF 检验值	概率值	是否平稳
Vol	否	6.299994	1.0000	否
CPI	否	1.073541	0.9258	否
Vol	一阶	0.577574	0.9887	否
CPI	一阶	-1.86051	0.3501	否
Vol	二阶	-11.15478	0.0000	是
CPI	二阶	-12.53075	0.0000	是

由于 Vol 和 CPI 都是二阶单整序列，因此可以做协整检验，首先得到一元回归方程：$CPI = 0.0009149350317 \cdot VOL + 97.45265306$，由表 26 可知回归系数显著不为零。

表 26　　回归方程系数检验

Variable	Coefficient	Std. Error	t - Statistic	Prob.
VOL	0.000915	4.45E-05	20.56277	0.0000
C	97.45265	0.391267	249.0694	0.0000

对残差进行单位根检验，得表 27。

表 27　　残差序列 ADF 单位根检验

		t - Statistic	Prob. *
Augmented Dickey - Fuller test statistic		-2.476502	0.0134
Test critical values:	1% level	-2.581827	
	5% level	-1.943157	
	10% level	-1.615178	

结果显示，残差序列在5%的显著性水平下拒绝残差序列存在单位根的原假设，因此可以确定残差序列是平稳的，也即 Vol 和 CPI 之间存在协整关系，即为 CI（2，2）。

以1998年1月至2010年8月为数据样本进行因果检验（见表28），在滞后期为1～3个月的情况下，“Vol 不能格兰杰引起 CPI”的原假设成立的概率均小于10%，尤其是滞后期为1个月的情况下，概率仅为0.043%，因此拒绝原假设，即 Vol 是 CPI 的格兰杰原因。同样，1～2个月的滞后期情况下，“CPI 不能格兰杰引起 Vol”的原假设成立的概率亦小于10%，因此拒绝原假设，即 CPI 是 Vol 的格兰杰原因。但从检验的结果，明显发现 Vol 是 CPI 格兰杰原因的显著性更大，说明期货成交量能够敏感地先行于 CPI，因此期货成交量对 CPI 起到预警作用。

表 28　　格兰杰因果关系检验

Null Hypothesis:	Obs	Lag	F - Statistic	Probability
VOL does not Granger Cause CPI	151	1	12.9652	0.00043
CPI does not Granger Cause VOL			3.01556	0.04780
VOL does not Granger Cause CPI	150	2	3.57483	0.03052
CPI does not Granger Cause VOL			2.65081	0.07401
VOL does not Granger Cause CPI	149	3	2.27243	0.08276
CPI does not Granger Cause VOL			1.79308	0.15121
VOL does not Granger Cause CPI	148	4	1.48025	0.21144
CPI does not Granger Cause VOL			0.98477	0.41803

附录7：中国期货市场参与争夺商品国际定价权

为了更系统更直白地说明上海期货交易所、新加坡商品交易所和东京工业品交易所橡胶价格之间的联动关系，定量地刻画每一个市场在引导其他市场运行的作用，立体式的揭示上期所在国家定价中的影响力，本文选用三个交易所价格指数收盘价，数据时间跨度为2001年1月1日至2010年9月30日，剔除因不同市场上节假日不同导致的数据不匹配部分，得到有效配对组合2359组。首先将三个时序变量取自然对数，分别记为 SHFE、TOCOM、SICOM。

经计算，三家交易所橡胶价格指数高度相关，SHFE 和 TOCOM 相关系数为97.9%，SHFE 和 SICOM 相关系数为97.4%，TOCOM 和 SICOM 相关系数为98.1%。三家交易所橡胶指数基本统计特征见表29。

表 29　　三大橡胶交易所基本统计

	SHFE	TOCOM	SICOM
Mean	9. 568211	5. 082145	4. 939854
Median	9. 601254	5. 023214	4. 926587
Maximum	10. 92145	6. 521012	6. 021452
Minumum	8. 698514	4. 012514	3. 829854
Std. Dev.	0. 4012515	0. 521121	0. 562141
Skewness	-0. 247547	-0. 193254	-0. 165847
Kurtosis	2. 098874	2. 102125	1. 998587
Jarque - Bera	125. 451454	106. 214514	122. 265214
Probability	0. 000000	0. 000000	0. 000000
Sum	22571. 41	11988. 78	11653. 12
Observations	2359	2359	2359

由表 29 可知，三家交易所收盘价格指数的自然对数均存在左偏现象，且所有的数据均存在尖峰厚尾现象，不服从正态分布。

三家交易所橡胶成交量是从 2007 年发生根本性的变化，上期所橡胶成交量如日中天。为了研究三个市场期货价格之间的影响关系，将样本区间分成两部分：第一部分为 2001 年 1 月 1 日至 2006 年 12 月 31 日，数据分别记为 SHFE1、TOCOM1、SICOM1；第二部分为 2007 年 1 月 1 日至 2010 年 9 月 30 日，数据分别记为 SHFE2、TOCOM2、SICOM2。经单位根检验分析得，六组数据都是不平稳的，而一阶差分都是平稳的。经协整检验得，第一部分数据至少存在一个协整向量，而第二部分数据至少存在两个协整向量。因此可以通过 Granger 因果关系检验分析数据之间相互影响关系，检验结果见表 30。

表 30　　格兰杰检验结果

原假设	最优滞后	样本数	F - Statistic	Probability
SHFE1 does not Granger Cause SICOM1	2	1423	1. 82954	0. 21874
SICOM1 does not Granger Cause SHFE1			12. 6514	4. 1E - 06
SHFE1 does not Granger Cause TOCOM1	2	1423	6. 52365	0. 00125
TOCOM1 does not Granger Cause SHFE1			7. 24585	0. 00098
TOCOM1 does not Granger Cause SICOM1	2	1423	3. 50741	0. 02654
SICOM1 does not Granger Cause TOCOM1			35. 6514	3. 5E - 15
SHFE2 does not Granger Cause SICOM2	2	857	21. 3254	2. 6E - 10
SICOM2 does not Granger Cause SHFE2			11. 7299	2. 2E - 06
SHFE2 does not Granger Cause TOCOM2	2	857	26. 3254	9. 4E - 13
TOCOM2 does not Granger Cause SHFE2			1. 0245	0. 35694

续表

原假设	最优滞后	样本数	F - Statistic	Probability
TOCOM2 does not Granger Cause SICOM2	2	857	2.0125	0.19654
SICOM2 does not Granger Cause TOCOM2			19.3256	3.1E - 08

从 Granger 检验结果来看，对于两部分数据而言，新加坡商品交易所橡胶价格指数一直是东京工业交易所和上海期货交易所橡胶价格指数的格兰杰原因。而上海期货交易所的地位在前后两个阶段中发生了重大变化，第一部分中，新加坡商品交易所和东京工业交易所橡胶价格指数都是上海期货交易所橡胶价格指数的格兰杰原因，但是第二部分中，上海期货交易所橡胶价格是其他两个交易所橡胶价格指数的格兰杰原因。结果表明，三个期货市场价格之间相互影响，相互作用，一个市场的价格波动将传导到另外两个市场，对相关市场上的价格波动产生影响。总体而言，新加坡商品交易所的橡胶价格在国际橡胶定价中地位显著，但随着时间的推移，上海橡胶期货市场在国际橡胶定价中的作用和影响力呈现明显上升的趋势，时至今日，上海期货交易所橡胶价格已经能够影响其他两个交易所橡胶价格，国际橡胶定价格局正发生深刻的变革。

中期协联合研究计划（第六期）项目

期货市场与有色金属产业发展变革研究

课题承担单位：中国期货业协会课题组
课题组负责人：张宜生　胡俞越　彭　刚
课题组成员：刘　涛　高　扬　刘晓雪　黄　剑　王沈南
李万赋　曹飞龙　何志良　谌　琴　董翠萍
张　悦　何　鑫　温慧颖　张　昕　郭晨凯
刘国良

一、期货市场是有色金属产业成长壮大的“催化剂”

20世纪90年代开始，我国有色金属产业迎来了高速发展的黄金时期。期间，有色金属产品定价方式经历了“单轨制—双轨制—完全市场化”三个阶段的转变。纵观有色金属产业市场化的进程，期货市场起到了重要的催化作用，帮助有色金属产业实现了成功转轨与发展壮大。

（一）有色金属行业走向市场的由来

新中国成立初期，由于国家战略安全需要以及有色金属矿山资源分布等原因，大部分有色金属企业地处老少边穷地区，信息闭塞，交通不便，人才匮乏。同时，企业管理完全参照军工管理模式，遵照国家的指令性计划进行生产，实行“统购包销”的经营体制，有色金属行业发展相对缓慢。不仅如此，刚刚开放的中国在海外订货时还遇到了定价难题，在与国外企业谈判中常常处于被动地位，亟须寻找一种更为合理的定价手段。

20世纪80年代至90年代初，伴随着改革开放的不断深化，我国经济体制逐步从“完全的计划经济”过渡到“计划经济为主、市场调节为辅”的模式，继而发展到“有计划的商品经济模式”。在这一过程中，有色金属行业实施已久的许可证管理制度被取消，有色金属企业产品销售依靠国家“统购包销”的时代一去不返，原先按部就班埋头生产的有色金属企业一下被推向了市场。由于我国市场体制建设与改革相对滞后，市场发育明显不足，企业面临着如何定价和寻找客户的双重难题。与此同时，企业之间日益增长的“三角债”也严重困扰着企业生产经营的正常秩序。这些难题的核心是：如何寻找一个合理的价格体系以协调解决产业链中各方利益矛盾，并推动有色金属产业的长远健康发展。

在此背景下，我国有色金属期货市场应运而生。1991年6月10日，经深圳市政府批准，由中国有色金属工业总公司牵头，联合32家有色金属企业创办了深圳有色金属交易所，这是我国第一家，也是唯一的一家以“民办官助”形式建立的期货交易所。随后，上海金属交易所于1992年5月28日正式开业。

随着有色金属期货交易所的建立，铜、铝等有色金属期货品种先后上市交易。期货市场全新的信用体系与交割模式，为广大有色金属企业解决产品定价与销售难题提供了有效的市场工具。企业可以依靠交易所价格确定产品的市场价格，并且通过期货交割来解决产品的销售问题，“三角债”难题也迎刃而解。正是由于有了期货市场，有色金属企业才能够迅速建立自己的客户群体、信用体系与销售体系，并同步适应了市场化改革进程，为日后有色金属产业的快速、健康、稳定发展奠定了坚实的基础。

（二）有色金属产业与期货市场共成长

有色金属产业借助期货市场在市场化进程中迅速站稳了脚跟，并抓住我国市场经济体制改革和对外开放的良好机遇，充分利用和深入拓展期货市场的功能作用，实现了有色金属产业的快速发展和整体竞争力的大幅提升。同时，伴随着有色金属产业的不断发展壮大，我国有色金属期货市场也实现了快速发展，市场规模迅速增长，为产业服务的能力不断提升。对比1992年以来两个行业的发展数据①（见图1，图2，图3），我们可以清晰地看到有色金属产业和有色金属期货市场相互影响、相互制约、相互促进、共同发展的成长轨迹。

回顾两个市场的发展历史，可以分为以下三个阶段：

第一阶段（1992～1998年）：这一阶段以1992年的深圳、上海有色金属交易所的成立为标志，该阶段的特点是：期货市场建立的目的清晰；为实体经济解决了价格、客户、信用三大现实问题；生产型企业交割较多；企业看到和感受到了期货市场的作用；

---

① 图1、图2和图3中，有色金属工业总产值、进出口贸易额和产量规模数据来自历年有色金属工业年鉴；期货市场成交量和成交额数据来自上海期货交易所数据库；有色金属期货市场交易额（量）是上海期货交易所上市的铜、铝和锌的交易额（量）总和。

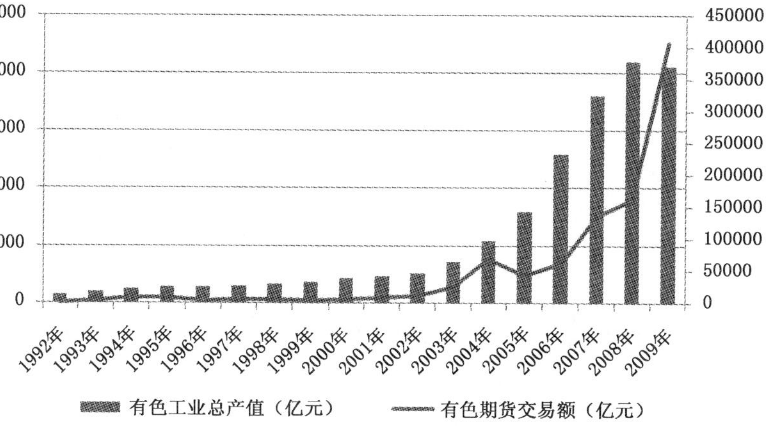

图 1　1992～2009 年有色金属工业总产值和有色金属期货市场交易额比较

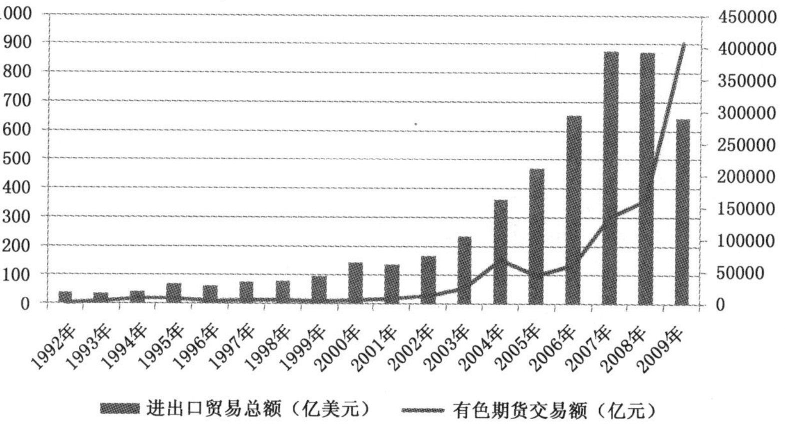

图 2　1992～2009 年有色金属进出口贸易总额和有色金属期货市场交易额比较

期货市场本身发展也建立了信心。

由于我国市场经济体制改革是在“双轨制”向“市场化”转轨这一特殊条件下开展的，有色金属市场建设便出现了“先有期货市场建立，后有现货市场规范”的独特现象。这是我国不同于发达国家市场经济建设的发展道路。同时，期货市场对我国而言又是“舶来品”，兴办这类市场并不具备先天优势。因此，我国期货市场在自身发展的同时，还承担着为现货市场发育“补课”和“适应完善”的双重任务，在交割仓库建设上尤为如此。这一阶段，企业间“三角债”问题极为严重，问题产生的根本原因是现货市场不发达，缺“市”少“价”，信用缺失。有色金属期货市场建立的初衷主要是为了解决价格、客户、信用三大问题，但在实际运行中也解决了“价格并轨”的问题。

1992 年 10 月 9 日，深圳有色金属交易所推出了中国第一个铝期货标准合约。随后，上海金属交易所推出了铜期货标准合约，形成“南铝北铜”的新局面，开创了我国期货市场的先河，为我国市场经济的发展树立了一面旗帜，也为在混乱市场中苦苦挣扎的有色金属生产企业提供了有力的支持和保障，并率先拉开了有色金属价格和市场体

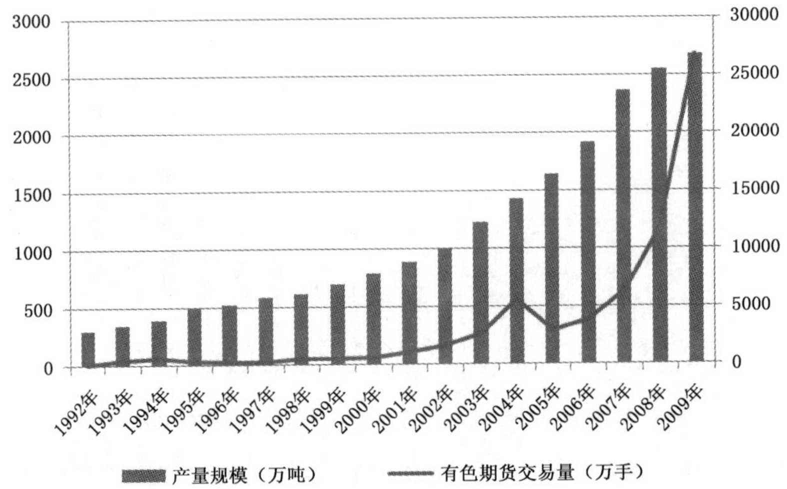

图3 1992～2009年有色金属产量规模和有色金属期货市场交易量比较

制改革的序幕。有色金属企业通过不断实践与学习，逐渐开始适应和初步掌握了期货市场的规则与基本运作规律。

在这一阶段，我国期货市场主要是学习和借鉴境外期货市场的规则，如引入了双边交易、每日无负债结算、保证金制度等；同时，根据我国市场和投资者的特点，设计了具有中国特色的交易制度，如计算机撮合系统、涨跌停板制度、品质升贴水制度等，初步建立了以服务实体经济为核心的、具有中国特色的规则体系。这套规则体系既对国际期货市场规则进行了充分吸收和大胆创新，其产生与运用也是符合我国实体企业和投资者发展需要的。

同时，这一时期期货市场本身发展还很不规范，50多家交易所并存，尽管于1995年撤并成15家，但由于同一品种同时在多家交易所上市，交易所之间存在非理性竞争，价格信号比较混乱，导致期货市场为实体经济服务的功能大打折扣。

第二阶段（1998～2004年）：这一阶段以1998年有色金属工业总公司、三大有色集团、有色金属工业局相继撤销为标志，有色金属行业经营管理体制发生了一系列重大变革，企业经营决策体制也随之发生了根本性变化。在这一阶段，我国期货市场监管体制也发生了巨大变化，行之有效的监管体系开始建立，市场逐步走向规范化。中国期货业协会（2000年）和有色金属行业协会（2001年）相继成立，标志着这两个行业逐渐走向自主经营、自律管理、优胜劣汰的市场化发展阶段，产业发展动力开始趋同。该阶段的主要特点是：有色金属行业和期货行业的体制先后发生重大变化，极大地激发了两个行业之间的相互合作；有色金属实体企业开始有效地利用期货市场开展经营，促进了期货市场的进步与发展；期货市场的发展也引导和推动了有色金属企业在更大范围内运用期货工具；生产型企业交割减少，外贸型企业交割增加。

在这一阶段，有色金属行业经营管理体制发生了重大变化，实行了政企分开，众多有色金属企业开始完全自主经营，对期货市场的需求大幅提高，主动运用期货市场工具的意愿大大增强。正是在这一时期，一大批中央和地方的有色金属企业学会了运用期货工具开展经营，期货价格开始渗透到产业链中，最终培养了一批能够熟练运用期货市场工具的上市龙头企业。以有色金属流通领域为例，有色金属期货市场权威价格的出现和广泛运用，大大提高了市场的透明度，直接导致有色金属行业流通领域发生了质的变化，流通环节大为减少，资源配置效率大幅提高，企业库存大幅降低等。在有色金属流通领域，不能有效运用期货工具的贸易企业已经很难生存与发展。

在这一阶段，期货市场的监管体制也发生了重大变化，期货交易所由 15 家撤并为 3 家，同一品种仅在一家交易所上市，交易所恶性竞争的局面得到根本性改变，发展积极性有了很大提高，期货价格信号更加清晰，有效地解决了市场的流动性和价格权威性的问题，与之配套的交割体系趋于完善，规则制度开始规范化。随着新的监管体制开始发挥作用，期货市场对实体经济的服务更加专业，功能得到了极大的提升，较好地满足了实体产业发展对期货市场的迫切需求。

同时，有色金属期货市场的发展促进了境内外两个市场的接轨与融通，有色金属企业运用价格体系与套保工具更加便利，有效地促进了有色金属产业的变革与发展进步。

第三阶段（2004 年至今）：这一阶段以 2004 年 1 月 31 日国务院发布《关于进一步推动资本市场改革发展的若干意见》（简称《国九条》）为标志，《国九条》的推出不仅拉开了期货市场发展的新篇章，也是中国有色期货市场和有色金属产业共同走向繁荣的历史新起点。该阶段的主要特点是：期货市场的价格体系已经覆盖了整个有色金属产业链；相当一部分企业运用套保工具比较成熟，企业的多样化风险管理模式普遍建立；龙头上市企业开始开展海外并购，在更高层次上利用期货市场进行全球资源配置；期货市场自身建设集中在为实体经济服务、国际化和建立话语权上；有色金属实体经济与期货市场之间合作的广度与深度进入新局面；在 2008 年的金融风暴中，两个行业同舟共济，共渡难关，相互融通、相互支持、相互促进已经常态化；两个行业的国际化进程开始提速；有色金属生产型和贸易型企业交割均大幅减少，融资性交割增加。

在这一阶段，有色金属企业普遍开始有效地运用境内外两个期货市场开展经营，有色金属期货市场的价格体系贯穿了整个产业链，极大地提高了资源的配置效率。同时，企业也学会了运用证券、期货两个市场做大做强，以龙头企业为典范，在更高层次上运用期货市场价格体系开展海外并购获取资源和利润的运作模式得到广泛运用，有色金属产业成为我国实体行业中开展海外并购的“佼佼者”和“排头兵”。

与此同时，2004 年以来，我国期货市场进入了高速发展期，涉及国计民生的主要大宗商品纷纷上市，有色金属期货也进入了持续平稳高速的成长期。无论从市场的流动性、交割体系的便利性，还是规则制度的科学性，有色金属期货市场都已经能够为实体经济提供更高、更深、更广的服务。2008 年金融风暴发生后，为了支持中国企业实施“走出去”战略，期货市场围绕实体经济的阶段性发展要求，抓住时机开展了引进境外企业在上期所进行品牌注册、铜期货保税仓库交割试点等一系列配套服务。在这一阶段，我国有色金属期货市场的国际话语权逐渐增强，与国际市场交叉影响和互动越来越紧密。以沪铜为例，从昔日伦敦铜的“影子价格”，到如今与伦敦铜平起平坐，上海有色金属价格的国际影响力与日俱增，为争取我国在全球市场的话语权奠定了坚实基础。

（三）有色金属期货市场发展迅速，品种特色凸显

1. 有色金属期货市场总体规模逐年扩大，全球影响力日益增强

21 世纪以来，有色金属期货市场一直保持高速发展的态势，尤其是在 2008 年后呈现出几何级的增长速度。2009 年，铜、铝、锌三个品种成交金额分别较 2008 年增长了 229.98%、26.56% 和 19.94%①，2010 年的增速虽然有所下降，但总体上仍保持了稳定发展的态势。

在有色金属各品种期货合约成交量、成交额等逐年扩大的同时（见图 4），其影响力也日益增强。特别是 2008 年以后，我国有色金属期货市场在全球有色金属期货市场中的权重和影响力明显增强，全球有色金属市场逐渐显现出由原有的伦敦、纽约、上海"三足鼎立"，向伦敦、上海各占半壁江山的格局发展，上海有色金属价格的影响力日益增强。2009 年，铜、铝、锌均进入全球年度最热门的二十大商品期货合约排行榜。2010 年我国有色金属期货表现更加出色，在全球最热门的十大商品期货合约中，分列第 2、3、9 位。②

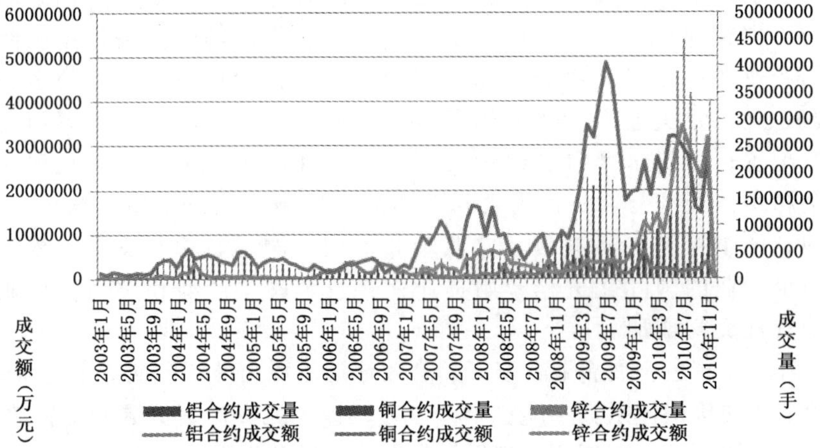

图 4 2003～2011 年有色金属期货合约成交量及成交额月度变化图

资料来源：铜、铝、锌合约交易量和交易额数据来自上海期货交易所数据库。

以铜为例，上海期货交易所（简称上期所）通过调整对境外品牌的管理模式以及保税交割等制度安排，进一步树立了交割注册品牌的"中国标准"，并成功打造了具有国际竞争力的优势品种——铜。通过课题组实证分析，2010 年，上期所铜主力合约价格对 LME 主力合约价格的引导系数③从 5 年前的不足 10% 已上升至 42%，国际影响力逐年提高。此外，上期所通过品牌注册战略，吸引大量境外品牌来中国注册，目前已注

① 资料来源：2009 年度全球衍生品市场交易量调查报告。

② 资料来源：美国期货业协会（FIA），2010 年。

③ 引导系数是课题组在建立沪铜和伦铜价格 VECM 模型的基础上，通过方差分解所得。

册的境外铜品牌27个、铝品牌1个，中国有色金属企业的产品品牌和世界老牌大公司的品牌站在了同一起跑线上，有了更高的竞争起点。

2. 有色金属期货市场价格发现和套期保值功能日臻成熟

随着期货市场的价格发现功能的不断发挥，期货价格信号与现货市场价格的交叉影响日渐明显。同时，它的预期性与权威性也能够为行业和国家的科学决策提供重要的参考依据。通过对近几年我国铜、铝、锌期货市场价格发现功能的实证分析，可以得出：铝期货市场在现货价格形成过程中的平均贡献率①高达81.66%，远大于现货市场的平均贡献率（18.34%），是三个有色金属品种中价格发现功能最强的；铜期货市场在价格形成过程中的贡献率高达75.53%，远大于现货市场的平均贡献率（24.47%）；锌由于上市时间相对较晚，价格发现功能稍弱于铜、铝，但期货市场在现货价格形成过程中的平均贡献率也达到了63.55%。这说明以铜、铝、锌为代表的有色金属期货市场已经表现出良好的价格发现功能，并在相应现货价格形成过程中占据主导地位，发挥了较好的定价效率。

美国著名期货专家Working指出，企业参与期货套期保值，其实质是以较小的基差风险取代了较大的现货价格风险。通过对近5年铜、铝期货市场和近3年的锌期货市场基差分析：铜期货基差的标准差为1343.19，远远小于现货价格波动的标准差13886.20；铝期货基差的标准差为514.02，远远小于现货价格波动的标准差2589.65；锌期货基差的标准差为511.25，远远小于现货价格波动的标准差5756.18。

为精确考察有色金属期货市场的套保效率，运用计量模型进一步分析的结果显示②（见表1）：随着时间期限的延长，铜、铝、锌期货市场套保有效性逐步提升。在铜期货市场上，6个月期限的套期保值策略可以成功规避98.65%的价格波动风险；在铝期货市场上，6个月期限的套期保值策略可以成功规避94.16%的价格波动风险；对于锌期货市场，6个月期限的套期保值策略可以成功规避98.61%的价格波动风险。与农产品期货市场平均80%左右的风险规避度相比，有色金属期货市场无疑在风险规避功能的发挥上更为充分，这与有色金属现货企业对期货市场的科学认知和积极参与是相辅相成的。

表1　铜期货市场套期保值有效性分析

		一个月	两个月	三个月	四个月	六个月
传统套保法	铜	0.9181	0.9495	0.9640	0.9728	0.9779
	铝	0.8710	0.8895	0.9138	0.9209	0.9320
	锌	0.9205	0.9490	0.9653	0.9734	0.9817

① 期货市场在现货价格形成过程中的平均贡献率是在建立期、现货价格的VECM模型的基础上，通过方差分解得到，贡献率越大说明期货价格对现货价格的引导功能越强。

② 表1结论是根据课题组套期保值实证模型得出，其中传统套保法在期现货头寸的选取上为1∶1，而OLS套保法在期现货头寸的选取上是动态化的，满足期现货头寸组合在同等收益前提下方差最小的原则。时间期限是指套期保值头寸的平均平仓时间，时间越长说明企业进行套期保值的周期越久。

续表

		一个月	两个月	三个月	四个月	六个月
OLS套保法	铜	0.9241	0.9588	0.9739	0.9823	0.9865
	铝	0.8715	0.8918	0.9168	0.9265	0.9416
	锌	0.9341	0.9575	0.9727	0.9808	0.9861

3. 有色金属期货品种各具特色，助行业稳健发展

（1）铜期货合约助企业对冲风险，初具国际话语权。我国作为世界上最大的铜消费国、生产国和进出口国，国内资源相对短缺，铜资源供求矛盾日益突出。铜期货合约的推出，不仅改变了现货市场的定价模式，还为企业对冲价格风险提供了有效的工具，对铜行业的发展起到了非常重要的推动作用。截至目前，铜期货合约是我国大宗商品期货中最成熟、企业运营最广泛、发展最好的品种，也是我国最适合走国际化道路、建立国际价格话语权的品种。

（2）铝期货合约定价功能发挥充分，价格信号有效指导企业生产经营。我国是世界范围内氧化铝和电解铝生产、消费大国。近年来，中国宏观经济持续平稳、高速的发展，进一步带动了铝消费的高增长率，尤其是在建筑、电力和包装三大领域。由于铝的金属特性，其生产规模相对其他有色金属品种较大，产能增加较易较快，国家对其政策调控颇多，这直接导致铝行业更多的运用期货市场的价格体系来指导和运作企业经营，以适应政策多变的市场。几乎所有的氧化铝供需合同都运用期货市场价格定价。同时，企业已将期货市场价格体系成功运用到企业之间的长期合同中，有利于企业长期稳定的发展，成为建立现代企业之间长期战略伙伴关系的基石。

（3）锌期货合约最具活力，助行业成功规避金融危机风险。锌期货于2007年3月26日在上期所挂牌上市，尽管运行时间较短，但锌期货合约在金融危机中的积极作用却是不容忽视的。过去，由于国内没有上市锌期货合约，企业在日常生产、消费和贸易活动中只能参考国际锌期货价格，同时除少数被批准的大型国企外，绝大多数锌相关企业无法利用期货市场对冲风险。锌期货推出后，企业在铜铝期货市场运作的成功经验基础上，很快适应了锌期货市场，并成功地利用国内期货市场规避了2008年金融危机所带来的系统性风险。上期所的锌期货被国际上公认为最富有创新性和活力的品种，为今后推出新品种摸索出很好的经验。

4. 有色金属期货的合约功能和市场流动性为服务实体经济提供保障

除价格发现和套期保值功能外，期货合约的其他衍生功能也为服务实体经济提供了诸多选择。如有色金属企业充分利用期货市场保证金制度的杠杆效应，大大节省了财务成本，进而实现了原材料采购和库存的高效管理；通过仓单质押获得银行及相关机构的融资，开拓了融资新渠道；通过对交割品质的严格规定，引导企业提高了生产经营管理水平和产品质量；而交割仓库体系的建设，使上期所成为物流配置的中心，规范了产业的流通秩序，提高了资源配置效率。

期货市场流动性是衡量一个期货品种是否成功的重要指标之一。21世纪以来，铜、铝、锌期货品种都表现出较高的流动性[①]（见图5），铜、铝交易流动性相对比较稳定，锌波动幅度相对较大。有色金属市场充足的市场流动表明，投资者对于该品种的参与度较高，其风险转移分散能力也比较强，期货合约价格的权威性高，进而为企业套期保值提供有效可靠的保障。

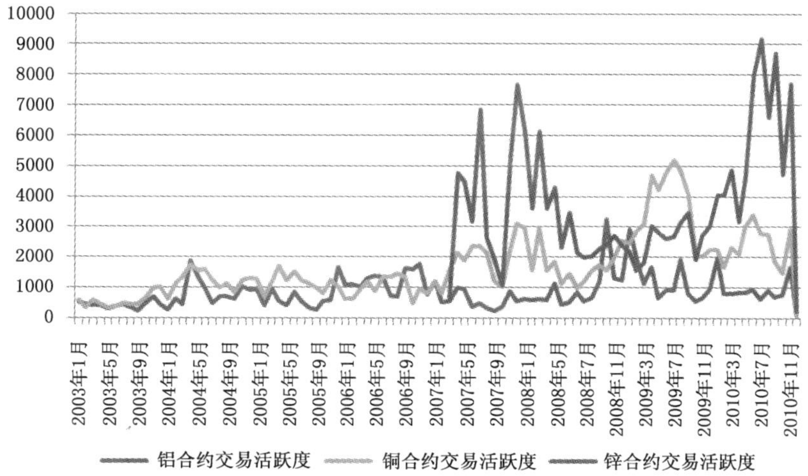

图5　有色金属期货合约市场流动性比较

（四）有色金属产业借助证券期货市场做大做强

改革开放为我国有色金属产业实现大发展提供了历史机遇，而期货市场的建立则让有色金属产业牢牢抓住了这次机遇，成功实现了快速与稳定发展。我国已经建立了覆盖整个有色金属产业链的期货市场价格传导体制，有效保障了有色金属产业的持续、稳定、高速发展，有色金属产业已经逐渐成为一个布局合理、体系完整，且具有一定国际竞争力的优势产业。实践经验表明，证券和期货市场已成为有色金属产业发展壮大的“两翼”，有色金属产业一方面利用证券市场做大，另一方面利用期货市场做强。

1. 有色金属产业利用证券市场做大

有效地利用证券市场融资，为企业发展提供了资金，实现企业的规模扩张是有色金属企业成功的重要经验之一。目前，在沪深两市上市的有色金属股票共有79支，有色金属指数从2009年6月2日的1015.4上涨到2011年2月23日的1564.61[②]，仅一年半的时间，上涨幅度达到54.1%，有色金属板块上市公司的股价不断上升。由于有色金属企业整体质量较好，具有稳定较强的盈利能力，长期吸引投资者的目光，具有较强的融资能力。证券市场严格的监管制度和信息透明度进一步优化了有色金属上市公司的治

---

① 流动性的量化指标（交易活跃度）用某一时期内该期货合约的交易量除以该合约的持仓量计算得到，数据来自上海期货交易所数据库。

② 数据来自Wind咨询公司。

理结构，促进公司建立了完善的现代企业制度。以江西铜业、中国铝业、中金岭南等为代表的有色金属上市公司充分利用资本市场，不断完善公司治理结构，大幅提升了公司的规模和竞争力。

有色金属板块整体业绩和市场表现体现出较高的成长性，是整个股票市场现金流最充沛、现金分红率最高的板块之一。通过主要工业板块上市公司财务数据的比较可以看出（见表 2）：A 股有色金属板块的 65 家上市公司，数量上虽仅占主要工业板块上市公司数量的 7.5%，总资产 6437.7 亿元仅占主要工业板块上市公司资产的 8.9%，却创造了 183.2 亿元的净利润，占主要工业板块上市公司利润总额的 9.8%，2010 年共分红 46.4 亿元，占主要工业板块上市公司分红总额的 10.2%。此外，从现金分红率上看，有色金属板块 2010 年高达 29.5%，是八大主要工业板块中最高的；从现金流（流动资产）占比情况看，有色金属板块高达 46.6%，也处于较高的水平。

表 2　2010 年沪深股票市场主要工业板块上市公司财务数据比较①　单位：亿元

	公司数量	总资产	主营收入	净利润	2010 年分红	占比	流动资产	占比
有色金属	65	6437.7	4453.6	183.2	46.4	29.5%	3002.7	46.6%
黑色金属	52	11753.0	9472.6	233.4	82.6	28.2%	4569.3	38.9%
基础化工	209	4508.0	2886.7	135.9	42.7	27.6%	1914.7	42.5%
建筑建材	92	19934.7	13212.2	349.7	78.2	22.9%	14371.6	72.1%
机械设备	139	9848.2	5307.2	401.3	52.9	15.8%	6760.0	68.6%
汽 车	77	3778.0	4334.1	195.4	49.6	14.2%	2313.6	61.2%
家电	47	3157.3	2995.3	111.0	30.1	23.3%	2393.4	75.8%
房地产	190	13261.8	1875.2	251.9	70.5	21.4%	11194.1	84.4%
主要工业板块	871	72678.6	44536.8	1861.8	453.0	23.3%	46519.3	64.0%
有色金属占比	7.5%	8.9%	10.0%	9.8%	10.2%	—	—	—
黑色占比	6.0%	16.2%	21.3%	12.5%	18.2%	—	—	—

从个股上看（见表 3），有色金属板块的山东黄金、紫金矿业、包钢稀土和江西铜业等都在 2010 年创造了较好的业绩水平，前十名个股平均资产收益率高达 7.5%。黑色板块上市公司尽管也创造了不错的成绩，如金岭矿业的资产收益率高达 16.7%，但就前十名平均水平 6.7% 而言，与有色金属板块还是存在一定差距，这也是有色金属板块上市公司更受广大投资者青睐的原因。

① 主要工业板块上市公司数据来自 Wind 咨询。

表 3　2010 年沪深股票市场有色金属与黑色金属板块上市公司资产收益率前十名情况①

排名	有色金属板块	资产收益率	钢铁板块	资产收益率
1	山东黄金	12.9%	金岭矿业	16.7%
2	紫金矿业	10.5%	大冶特钢	10.0%
3	焦作万方	7.8%	凌钢股份	6.2%
4	包钢稀土	7.5%	江苏通润	5.8%
5	江西铜业	6.8%	宝钢股份	4.9%
6	鲁信高新	6.5%	新朋股份	4.8%
7	精诚铜业	6.1%	濮耐股份	4.8%
8	中金黄金	5.8%	新兴铸管	4.7%
9	辰州矿业	5.7%	康盛股份	4.7%
10	新疆众和	5.3%	东山精密	4.2%

2. 有色金属产业利用期货市场做强

以铜、铝、铅、锌为代表的有色金属品种价格波动剧烈，尤其在金融危机期间，国际铜价从最高的 88000 元/吨下跌到最低的 22000 元/吨，跌幅高达 75%。在如此巨大的价格风险面前，企业不运用衍生工具进行风险管理将难以生存。我国有色金属企业成功渡过金融危机，得益于本土化的、功能齐备的、具有权威性与一定国际影响力的期货市场体系，得益于企业多年来积累的丰富期货市场运作经验与人才，得益于有色金属企业有效地运用期货套期保值应对市场风险。可以说，有色金属产业正是利用期货进一步实现了做大做强的战略。

（1）龙头企业示范作用凸显，有色金属产业集中度逐步提高。随着有色金属产业和期货市场的快速发展，国内外两个市场也快速融通，市场机遇不断增多，导致政府和民间投资的积极性增高，与之相配套的相关产业政策不断被提出并得到有效落实，逐步形成了一批有色金属龙头企业。富有较强国际竞争力的行业龙头企业的出现，对整个有色金属产业国际化进程、管理水平的提高以及技术进步起到了重要的推动作用。它们与广大中小企业形成良性互动的竞争氛围，极大地推动了整个有色金属行业的健康发展，有效地促进了资源优化配置，带动了产品价格的市场化进程。

伴随着市场化运作模式的完善和成熟，有色金属产业逐渐形成了一批具有行业特色的龙头企业，如江西铜业、中国铝业、中金岭南等。龙头企业借助期货市场进一步完善了企业经营管理流程，提升了风险管理水平，并形成了良好的示范作用。在龙头企业的带动下，有色金属产业通过兼并重组、优胜劣汰，集团化进程逐渐加快，这也使得有色金属产业成为国内产业集中度较高的产业之一，竞争力逐年增强。

（2）企业全面运用期货价格体系，有色金属产业核心竞争力增强。新世纪以来，有

① 排名、数据根据 Wind 咨询相关资料整理计算得出。

色金属行业中的大型企业已经在不同程度地利用期货市场功能，优化其生产、经营管理流程。具体而言，企业运用期货市场价格信号建立人、财、物，产供、销管理体制，运用期货套期保值操作管理企业面临的价格波动风险。时至今日，有色金属企业已普遍建立了以上期所有色金属期货价格为核心的营销、财务预算和绩效考核体系。此外，有色金属企业还充分利用上期所价格体系，把握投资方向，处理公共关系。

现实中，企业据此逐步形成了长期稳定的原料供给机制、合理的作价体系、有效的市场风险转移手段、高效而富有竞争力的营销体系以及高效率的财务保障机制。有色金属企业以上期所期货价格体系为基础所建立的一整套企业运行机制已形成了我国有色金属产业核心竞争力的重要组成部分，极大地提高了我国企业在国际市场上的竞争力。

（3）企业顺应期货交割体系导向，树立品牌发展战略。交割环节是连接期货市场与现货市场的纽带，交易所对交割物的商品质量、规格、包装都有标准化的要求。例如，上期所通过实施品牌注册战略，极大地提升了注册企业对产品质量的重视，促进企业通过加强内部管理、不断进行技术改造以提高产品质量。目前，我国已有多个企业品牌在国内外同时注册。江西铜业的“贵冶”牌和“江铜”牌高纯阴极铜是同时在上期所和LME 注册的 A 级产品，“江铜”牌金锭也同时在国内外注册，“江铜”牌银锭为伦敦金银市场协会注册产品；中金岭南的精锌在上期所和 LME 同时注册，电铅在 LME 注册。这些质量过硬而流动性非常好的交易所注册品牌产品为龙头企业树立了良好的品牌优势和资金优势，而品牌作为一种重要的无形资产进一步提高了企业的财务质量，提升了企业的核心竞争力。

3. 有色金属产业借助期货市场实现持续稳步快速发展

近年来，由于有色金属期货市场的快速发展为有色金属产业的持续稳步快速发展提供了保障，有色金属产业的集中度不断提高，工业总产值不断扩大，进出口贸易总额不断增加，盈利能力不断提升。有色金属总产量从 1990 年的 239 万吨到 2000 年的 784 万吨，再到 2009 年的 2681 万吨，增长了 10 余倍（见图 6）；工业总产值从 1990 年的 509 亿元到 2000 年的 2088 亿元，再到 2009 年的 20567 亿元，实现了近 40 倍的扩张（见图 7）；进出口贸易额从 1990 年的 17 亿美元，到 2000 年的 143 亿美元，再到 2009 年的

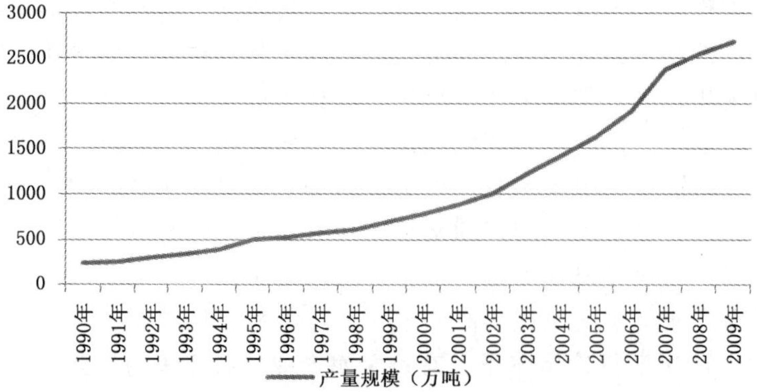

图 6　1990 ~ 2009 年全国有色金属压延及冶炼总产量

873 亿美元，增长了 50 多倍（见图 8）[①]。

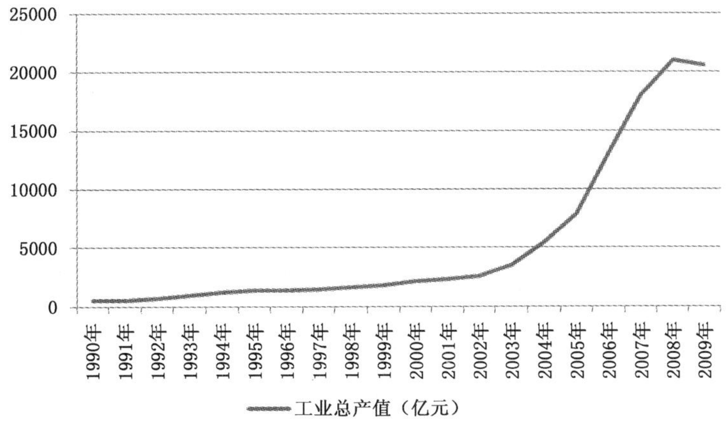

图 7　1990～2009 年全国有色金属工业总产值

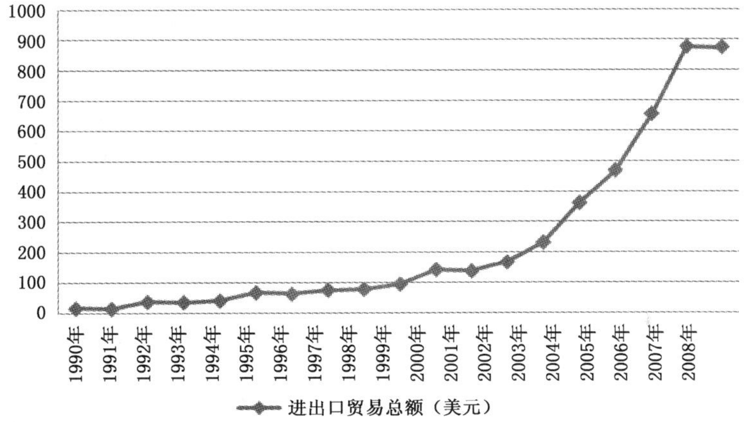

图 8　1990～2009 年全国有色金属产业进出口贸易额变化

在总量水平不断扩大的同时，有色金属产业盈利能力也大幅提升，主营业务收入、营业利润和税收额均实现较大增长[②]。1990 年有色金属产业主营业务收入仅 347 亿元，实现营业利润 26 亿元，纳税 47 亿元，2009 年有色金属产业主营业务收入已达 21000 亿元，实现营业利润 1074 亿元，纳税 1950 亿元（见图 9、图 10）。

（五）有色金属产业提升核心竞争力，走向国际市场

1. 有色金属产业国际化水平逐年提升

21 世纪以来，有色金属企业充分利用境内外期货市场提供的有利条件，积极实施“走出去”战略，有色金属产业国际化程度日益提高。

① 图 6、图 7 和图 8 数据来自历年有色金属工业年鉴。

② 图 9、图 10 数据根据中经网相关资料整理。

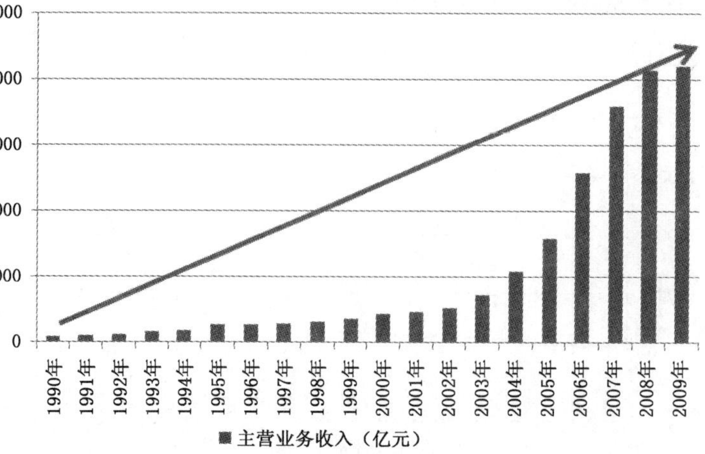

图 9　1990～2009 年全国有色金属产业主营业务收入变化

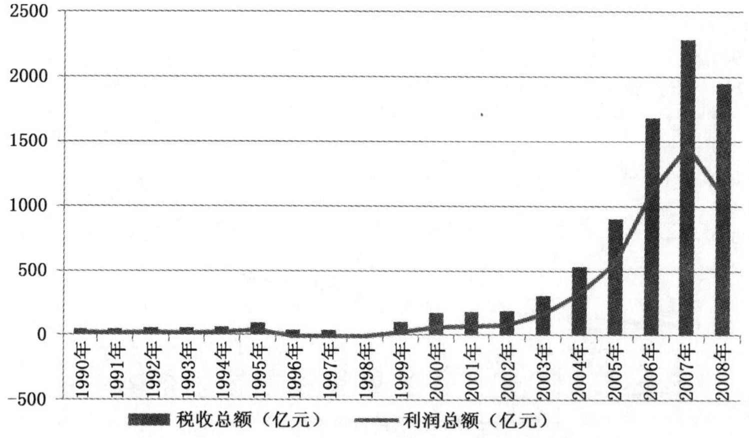

图 10　1990～2009 年全国有色金属产业税收及利润总量变化

一是有色金属企业通过参与境外期货市场，进一步提升了全球风险管理能力。2001 年以后，在监管部门和主管部门的引导、监督下，我国有计划地批准了 31 家国有企业从事境外期货套期保值业务，其中有色金属企业占 68%。大型央企和地方龙头企业充分利用境内外两个期货市场，不仅提升了自身在全球范围管理风险的能力，同时也在全球市场上发出了“中国声音”，进一步增强了我国有色金属产业的国际影响力。

二是有色金属企业通过注册 LME 品牌，有效扩大了在国际市场上的品牌效应。近年来，随着我国有色金属企业产品质量的不断提高和国际视野的拓展，我国有色金属企业在 LME 注册品牌的意识不断增强。截至 2011 年 2 月，中国企业在 LME 共注册有色金属品牌 76 个（铜 7 个、铅 14 个、锌 13 个、镍 1 个、锡 5 个、铝锭 20 个、钴 7 个、钼 3 个、铝合金 4 个、北美特种铝合金 2 个），是在 LME 注册有色金属品牌最多的国家（不包括铝合金和北美特种铝合金）。

三是有色金属企业利用期货市场提供的透明度顺利实现在海外上市。通过分析期货市场价格体系和上市公司运用期货工具的能力，投资者能够清晰了解有色金属上市公司的成长性和稳定性，这一点也是国际投行和机构投资者所非常看重的。我国有色金属龙头企业正是充分利用期货市场提供的透明度，为海外上市融资铺平了道路。如中国铝业在纽约、香港和上海三地上市，江西铜业和紫金矿业同时在上海和香港上市，中国有色金属、湖南有色金属在香港上市。这些有色金属龙头企业通过海外上市进一步加快了国际化的步伐。

2. 有色金属产业获取海外资源的能力逐年增强

有色金属产业获取海外资源的能力是随着有效利用期货市场水平的提高而逐步增强的，从最初利用期货市场的近期价格，发展到重视运用期货市场的趋势性价格获取海外资源。这一过程主要分为三个阶段：

第一阶段自 1994～1998 年，以现货采购方式获取资源。这一阶段的特点是：由外贸企业从国际市场上利用现货点价的方式进行采购，然后再转卖给国内生产企业。但由于价格高、随机性强、无资源保障，导致资源配置率低，毁约现象较多。

第二阶段自 1998～2004 年，以签订长单的方式获取资源。这一阶段的特点是：中央企业和大型生产企业与国外生产商利用期货市场点价方式直接签订长单，既满足自己的生产需要，又供给关联企业。由于这一方式能够拿到比较合理的价格，具有相对稳定的资源保障，因此资源配置率较高，合同执行率较好。

第三阶段自 2004 年至今，以海外并购方式获取资源。这一阶段的特点是：有丰富海外市场运作经验的部分中央企业、地方龙头企业以及上市公司，在运作长单的基础上总结经验，开始以期货市场作价体系为基础，通过海外并购的方式获取股权以控制资源，在满足自身和国内日益增长的资源需求的同时，建立部分资源话语权，争取获得更多的保障与利润。

如今，随着国内外期货市场的融通发展，有色金属行业经过多年的努力，已实现了国内外市场价格的完全接轨、国内外资源配置的接轨、国内外投资的基本接轨和国内外产品的完全接轨，极大地提高了有色金属产业的国际化水平，提升了有色金属产业在全球范围内获取资源和配置资源的能力。

二、期货市场定价功能促进有色金属产业战略转型

现代市场经济的核心问题是：通过市场机制的作用实现资源的优化配置，促进国民经济的可持续发展。而市场机制要发挥调节作用，必须通过价格机制才能顺利实现。期货市场通过公开、公平、高效、竞争的期货交易运行机制，形成具有真实性、预期性、连续性和权威性的价格信号，对于完善市场价格体系、优化资源配置具有独特的作用，这一点在有色金属产业改革发展过程中体现得尤为明显。

经过 20 多年的探索和实践，有色金属产业通过利用期货市场的价格体系成功实现

了战略转型：逐步由一个完全计划性、封闭落后的产业发展成为一个高度市场化和开放性的国民经济支柱产业，完成了产业结构的调整升级，形成了一套成熟的、以价格为导向的经营管理模式；而有色金属企业通过熟练运用期货市场价格体系指导生产经营，有效提升了企业生产经营的计划性、科学性、稳定性和效率。

（一）向市场转轨——期货定价机制促进有色金属产业从计划走向市场

1. 期货市场促进有色金属行业形成公开透明的市场化定价体系

有色金属行业价格机制改革经历了“指令计划—双轨制—市场化”的历程，在从政府定价向市场化定价过渡过程中，有色金属期货市场扮演了重要的角色。

第一，期货市场保障了有色金属行业从计划向市场定价方式的顺利过渡。有色金属行业自20世纪80年代中后期开始实行统配物资价格“双轨制”，计划价格和市场价格并存，价格信号混乱，企业生产经营备受困扰。1995年原国家计委和中国有色金属工业总公司先后规定：统配有色金属价格按上海金属交易所每月第一个星期实物交割的加权平均价格执行，一月内不得变动。由此开创了国家和企业运用期货市场价格体系进行资源配置和价格管理的先河。

第二，期货市场促进了有色金属现货市场的完善和成熟。我国期货市场是建立在现货市场发育不完全的基础上的，期货市场在自身发展完善的同时，也承担了为现货市场“补课”的任务。在有色金属行业的市场化进程中，期货市场以其特有的交易机制、交割机制、信用机制，解决了现货市场的规范化问题，通过优化资源配置提高了流通效率。经过有色金属行业、企业、期货市场之间的近20年的磨合与完善，有色金属行业已经形成了以期货价格为基础的、公开透明的市场化定价体系。如今，上期所有色金属期货价格已经覆盖了整个现货产业链的上下游，成为全国有色金属现货生产、贸易和流通活动的市场定价基础，企业之间进行买卖普遍参考期货价格。根据对有色金属企业的问卷调查结果，有色金属企业定价方式尽管多种多样，但绝大多数有色金属企业在定价上均不同程度地运用期货价格。

第三，期货均价体系的推广应用提高了企业利用期货工具的水平。在有色金属现货贸易定价中，“期货均价”被普遍参考和应用。期货市场给出的价格信号具有随机性，难以满足企业对于相对平稳、公平、权威的市场价格的需要，因此，为了解决产业链上下游企业之间的不同诉求，“期货均价”的概念被提出并得到广泛应用。“期货均价”是建立在一个由双方约定和接受的、在一定时间段内公开、密集的期货成交价的基础上计算出来的，因而更为公平、权威并具有不可操纵性。“期货均价”的使用可以使有色金属企业在利用期货价格信息时，避免期货价格频繁波动对现货交易的干扰。为了方便有色金属企业利用均价，上期所针对企业需要提供了包括周平均价、月平均价、季平均价和年平均价等在内的不同时段的期货平均价。如今，越来越多的有色金属企业学会采用不同的期货均价模式作为长期合同和现货交易的定价基准。

2. 期货市场提高有色金属行业的运营效率

在期货市场建立以前，国内有色金属行业的定价体系相对比较混乱，没有统一清晰的参照依据，企业与客户之间反复讨价还价，纠缠不清，导致成交率低，毁约率高。有色金属期货市场建立后，期货价格便逐步成为买卖双方重要的价格参照依据，在原料采购、产品销售等现货贸易活动中，企业与客户之间以“只规定产品质量、数量和加工费（或升贴水）和合同执行方式与期限”的长期贸易合同替代传统的现货买卖合同。客户既可以在合同规定期限内，根据上期所的期货价格确定合同的执行价格，也可以在合同执行时以上期所当月期货合约价格的加权平均价为基准，再加上一定的现货升贴水或者加工费来确定合同的执行价格。

例如，在锌期货上市前，采购部门和矿山长期处于无休止的谈判过程中，定价效率低下，从月初谈判到月末。2000 年上海金属网（SMM）现货市场曾经试图成为锌市场定价的平台，但由于其价格非交易行为形成，企业对其公平性和及时性存在疑问。2007 年锌期货上市以后，上期所和 SMM 逐步形成了良性互动的格局。随着矿山对锌期货的关注度和认可度的逐渐提高，上期所权威价格平台的作用不断强化，已有相当一部分矿山开始参考上期所锌期货价格来定价，一般采取减去一个常数再乘以一个调整系数的方式确定矿山价格。再如，株冶集团国内锌精矿采购均以上海锌期货现货月价格为基准价。

在此基础上，各种基于期货市场价格的定价模式也相继产生：

在矿权的评估和买卖中，一般以同品种期货市场过去三年年平均价的算术平均价为基础进行定价。如果这三年期间的价格波动较大，可以追溯到前五年的期货市场平均价。在有色金属行业中，矿权评估和买卖最为复杂，也最为基础，其中确定交易价格是关键，也是最困难的部分，而期货市场的出现则有效地解决了这一难题。

在矿山加工产品（精矿）的买卖中，企业采用期货市场同品种价格扣减加工费（冶炼加工费）的方法作价，即按照交货日的期货市场价格体系中某一种双方事先约定的某一时间段的平均价作基准价格，双方再按照约定作价方式的一定百分比作价，而现货供求的差距是用加减百分比扣点来调节。

在有色金属冶炼产品买卖中，对期货市场的依赖性是最强的，一般而言，其销售方式是以销售时期货市场的价格，加减因现货供求关系变化而产生的升贴水来最终决定销售价格。同时，企业视情形在期货市场上对冲合同风险。

总之，期货市场通过公开、透明、权威的市场化价格形成机制，为有色金属行业的原材料采购和产品销售提供了基准价格，提高了交易透明度，降低了谈判成本和销售成本，提高了合同履行率，企业生产经营的效率得到了大幅提升。

3. 期货市场显著提升了有色金属行业对价格信号的敏感度

在市场经济中，企业能否适应瞬息万变的市场，很大程度上取决于企业对市场价格的敏感度。这种敏感度不仅关系着企业是否能够抓住赚钱的机会，甚至关系到企业在激烈的竞争环境中能否生存。有色金属期货市场价格体系的有效传播和覆盖，使有色金属企业获取的信息无论是从源头、质量，还是使用上都优于其他行业的企业，这就决定了有色金属企业具有更高的信息敏感度。

第一，从信息的源头方面来看，有色金属行业可以在期货市场上获得大量有价值的一手信息，而一手资料的获取能力和信息质量决定了一个行业对整体市场的把握能力。

第二，从信息的质量方面来看，期货市场为有色金属行业提供了一个反应灵敏的统一市场定价体系，由于所有影响供求关系的因素都汇集在这个市场上，且期货市场的有效监管能够保障信息的透明度和真实性，因此期货价格信号更具权威性。

第三，从信息的利用方面来看，由于有色金属期货品种在产业链中处于上游位置，它的信息具有覆盖面广、传导度深的特点，这就意味着众多下游企业可以充分利用期货价格信息。

例如，以 2007 年 3 月 26 日锌期货推出为截点，绘制锌期货推出前后现货市场信息冲击曲线①（见图 11），可以清晰地看到，锌期货上市后现货价格面对同一个信息水平冲击，波动率要小于锌期货上市前，即锌期货的上市使得现货价格对信息冲击的反应更加平稳，充分表明锌期货对于提升现货产业对价格信号敏感度具有重要的作用。

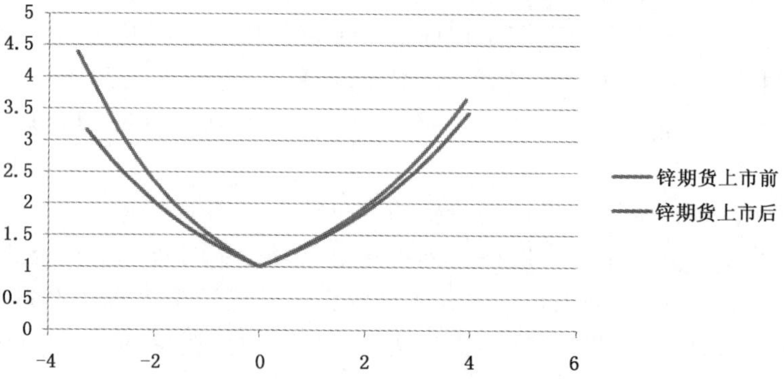

图 11　锌现货价格的信息冲击曲线

4. 期货市场作价体系贯穿产业链，促进产业可持续发展

一个产业的可持续发展需要平衡产业链上下游各方利益，而价格是决定各方利益分配的关键因素。当各方利益产生重大冲突时，需要借助第三方力量以获得各方均能接受的解决方案。

以期货价格为核心的作价体系贯穿了有色金属产业的整个产业链，而这个作价体系之所以被大家接受，关键在于它既不完全由供方决定，也不完全由需方决定，而是由不可操纵的第三方——期货市场产生的。它为企业提供了一个价格基准，企业可以根据需要确立多样的定价方式。为了避免价格不确定的影响，稳定上下游产业链的利益关系，企业通常借助长期合同（长单）建立与上下游企业的长期商业战略伙伴关系。在这种定价模式中，一旦有一方出现价格风险难以平衡，就会利用期货市场价格的波动性和流动性去对冲自己的风险。由于这种方式对于双方机会都是均等的和公平的，因此非常有利于维持长期战略合作。

例如，中国铝业在氧化铝销售合同中规定，以客户购买时上期所上个月结算均价的一定百分比作价，购买合同期限越长，价格就越优惠，目的是为了鼓励客户与自己建立

① 信息冲击曲线通过建立两阶段 E－Garch 模型得到，图 11 中的横坐标代表信息的量度，大于 0 时代表正向信息冲击，小于 0 时代表负向信息冲击，量值的绝对值越大说明信息的影响力越大；纵坐标代表现货价格波动率对信息的反映，量值越大表示反映越剧烈，短期波动越频繁。

长期稳定的客户关系。这对实现企业的稳定经营和产业的可持续发展极为重要。

（二）与国际接轨——期货定价机制促进有色金属产业从变革走向开放

1. 有色金属产业运用期货市场在全球合理配置资源

优化资源配置的核心是运用合理价格体系引导长期和相对稳定的高效率资源流向。资源配置的范围越宽越广泛，合理性越强，越具有持久性。合理性和持久性的基础是价格体系产生的权威性。全球有色金属行业的资源优化配置有赖于全球有色金属期货市场体系，这种资源配置方式是通过企业直接面对和运用一个带有金融性质的、全球化的期货市场来完成的。而期货价格作为有色金属行业矿权评估和买卖的基准价格，有力地推动了我国有色金属产业在国内乃至全球范围内合理配置资源。

例如，株冶集团利用 LME 价格为进口铅锌精矿提供定价基准。株冶集团和国际矿石供货商通常签订一年至两年的精矿采购长期合同，合同确定的供货数量一般为分批装运。采购部门借鉴国际矿产品贸易经验，提出了“期货基准价—基本价差（加工费）”的精矿计价模式，即铅锌精矿进口合同价格以一定的矿石回收率，按照供应商在点价期间确定 LME 价格，再减去加工费的方式，其核心理念是“风险共担、效益共享”，这种定价方式由于其公开透明，不仅有利于降低谈判成本，还有利于堵塞原材料采购和产品销售管理的漏洞，防范道德风险。

可以看出，有色金属企业有赖于期货市场价格体系的定价能力，使得获取资源变得简单明了，极大提高了资源配置效率，使得企业能够获得长期稳定的资源。

2. 有色金属产业利用期货市场增强国际谈判能力

我国许多大宗原材料资源匮乏，铜精矿和铁矿石的对外依存度都超过了 50%，而全球铜精矿和铁矿石资源基本上都掌握在必和、必拓和自由港铜业等少数国际垄断厂商手中。在这种典型的卖方市场上，国际谈判能力的高低是决定我国有色金属企业未来发展的关键因素，能否获得定价话语权无疑将决定有色金属产业的综合竞争力。

伴随着有色金属产业国际化程度的不断加深，我国有色金属期货价格在国际市场上的影响力显著提高。以铜为例，在 20 世纪 90 年代以前，世界有色金属的主要定价中心在伦敦（伦敦金属交易所——LME）和纽约（纽约商品交易所——COMEX）。而 20 世纪 90 年代以后，随着我国有色金属期货市场的建立和发展，上海价格（上海期货交易所——SHFE）在全球有色金属市场上的定价话语权逐步增强。2001 年加入 WTO 后，随着中国经济的腾飞，国际有色金属市场逐步形成了伦敦、纽约、上海三足鼎立的格局。2008 年金融危机后，中国作为世界经济增长“引擎”的作用进一步凸显，对全球经济的影响力更加显著，上海期货价格在全球有色金属市场上的影响力更加显著。而随着 COMEX 被 CME（芝加哥商业交易所）并购，纽约价格在全球有色金属市场上的影响力日渐式微，上海价格开始与伦敦价格的影响力并驾齐驱。我国有色金属期货市场国际影响力的增强，无疑给中国企业在国际谈判中增加了重要的砝码。

铜精矿和铁矿石都是我国对外依赖程度比较高的资源，但是我国有色金属产业和黑色金属产业在国际谈判中所面临的局面却炯然不同。铁矿石与铜精矿谈判出现不同的结果，其主要原因在于两者之间存在不同的作价方式。铁矿石是按照上年度价格加减一定波动幅度的方式定价，而铜精矿的作价方式却非常灵活，一般按照期货市场某一时段的均价扣减加工费的方式定价。具体而言，有三大不同：

一是铁矿石是以上年度价格为基础，缺乏灵活性，与当前价格存在较大差距，成交意愿低；而铜精矿则是以某一时段的均价为基础扣减加工费方式，更贴近当前价格，有很大的灵活性。

二是在铁矿石谈判中，尽管一方处于不利局面，但由于缺少足够的工具规避风险，只能被动接受风险；而铜精矿谈判中，当一方意识到自己处于不利的地位时，可以主动利用期货工具去对冲风险。

三是在铁矿石谈判中，一旦签约就是长期固定的价格，如果在执行过程中面临巨大亏损，企业缺少有效的补救措施；而铜精矿签约后即使在执行过程中面临不利局面，仍可利用期货市场的波动进行补救。

3. 有色金属产业运用期货市场作价模式开展海外并购

在国际市场进行兼并收购和矿权买卖，期货价格是价值评估过程中的重要参考与评估依据。从21世纪初开始，有色金属产业的龙头企业开始利用期货机制通过海外并购的方式收购或者入主国外的矿山，获取海外资源，进一步优化有色金属产业资源的全球布局。

随着时间的推移，这种收购已经从龙头企业开始向更多的中央企业和地方龙头企业以及上市公司扩展。例如，中国铝业收购秘鲁铝矿、中国五矿收购澳大利亚第三大矿业公司OZMinerals、西部矿业收购澳大利亚FessAus公司、中国有色金属矿业集团收购赞比亚卢安夏铜业公司、澳大利亚特拉明矿业公司和吉尔吉斯斯坦恰拉特金矿、中金岭南公司收购澳大利亚PEM公司50.1%的股权、华东有色金属地勘局收购WTI公司50.1%的股份、吉林吉恩镍业公司分别收购加拿大3个镍矿项目和澳大利亚1家公司的镍钴项目等一系列并购。

在上述一系列收购中，有色金属企业正是科学运用期货市场作价模式对收购对象进行评估，并利用期货套期保值工具规避风险，才成功实现了海外收购，顺利实现了资源扩张。

（三）期货价格体系引导有色金属产业结构调整与产业升级

1. 有色金属龙头企业运用期货定价机制进行股权并购，提升产业集中度

近年来，有色金属龙头企业成功运用期货市场定价机制，实现了规模扩张和向产业链上下游的延伸，大大提高了有色金属产业的集中度和生产经营效率。

一是横向拓展，即在某一产品上拓展规模，提高市场占有率，以获取规模效益。如江西铜业利用期货市场在国内外两个市场获取资源，迅速扩大产能规模，2010年电解铜产量达到了94万吨，约占全国电解铜产量的20%，较2004年翻了一番还多；2010年铜材产量达到近50万吨，较2004年增长近十倍。

二是纵向延伸，即向上下游开展并购，完善企业自身的产业链，实现利润最大化。中金岭南最初是贸易类企业，后来并购了韶关冶炼厂，转变成铅锌类生产型企业，继而又通过收购矿山，掌握了资源，并延伸到锌加工企业，完成了产业链的整合，成为我国证券市场发展最快最好的上市公司之一。

2003年开始，有色金属产业揭开了大规模的股权并购活动，这种并购的特点是，企业充分利用期货市场趋势性价格作出判断，追求横向纵向两个方向的拓展，既追求利润，又追求规模，使得企业利益最大化。资源的优化配置提高了企业的生产效率和竞争水平，呈现出明显的规模效应。

例如，中国铝业于2003年开始利用期货市场价格信号迅速展开了市场并购，使自己的电解铝产量由90多万吨迅速增加到了现在的360万吨，翻了两番，接近全国产量的1/4。同时，中国铝业不断向下游延伸，到2010年其高端铝加工材产品已经达到80多万吨。西部矿业在收购青海赛什塘铜矿、西藏玉龙铜矿时，以期货市场过去五年的平均价格为基础，未来五年的价格预测为参考确定收购价格，使企业从该项矿山收购活动中获得较好的经济效益。

再如，云南省在政府加大有关产业整合力度的政策和期货市场价格信号的指导下，开展了大规模的矿产资源和矿产企业的整合。通过“个旧模式”、“迪庆模式”和“兰坪模式”三种模式，大大提高了云南省矿产资源的行业集中度，实现了资源的进一步整合和优化配置。目前，云南省60%的铜资源储量集中到了云铜集团，70%的锡资源储量集中到了云锡集团，60%的铅锌资源储量集中到了云南冶金集团、金鼎锌业和祥云飞龙公司。

经过资源优化配置和集中度的提高，有色金属产业已经逐步形成一批能够熟练运用期货市场工具、具有较强竞争力的龙头企业，它们与广大中小企业形成良性互动的竞争氛围，共同促进了整个有色金属产业的健康发展。

2. 期货交割体系促进有色金属企业全面提高质量和技术管理水平

在有色金属产业发展的过程中，期货市场的交割体系设计取得了引导企业提高产品质量、促进产业升级的良好效果。20世纪90年代初，我国有色金属企业普遍存在产品质量差、市场认同度低等问题，原上海金属交易所（上海期货交易所前身）参照国际市场通行做法，将交易品种根据质量高低实行注册分级制，使很多生产贴水品牌的企业深受触动，逐步推动了产品质量的标准化。

这些企业从1995年开始狠抓产品质量，陆续涌现出江铜的“贵冶牌”、云铜的“铁峰牌”、铜陵有色的“铜冠牌”等多个知名品牌。例如，江西铜业的铜产品最初因质量不稳定，在申请上海金属交易所交割品牌注册时，只能平水交易。为此，公司卧薪尝胆，通过技术攻关、引进设备、加强管理，大幅提高了产品质量，在上海金属交易所注册为升水铜。同时，江西铜业的“贵冶”牌和“江铜”牌高纯阴极铜还在LME注册为A级产品。此后，江西铜业进一步完成ISA法阴极铜在LME和SHFE的注册，并被LME正式确认为LME注册铜的第13个测试工厂。

再如，2007年上期所推出锌期货后，交割标的没有选取国内尤其是在上海地区流通量大而纯度为99.99%的1#锌，而是选取纯度为99.995%的0#锌，主要就是考虑0#锌为国家产业政策鼓励发展的品种。我国锌的产业政策限制5万吨以下的锌生产企业，统计数据显示，5万吨以上的锌生产企业以0#锌为主。这部分企业的生产工艺与设备较为先进，产品质量较为稳定，代表未来锌产品的发展趋势，因此，锌期货在产业政策导向的落实方面发挥了积极作用。

目前，上期所可交割的铜品牌达到了27个，铝品牌37个，锌品牌17个。许多企业的交割品牌还进而在LME进行品牌注册。许多被交易所认可的交割品牌在行业内享有较高的信誉度，提升了企业的无形资产，增强了全行业对产品质量的重视。通过提高产品质量，提高了企业竞争力。而企业在提高竞争力的过程中逐步感受到产品质量提高带来的益处，更加积极地生产高质量的新品种，并注重新材料的研发工作，推进了产业升级的进程。

之所以产生上述变化，主要是因为我国有色金属期货市场早期在交割环节上根据我国国情引入品牌注册制度的同时，推出了具有中国特色的注册品牌最低生产规模和品质升贴水制度，有效地推动了有色金属产业落后产能的淘汰、技术的升级和品牌意识的提升。

上期所将产品等级按品质划分为标准品和升贴水产品，经过近10年的努力，随着我国对有色金属产品质量标准的不断提高，贴水产品在市场已经绝迹。近年，交易所又根据有色金属产业发展的趋势，与时俱进地修订了交割制度。以铜为例，将注册铜分为标准品和替代品两种不同的交割等级，标准品在交割时按交割结算价交收，高于标准品的等级可在交割结算价基础上每吨升水110元。

一个企业只有在产品质量上过关才能赢得消费者的信任，而期货交易所是一个被广泛认可的平台，在这个平台上被认定的优质产品就会得到大家的认可。因此，期货交易所为广大企业提供了做优做强的平台，帮助企业提高了产品质量，促进了行业产品的升级换代，进而保障了整个有色金属产业的发展质量。

（四）期货市场促进有色金属企业向价格为导向的经营管理模式转变

1. 期货价格渗透到有色金属企业的生产经营和管理体制

随着期货市场的发展和功能的完善，期货价格的运用渗透到了有色金属企业生产经营的全流程，包括生产经营计划制定、生产成本控制、存货管理、营销体制以及企业管理的方方面面。期货市场的价格体系甚至被运用到处理企业的公共关系，如重大投资、信息披露、商业伙伴关系、政府部门关系等方面。

据调研数据显示，超过半数的铜企业和锌企业肯定了期货市场对于企业制定年度生产经营计划的指导作用，它们能够根据期货市场价格变化及趋势及时调整企业经营策略。

以中金岭南为例，它在每年年末制定下一年度的生产经营计划和经营效益目标的时候，通常是要综合考虑期货市场对本年度企业经营情况的作用、期货市场未来价格的变化，同时根据新年度的生产和销售计划，拟定新年度的套期保值总量或者比例，规定套期保值交易品种、年度最大交易量、交易方向、头寸分布数量等。

2. 期货价格渗透到有色金属企业的运行机制

期货价格不仅赋予了有色金属企业生产经营环节的管理基础，还渗透到有色金属企业的运行机制中。主要表现在以下三点：

第一，建立以期货市场均价体系为基础的绩效考核系统。期货市场年均价是有色金属企业竞争的起点，许多企业为了追求这一目标，建立了以月、季、年度为基础的绩效考核办法。例如，中铝国际贸易有限公司将SHFE铝期货合约的年度均价作为销售部门和销售人员的绩效考核标准，相关产品销售年度均价高于铝期货合约的年度均价，给予绩效奖励。西部矿业则以期货市场的月均价作为考核营销体系绩效时的基准，相关产品售价高于期货市场月均价，则视为超额完成任务。同时期货与现货业务归并于同一个营销系统，对整个营销系统进行考核，使产品销售部门和期货市场套期保值业务操作部门积极主动地沟通信息、制定方案、密切配合，获得了良好的经营效果。

第二，建立以期货市场中远期价格体系为前提的财务预算制度。如今，企业在制订预算时，必须参照在预算年度相关期货品种的平均价格，改变了过去在制订预算时“盲人摸象”和“领导拍脑袋”等随意性比较强的情况。期货市场价格体系的出现，为企业制订科学的财务预算提供了依据，这在有色金属上市公司信息披露中得到了很好的体现。

第三，建立以期货市场价格体系为核心的营销体系。目前，有色金属企业普遍使用了以期货价格为基准的均价模式、点价模式，相当一部分民营企业由于规模较小、人才匮乏，即使没有条件开展套期保值交易，也广泛地采用上述交易模式。有些期货公司也能够为这些企业提供相关的专业服务。

（五）期货价格逐渐成为宏观调控与决策的基础依据

1. 发展有色金属期货市场是国家经济安全战略的重要保障

有色金属是国民经济、居民日常生活及国防工业、科学技术发展必不可少的基础材料和重要的战略物资。但是，由于全球性资源紧张和我国工业化的巨大需求，使我国战略性资源的供应存在着较大的不确定性和价格风险。因此，确保有色金属资源的供应以及争取合理的价格是我国相当一段时期的艰巨任务。在完成这一艰巨任务过程中，有效利用期货市场是不可或缺的手段。

在这样的特殊经济背景下，除了在全球范围内获取有色金属资源外，运用期货市场价格波动有效地增加国家战略储备也是有效的途径之一。这样既能够保障国家增加有效战略储备，也有利于对市场价格剧烈波动的有效调控。近年来，国家储备部门已多次运用境内外期货市场，在价格波动幅度较大、产业难以承受时进行储备调整，取得了良好的效果。

2. 发展期货市场是国家争夺大宗商品话语权的重要战略手段

近年来，随着中国经济的快速增长，国内市场对金属、石油等基础原材料的依赖越来越高，大宗商品进口数量也越来越多，这一现象在国际上被称为“中国因素”。然而，我国在国际大宗商品贸易中却处处被动，陷入了“一买就涨”的怪圈中。作为“世界工厂”，我国长期进口高价的原材料，再利用低廉的劳动力成本生产商品出口，出口产品附加值较低，逐渐形成了“高进低出”的格局。由于粮食安全、能源安全长期得不到保障，我国亟需在大宗商品国际定价中建立与经济增量相匹配的话语权，而通过发展期货市场逐步建立市场话语权是必要的和最佳的方法与战略手段。

沪铜期货合约作为我国推出最早、如今最成熟且最具国际影响力的期货品种，在国际市场上已初具话语权，从图 12 中 2005 年以来沪铜与伦铜两个市场的比价关系可以清晰地看出：六年前伦敦市场强势引导上海市场，三年前两市基本均衡，而近期两市相互拉动，而且在相当时期内上海开始反向拉动伦敦市场。这充分说明了上海铜期货市场在国际市场上的影响力与制约能力。尤其是在 2008 年金融危机中，正是由于上海铜期货市场价格的止跌企稳，有效地阻止了伦敦市场的暴跌。而在 2011 年伦敦铜价暴涨的行情中，也正是由于上海铜期货市场的理性表现，将国际铜价这匹脱缰野马拽回理性的轨道。其实这个过程就是中国在国际铜市场建立话语权的进程，而这种国际话语权的提升开始为我国有色金属产业与金融市场的安全提供保障。

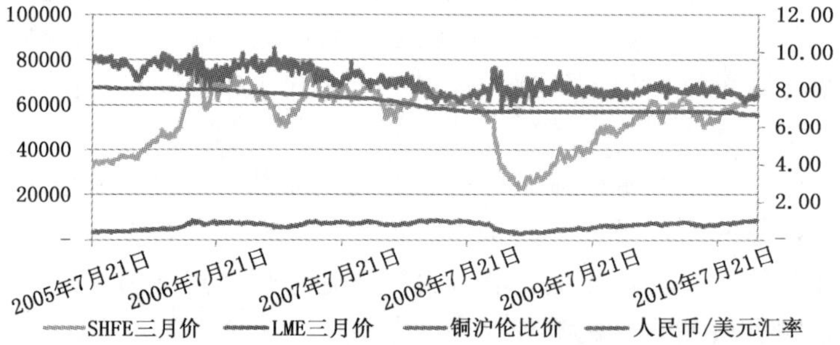

图 12 汇改以来沪铜和伦铜主力合约价格及沪伦比

3. 有色金属期货市场为宏观调控提供决策依据和工具

期货市场是实物资产、金融资产、信息资产、信用资产四个资产一体化的市场，也是宏观经济政策传导机制的重要组成部分。期货价格对经济发展趋势的预测和政策披露的反映十分准确和彻底，可以有效地引导相关产业的发展。在经济周期中，由于现货市场具有一定的滞后性，这便加剧了市场的不确定性。利用期货市场价格的预测功能，可以合理有效地引导企业制定发展计划。在国家层面，则需要充分利用好期货市场这一工具构造逆周期的金融宏观审慎管理构架。因此，关注大宗商品价格变动趋势，运用商品期货指数分析宏观经济以及物价水平波动，对于指导宏观经济调控具有积极的意义。

在国际上，根据大宗商品期货价格编制的商品指数已经成为政府、企业和投资者关注经济发展趋势的“风向标”，知名的商品指数有路透—商品研究局指数（CRB）、道琼斯—AIG 商品指数（DJAIG）、高盛商品指数（GSCI）等。在我国依据期货市场价格编制的指数有中证商品期货综合指数、南华商品指数、中科—格林商品期货指数等，也逐步成为衡量大宗商品市场走势和经济发展趋势的参考指标。

同时，期货价格已经成为发改委、工信部、商务部等政府部门监测大宗商品价格变化的重要指标，期货交易所库存也成为央行、银监会等部门监测行业运行动态的重要指标。国家有关部门可以依据上述指标判断经济走向，并做出相应的宏观调控。例如，2008 年底和 2009 年初，为应对国际金融危机的冲击，减少国内有色金属企业的高库存，缓解企业现金流压力，国家物资储备局和各地方政府先后出台收储铝和锌等有色金属的政策，收储价格以上期所的现货月价格作为定价基准，商品质量要求符合上期所交割要求。

三、期货市场为有色金属产业持续快速发展保驾护航

企业在生产和经营过程中会遇到各种各样的风险，其中最为直接的是价格波动风险。产品能否以预期价格出售，原材料能否以可接受的价格购进，是经常困扰企业的主要问题。尤其是遇到经济周期性风险，价格波动幅度不仅较大，而且周期长，往往会超越企业承受能力，企业面临亏损、停产甚至破产的风险。因此，利用期货市场进行套期保值至关重要。有色金属产业发展的实践表明，在期货市场上，企业可以通过套期保值有效转移和管理价格变动的风险，从而按预期价格购进原料和出售产品，对于增强企业经营的稳定性具有不可替代的作用，对于化解、分散有色金属产业发展过程中所聚集的价格风险，提高产业发展的稳定性起到了非常重要的作用。

（一）期货成为有色金属企业管理价格风险的有效工具

近年来，随着经济全球化和我国工业化进程的不断深化，我国对各种商品原料形成了庞大的需求。然而，受制于自身资源贫乏和分布不均的现状，我国对外部原料的依赖程度不断提高。在此背景下，受全球大宗商品价格风险频繁而剧烈的冲击，实体经济发展面临巨大的市场风险，企业规避和管理风险的需求和意识日益强烈。有色金属企业作为最早进入期货市场进行套期保值的产业群体，如今已经建立了一整套以期货套期保值工具为核心的风险管理制度，并能够熟练运用期货市场管理价格风险，有效化解市场价格波动，增强企业经营的稳定性和可持续发展能力。

1. 大宗商品价格波动剧烈，有色金属企业经营风险增大

在众多经营风险中，价格风险对企业经营产生的影响最大。根据课题组针对有色金属企业经营风险的调研①结果（见图13）：高达61.9%的企业认为原材料和价格波动风险对企业经营效益影响最为严重；33.33%的企业认为国内外市场的经济状况对企业经营效益影响最大；只有4.76%的企业认为企业效益受国家产业政策调整影响最大。

为了化解价格风险，实现经营目标，有色金属企业可以通过利用期货套期保值、拓展产业链条、签订长期合同等多种方式降低风险。但由于期货市场具有流动性好、价格发现充分、市场信息透明度高、违约风险低等显著优点，成为企业对冲风险的首选方式。调研结果显示（见图14）：100%的样本企业利用有色金属品种期货市场进行套期保值，规避价格风险；同时有52.38%的企业采取延伸产业链条，实现纵向一体化的方

---

① 为全面了解国内涉及有色金属业务的企业对期货的认知、风险管理工具的利用与风险管理绩效等状况，课题组先后对云南、上海、湖南、浙江、广东等地包括江西铜业、云南铝业、株冶集团等在内的36家有色金属企业（包括有色金属矿采、冶炼、加工与流通企业）进行了问卷调查，后文中所有调研结论均出自课题组调查统计结果。

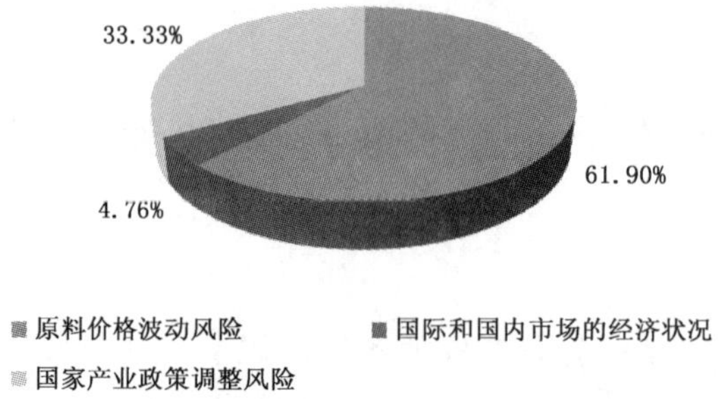

图 13 对有色金属企业经营效益影响最大的风险因素及所占比例

式；21.05%的企业选择与下游企业签订长期合同的方式；17.54%的企业选择利用期货市场进行期现套利；另外有9.52%的企业选择到电子交易市场上进行交易；4.76%的企业选择利用国外有色金属期权进行套期保值。

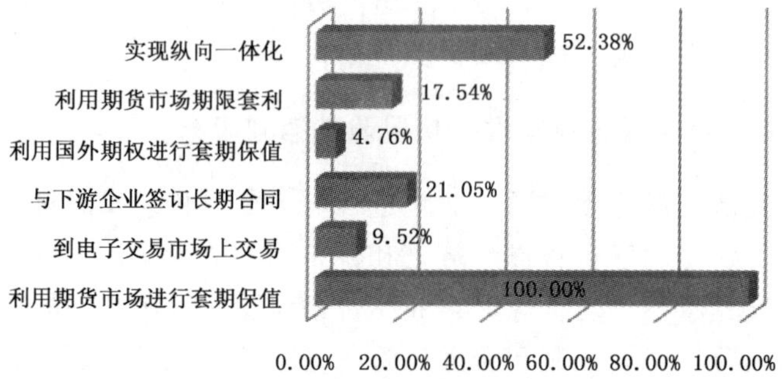

图 14 有色金属企业应对价格风险的避险工具选择及所占比例

对于企业参与套期保值交易的态度，调研结果显示（见图15）：100%的被调查企业认为有色金属期货套期保值能帮助企业规避价格波动风险；19.05%的企业认为期货市场是一个期现套利的好场所；9.52%的企业认为在期货价格明显偏高或者偏低时，期货交易将会有更明显的作用；4.76%的企业认为期货交易会使现货价格波动更为剧烈。结果表明，有色金属企业对于期货市场功能认知比较深刻，参与期货市场套期保值的态度非常积极。

从参与期货市场套期保值的效果来看（见图16）：80.95%的企业在参与了套期保值后，企业获得了稳定的利润；4.76%的企业盈利没有变化；另有14.29%的企业盈利变化情况并不确定。由此可见，尽管各被调研企业对于套保头寸规模的选择相差巨大，但大部分企业均认为通过套期保值有效地规避了价格风险，并获得了稳定的利润。

以上调研结果说明：有色金属企业对于期货市场的认知是直观和客观的，价格风险的规避程度也是较高的。此外，通过对利用我国有色金属期货品种套期保值规避风险效果的计量分析，我国有色金属期货市场能够为企业提供良好的套保工具。

2. 有色金属企业积极运用期货工具管理价格风险

企业的生产经营过程中会面临诸如销售价格、采购品质、能否如期履约和交易对手信用等许多不确定性因素，这些因素都构成了企业的经营风险。而期货市场以其公开、

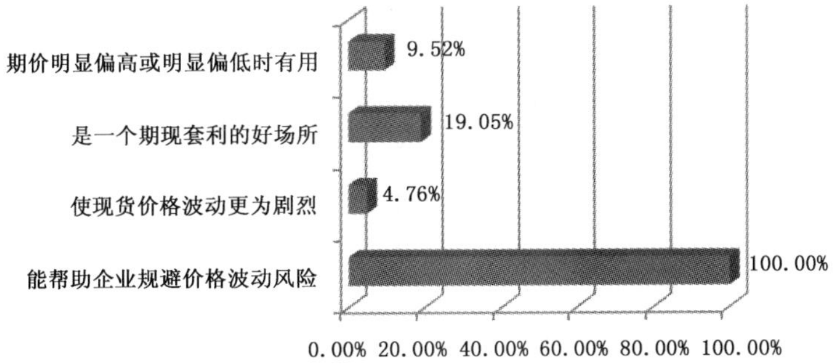

图 15　企业对有色金属期货交易方式的印象及分布

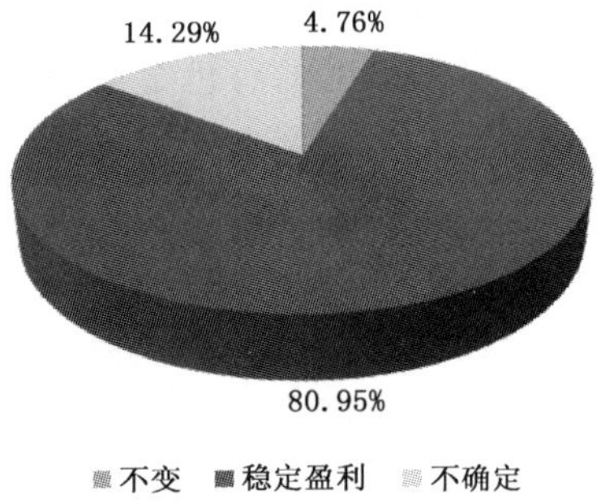

图 16　有色金属企业参与期货市场套期保值的效果分布

透明的规则体系和信用保障机制，使企业在贸易定价、商品品质、货物交割、物流配送、对手信用等方面获得了充分的保障，为企业运用期货市场管理经营风险提供了重要前提。

(1) 有色金属企业参与套期保值的动机。有色金属企业是否参与套期保值，取决于企业对生产原料或产品价格的控制权。而当企业拥有控制权时，由于成本价格是相对固定并且是已知的，企业拥有更大的选择权，对于通过期货市场套期保值锁定利润的需求不强烈。而当企业没有控制权时，特别是只能从加工中获得利润时，市场价格的波动很容易吞噬企业利润，甚至所有加工费。在控制权难以获取的情况下，由于期货进入门槛低、违约风险小、市场灵活性大和信息披露充分等优点，成为满足企业对冲风险的首选工具。实际上，根据所面临价格风险程度、承受风险能力的强弱以及企业在产业链内转移价格风险能力，不同类型的企业对利用期货市场进行套期保值的需求是不同的。

第一，原材料采购成本占销售收入的比重是衡量企业价格风险的主要指标。如果原材料的采购成本占销售收入的比重较高，价格风险就会对企业的经营业绩产生重大影响。因此，这样的企业往往对利用期货市场进行套期保值具有强烈的需求。

第二，企业所处行业的平均利润率或者企业自身长期的历史平均利润率是衡量企业承受风险能力的主要指标之一。如果企业的利润率水平较低，则价格风险的不利变动很有可能使得企业陷入亏损境地，这样的企业对利用期货市场进行套期保值的需求就比较强烈。

第三，企业在产业链内的议价、定价能力越弱，转移价格风险能力也就越弱，利用期货市场进行套期保值的需求也就越强。

此外，企业在进行重大业务变革或资本运作时，为了确保业务变革和资本运作的顺利进行，有时会对现有产能或新增产能进行大规模的套期保值。

总的来说，企业利用套期保值是为了对冲风险，将风险控制在自身可以承受的范围之内，更好地完成企业的生产经营目标。因此，对于是否进行套期保值，企业也会采取不同的策略。如果企业的经营环境平稳，自身抗风险能力很强，或者整个产业链内有一套很好的解决采购和销售定价在时间上不同步问题的机制，则企业套期保值的意愿会比较弱。

正是由于以上因素，除了对原材料生产采购具有控制权的企业外，绝大部分的有色金属企业都会积极利用套期保值进行风险管理。一般来讲，有色金属贸易企业应用最为广泛，在国内外有色金属贸易中，95%以上的有色金属贸易企业会针对贸易合同进行一对一保值，那些没有坚持做保值的贸易企业基本被市场淘汰了；90%以上的没有原料采购价格控制权的冶炼企业会对原材料和产品进行保值，否则利润很容易被价格波动的风险所吞噬；以销定产的、以有色金属为主要原料的加工企业大都利润较少，除少数高科技含量的企业外，一般性加工企业有70%～80%都会针对加工合同进行套期保值。

（2）有色金属企业套期保值的模式选择。一般而言，以株冶、江铜为代表的大型企业在原材料采购时，通常和国际矿石供货商签订精矿采购长期合同，合同确定的供货数量一般分批装运。如果进口精矿最终的结算价没有确定，企业在得知供货商的装运数量后，就可通过经国家主管部门备案审批的境外期货经纪公司在LME对进口精矿进行买入套期保值，防止原料价格大幅上涨。当供货商在点价期点价时，根据供应商点价指令和点价数量，予以平仓。如果进口精矿结算价格已经确定，在国际市场点价，公司要依据回收率计算进口精矿大约能生产的产品数量，在精矿结算价格确定的同时，通过境内期货经纪公司在上期所进行卖出套期保值，防止产品价格大幅下跌。精矿国内采购的套期保值策略和进口采购类似，一般直接在上海期货市场进行对冲保值。

而产品销售类企业和客户签订销售合同的时候，如果预测价格可能会朝不利方向发展，公司将在上海期货市场对相应产品进行卖出套期保值，以锁定产品销售利润；一旦合同履行，则予以平仓。此外，国内外两个期货市场价格由于汇率、税率、供求关系等因素变化，两地价格经换算后存在较大的价差。为了规避国外高价买进原料、国内低价卖出产品的风险，锁定合理比值，公司还可以根据两地市场的不同比值关系进行比价保值。

随着有色金属企业运用期货市场管理价格风险水平的不断提升，行业龙头企业脱颖而出，充分发挥自身管理、人才、市场与资金优势，摸索出了具有创新意义的风险管理模式，更加深入地挖掘运用期货市场功能，将风险管理流程进一步细致化和科学化。比较典型的代表如：江西铜业的“多元化敞口风险管理模式”，其精髓是“根据采选、冶炼及加工业务类型的不同，分别制定自产矿、进口矿、粗杂铜、铜杆线销售、阴极铜产品销售和进口比价等多种套期保值策略”；中国铝业的“均价模式”，核心思想是“无论市场行情如何振荡，企业都不会追求以市场价格的峰值出售产品，只要当期货价格高于产品销售的现货平均价格，就入市进行套期保值操作"；西部矿业的"多样化的套保头寸控制"，基本原则是"期货市场与现货市场相结合，坚持套保不投机，对于不同的原材料来源，集团采取不同的保值比例"；永强集团的"VaR 模式"，核心操作是"运用 VaR（风险价值）最小化套期保值交易策略确定保值比例和参与时间"；海亮股份的"净头寸进行库存管理"，其核心是"将采购、销售和库存环节与期货保值有机结合起来，尽量通过采购定价和订单销售定价来调节平衡达到控制的净库存范围，对于超出净库存范围部分，在上期所即时买入或卖出"等等。

（3）有色金属企业套期保值的部门设置。套期保值决策得以有效执行的首要条件在于完善的配套建设，企业一般会设置专门的套期保值部门，负责具体的套保业务操作。课题组通过对包括五矿集团、铜陵有色在内的几家大型有色金属公司进行走访，总结了有色金属企业开展套期保值业务的一般机构设置（见图 17）。

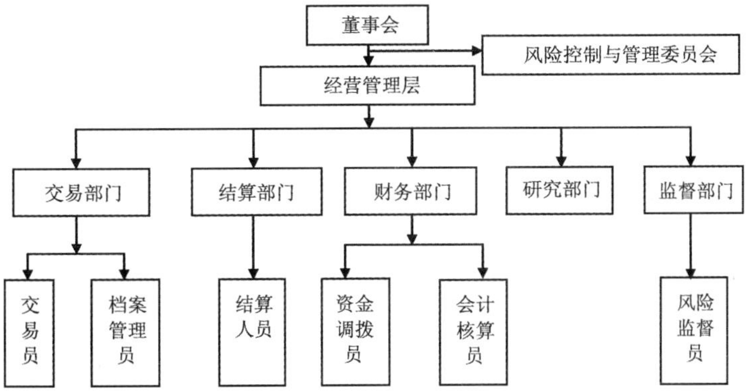

图 17　企业套期保值业务部门设置

（4）有色金属企业套期保值决策的运作流程。企业套期保值决策的制定是由企业经营目标总体决定的，并与生产计划、库存管理目标等相协调。企业基于对企业价格风险的科学分析，结合企业风险承受能力，选取合适的合约，确定精确的套保数量，并执行保值操作（见图 18）。

具体而言，企业的最高管理层和下属的套期保值部门一起，以企业的经营目标为最高依据，以企业的生产计划、贸易方案、贸易合同和现货数量（库存量）为具体依据，同时结合企业自身的风险分析、风险承受能力和对未来价格的预测等，共同决定被套期保值项目的数量、套保合约的选择和所需的资金量。套保合约的选择包括利用境外还是境内期货市场来完成套期保值，用哪个月的期货合约来完成套期保值。套期保值部门在此基础上，根据期货市场的最新动态和相关交易规则实施具体的套期保值操作。因此，很少有企业会做到将其现货数量的 100% 都用期货予以对冲。企业往往根据自己对未来期、现货价格走势的判断，将被套期保值项目的数量占企业全部现货数量的比例在 0 ~ 100% 之间做动态的调整。

3. 有色金属企业围绕期货市场建立健全风险管理制度

（1）厘清企业在实施套期保值过程中面临的风险。企业为了开展套期保值业务，必然需要建立相应的业务平台，这就要求企业进行机构、人员和规章制度方面的建设以满

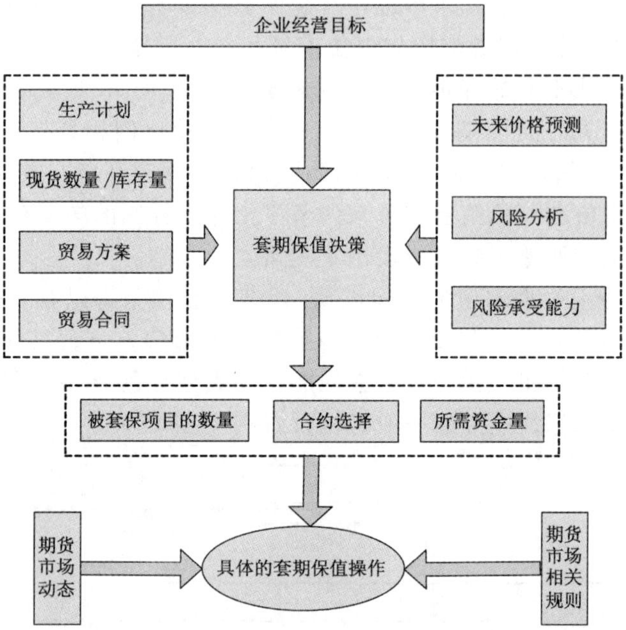

图 18　有色金属企业套期保值运作流程

足这些需求。同时，企业的套期保值决策和具体操作会涉及对自身的生产经营计划和贸易计划完成情况的分析、风险及承受能力的分析、对未来价格走势的预测、保证金的管理、市场环境突变时的应对措施等方方面面，这些共同决定了企业实施套期保值的方式和策略，而且在此过程中也可能会出现新的风险。

企业实施套期保值过程中的相关风险主要包括：管理死角、薄弱环节（如境外机构、分公司、子公司）、对企业主要负责人权限难以管理、对套期保值的错误认识、对套期保值的资源投入不足、套期保值相关的机构设置不合理和规章制度不健全、小概率事件的发生、基差风险以及套期保值决策和具体操作中的道德风险等。如果风险处理不当，同样会为企业带来巨大损失。

在我国有色金属企业运用期货市场的初期，就曾出现过不少反面案例，其中以株冶集团缺少完善的风险管理授权体系导致套期保值操作失误最为典型。1997 年 7 月，原株洲冶炼厂期货部门负责人，利用厂境外机构违规在 LME 持续大量抛空期锌合约，遭到境外机构的挤仓，并引发国际市场锌期货价格暴涨，直接导致株洲冶炼厂出现巨额亏损。由于头寸挂在该厂境外分支机构，管理不到位，出现了致命管理漏洞，导致没有及时发现风险。而境外机构在已发生巨额亏损，实在无法隐瞒时，才被迫上报公司。但由于已在伦敦卖出了 45 万吨锌，且交割日较集中（当时株冶全年总产量才不到 20 万吨），最终造成了 14 多亿元人民币的巨额亏损。

（2）围绕期货业务建立健全风险管理制度。大量的实践经验表明，尽管市场存在各种风险，但这种风险是企业可控、可测、可承受的。企业只要按照严格的风险控制系统运作，均能有效地管理市场风险。“株冶事件”恰恰体现了企业没有履行严格的风控流程而导致套期保值业务演变成过度投机，使企业蒙受严重损失的教训。“株冶”事件并不是对期货市场的否定，反而体现出企业对围绕期货业务建立健全风控制度的必要性。

第一，相互制衡的机构设置是企业风险管理制度的基础。深入分析株冶事件的主要原因，包括企业违规越权操作、风险控制不力、内控机制不健全、法人治理结构不完善、监管工作的不到位等多个方面，其中最主要的是风险管理制度和配套机制的设计，这也是决定一个企业套保成败的关键因素。课题组对于企业参与期货交易的风险管理制度调研结果显示：90.48%的被调查企业为期货交易建立了相应内部控制制度，只有9.52%的企业没有建立。可见大部分有色金属企业已经为期货交易建立了相应的风险管理制度。除了在套期保值内部设置风控机构，企业的其他部门也需参与套期保值业务的监督，并对期货业务部门实行有效的权力制衡（见图19）。

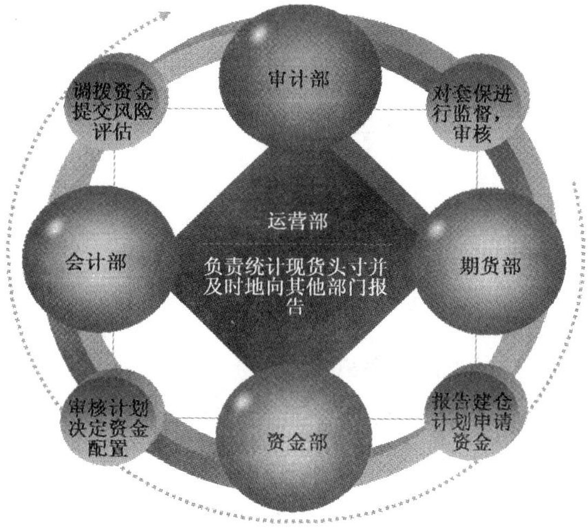

图19　套期保值中的企业各相关部门的协调制约机制

第二，严格的风控体系是风险管理制度的核心。完善的风险控制体系包括董事会（集团层面）的风险管理委员会、经理层的风险管理领导责任人、运作层面的结算人员和风险监管员。他们各司其职，共同构筑了套保流程中的三级风险监控体系。这套体系包括交易前的风险评估与决策、交易过程中的风险监督与调整、整个交易流程完成后的总结评估。事前事中的严密风险监控是企业套保的生命线，依托完善的风控组织设置，企业可以在套保的全过程严密监控相关风险。在套保流程开始之前，企业就应当开展事前风险评估，将所有可能遭遇的风险点悉数列出。进入套保流程后，依照不同层级部门权限，风险控制仍要贯彻始终。

第三，规范流程是风险管理制度的关键。在完善的组织保障和风险监控下，最终套保行为的成败就要寄托于规范严格的套保流程。一整套套保流程包括确定套保政策、制定年度套保计划、审批套保方案和执行期货交易。企业的套保政策由企业依据保值的成本收益、财务目标、可供保值资金规模等因素决定保值比例、时间跨度和工具选择等事宜，并由企业高层决策者批准。整套流程环环相扣，明确划分了不同部门的不同责任和权限，因此流程本身就是对套保行为的监督和保护。此外，在这个流程下，可以避免投机诱惑的交易行为，最大限度地减少随意性交易的发生。

这方面典型的例子有：株冶集团的“票决制”，其核心内容是“成立期货套期保值决策委员会作为套期保值决策机构，对套期保值方案制订小组提交的套期保值方案进行票决，决策成立需要半数以上成员同意”；五矿有色金属的“集团化风险管控模式”，其核心战略是“各子公司的利润中心根据自身需求各自进行套保，总部再根据敞口大小干预或直接进行二次套保”等等。此外，程式化风险管理流程、套期保值业务的风险量化管理，也正成为大中型企业套期保值业务风控制度的趋势。

可以说，正是伴随着有色金属企业参与期货市场程度的不断加深，企业的风险管理制度也逐步建立健全并优化，为企业有效地进行全员风险管理、全流程风险管理和全方位风险管理提供了制度基础，帮助企业实现了全面管理、集中管理和垂直管理的有机结合。从风险识别、量化到套保方案制定、优化，再到套期保值效果追踪及评价，有色金属企业通过建立风险管理制度进一步实现了现代化企业制度的建设。

（二）上市公司利用期货工具带动整体产业稳定发展

有色金属行业龙头企业大多为上市公司，管理水平相对较高，运用期货工具时间较长，运用效果对自身的增长贡献显著。由于他们在行业内所处位置特殊，对行业影响力很强。正是由于他们的示范效应，带动了有色金属整体产业有效的利用期货市场，使整体产业获得了持续稳定的发展。

1. 上市公司运用期货市场获取稳定利润

有色金属板块上市公司作为有色金属企业的杰出代表，其运用期货市场进行风险管理的规模更大、范围更广，并取得了出色的成绩。有色金属板块上市公司运用期货市场不仅获得了高于平均水平的利润回报，而且利润回报在不同年份间的波动幅度很低，盈利的稳定性更强。

目前国内有色金属上市公司（A 股）共有 65 家，其中主营业务涉及铜、铝的上市公司各有 17 家[①]，分别占 26.15%（见表 1），并有一家上市公司同时涉及铜、铝业务（西部矿业）。主营业务涉及铜、铝的上市近 5 年的平均净资产收益率[②]均在 10% 以上（分别为 14.26% 和 10.99%），每一年度均高于全部 A 股上市公司的平均净资产收益率（1.22%）。尤其在 2006 年，涉铜上市公司平均净资产收益率达到了最大值 22.96%，而同年全体 A 股上市公司平均资产收益率仅为 -1.85%（见图 20）。通过计算近 5 年涉铜、铝上市公司和全体上市公司的净资产收益率的变异系数[③]，我们发现涉铜、铝上市公司的平均收益波动幅度（2.87%、3.26%）远远小于全体上市公司波幅均值（29.84%）。

---

① 主营业务涉及铜、铝的上市公司是指涉及铜、铝业务的营业收入占主营业务收入比例超过 1% 的上市公司，该选取标准符合财务认定标准。

② 净资产收益率数据来自国泰安数据库。

③ 变异系数 = 标准差/均值，该系数又称标准差率，是衡量观测变量变异程度的重要统计量。由于该系数是一个相对指标，因此通过计算 2005 ~ 2009 年各类上市公司净资产收益率的变异系数可以准确反映和比较不同类别上市公司过去 5 年收益的稳定程度。净资产收益率的变异系数也可看做公司平均收益的波动幅度。

表 1　　涉铜、铝上市公司名单

主营业务涉铝的上市公司	主营业务涉铜的上市公司
中金岭南，焦作万方，云铝股份，常铝股份，云海金属，鲁丰股份，利源铝业，亚太科技，南山铝业，*ST关铝，中孚实业，东阳光铝，宁波富邦，新疆众和，中国铝业，*ST金马，西部矿业	铜陵有色，云南铜业，精诚铜业，海亮股份，精艺股份，ST珠峰，格林美，西部资源，鑫科材料，吉恩镍业，中金黄金，博威合金，紫金矿业，恒邦股份，豫光金铅，江西铜业，西部矿业

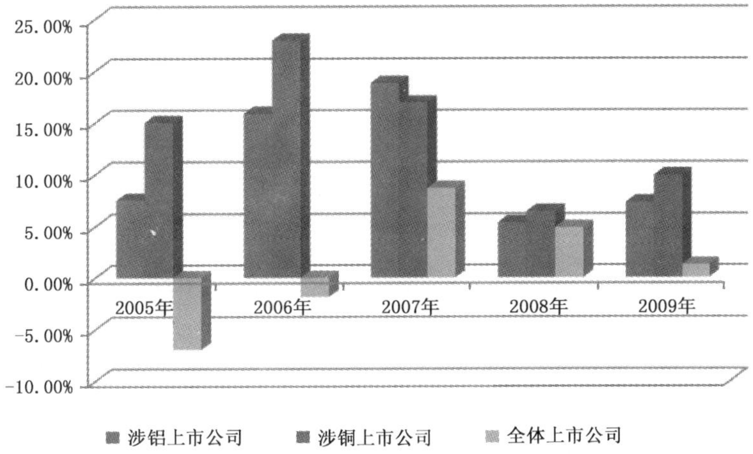

图 20　铜铝上市公司净资产收益率比较

此外，在 2008～2009 年年报重点披露公司运用期货市场进行套期保值的上市公司就有 23 家，比重约为 1/3。其中，云南锗业、厦门钨业、江西铜业和豫光金铅 4 家上市公司开展了境外期货业务。其余 17 家有色金属上市公司的境内期货业务见表 2 所示。其中，海亮股份、江西铜业、精诚铜业、铜陵有色、云南铜业、东阳光铝及鑫科材料等上市公司对铜产品进行套期保值；焦作万方、云南铝业及宁波富邦等上市公司对铝锭进行套期保值；五矿发展、新疆众和及辰州矿业等上市公司在 2008 年没有进行套期保值；株冶集团对锌产品进行套期保值；其他上市公司进行套期保值的产品在两种以上。

表 2　　有色金属上市公司套期保值产品①

公司名称	2008 年期货（期权）产品	2009 年期货产品
西部矿业	铜、铅、锌、铝（期货与期权）	铝锭、阴极铜、电铅和锌锭
中国铝业	原铝、原铝亚式期权	原铝和锌
海亮股份	铜	铜
焦作万方	铝锭	铝锭

① 本表资料根据上市公司年报整理。

续表

公司名称	2008 年期货（期权）产品	2009 年期货产品
精诚铜业	铜	铜
铜陵有色	铜	电铜
云南铝业	铝锭	铝锭
云南铜业	铜	铜
中金岭南	锌、铅、白银	锌、铅、白银
株冶集团	锌	锌
紫金矿业	黄金、锌锭	黄金、铜、锌和银
五矿发展	—	钢材
宁波富邦	铝锭	铝锭
新疆众和	—	铝
东阳光铝	铜	铜
鑫科材料	铜	铜
辰州矿业	—	黄金

有色金属板块上市公司由于树立了正确的风险管理文化，坚持了正确的套期保值理念，设置了科学的风险管理流程，持续经营水平及盈利能力得以显著提升。2009 年，23 家上市公司在年报中重点披露了公司运用期货市场进行套期保值，这批公司 2009 年的平均净资产收益率为 8.18%，而年报中没有对套期保值进行披露的上市公司同年平均净资产收益率仅为 4.51%。由此可见，能够恰当运用期货市场进行套期保值的有色金属上市公司可以有效地规避风险，其业绩要好于较少或者没有运用期货市场进行套期保值的同行业企业。

以江西铜业（SH600362）为例，该公司根据采选、冶炼及加工业务类型的不同，分别制定了自产矿、进口矿、粗杂铜、铜杆线销售、阴极铜产品销售和进口比价等一套完善的套期保值策略，成功保障了企业的快速成长。在国内客户信用问题高发的 1992 ~1997 年，江铜依靠期货交易，实现了产销平衡和货款 100% 回笼。1997 ~ 2000 年，当铜价进入历史低点，江铜面对国际市场的压力，沉着应对，积极利用期货套期保值工具，有效地稳定了生产经营。进入 21 世纪以来，江铜的原材料结构发生了巨大变化，从以前的自给自足发展到外购原料依存度最高达 80%。2005 年以来，尽管铜市暴涨暴跌，先后经历了史无前例的超级牛市和百年一遇的国际金融危机，但江铜坚定执行套期保值战略，使得企业规避了价格波动风险。2005 ~ 2009 年，尽管集团营业收入波动剧烈，从最低的 134.2 亿元到最高的 539.7 亿元相差 4 倍，但却获取了相对稳定的利润。2005 年、2006 年、2007 年江铜股份净利润为 18.5 亿元、48.3 亿元、42.1 亿元，2008 年、2009 年受金融危机影响，降为 22.0 亿元、23.5 亿元，预计 2010 年该公司净利润比 2009 年将有一倍以上的增长。

由此可见，期货市场对于保障有色金属企业经营生产的稳定性具有重要的贡献，扮演了为有色金属产业保驾护航的重要角色。

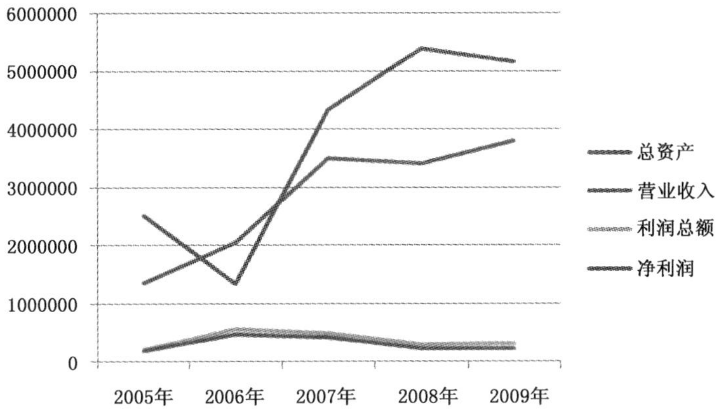

图 21　2005～2009 年江铜集团主要财务指标变化情况（单位：万元）①

2. 有色金属产业借助期货市场从容应对金融危机

2008 年 9 月，以雷曼公司宣布申请破产保护为标志，全球金融市场信心受到重创，股市、期市暴跌，美国次贷危机演化为全球性金融危机。金融危机对实体经济发展造成了严重的负面影响，外向型企业需求严重萎缩，商品价格波动剧烈，影响了企业的成本控制和利润稳定性。

金融危机造成了全球经济衰退，股市动荡，石油、金属等大宗产品价格急剧下跌。在 2008 年 9 月到 11 月仅两个月的时间里，沪铜期货价格由 58110 元/吨下跌到 27870 元/吨，跌幅达 52.04%；伦铜价格从 7305 美元/吨下跌到 3620 美元/吨，跌幅达 50.45%；沪锌和伦锌也分别从 14345 元/吨和 1780 美元/吨下跌到 9560 元/吨和 1210 美元/吨，跌幅分别为 33.36% 和 32.02%。巨幅价格下跌导致了市场恐慌，有色金属产品销售严重受阻，对有色金属及其关联产业带来巨大冲击。

但由于有色金属企业较早参与期货市场，并在危机前后充分利用了期货市场管理风险，有效应对了金融危机的冲击，在危机后迅速恢复“元气”。而情况类似的钢铁产业，由于缺乏有效的风险对冲工具，许多中小钢企纷纷宣布减产、停产甚至倒闭，70 多家国内大中型钢企加入了“减产”大潮，企业蒙受重大损失，给整个钢铁行业的发展也带来了严重的负面影响。

尽管钢铁板块上市公司规模总体上要大于有色金属板块，但从两板块在金融危机期间的财务状况（见表 3）比较看，有色金属板块上市公司各项财务指标在经历了 2008 年的阶段性历史低点后，在 2009 年全面回升，尤其是代表盈利能力的每股收益和净资产收益率；而钢铁板块 2009 年的各项财务指标却全面下降，在代表盈利能力的两项指标上更是大幅度下滑。

① 江西铜业主要财务指标数据由江铜公司提供。

表 3　　2008～2009 年有色板块与钢铁板块上市公司财务状况比较①

平均值	2008 年		2009 年	
	有色金属	钢铁	有色金属	钢铁
营业利润（亿元）	2.05	6.66	2.58	2.86
利润总额（亿元）	2.24	6.71	2.63	2.97
净利润（亿元）	1.63	5.56	2.02	2.26
总资产（亿元）	80.85	234.18	87.35	230.49
所有者权益（亿元）	39.70	97.74	40.60	94.23
每股收益（元）	0.168	0.176	0.174	0.125
净资产收益率	0.040	0.057	0.051	0.024

通过 2009 年钢材和有色金属板块上市公司各项财务指标同比增长的比较可以更加清晰地看出（见图 22）：有色金属板块上市公司各项财务指标均实现正增长，代表盈利能力的每股收益增长水平最大；反观钢铁板块上市公司主要财务指标同比增长率均为负值，只有代表规模的总资产和所有者权益下滑幅度较小，其他指标下滑幅度较大，尤其是代表盈利能力的每股收益指标。由此可见，有色金属板块上市公司 2009 年的复苏迹象是明显的，而钢材板块上市公司在 2009 年财务质量则继续下滑。钢铁板块上市公司危机后恢复状况远远不如有色金属板块。

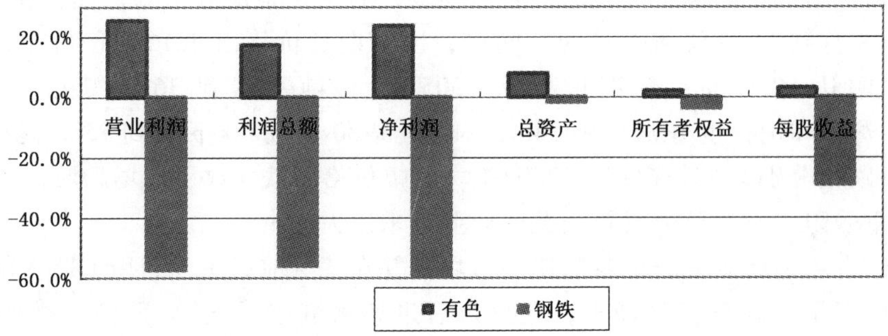

图 22　2009 年有色金属板块与钢铁板块上市公司各指标同比增长情况

通过 2009 年钢材和有色金属板块上市公司各项财务指标均值同比增长的比较可以看出：有色金属板块上市公司除营业利润同比增长率为负值外，其他各项指标均实现正增长；反观钢铁板块上市公司只有总资产和所有者权益两项指标同比增长率为正值，其他各项指标同比增长率均为负值。有色金属板块上市公司仅在代表总量的总资产和所有者权益方面同比增长率略小于钢铁板块，其他各项指标同比增长均要远远大于钢铁板块。由此可见，钢铁板块上市公司危机后恢复状况不如有色金属板块。

究竟是什么原因造成了有色金属产业和钢铁产业在危机期间迥然不同的表现呢？其

① 资料来源：巨潮资讯网公司年报。

中很重要的一个原因就是有没有相关品种的期货市场。

危机爆发之时，我国已经上市了铜、铝、锌等主要的有色金属期货品种，特别是铜、铝两个期货品种运作多年，市场发育比较成熟，功能发挥比较充分，且有色金属企业绝大多数利用期货市场（包括境外期货市场）进行了套期保值，最大程度地规避了价格大涨大跌的风险，并锁定了合理的经营利润，使得有色金属产业平稳渡过了危机，并在危机后迅速得以恢复。

而与之形成鲜明对比的是，由于金融危机发生时，我国尚未上市钢材、铁矿石、焦炭等这些与钢铁行业发展息息相关的期货品种，钢铁企业缺乏对原材料和产成品的风险管理工具，以致于钢铁企业在面对价格大涨大落的市场风险时只能被动承受，企业生产经营受到严重影响，整个行业的发展也始终处于受制于人的局面。

有色金属板块上市公司在后金融危机时期（2009 年）绝大部分财务指标同比增长率要大于钢铁板块，复苏迹象明显，也得益于对期货工具的科学运用。例如，紫金矿业、云铝股份、株冶集团、铜陵有色等都通过套期保值对冲了现货市场的风险，赢得市场竞争中的有利地位。而钢材期货于 2009 年 3 月份推出，大部分钢铁上市公司还不能熟练地运用期货工具，因此，在危机后恢复普遍弱于有色金属上市公司。

同为对外依存度高、受国际市场影响大的产业，有色金属产业与钢铁行业的不同境遇再次说明，期货市场已经成为实体部门不可或缺的风险对冲手段之一，对于一个产业的平稳运行具有重要的保障作用。

3. 有色金属企业运用期货工具显著提升公司价值

现代财务理论认为，企业参与套期保值业务可以减少纳税义务负担、降低财务危机成本、增强债务能力、缓和投资不足问题以及降低业绩考核难度等，进而提升企业价值。本课题通过建立上市公司价值评价模型（多元线性回归模型）量化考察了期货市场对公司价值的提升，结果显示：上市公司使用期货工具能够显著影响公司价值，利用期货市场套期保值与上市公司价值存在显著的线性正相关性。

具体来讲，有色金属企业通过运用期货工具对于提升企业价值的作用主要体现在三个方面：

第一，通过运用期货市场的中远期价格，提升了企业信息的透明度，有助于保持平稳的市场规模和盈利能力，对于公司上市及后续融资非常有利。例如西部矿业再融资时，基金经理就非常关注公司是否进行套期保值规避风险，以及企业掌握的矿产资源。一般而言，大部分有色金属企业上市和融资相对容易。

第二，有色金属上市公司运用期货工具促进了自身市场规模的扩张，获取了持续稳定的利润，拉大了企业的发展空间，更易受到投资者尤其是机构投资者的青睐，企业的市值得到稳步提升。

第三，企业在期货市场的运作和品牌注册提高了企业的市场影响力，品牌效应显现，大幅增加了企业的无形资产，使得企业在产品销售、投资并购、财务融资等方面占有明显的优势，这为企业直接和间接地带来了利润和价值。

四、借鉴有色成功经验提升国家期货市场发展战略

有色金属行业成功运用期货市场的 20 年，是有色金属行业发展最快的 20 年。在这 20 年中，既有成功的喜悦，又有惨痛的教训，因此，认真总结有色金属行业是如何成功运用期货市场促进产业变革与发展的，对于我国产业经济发展具有十分重要的意义。我们希望，通过我们的认真总结和分析，能够对其他行业利用期货市场提供有价值的借鉴，使我们能够在“十二五”期间充分抓住重要战略机遇，进一步深化和发挥期货市场服务实体经济的功能，为实体产业转型升级和国民经济的稳定发展提供有力的支持。

有色金属行业的成功经验以及当前我国经济发展面临的新形势、新挑战，给我们提供了重新认识期货市场作用的新视角、新高度。在我国经济发展现阶段，全球金融危机给我们提供了新的重大历史性机遇，我们应该从历史发展的角度看待我国期货市场的战略地位，从我国作为一个大国积极参与国际市场竞争的现实看待期货市场的独特作用。时代要求我们加快推进期货市场发展，为我国实现由经济大国向经济强国的转变保驾护航。

（一）有色金属产业运用期货市场的经验总结

有色金属产业运用期货市场的经验很多，无论是有色金属产业做大做强的过程，还是大批有色金属企业走出国门的成功，都体现出期货市场在企业核心竞争力中的地位和影响。从经验推广和进一步完善的角度，我们将带有普遍意义的经验总结出来，希望能够给其他行业有价值的启示和有益的帮助。

1. 充分利用期货价格体系信号，推广运用均价模式

充分运用期货市场价格体系是有色金属产业取得成功的重要经验，也是产业发展的特色之一。如今，期货价格体系的运用使得有色金属贸易的作价方式和买卖关系进一步明晰，期货价格信号已经贯穿于有色金属整个产业链的资源配置全过程，同时也成为企业股权并购、矿权买卖、长期投资、价值评估等投资领域的重要参考依据。

作为期货价格的深化形式，均价概念也已在有色金属行业深入人心。均价模式最早在国外大宗原材料采购中被应用，是为了满足企业中长期持续稳定发展的需要而产生的。由于均价能够有效地平滑价格波动，从而体现出价格的长期趋势性，因此均价模式被广泛应用于有色金属生产、贸易企业签订长单中。随着企业对均价概念认识的不断深化，均价模式还被创新性地引入到套期保值业务与产品营销系统的业绩考核中，并迅速在行业中推广。随着有色金属产业对期货价格体系的认识和运用越来越深入，期货已经成为有色金属企业日常经营管理中不可或缺的重要工具。

2. 建立以法人授权体系为核心的规章制度，稳健开展套期保值业务

有色金属企业参与期货套期保值并非一帆风顺，历史上也有不少血的教训，例如

1997 年的“株冶事件”，曾一度给行业参与套期保值蒙上了一层阴影。但在主管部门、交易所和龙头企业的合力推动下，近年来有色金属企业对套期保值的认知更加准确、科学、客观，套保理念逐渐深化，制度设计不断完善，风险控制能力得到了巨大提升。总结起来，有色金属产业运用期货市场进行风险管理的经验主要有以下四点：

一是建立清晰明确的授权体系。即明确企业所有参与套期保值决策和实际操作人员各自的职责权限和授权程序是什么，每个人、每个部门能做什么，能做多少，什么时间做，谁来做，怎么做等等。其中授权体系的关键是对企业“一把手”的约束。

二是套期保值业务要实行垂直化管理和前后台分开（交易、结算和风控、财务要分开），风险控制不能有死角。期货业务的管理和风险控制要集中在集团或总部，不能分散，既要能行之有效，管得住，也要有高效率以满足市场多变的要求。从有色金属行业以往的教训看，绝大部分问题出在海外公司和分支机构，这些地方容易形成管理死角（株冶事件也不例外，问题出在香港公司和集团的授权体系上）。此外，上市公司约束和管理期货业务应有明确的机构和管理办法。

三是建立行之有效的套期保值有效性评估体系与方法，对企业开展套期保值业务进行科学客观评估，解决企业开展套期保值业务的后顾之忧。企业开展套期保值是建立在对市场预期和企业的效益预期（企业批准的预算）两个预期之上的，存在着很大的不确定性。而随着时间的推移，特别是在周期性价格波动的转折期，容易对套期保值的操作策略产生争议。这实际上是企业近期与远期利益的冲突、持续平稳发展与大起大落式发展、年度评估与周期性评估之间的矛盾与冲突。因此，企业上级主管应从企业长远发展战略出发来评估企业套期保值的效果，这样才会更科学、客观、有效和公平，也才能保障企业套期保值业务的有效开展。

四是人才培养是开展期货业务前提。能否做好交易，制度能否有效落实，人员是关键。企业必须加大对决策层、执行层及各种专业人才的培养和储备力度。在人才培养的过程中，上级主管部门（或行业协会）要发挥积极作用，要多用案例分析的方法培训企业领导和专业人员。

有色金属行业在开展期货业务的过程中，主管部门在期货市场成立之初便根据企业经营的需要建章立制、培训人员，并在 1993 年颁布了第一个有色金属行业的期货业务管理办法。同时在企业各类培训中安排期货业务与管理的授课内容，针对企业不同层次的人员进行巡回专业培训，召开市场分析专题会议，采用集中培训、考试测试的方式培训企业财务、结算、交易等前后台专业人才，取得了良好的效果。同时，自有色金属期货品种上市交易以来，上期所也不断致力于对参与投资套保的相关有色金属企业进行培训，努力提高有色金属企业的风险管理水平和相应知识储备。

在有色金属产业中，龙头企业凭借人才优势、资金优势和丰富的风险管理经验，一直走在探索各类行之有效的套期保值模式的前沿，并逐渐优化了企业的套保制度安排和机制设计。这些制度和模式迅速被其他中小企业所学习、模仿，从而完善了全行业的风险控制机制。

3. 以风险管理理念为基础，形成有色金属行业多元化的风险管理文化

如今，有色金属行业龙头企业已经将国际上最前沿的全面风险管理理念和做法融入到企业战略、组织结构、经营流程等各个环节，从企业所有业务出发，积极、超前和系统地理解、管理风险，从企业的目标出发制定风险管理策略。这种风险管理思想已经开始为众多企业接受并运用，而且日积月累地形成了以风险管理为核心的有色金属产业经营管理文化。这种风险管理文化渗透到了有色金属企业经营管理的各个环节，逐步由仅仅从内部控制的角度出发的传统风险管理理念发展成为企业的全面风险管理理念。

这种风险管理理念是整个行业的共同信念和态度，不仅决定了有色金属企业在其经营活动中如何考虑风险，也反映了企业的价值观，影响着一个企业的企业文化和经营风格，并进一步对企业识别风险、承担风险以及进行风险管理的方式和风格产生了深刻影响。

在有色金属企业中，风险管理绝不仅仅是经理层和风险管理部门的事情，而是渗透于整个企业经营管理的各个环节，与每一个人息息相关，关系到企业生存和发展的重大事情。同样使用期货工具，不同行业参与套期保值的程度参差不齐，企业的感受更是千差万别，究其根本原因就是风险管理文化的认识和接受程度的差异。

在龙头企业示范效应下，有色金属行业正逐渐形成各具特色的、多元化的风险管理文化，许多龙头企业都形成了具有集团特色的风险管理制度。这些多元化的风控模式在风险管理的理念形成、制度设计、组织安排、风险评估和绩效考核等方面为全行业形成了示范作用，逐步形成了有色金属行业的风险管理文化内涵，促进了有色金属全行业风险管理水平的提升，其核心思想正是有色金属行业参与套期保值成功经验的凝聚。

4. 充分发挥交易所注册品牌导向作用，促进国家产业政策实施

近年来，有色金属产业得以平稳快速地完成产品与产业升级，企业得以不断地提高产品品质，在选用新装备、新工艺的基础上扩展规模，提高产业集中度，在全球范围内树立品牌，与多年来有色金属企业成功运用上期所的交割品牌制度息息相关，其中有三点经验值得借鉴：

一是交割体系对企业品牌具有重要的导向作用。在交割制度设计上，上期所有别于LME 的一大特色便是注册品牌升贴水制度。LME 的品牌注册存在不同地区升贴水，而上期所的品牌注册是按照企业产品质量划分的，并设置了品质升贴水，同时对产品、产能、产量有规模要求。这就为企业改进产品质量、提高产业集中度提供了激励导向机制，同时企业也可运用品牌效应提高利润和市场占有率，开展并购和扩展规模。

二是利用期货市场服务国家产业政策的推行。上期所积极发挥交割体系的导向作用，与国家产业政策保持一致，对有色金属产业的结构调整和升级起到了良好的促进作用。锌期货上市后，为了淘汰劣质产能 1#锌，上期所将质量更好的 0#锌确定为交割标准，短期内极大地提升了 0#锌的市场份额，促进锌行业产品质量升级，充分体现了期货市场对行业产品升级换代的内在推动作用。

三是交易所的注册品牌政策与时俱进。在期货市场成立初期，有色金属企业生产水平落后，与国外大型企业存在不小差距，因此上期所并未将交割质量标准设定在较高的水平，这符合当时企业的发展实际情况。但交易所通过设定品质升贴水，积极引导和鼓励企业改进产品质量取得了很好的效果。近年来，越来越多的境外优质品牌来上期所注册，国内企业生产水平也取得长足进步，交割产品品质大幅提升，这也为淘汰落后产能，树立中国品牌效应起到了很好的示范作用。

5. 实体行业协会与交易所密切合作，共同推进实体行业发展

在行业管理体制发生重大变化后，有色金属行业协会在实践中总结了以事前培训为前提、以人才培养为基础、以建章立制为纽带、以龙头企业示范为导向的一整套相对完善的引导机制。

为了推动实体企业的发展，多年来有色金属行业协会与期货界开展了各种各样的交流与合作，从期货知识普及到专业人才培训，从行业论坛、专题座谈会到专题培训和调查研究，从现有品种的制度优化到新产品上市，从产业发展政策的意见到期货市场的跟进服务，形成了积极互动的良好局面。有色金属行业发展经验表明，实体行业的发展，期货交易所、行业协会、市场主体缺一不可。

（二）进一步完善有色金属期货市场的措施

虽然有色金属产业利用期货市场取得了很大的进步，但与国外同行相比，还有很大差距。我国有色金属期货市场建设本身也存在很多不足，难以满足日益发展的实体经济需要。尤其是在当前我国经济改革发展的最重要时期，为进一步发展壮大实体经济、参与国际市场竞争，建立与我国经济相适应的有色金属大宗原料话语权，已成为我国有色金属期货市场的划时代责任。因此，在认真总结经验的基础上，促进有色金属期货市场继续健康快速发展，是我们今后相当一段时期的首要任务。

1. 完善有色金属期货品种结构，更好地服务于实体行业发展

有色金属期货市场的发展为我国在全球范围内配置资源提供了价格标准和避险工具，提升了资源配置效率，促进了有色金属产业的国际化进程。以沪铜期货为标杆，交易所应继续加大有色金属期货品种的建设力度，打造更多具有国际影响力的有色金属期货品种，促进实体产业全面参与大宗商品国际定价，获得与我国经济实力相匹配的产品话语权。

目前，我国有色金属期货市场的铜、铝、锌三个品种各具特色，在国际有色金属期货市场上的地位逐渐提高。随着铅期货的上市，形成了相对完整的有色金属期货品种系列，对于提升整个有色金属产业定价效率，进一步增强有色金属产业国际竞争力具有重要的战略意义。在此基础上，交易所应加强对锡、镍品种的研究并适时推出。同时，加强对有色金属指数期货的研究和上市工作，有色金属指数期货的推出不仅能够反映国民经济和有色金属产业的发展趋势，更能够方便非上市小品种企业利用有色金属指数期货管理风险。

2. 延伸交割体系，优化全球资源配置能力

由于自身资源短缺，难以满足经济发展对大宗商品资源日益增长的需求，这就要求我国必须在全球市场上合理配置资源。在这种资源配置中，交割体系建设至关重要。

期货市场价格形成要素中最核心和最权威的基础数据是交易所的库存，它与交易所的中远期价格体系息息相关。期货市场价格体系要尽可能不失真、不偏离，就必须发挥现货供求关系的核心作用。其中，交割仓库体系不可或缺。从长远看，交割系统将会成为我国期货市场为实体经济服务、走国际化道路和争夺话语权的瓶颈，我国亟待建立分布合理且与现货市场紧密衔接的交割体系。

境外交割仓库的地理分布体现了期货交易所的全球服务能力和一国或地区对大宗商品贸易的影响力。交易所应该首先优化和完善国内交割体系布局，在满足实体经济国内发展需求的基础上，在我国实体产业海外发展的优势区域设立境外交割仓库，建立我国在境外一定范围内的话语权。

我们必须以高度的紧迫感和责任感来认识大宗商品期货市场交割体系建设的重要性，交割仓库规模化、连锁化、现代化、国际化已是当务之急。目前，上期所已成功开展保税交割试点，在设立保税交割仓库的基础上，应适时扩大交割仓库境内外地理分布，提升上期所有色金属商品物流的辐射半径。加快交割仓库发展的最佳途径是充分利用资本市场，鼓励交割仓库上市，扩大规模和影响力。

3. 加强对品牌注册的无形资产评估，提高企业的品牌效应

上期所注册品牌战略的成功实施成就了大量优质交割品牌，这些品牌的产品质量过硬、流动性较强，是企业一项巨大的无形资产。对国内企业注册品牌的无形资产评估能够进一步提升企业的品牌意识，强化品牌建设，进而提升我国境内品牌的国际竞争力。交易所应加强对国内注册品牌的无形资产评估，进一步深化交割体系建设和服务内涵。无形资产的评估应该做到客观、公正，利用交易所权威平台定期向社会公布评估结果。

4. 试点引入 QFII，适时推出 QDII

期货市场的对外开放是大势所趋，也是进一步提升期货市场发展质量的内在要求，有序引进境外投资者对于上期所探索、推进期货市场国际化水平也将具有积极意义。建议有色金属期货市场借鉴中金所股指期货合格境外投资者（QFII）制度的经验，在严格监督和规模控制的前提下，试点推出有色金属期货市场的 QFII。可以先开放部分市场化程度较高、交易比较成熟，且与国外联系比较紧密的品种，如铜、铝等，同时，对于有现货套保需求的外资跨国企业予以部分开放。

由于期货交易的高风险和高收益性，考虑到境外市场多数以机构投资者为主，在条件成熟时，可以借鉴证券市场合格境内投资者（QDII）的方式，允许我国的企业和期货基金进入境外期货市场，通过积极参与和利用国际期货市场，在对冲风险的同时，发挥“中国因素”的影响力。

（三）实体产业借鉴有色金属行业经验的建议

有色金属行业成功运用期货市场，在较短时期内极大地促进了自身的发展，做大做强了产业，提高了核心竞争力，迈出了国门，走出了一条实体行业与期货市场共同成长的道路，具有很强的借鉴意义。我们总结经验是为了借鉴，是希望能够对其他行业的发展有所启示和帮助。对于有色金属行业成功运用期货市场的经验，主要可以借鉴以下几点：

1. 借助期货市场，帮助实体行业做大做强、走向国际化

“十二五”期间，我们面临着产业结构调整和经济稳定增长的双重任务，时间紧迫，任务艰巨。在调整结构过程中，将我国经济发展放入全球经济结构中定位是关键，结构调整的过程实际上就是我国经济在国际经济中结构与份额的重新定位。也就是说，如果不能借助国际市场，我们将很难完成这种结构调整。我们应该充分总结借鉴有色金属产业利用期货市场的成功经验，举一反三，在实体行业变革中充分运用一切可以催化行业加速发展壮大的有效工具。特别是在加速产业结构调整和稳定发展经济的过程中，充分发挥期货市场的积极作用，帮助实体行业做大做强和走出去。国家主管部门，尤其是产业主管部门，应该提高对期货市场功能作用的认识，趋利避害，以积极的态度鼓励企业利用期货市场作价体系，开展企业扩张与并购，淘汰落后产能，提升产品质量，提高产业集中度，并建立与之相对应的、行之有效的风控管理系统、期货工具运用效果评估体系，为企业开展期货业务提供便利的条件。

2. 充分发挥龙头企业的示范作用，带动产业整体用好期货市场

有色金属行业运用期货市场的规律是：中央企业比地方企业要早要好；东部企业要比中西部企业要早要好；上市公司要比非上市公司要早要好；外贸企业要比内贸企业要早要好；贸易企业要比生产企业要早要好。这个规律既与企业的外部发展环境有关，也与企业的内部治理结构有关。

在这个进程中，发挥龙头企业的示范作用十分重要。它的一举一动对行业内其他企业的影响非常深远，它的运用效果和运作模式对行业也具有重大影响。不但如此，它还会对企业长远投资、并购以及同境外企业开展业务产生影响。龙头企业对期货市场的认知程度与参与程度，直接影响到周边和同品种企业与上下游企业的观念与行为。事实证明，这些龙头企业很多也是通过成功运用期货市场取得持续、平稳、快速发展，继而成为行业龙头企业或是巩固了自己的龙头地位。在采用期货市场价格体系解决产业链定价模式，以及在多次周期性与突发性危机中龙头企业的表现，都充分证明了这一点。

充分发挥央企和龙头企业开展期货业务的示范和传帮带作用，对于引导整个产业合理运用期货工具非常有效。因此，应该鼓励和要求央企和龙头企业适当承担为其他企业培训人才的责任，将其优秀经验推广到其他企业中去，引导行业内企业平稳、规范、审慎地开展期货业务，可以起到事半功倍的效果。

3. 充分利用期货市场的无形资产效应，为企业走出去保驾护航

期货市场是以信用为基础的，积累了巨大而丰富的无形资产，国家、行业、企业如何很好地利用和运用这一无形资产十分重要。

对这一点的准确运用具体表现在国家如何有效而又巧妙地运用期货市场价格体系的权威性与流动性。例如，通过参照期货市场价格小份额收储来宣示政策意志，将新质量标准通过期货市场进行推广起到较强的示范效应等，都可以达到事半功倍的效果。同时，有色金属企业通过期货市场远期价格信号和交割注册品牌的凝聚力，在国内成功并购和走出去的案例很多，如中铝、江铜、中金岭南等上市公司龙头企业等。我们应充分借鉴有色金属的成功经验，推动国家、行业、企业更好地运用期货市场的无形资产来贯彻国家政策、产业导向和企业经营战略。

4. 以企业运用价格体系为先导、建章立制为基础、人才建设为核心，审慎开展套保业务

有色金属行业运用期货市场的成功经验是：运用价格体系在先，运用套保工具在后；龙头企业示范在先，其他企业跟进在后；建章立制在先，开展业务在后；培养人才在先，套保业务在后；研究分析在先，推广业务在后。

价格发现是“饭”，套期保值是“药”。价格体系是企业生产经营过程中时时刻刻都要关注和使用的，而套期保值则是在企业有风险时才需要使用的风险管理工具。在有色金属行业的实践中，行业与企业成功运用期货市场价格体系解决整个产业链的定价模式影响深远。在此基础之上开展的套期保值是对企业经营水平的另一个挑战，其实质是企业面对危机如何应对。在单纯运用价格体系、单纯运用套保工具、综合运用价格体系和套保工具这三种运作模式中，能够熟练使用第三种模式的企业在市场竞争中处于优势地位。

根据有色金属行业经验，上级主管（集团）对期货业务应采取积极主动的态度，指导企业先行制订行之有效的规章制度，尤其是对企业授权体系的建设和套保业务的有效性评估体系的建设，并设立相应的机构管理。只要有期货市场存在，企业就面临如何运用价格体系和套期保值工具的选择，应该鼓励企业运用期货市场均价体系丰富企业经营手段，尤其是鼓励企业运用均价模式建立长期客户关系，签订长期合同。

5. 建立“三位一体”协作平台，推动实体产业与期货市场的互动发展

实体行业协会与交易所以及期货业协会开展合作十分重要，没有三者之间充分有效的交流，就很难有实体行业对相关期货品种发展的有效支持，期货市场为实体行业服务也是一句空话。很多实体行业协会和企业主管部门缺乏专业知识和人员，难以开展对企业的建章立制、人员培训等工作，因此，建议由期货业协会与实体行业协会共同承担该项任务。除牵头搭建学习、培训、交流平台外，还应在更高的层面上建立对话机制，如产业政策制定、产业集中度的提高、企业价值评估等，真正使得我国期货市场的发展建立在对实体经济的有效支持上，也使实体经济在“走出去”的发展中能得到期货市场的辅佐。因此，建议实体行业协会、期货业协会、交易所建立“三位一体”的协作平台，为现货企业有效运用期货工具提供帮助，使企业进一步了解、熟悉和掌握期货市场运行规律，建立完善的期货业务管理制度，规范期货业务的运作。

（四）加快发展我国期货市场的战略取向

国家“十二五”规划纲要明确指出，加快多层次金融市场体系建设，推进期货和金融衍生品市场发展。从“稳步发展”到“推进发展”，体现出国家对期货市场多年发展成绩的肯定，同时也对期货市场服务实体经济、保障国家战略安全提出了新的、更高的要求。我们应从我国长远发展的战略高度、国民经济健康稳定发展保障、大国责任与地位的角度重新审视我国期货市场的战略地位。对于这一点，随着我国经济与政治地位的不断提高，将越来越清晰。我国期货市场正处在由量的扩张向质的提升的重要转变过程中，期货市场应积极承担历史责任，充分发挥自身优势，为我国经济在“十二五”以及其后更长一段时期的腾飞作出更大的贡献。

1. 科学利用期货市场特殊地位，为国家和平崛起战略服务

CBOT 伴随着美国农业组织规模化的发展而产生，有效地规避了农产品季节性价格波动，带动了美国农业产业化进程；LME 是欧洲工业革命的产物，促进了欧洲工业化进程。时至今日，这些国家的期货市场依然存在，但这些国家已经赋予了其期货市场新的使命，运用期货市场是其行之有效的实现一般性扩张的新方法、新策略。欧美经济发展史已经证明，期货市场是大国崛起的重要战略工具，也是保障国民经济战略安全的重要手段。我国在经历了30多年的高速发展后，目前所处阶段和发展环境非常需要借鉴发达国家历史发展的经验与成果，“以其人之道反制其人之身”，充分利用发达国家近100多年发展建立的全球性期货市场体系来发展本国经济。

近年来，在全球经济一体化的背景下，和平、稳定、快速发展仍将是未来相当一段时期内经济发展的主题，全球经济一体化是保障我国经济发展的极为重要的外部条件和环境。在过去一段时期，我国是全球经济一体化最大最直接的受益者，但在当前贸易保护主义抬头，贸易冲突不断升级，尤其是在大宗原料资源领域极为突出的环境下，期货市场作用的全球化特性凸显出来。它超越政治、超越信仰、超越国界、超越纠纷、超越壁垒、超越习惯，同时保持全球范围的权威性与有效流动性，使得各利益主体都能够接受并遵守一种信用贸易模式，这对于我国实施大国和平崛起方针具有重要的战略意义。今后，我们应充分利用好期货市场这一工具，规避国际市场贸易壁垒和价格的双重风险。对于这一点，应该充分发展完善我国期货市场体系，按照国际惯例与我国特色做大做强，使之既保持国际化，为他人接受，又有我国特色，让国人接受。要通过做强我国期货市场，融入全球期货市场体系，建立增量经济话语权，实现我们大国和平发展与崛起的战略目标。

2. 加快发展我国期货市场，在国际竞争中占领制高点

在当前与今后相当长的一段时期，全球经济一体化仍是发展主流与主导力量。其中，全球市场体系发挥着重要而又不可替代的作用。从这种意义上讲，在全球经济发展中，谁在全球市场体系发展中占有优势，谁就有经济发展的主动权。而全球性期货市场处于市场体系的高端，对全球市场体系有着提纲挈领的先导作用，是市场与经济话语权的核心与主导，围绕它的争夺十分激烈，尤其是在全球大宗商品和金融领域更为突出。对此，我们应有充分的认识。

我国期货市场经过20多年的发展已经相对成熟，我们在尊重国际惯例的基础上，也十分注重考虑中国特色。尤其是在针对我国投资者、机构以及实体企业方面，以及市场结构、合约设计、规则制定、交割体系、市场监管等内容非常注重中国投资者的特点与习惯，具备较大的优势地位，积累了丰富的发展经验，这使得我国期货市场具备了建立话语权的优势。目前问题的核心在于如何加快国际化的步伐，融入国际市场体系。因此，尽快选择我国期货市场优势品种开展国际化试点十分重要，也是当务之急。在这种选择中，要充分考虑该品种相对应的产业成熟度与运用期货工具的水平，尤其是行业中具有龙头企业地位的企业群体的竞争力。期货市场的“走出去”实际上就是实体企业与行业同期货市场一同捆绑走出去。

3. 有效运用期货市场的独特功能，为国民经济持续稳定快速发展保驾护航

我国对外资源依存度越来越高，而随着我国的发展壮大，国外势力对我们“走出去”的做法十分警觉，处处设置障碍，这已经在过去的实践中得到了证实。因此，从资源长期保障的角度看，我国经济发展面临两大难题：一是能不能拿得到资源，二是能不能以合理价格拿到资源。在解决上述难题过程中，充分发挥与运用期货市场手段是最佳途径。我们可以运用期货市场在两个层面上获取资源：一是通过企业科学地运用期货市场价格趋势工具进行海外并购获取长期稳定的资源，既满足国家对资源的需求，又可获取利润。二是通过运用期货市场的手段增加国家和企业的战略储备，保障国家的经济安全与战略发展。实际上，在我国经济发展早期，已有通过期货市场成功获取海外资源的案例，如20世纪60年代初我国通过境外期货市场获取大量基本有色金属，以及20世纪70年代后期运用期货市场大量采购贵金属满足国家战略储备的需要。

4. 充分发挥期货市场的“排头兵”作用，推动我国资本市场走向国际化

我国证券市场和期货市场发展20年，克服了很多国外资本市场所没有的困难与障碍，发展速度很快，取得了很大的成就，也积累了丰富的经验。但就国际化程度而言，还存在着很大差距，还有相当长的路要走。当然，这期间既有内在条件的限制，也有外部环境的约束。但我国经济发展的阶段，尤其是经过国际金融风暴带来的重大历史机遇，要求我们要加快国际化步伐，以满足我国政治经济发展的需要。在我国资本市场结构中，大宗商品期货市场处于非常特殊的地位：一是市场本身发展相对成熟，无论从规模还是质量上都具有一定的国际竞争力；二是与之相对应的实体产业国际化程度高、富有竞争力，运用期货工具上比较成熟，能够有力支撑期货市场走出去发展；三是期货上市品种本身的国际化程度就很高，境内外市场联系极为紧密，走出去顺理成章，容易被接受；四是少部分期货品种已经有了部分话语权，而且为境外投资者所接受，先天条件较好；五是这部分品种在自身发展中已经积累了一定的国际化操作经验。

这些都是其他市场缺少的优势条件。因此，无论从内在与外在条件上看，我国大宗商品期货市场都处于走向国际化的“排头兵”位置。我们应该充分认识到这一优势，发挥这一优势，积极选择部分优势品种推向国际，尽快摸索国际化发展经验，带动我国期货市场乃至资本市场的整体国际化进程。

5. 积极支持国家核心媒体主导信息话语权，提升“中国价格”品牌效应

由于现代信息和计算机技术的迅猛发展，使得信息尤其是商业信息的传播和覆盖达到前所未有的水平，这对期货市场价格的形成产生着重大的影响。期货市场价格波动是由信息的有效流动驱动的，信息在一些特定条件下会产生扭曲，对价格产生负面影响。因此，信息的客观性、中立性、有效性对期货市场至关重要。由于目前交易所的交割体系比较简单，交割库单一，且分布极不均匀，对现货市场的覆盖率远远不够。这就使市场信息也伴随这种客观状态而产出单一，直接导致围绕着对现货供求关系的刚性披露明显不足，起不到主导基础信息的领导作用。

中期协联合研究计划（第六期）项目

期货公司的现代金融企业内涵、特征及发展定位研究

课题负责单位：中国人民大学中国财政金融政策研究中心
课题合作单位：北京首创期货有限责任公司
课题负责人：汪昌云
课题组成员：类承曜　董双伟　张良贵　练异洞　孙华冲
王　刚

一、现代金融企业内涵和职能

（一）金融企业的内涵

1. 金融企业的界定

金融企业的界定随金融市场的发展和完善不断演进。几十年前人们和学者眼中的金融企业主要是指“吸收公共存款并将之贷给其他人的机构”（米什金，1998）①，即主要是指商业银行，但随着近几十年金融市场（尤其是以美国和英国为首的金融市场）的发展，金融企业的涵义有所变化，扩大到包括商业银行、保险公司、共同基金、养老基金、投资银行、金融公司及其他金融中介机构（Allen and Santomero，1997）。②

---

① 米什金著：《货币金融学》（第4版），北京，中国人民大学出版社，1998年版。

② Allen，Franklin and Anthony M. Santomero：“The Theory of Financial Intermediation”，Journal of Banking and Finance，1997.

一般认为，金融企业是指其资产主要由金融资产组成、业务活动集中于金融资产的持有和交易、主要业务收入来源于金融资产交易的经营机构。总体而言，金融企业包括金融中介机构（Financial Intermediation）和金融机构（Financial Institution）这两个概念，有的人认为没有区别[①]，可以同义使用，如金融企业经常被称为金融机构，金融机构就是提供诸如吸收存款、期货交易、资金管理或期货产品设计与上市等一种或多种业务的金融企业（法博兹、莫迪里安尼和费瑞，2000）[②]。再如黄达教授认为，“金融中介机构”与“金融机构”、“金融中介[③]”通常混用，是所有形形色色的金融企业的总称（黄达，2001）[④]。

2. 金融企业的特性

金融企业和非金融企业相比，呈现出以下特性：

第一，金融企业具有更严重的道德风险。由于金融企业所持有的资产的性质，通常金融企业比产业公司面临更严重的道德风险问题。金融资产能够在股东观察不到的情况下被迅速处理掉。这意味着，相比持有工厂或商店这类资产来说，股东总是面临着投资损失的更大风险。同理，不恰当的决策会迅速导致很大的损失，如巴林银行、基德尔·皮博德公司、大和银行的巨大损失甚至快速垮台等。正因如此，那些有长久历史的金融企业有着不可比拟的声誉优势，这种优势的价值（在它所产生的租金方面）给安全经营和立足长远提供了很大的激励。这是除纯粹规模因素之外的安全效应。

第二，金融资产流动性、金融脆弱性与风险传染性。金融资产在价值上依赖于交易市场的流动性，如果金融系统出现某种震荡，资产流动性可能迅速枯竭，资产价值就会迅速下降。外生的系统性冲击的重要性和金融企业的脆弱性要求金融企业采取与产业公司不同形式的组织结构。而且，金融企业的债务资产比相当高，大大高于非金融企业，即金融企业更具有风险敏感性。一旦某一金融企业出现风险状况，风险可能迅速在国内外传染，引发金融危机，乃至经济危机和社会危机。

第三，金融企业灵活性与创新的便利性。由于金融企业所提供服务的性质，它们被期望能长久存在。由于技术进步或消费者偏好的变化，物质产品制造商可能迅速消失或转移，但金融企业则不同。金融功能是经济发展的根本，提供这些功能的金融企业要能够适应广泛的、不断变化的环境，适当调整以提供一些类似的服务和功能。这并不意味着金融机构就不会消失或被接管。金融创新的近期历史已导致了大量的重组。但是，由于声誉和获得资本的重要性，看起来更可能发生的是，现存的金融机构会调整自身去适应变化的环境，而不是被新出现的机构所取代（艾伦和盖尔，2002）。[⑤] 金融企业的灵

---

① 《英汉金融财经词典》中对二者所下的定义就没有给出明确的区别。商务印书馆国际有限公司，1994 年版。

② 法博兹（Frank J. Fabozzi）、莫迪里安尼（Franco Modigliani）和费瑞（Michael G. Ferri）：《金融市场与机构通论》（第 2 版），东北财经大学出版社，2000 年版。

③ 至于“金融中介”，有两种理解，“Financial Intermediary”，“Financial Intermediation”，前者是指金融中介机构，后者是指资金从盈余单位转向赤字单位的过程。

④ 黄达著：《金融——词义、学科、形势、方法及其他》，中国金融出版社 2001 年版。

⑤ 富兰克林·艾伦（Franklin Allen），道格拉斯·盖尔（Douglas Gale）：《比较金融系统》，中国人民大学出版社，2002 年版。

活性与金融创新的便利性密不可分。正是金融创新的便利使得金融机构改变盈利模式、风险状况和核心竞争力。

第四，金融企业的信用敏感性与风险管理的重要性。金融企业的许多重要业务更加具有“信用敏感（Credit – sensitive）”性（Merton and Bodie，1995）[①]。金融业由于其特殊的性质，从产生伊始就和信用相伴相生。对于金融业而言，金融信用在金融业的资产中无可置疑地占有首要地位。“信用是银行的生存之本”，金融是信用货币出现以后形成的一个经济范畴。由此决定其信用风险管理的重要性。

3. 金融企业的分类

依据金融中介机构的资产和负债，在国际上可将它们主要分为三大类，见表1。

表1　　金融中介机构的主要负债和资产（以美国为例）

主要类型	主要负债（资金来源）	主要资产（资产使用）
1. 存款类机构		
商业银行	存款（活期存款和储蓄存款）	贷款和美国政府及市政证券
储蓄和贷款协会	储蓄账户	抵押贷款
互助储蓄银行	储蓄账户	抵押、公司债券、美国政府证券
信贷协会	储蓄账户	消费者贷款
2. 契约类储蓄机构		
人寿保险公司	人寿保险及年金保险单	公司债券和抵押贷款
火灾、意外保险公司	保险单	市政债券、公司债券和股票、美国政府债券
私人养老金	养老金基金准备金（雇员、雇主的交纳）	公司债券和股票
国家与当地政府退休金	雇员、雇主的交纳	公司债券和股票
3. 投资类金融中介		
金融公司	Commercial Paper、股票、债券	消费者和商业贷款
共同基金投资公司	份额	股票、公债
货币市场共同基金投资公司	份额	货币市场金融工具：可转让存单、商业票据、美国政府证券

在国内，对金融中介机构的分类，如按规模划分，有大金融机构与中小金融机构之分；按地域范围，有全国性金融机构和地方性金融机构之分。按金融机构持有的金融资产契约、规定和特点的不同，可分为两大类：存款类和非存款类金融中介机构，见表2。

非银行金融机构比存款类金融中介机构范围要大，是指银行以外的各种经营金融业

① Robert Merton，Zvi Bodie：“A Functional Perspective of Perspective of Financial Intermediation”，Financial Management.

务的信用机构。从性质上看，它与银行一样，也是以信用方式获取盈利的特殊企业，不同的是非银行金融机构只能作为信用中介，一般不能创造信用，也不以银行命名。在现代经济中，非银行金融机构主要包括保险公司、期货公司、信用合作社、消费信用机构、信托投资公司（信托投资公司类似于许多其他发展中国家称为金融公司的机构，可以从事广泛的放款和投资业务，但不能吸收存款。它们依靠从其他金融机构借款或者在国内外发行债券筹集资金）、财务公司、租赁公司、典当行（是指以实物占权转移形式为非国有中、小企业和个人提供临时性质押贷款的特殊金融企业）等。

表 2　　中国金融中介体系构成及其分类

存款类金融中介机构
专业银行
商业银行
信用合作社
邮政储蓄机构
非存款类金融中介机构
保险公司
证券公司
财务公司
租赁公司
金融资产管理公司
投资公司
信托投资公司
期货公司
典当行

注：这两大类中均有许多尚待规范的种种民间准金融组织。

无论从国外还是国内情况来看，金融体系的构成都并不单一，除了银行类金融机构以外，非银行类金融机构也是一个种类繁多的金融组织群体。应该指出的是，在市场经济条件下，金融活动的发展与创新比较活跃，新类型的金融机构也会相应产生，一般发达市场经济国家的非银行金融机构门类还要多一些，如房地产专业金融公司、票据贴现公司等。

在国外，期货公司归属于非银行金融服务行业，具有经纪、结算、场外交易、期权发售、基金管理、顾问服务及融资等职能，具有突出个性和综合服务能力。在国际金融市场上，期货公司发挥着多样化的金融中介职能。以美国农产品期货为例，如果农场主计划播种粮食，要取得生产资料的农业贷款必须首先在期货市场做卖出套期保值，银行根据农民套期保值的规模发放相应贷款，政府为保护农民利益同样根据农民套期保值的规模在期货市场为农民做买入看涨期权。在这个过程中，无论农场主、银行还是政府都遵循市场原则，通过期货市场以市场手段完成不同角色的经济或政策目的：银行在农场主做套期保值的前提下发放贷款，因此不存在还款纠纷，避免了金融风险；政府为保护农场主的种植积极性，以农场主的实际保值规模买入看涨期权，锁定了因农场主交不出相应规模的粮食导致价格暴涨所带来的风险，因此不存在补贴不到位的问题，同时又兼顾了公平性。

（二）金融企业的职能

1. 金融企业的基本职能

通常，在一个经济体中银行、保险公司等金融中介机构处于重要的地位，它们在降低社会交易成本、金融市场的信息不对称、分散投资风险、提供金融服务方面具有重要作用，对于促进金融市场发展和经济建设意义重大。国际上对于金融企业的基本职能研究概括起来有如下经典金融中介理论。

（1）交易成本理论。金融企业职能的交易成本优势说以交易成本为中心，认为金融中介可以降低交易成本。Gurley 和 Shaw（1960）强调，金融中介的存在是由于金融市场的交易成本较高，金融中介把许多投资者的资金聚合在一起，随着交易规模的扩大，单位投资的交易成本就会下降。同时，它还能更好地开发专门技术来降低交易成本。例如，Gurley 和 Shaw 认为，资产评估中的固定成本，表明金融中介要比个人有优势，因为它可以使该成本得以分摊。与此类似，交易成本的存在也表明金融中介较个人更容易实现资产经营的多元化。

从交易成本观点看，金融中介有以下几方面的作用：①能以较低的交易成本满足消费者对金融产品的需求。金融中介能以较低的资产转换成本向消费者提供流动性，从而为消费者的即期消费提供能够转换成商品和劳务的一般购买力。相应的，消费者则希望可以把任何数量的资金投资于任意长短的期间不需要支付很高的交易成本。②金融中介能以较低的成本生产金融产品。金融产品生产中的投入包括文件的编制、信息收集和监督方面的费用，还需要特殊的知识。金融中介能够通过专业化方式设计、开发出专用金融工具和运作方式。通过处理文件能以较低的费用获取借款人的重要信息，还能降低与搜寻有关的成本。③金融中介能够通过金融产品的多元化和资金收进与提款相抵的大数法则获得规模经济。通过资产多样化能够降低风险，还由金融中介汇集巨额资金经营，它能够大批购买并持有多种不同的期货，从而降低交易成本。

（2）信息不对称理论。信息不对称理论认为，交易的一方拥有交易对方不知道的有价值的私有信息，交易双方处于不平等的地位，是金融中介存在的根本原因。信息不对称可以分为两类：事前的不对称和事后的不对称。事前的信息不对称导致逆向选择，而事后的信息不对称引起道德风险。

当借款人（企业家）比贷款人更了解项目的未来前景时就存在事前的信息不对称。为了获取借款人融资结构的信息，必定要耗费一些资源。这样就带来了评估成本。事前的信息不对称引起逆向选择。即最有可能不归还贷款的人最有积极性寻求贷款。也就是说，存在“次品车”问题，即不良公司更愿意申请并获得贷款，并降低了信贷市场的有效性。解决逆向选择问题，是要把收集信息的机构变成金融中介，使信息内部化，内部化到其贷款组合里和投资中。金融中介机构是生产公司信息的专家，能够分辨信贷风险的高低。而且金融中介持有大量抵押贷款，这使它们得以成功地在金融市场上克服信息不对称问题。

事后信息不对称的实质是只有借款人才真正了解它的项目实际运转情况，其他人要想知道真实情况必须支付代价。事后的信息不对称会造成道德风险问题。金融市场中的道德风险，指的是最终借款人有着一种掩盖借款之后的信息并从事对最终贷款人不利活动的动力。道德风险降低了借款人归还贷款的可能性。为了确保借款人按合约规定的条件及时偿还贷款，需要对借款人的行为进行监督，贷款人为监督而支付的代价叫监督成本。但由于个人进行监督的成本太高，在这种情况下要根据借款人经营状况来履行合同是非常困难的。金融中介则能够解决这一问题。由金融中介代行监督职能和执行合同，从而降低监督成本。

（3）派生信息优势理论。银行是客户的簿记员，通过监督客户的交易，可以建立其客户资信状况和还款能力的记录，因此与其他金融中介如信贷评估机构相比，银行具有信息优势，从而由银行来充当贷款人会更有效率。贷款一旦发放，交易账户就成了信贷信息的新来源，这又为银行监督和识别不良贷款提供了条件。即银行的结算服务对贷款业务的溢出效应意味着银行可以对违约率低的债权进行选择。这种信息上的范围经济推动了结算业务与贷款业务的结合，并由银行来从事这些业务。

（4）风险分散理论。金融资产本身固有的风险大致可以分解为两个组成部分。一是可以通过商业行为消除或避免的风险；二是可以转嫁给其他参与者的风险。

在第一种情况下，金融中介应采取措施消除那些与金融交易目的无关的风险以减少由此带来的损失。通常，避免这种风险的手段是制定承销标准和评级程序，以及实现资产多样化。在每种情况下，目标都是消除那些与理想的资产财务特征不相一致的风险，或不必要的风险。留下的是一部分系统风险和作为一种产品交易目的的必要组成部分的特定风险。

同时，也可以通过转嫁的办法来消除或减少金融交易中的风险。其他市场参与者可以买进或卖出有关的金融债券来分散其资产组合的风险。还可以通过用不同的合约（如掉期）抵消或有偿付，或者发行把风险留给对方的金融合约，将交易的内在风险转嫁出去。浮动利率贷款便是一例。

（5）金融服务理论。金融服务职能是金融机构业务综合化和全能化的具体体现。根据诺贝尔经济学奖得主 Robert Merton（1997）的观点，金融学是研究稀缺资源如何跨期配置的学科。这一方面反应了金融学的研究主题，同时也表明了金融的主要职能。而金融机构所提供的服务便是围绕着如何进行这种优化进行的。比如，市场价格的正确反映依赖于一个有效市场的构建，Fisher Black 曾指出，有效市场假设的一个几乎等价的命题便是市场的完全性，而市场的完全与否取决于是否有足够多的金融机构提供服务，为市场提供足够的流动性和深度。同时，现代金融服务中的金融创新和金融深化也是围绕着这一主题展开的。推动金融中介服务的发展，对实现金融对实体经济的积极作用意义重大。

金融机构在激烈的行业竞争中，不断创新业务，利用自身优势为客户提供多种金融服务，主要包括各种代理、信息咨询、融资服务、财务管理、信托等业务。金融服务职能大大拓展了金融机构的业务范围，增加了利润增长点，而且丰富了人们的生活。金融服务已成为当代金融中介的重要职能。

2. 金融企业的发展与经济增长

金融企业的发展与经济增长具有密切的关系。现有研究认为，在经济增长与金融中介的复杂性和发展程度之间存在着广泛的正相关关系。Greenwood 和 Jovanovic（1990）的研究表明，只有在人均收入达到一定阶段后，金融中介体和金融市场才能形成和发展，即金融发展离不开经济的增长。而且只有随着经济的发展，人均 GDP 达到某个临界值之后，参与金融市场的人数和交易次数增加，单位交易量所负担的成本较低，参与金融市场的收益超过其参与成本时金融市场才得以形成。

Bencivenga 和 Smith（1991）的研究表明，金融中介作为“流动性蓄水池”可以降低金融资产跨期交易双方的流动性风险。金融中介的存在可以使当事人改变具有不同的流动性和生产性的储蓄构成，避免潜在的或现实的投资损失并且满足不可预料的流动性需求。银行通过两种方式增加投资的生产能力，一是将资金投向流动性较小但产出较高的技术项目，另一种是通过降低不成熟的清算风险来减少投资浪费。

Pagano（1993）认为，经济增长的源泉可以来源于国民储蓄的资本投入量的增加和资本配置效率的提高，金融发展对经济增长的影响，正是通过影响一个国家的储蓄率和资本配置效率而影响经济增长的。金融中介体和金融市场的发展能够通过促进储蓄以更高的比例转化为投资，通过提高资本配置效率，通过动员更多的储蓄来促进经济增长。一般来说，金融发展水平越高，资本市场竞争越强；由于市场调节作用使资本流向生产率较高的部门，从而有利于提高资本社会的产出率；另外，金融市场越发达，则金融市场基础设施、金融机构管理水平、金融服务质量就越高，因而有利于吸收社会储蓄。

（三）现代金融企业发展趋势

概括而言，当代国际金融企业的发展呈现出了“非银行化”和“金融一体化”两大趋势。

1. 当代金融企业的“非银行化”趋势

根据定义，银行业主要包括商业银行、储蓄机构、信用社、储蓄贷款协会等金融机构，其所提供的金融服务主要包括储蓄、转账、贷款、银行承兑汇票、大额存单、欧洲美元等交易服务。在西方国家，存款货币银行习惯上被称为商业银行，或普通银行、存款银行等。商业银行是一个主要从事吸收公众存款和发放贷款的机构。与其他金融中介一样，商业银行向公众发行以自己为付款人的债权，并购买由最终赤字支出单位发行的债权。即其核心业务是吸收存款、发放贷款，借贷密不可分，且贷款的大部资金来自于公众存款（弗雷克斯和罗歇；法博兹、莫迪里安尼和费瑞，2000）。

现代金融中介理论指出交易成本是金融中介存在的一个重要原因，可一旦储蓄者和投资者能够毫无阻滞地、即时地直接获得关于对方的完全信息，并且在没有成本的情况下进行交易，金融中介就失去了其功能，也就不再具有存在的合理性。在市场的透明性和有效性不断加强的当今世界，在交易成本因信息技术和通讯技术的进步而大幅下降的今天，理论中的金融中介似乎应走向消亡。现实是，传统金融中介的相对份额在不断减少，这一点在美国体现得最为明显，存款机构（商业银行和储蓄银行）在金融体系中的相对规模不断减少，保险公司也表现出同样的趋势。但另一方面，养老基金（私人和政府的）与共同基金（包括货币市场基金）的份额则有明显的提高。这就是国际金融机构的非银行化。国际金融机构的非银行化在几十年前就已经出现，而在近几年速度逐渐加快。

2. 当代各类金融企业“金融业务一体化”趋势

在金融机构“非银行化”趋势加快的同时，其与金融产品交易市场之间的联系也日趋紧密，同时不同类型金融机构的主业的界限也变得更加融合。

（1）金融企业与金融市场之间的支撑、互动和互补关系。对金融产品创新的大量案例的考察表明，最初由银行等金融中介机构所提供的金融产品渐渐标准化，并不断成为可直接交易的产品，并进入金融交易市场，这似乎预示这金融中介机构（特别是银行）正逐渐被金融市场取代。因此，有不少学者认为金融发展的特征实际上就是金融中介机构与金融市场之间竞争的演进，金融制度演进的历史也就成为根据效率的原则重新安排各类金融中介机构和金融市场业务竞争和提供金融服务产品的角色的历史。

但事实上，金融中介机构和金融市场之间并不仅仅是竞争性关系，它们之间的关系是相互支撑的、互动的和互补的。

①中介机构与市场应当是不同的功能或并有着不同的制度安排，它们共同构成一国的金融体系。这二者除具有不同的特性外，它们之间功能应当是互补的。金融市场靠金融机构所提供的产品支撑，金融机构的展业靠金融市场完成。当金融机构提供的产品具有标准化趋于成熟时，这种产品就会成为金融市场投资人交易的对象；当金融市场的包容能力增大、化解风险的能力增强时，金融机构的资产就能证券化并投入金融市场参与直接交易，并极大地分散和对冲金融机构尤其是银行的各类业务风险，极大地促进了金融业的发展。

②中介机构与市场相互依存关系是静态的考察，如果动态考察二者关系，即金融机构的有效运作将扩大市场供求，而市场规模的扩大，又促进金融机构结构调整和治理改善。美国经济学家默顿认为，金融机构与金融市场之间存在动态螺旋式发展的特征。金融机构的产品服务创新过程始终伴随着与此相应的金融市场的发展，这一过程始终是动态的。

③融资需求的多元化和多样化也要求金融机构和金融市场进行必要的融合，以便可以提供更好的产品。以机构融资来说，有融资的“百货公司”，也有融资的“专卖店”；有公有银行，也有民营银行。各种金融机构的信用状况、经济实力、技术平台、市场定位又有不同，在这种情况下，多样化的资金需求面对着多元化的资金供给。怎样选择，有可能倾向于机构，也有可能倾向于市场，还可能“半机构，半市场”。这样，机构与市场在选择中就起着互补作用。机构与市场的互补还体现在功能方面。一般说来，机构融资在特定条件下，债权债务关系的约束力相对集中但力弱；而市场融资在群体力量的组合下，债权债务关系的约束力相对分散但力强，这样就可能产生以市场融资去弥补机构融资的不足，或者以机构融资弥补市场融资的不足，这就是功能上的互补。

（2）不同类型金融企业相互融合的趋势。近年来，国际上出现了银行与非银行金融机构相互融合的趋势，并且愈演愈烈，它们之间的业务开始相互转移和结合，各种“全能银行”、“金融航母”、金融控股公司相继出现，金融机构的形式发生很大变化，尤其是传统银行与金融中介（包括期货公司）之间的业务已经没有明确的界限划分，各类金融机构也逐渐涉足存贷款等传统银行业务。与此同时，传统银行业，尤其是欧美发达国家的银行，日益变得多元化、巨型化，也慢慢渗透到原先被明令禁止从事的各类高风险的金融衍生业务。尽管在次贷问题引发的全球金融危机之后，奥巴马政府出台了新的金融改革法案，打算重新要求美国的综合型金融企业进行业务分离，但未必会改变各种类型金融机构和金融业务相互融合的趋势。

尽管20世纪90年代金融市场交易呈几何级数递增，但即使包括西方最发达的市场经济国家，企业的融资顺序仍然是：贷款融资—债券融资—股票融资。这说明，金融中介和市场、间接融资与直接融资不是简单的替代关系，而是一种动态、互补的“金融创新螺旋”。在这个互动中，传统的银行被迅速发展的市场在诸多方面赋予了更为宽泛的含义，因此，不同类型之间的融合，是金融企业发展的主流趋势。

（四）我国金融企业发展回顾

1. 中国经济金融改革历程回顾

中国经济正在经历双重转换或双重过渡，体制模式正从计划经济向市场经济变迁，发展格局正从低收入型向中等收入型跃升。党的十一届三中全会确立了经济体制改革的总方针，至此中国的经济决策开始引入市场调节机制，随着改革的深入，市场成为资源优化配置的有效手段，市场化进展取得了举世公认的成就。

从财政和金融的相对地位的变化也可以看出这种市场经济体制的取向，随着金融改革的深化，金融在社会扩大再生产中的作用越来越大，财政的作用越来越小。统计资料表明，在1981～2010年29年间，国家预算内资金中用于固定资产投资的数额由269.76亿元提高到14672.74亿元，增长了54.39倍；银行的固定资产投资由122.00亿元提高到265.147022.83亿元，增长了385.43倍。若以财政和银行每年的固定资产投资之和为100%，则财政所占的份额由1981年的68.9%下降到2010年的12.4%，银行融资所占的份额由31.1%上升到87.6%。企业固定资产投资对国家预算内资金拨款的依存度越来越低，对银行融资的依存度越来越高。

市场化进程为中国金融业的进一步发展提供了良好的运行机制和广阔的运行空间，为中国金融业迎接21世纪的挑战奠定了比较坚实的基础。对于中国这样的发展经济而言，资本最为稀缺，是经济增长的“瓶颈”，资本配置的效率对经济增长的影响最大。改革以来连续30多年的经济快速增长，使金融不断深化，从而进一步提高了金融体系在经济运行中的重要性。统计资料表明，2010年，银行吸收的居民个人储蓄存款金额达到303302.49亿元，与1978年相比增长1440倍，银行发放的贷款总额达到479200亿元，与1978年相比增长了237.2倍。经济增长对金融的依存度由1979年的52.08%提高到1992年的87.01%。从以上两个方面可以看出，金融机构已经由过去国家财政的一个记账单位跃迁到左右国民经济运行非常关键的部门之一（林毅夫等，1994）。

我国的金融改革虽然取得了很大的成就，但是从国际对比来看，依据瑞士洛桑国际管理学院编制的《国际竞争力年度报告》（见表3和表4），我国在139个参评国家中的整体国际竞争力排名为27，但是金融体系的国际竞争力只排在第57位，金融的整体水平仍有待提高。

表 3　有关国家和地区金融体系国际竞争力排名（2010～2011 年）

	整体国际竞争力	金融体系国际竞争力	Availablity of Financial Services	Affordability of Financial Services	Financing Through Local Equity Market	Ease of Access to Loan
瑞士	1	8	1	1	22	22
瑞典	2	13	6	12	20	11
新加坡	3	2	20	5	5	4
美国	4	31	15	21	36	34
德国	5	36	8	18	49	69
日本	6	39	41	32	24	46
芬兰	7	4	12	6	48	5
荷兰	8	26	13	17	61	20
丹麦	9	18	28	35	60	28
加拿大	10	12	2	14	8	24
中国香港	11	1	4	1	2	9
英国	12	25	5	10	32	74
中国台湾	13	35	23	3	4	19
澳大利亚	15	3	14	25	15	16
韩国	22	83	98	82	59	118
以色列	24	14	29	51	37	54
马来西亚	26	7	24	15	11	10
中国	27	57	71	44	52	51

表 4　有关国家和地区金融体系国际竞争力排名（2010～2011 年）（续）

	Venture Capital Availablity	Restriction on Capital Flows	Soundness of Banks	Regulation of Securities exchanges	Legal Rights Index
瑞士	20	3	41	9	20
瑞典	7	4	26	2	75
新加坡	3	6	9	3	1
美国	13	69	111	64	20
德国	52	15	112	35	39

续表

	Venture Capital Availablity	Restriction on Capital Flows	Soundness of Banks	Regulation of Securities exchanges	Legal Rights Index
日本	49	51	77	40	39
芬兰	4	2	11	7	39
荷兰	17	19	104	21	60
丹麦	29	36	85	14	6
加拿大	19	39	1	22	60
中国香港	1	1	8	11	1
英国	38	10	133	42	6
中国台湾	11	101	58	20	86
澳大利亚	12	32	3	10	6
韩国	98	94	99	75	39
以色列	10	53	13	32	6
马来西亚	8	74	33	19	1
中国	27	123	60	61	60

注：参评国家或地区的数目为139个。

资料来源：瑞士洛桑国际管理学院编制的《国际竞争力年度报告2010～2011》①。

中国近20年的改革过程也是一个金融深化的过程。这表现为三个层次的动态发展：一是金融增长，即金融规模的不断扩大，我国的金融资产总存量迅速增长，真实金融增长率翻了一倍；从金融深化的国际比较来看，中国的金融深化程度远高于其他发展中国家。二是狭义的金融发展，具体表现为金融工具、金融机构各自结构的不断优化。三是金融市场机制或市场秩序的逐步健全，金融资源在市场机制的作用下得到优化配置。

这三个层次的金融深化相互影响、互为因果地交织在一起（龚浩成，戴国强，2000）②。金融资产所有者构成和国民储蓄结构变化以及金融品种、金融工具的多元化发展是金融资产总量增长的重要原因。

自改革开放以来，中国的金融体制改革始于金融机构的组织创新，在金融机构的多样化、金融工具的创新和金融市场的发展方面取得了一定进展。在金融中介机构体系方面，原央行行长戴相龙认为，经过20年的改革开放，中国已基本建立商业金融为主体、各类金融机构分工合作的金融组织体系。

2. 中国金融机构发展回顾

在计划经济体制下，金融的重要性受到抑制，其基本特征是：高度计划性和统一

① WEF, Global Competitiveness Report 2010～2011.

② 龚浩成，戴国强主编：《2000年中国金融发展报告》，上海财经大学出版社，2000年版。

性、高度的集中性和单一性，高度的配合性和财政及高度的行政性和封闭性。在这种体制格局下，整个金融业无业可分，各类非银行金融中介机构均无存在的必要。改革开放以后，为了促进经济的发展，通过多种渠道融通资金便成为当务之急，金融机构体系破除了原来高度集中的单一银行体系。进入20世纪80年代中期，随着中国经济体制改革的进一步推进和金融改革速度的加快，我国的金融体系、金融结构和金融运行机制发生了深刻变化（见表5），改革信用制度，适当开放国家信用、商业信用和消费信用，突破一切信用都集中在银行的框框。信用制度改革，为非银行金融机构的发展和更多金融工具的运用提供了机会。例如，正是信用制度改革，使信托投资公司、保险公司、金融租赁公司、期货公司、期货交易所，以及城市和农村信用合作社非银行金融得到了迅猛的发展，使各种债券和股票发挥出越来越重要的作用（林毅夫等，1994）[①]。

表5　　中国部分首家非银行类金融机构设立表

成立时间	第一家金融机构名称
	储蓄类金融中介机构
1986年	邮政储蓄
	信用合作社
	契约类金融中介机构
1982年	中国人民保险公司
1991年	太平洋保险公司
1988年	区域性股份制是保险公司——平安保险公司成立
	投资类金融中介机构
1979年	中国国际信托投资公司
1981年	中外合资租赁公司——中国东方租赁有限公司
1986年	中国新技术创业投资公司
1987年	深圳特区证券公司
1987年	东风汽车集团财务公司
1992年	深圳投资基金管理公司
	货币经纪公司
1994年	英国国惠集团上海代表处
	汽车金融公司
2005年	丰田汽车金融（中国）有限公司

资料来源：《金融机构“非银行化”发展研究》及互联网相关资料。

目前针对金融中介机构体系的一个普遍看法是：一个以中央银行为领导，商业银行

① 林毅夫、蔡昉、李周著：《中国的奇迹：发展战略与经济改革》，上海三联书店、上海人民出版社。

为主体，外资银行、保险公司、期货机构及其他非银行金融机构为补充的金融组织体系已日臻完善，或经过数年的努力，已逐步形成以人民银行为领导，以专业银行和综合性银行为主体，以保险、信托、期货和城乡信用社为辅助的金融组织体系。

二、期货公司的现代金融企业属性

（一）期货：大金融范畴中的特殊品种

期货是与现货相对的概念，指的是现在进行买卖，而在将来进行交割或交收某种标的资产的合约或协议。其标的资产，可以是现货中的某种商品，如大豆、黄金、原油等；也可以是某种金融工具或指标，如债券、股票、气候指数等。不难理解，作为金融工具的债券、股票属于金融范畴，从而这些金融工具的衍生品也属于金融范畴，并被称为衍生类金融工具，如股指期货、债券期货等。但对于商品期货，人们难以想象作为标的物的大豆、黄金、原油属于商品市场，而其衍生品大豆期货、黄金期货、原油期货属于金融市场。对此，《新帕尔格雷夫货币金融大词典》中给予了很好的描述："金融市场交易的许多资产是许诺在今后特定日子支付特定数量的通货，有时则视未来事件和环境而定。在全世界交易中，许多交易的资产是以现今货币计量单位来计值的，如公司股票、交货合同——黄金、石油、大豆、猪肚等"。由此可以看出，在商品市场中现今买卖的大豆、黄金、原油等一旦要在未来交收，便产生许多不确定性，那么这些商品的买卖已经不再是纯粹的商品买卖，也同时伴随着风险的转移。由此，这些商品所谓的商品属性也发生了变化，关于它们的买卖不再只是商品市场中的交易。因此，可以将这些商品的期货交易与金融资产的期货交易并列，从而使得期货归属于广义的"大金融"范畴。

与上述期货合约的金融产品属性相对应，期货公司属于非银行类金融中介。期货（经纪）公司是指依法设立的、接受客户委托、按照客户的指令、以自己的名义为客户进行期货交易并收取交易手续费的中介组织，其交易结果由客户承担。这一点与现代经济学权威著作《新帕尔格雷夫货币金融大辞典》中关于金融服务业的表述相一致。《新帕尔格雷夫货币金融大辞典》对金融服务业有如下界定：金融服务企业向个人消费者、公司和政府提供金融产品和服务。或者说，它们是提供许多关键性经济职能和特定金融服务的中介机构，其职能包括提供专业服务、分散资产风险等多方面。

（二）期货公司具有一般金融企业的特性

1. 较高的道德风险

这里的道德风险是指，从业人员具有自身效用最大化的自利倾向。其存在的必要条件是信息不对称和资产流动性。由于信息不对称普遍存在，道德风险几乎存在于所有的所有权和经营权分离的现代公司，只是程度有异而已。金融企业道德风险高的另外一个原因是由于金融资产流动性、资产价格变化幅度难以确定，使得金融决策的优劣在事前难以判断。这种信息不对称是道德风险的根源。期货及其他衍生工具的高流动性和价格的瞬息万变使得期货公司的道德风险比一般金融企业更高。

2. 金融脆弱性和风险传染性

金融脆弱性的概念产生于20世纪80年代初，但其研究却可以追溯到费雪和凯恩斯，甚至自金融机构成立之初，就奠定了金融脆弱的根基。金融脆弱性一般来讲有狭义和广义之分，狭义上是指金融业高负债经营的行业特点决定的脆弱；广义上是指趋于高风险的金融状态，泛指金融领域中的风险积聚。期货的流动性，使得期货市场风险积聚的可能性大大提高。期货及衍生工具市场的风险积聚可能导致期货公司或其客户（其中很多为金融机构）发生财务困境甚至倒闭破产，在金融市场产生广泛的传染性。

3. 创新的便利性

伴随计算机技术、通讯技术以及互联网技术的发展，期货业创新层出不穷，发展日新月异。这种创新首先体现在期货品种的创新。期货市场的品种由早期的农产品，发展到包括金属及其他非金属商品期货、再能源期货、外汇期货、股指期货，再到温度期货、碳期货等。期货业的创新还表现在交易技术、交易流程、风险管理手段等的创新。期货及衍生工具市场发展的核心在于其创新的便利性。与一般金融企业相比，期货创新程度和创新便利性尤为重要。

（三）期货公司具有金融企业的一般职能

期货公司伴随着期货市场的发展而不断成长。当前发达国家的期货公司具有多种职能，如经纪职能、结算职能、场外交易职能、期权发售职能、基金管理职能、客户的顾问服务职能、融资职能等等。这些职能促使整个市场资金进一步融通、交易成本相对降低、信息不对称得以有效改善、风险更易于转移和管理、支付结算更加便利。而且，期货公司实行多级代理制，个性突出，综合服务能力强，各种不同种类的期货公司合理分工，相互协作，更好地发挥着一般金融企业的职能。具体而言，期货公司的职能及其体现出的优势主要表现在：

第一，期货市场的特定交易安排和结算体制使期货交易成本相对于现货交易或其他交易方式大幅降低。客户要想进行期货交易必须委托期货公司，由期货公司代理客户在交易所内进行撮合成交。买卖双方的指令通过期货公司传递到交易所，交易所按照确定的交易原则撮合成交。交易所每日进行清算，清算完毕后，清算所实际成为所有买卖方及多空头的交易对手。其含义是，期货市场买卖双方不需要了解对手是谁，更不需要知道对手的声誉和历史记录。这种交易安排本身就大大降低了交易成本，提高了流动性。

期货公司降低交易成本还体现在其代理交易的职能。设想如果没有期货公司，只有交易所，那么对交易者的审核、撮合、结算、交割只能由交易所来独自完成，那么交易所面临的将是一个数量庞大的群体，在处理交易全过程中所花费的时间平均到每一个交易者身上就会很长，交易者所花的费用就会较高。有了期货公司的代理，事情就变得较为简单了，交易所只要面对数量有限的期货公司就可以了，而交易者则交给期货公司来管理，这样，交易者也会节约更多的时间和费用。

对于间接投资期货市场的投资者来说，同样是如此，如果让这些投资者直接进入市场投资，这些投资者就必须花费大量的精力和时间来研究期货市场和期货品种，而这方面也并不是他们的特长。如果购买投资产品或基金，这些投资者就不必去研究期货市场和期货产品，而只要比较期货公司业务水平的优劣就可以了，那么节省下来的时间和费用就可以用于其他领域。期货公司将小规模的资金集中起来在市场中运作，同样也比单个小规模资金操作的费用要低，这样，整个市场的交易费用也就相应下降了。

所以，期货交易的特定安排以及期货公司的中介职能都大幅降低期货交易成本，充分体现期货公司具有金融中介理论提到的降低交易成本的职能。

第二，期货公司可以降低期货交易中的信息不对称情况。在期货市场中，进行交易的投资者之间通常是不能互相充分了解的，因为期货市场中涉及的投资者成千上万，进行交易的目的也千差万别，如果没有中介机构，仅凭投资者之间相互进行交易，那么违约的现象就会时常发生，因为市场中信息不对称是普遍存在的。有了期货公司充当中介后，情况就会大不相同，投资者不必再顾虑同他交易的对手是谁，只要有对手，那么有意愿的交易就能够达成。至于对手的信用情况，则由期货公司去了解和掌握，最后的交易结果也由期货公司保证实现。

期货公司如何能够掌握充分的信息呢？首先，期货公司在为客户提供支付服务的过程中，能够获得搜集与获取信息的便利。期货公司与客户有密切的联系，在客户开户的过程中，期货公司就可以对客户的个性化信息进行了解，如基本财务状况、信用状况、现金流状况、交易的目的和偏好等等。有了这些对客户基本的了解，期货公司就会对该客户能否履约有一个基本的判断，再加上其他制度的保障，期货公司就有基础确信客户能否为其交易行为负责，或者将违约风险（损失）控制在市场能够承受的范围内。其次，期货公司具有专业的信息筛选能力。期货公司在与客户进行业务的交往中，能够对众多的客户进行评估，从而判断出哪类客户适合何种交易方式，如套利、套保还是投机。这样，期货公司可以针对客户的不同需求进行有益的指导，帮助客户降低信息成本，减少风险。第三，期货公司具有降低交易成本的规模效应。期货公司能够实现多单位相互协调和规模经营，并通过运作使获取信息的单位成本大大降低。由此可见，期货公司具备普通投资者所不及的多方面优势，从而能够较为廉价地获取有效信息，为整个市场中的投资者服务，改善信息不对称现象，最大限度地避免逆向选择的发生。

第三，期货公司可以高效率实现金融中介的分散或转移风险的职能。期货市场因风险对冲需求而产生。风险对冲的原理在于，期货价格和股票指数受大体相同因素的影响，套利活动促使两者的走势基本一致，在两个市场上建立规模相当但方向相反的头寸就可以用一个市场的利润来弥补另外一个市场的可能损失。例如，股指期货可以管理的风险是股票或证券组合的系统性风险。方差最小化给出的最优对冲比，即对冲后资产组合的收益方差最小时单位现货资产所需的期货合约数量，恰好等于股票或组合的贝塔值。这样，有了股指期货，股市投资者不再“靠天吃饭”，而是积极地利用股指期货调整证券组合贝塔值以控制系统性风险，提高收益的稳健性。指期货公司可以通过各种业务、技术和管理手段，分散、转移、控制金融、经济及社会活动中的各种风险。期货公司凭借其在期货市场中的地位，促使这种风险转移能更有效率地实现。

第四，期货公司在服务实体经济方面起着不可忽略的作用。期货公司的投资咨询业务为现货企业利用期货市场进行风险管理提供专业意见，同时为期货投资者进行期货交易提供信息咨询和业务指导，通过直接或间接形式为他人提供是否进行期货交易、如何进行交易和管理资金等方面的建议。间接性建议包括对客户的账户实行交易监管或通过书面刊物或其他报刊发表建议。期货公司境外期货经纪业务，为国内现货企业利用境外期货市场套期保值提供服务，而期货公司的资产管理业务在培育发展机构投资者、优化投资者结构的基础上不断深化期货市场功能，服务国民经济的各行各业，促进资本市场的发展完善。

由此可见，期货公司具备一般金融企业的基本职能，甚至可以更好、更高效地实现这些职能；我们认为，期货公司具有一般金融企业的属性。

（四）期货公司的特殊性

1. 期货公司面临独特的市场环境

无论是资本市场还是货币市场，其最主要功能就是融资，即将资金从盈余方导向短缺方。而期货市场则不同，期货市场是市场经济发展到高级阶段才产生的，它并不是独立能够存在的，而是从商品市场、资本和货币市场中衍生出来的市场——所以也称衍生品市场。这一市场的标的物来源于商品、资本和货币市场，离开了这些市场，期货市场也将不复存在。由此可知，期货市场的主要功能也与这些市场不同，期货市场最主要的功能是价格发现和规避风险。期货市场是一个有组织的规范化市场，所交易的是标准化的期货合约，这些合约将在未来特定的时间进行交割，这就使得期货市场所形成的价格不仅具有真实性、连续性、公开性和权威性，而且还具有前瞻性。资本和货币市场所形成的价格虽然也有上述性质，但其预期性远不如期货市场。至于风险规避，资本和货币市场上的投资者可以利用多种投资组合进行规避风险，但这种稳定性远不如期货市场中的套期保值，因此，期货市场的这两点功能是其他资本和货币市场所难以比拟的。而在期货市场中产生的期货公司，与银行和证券公司等其他金融中介机构相比所面临的金融环境，更具有复杂性和独特性。

期货公司在正常的经营活动中所面临的风险众多，但大致可分为两类，一类是市场风险，是指由于基础资产价格变动导致期货产品价格或价值变动而引起的投资风险。另一类是管理风险，是指在期货公司整个经营管理过程中出现的不确定损失，如开户风险、技术风险、保证金风险、运作风险、客户的结算和交割风险等等。在这些风险中，保证金风险最为重要，这是因为，在期货市场中进行的交易是保证金交易，期货交易所会根据市场风险大小调整保证金的数量，而期货公司的任务是确保保证金及时到位。一旦保证金不能按时到位，期货公司必须以自有资金弥补保证金的不足，而不论保证金的缺失是由谁引起的。期货公司要想在这种环境中充分发挥其中介职能，除具备金融中介的一般功能和组织形式外，其独有的功能和组织形式必不可少。

2. 期货公司独特的风险控制机制

由于期货公司所面临着上述的独特环境，发挥着独特作用，期货公司必然要具备其独特的内部控制机制，这是期货公司能够发挥其中介作用同时又不至于被市场风险所摧毁的关键。为应对市场风险，发达国家的期货公司都建立起了一套全面的风险管理体制。首先是对期货公司净资本的要求。各发达国家和地区对净资本的要求虽然不尽相同，但与银行和证券公司等金融中介相比，对期货公司的要求更为严格。期货市场是风险交易的市场，期货公司面临更高的风险，各国监管部门对它的净资本要求也更高。其次，内部控制要求。多数国家的监管部分要求期货公司按照颁布的法规建立相应的内部控制制度，期货公司的业务必须按照法令、规章和公司的制度展开，这些制度不能随意变更，且需要经过监管部门的批准，留存备查。期货公司根据自身面对风险的特殊性进行分类，按照风险的类别分别进行流程管理和系统管理，然后按照预先安排的制度对风险管理的效果进行评价，为公司的内控制度体系提供完善的建议和思路。与一般金融企业相比，期货公司风险控制的更为突出的独特性表现在：第一，持仓限制。所谓持仓限制就是交易所按照相关规定，对交易所和期货公司制定持仓限制制度，期货公司的持仓一旦超出这些限制，交易所有权限制新增仓位、追缴保证金或采取其他措施。这是对期货公司一项特殊的外部监控制度，将迫使期货公司保持对风险更高的敏感性和紧迫性，因而在经营过程中保持更为稳健的经营思路。第二，保证金制度。前文述及，期货公司面临的风险中有一项是保证金风险，这同时也是一项制度安排，是交易所为防范市场出现更大风险而对期货公司及投资者进行的限制措施，对期货公司来讲也是控制制度。

三、期货公司公司治理的特殊性

公司治理（Corporate Governance）所要解决的问题是如何使资金的提供者按时收回投资并获得合理的回报（Shleifer and Vishny，1997）。在世界银行的研究报告中（坦尼夫，张春霖，白瑞福特，2002），把公司治理定义为可以被股东用以影响管理者以实现股东价值最大化，同时可以被固定收入索取者如银行和雇员用以控制股权的代理成本的一套机制。期货公司的公司治理由于其特殊的金融企业属性而具有特殊性。这些特殊性使得期货公司治理结构设计有别于其他金融企业，期货的监管与创新也不同一般企业。期货公司治理的特殊性主要表现在以下几个方面。

（一）高度重要的客户利益

我们这里强调的客户利益重要性指的是：如果将客户利益与公司利益相比，对于期货公司而言，务必将客户利益放在公司利益之前。这一特点是由以下几方面因素决定的：

1. 金融资产的特殊性

金融企业为客户提供金融产品交易、信息服务、咨询服务、资产管理等业务，与一般企业不同，不是为满足生产或消费需求提供实物商品，而是为解决客户理财业务需求提供必要的服务。期货公司作为一类特殊的金融企业，其提供的服务多被大型国际企业、金融集团使用，在服务业中处于高端的地位。由于期货产品交易的高杠杆，客户资产时刻面临着较大的风险，另外现代金融业与经济牵连密切，因金融衍生产品交易失败而导致公司破产、国家出现金融危机等现象屡见不鲜。因而这一杠杆带来的高风险、脆弱性的特点引起世界各国监管者密切的关注，涉及金融资产的管理、交易的公司都纳入政府的监管体系，以防范因金融动荡带来的危机波及到实体经济当中。

所以，期货公司在提供金融服务的时候，务必将客户利益放在公司利益之上，保障客户资产的安全性，提供及时高效的交易渠道，依法对客户资产托管，杜绝挪用客户保证金的行为，以最低的操作风险为客户资产提供最高级别的安全环境。

2. 客户资产收益性与期货公司收入密切相关

对于期货公司而言，必须将客户利益放在公司利益之上。反观证券行业的发展历程，我们可以从中得到一些客户利益与公司利益相比孰轻孰重的有益经验：

我国证券公司作为提供交易渠道的服务者，在过去若干年中一直面临着经济业务方面激烈的费率竞争（现在这一情况在期货公司中依然大量存在）。为了应对其他公司的低费率压力，争取到更多新的客户，挽留住已有的重要客户，证券公司一般情况下都是无奈地下调费率，或者提供更全面的信息资讯及软件终端。然而，有些证券公司的做法相比之下就让人称奇，例如国信证券深圳红岭中路营业部，就是通过营业部金牌分析师服务大客户的运作模式，统一提供股票组合供客户选择，以及后续的交易指导和操作建议；以金牌分析师的研究能力带动更多的客户加入该营业部——当然，加入的代价就是很高的交易费率。对比说明，尽管一般情况下，对于投资者而言交易成本越低越好，但通过差异化的服务水平，使得客户的预期收益和实际收益水平均远高于一般化的服务，客户也会愿意为此项服务支付必要的价格。

因而，我们的推论是，期货公司的服务水平与服务质量，直接影响到客户资产的收益性，而客户资产的收益性又直接与期货公司提供服务而获得的收入相关。从这一角度出发，可以发现期货公司为了增强自身盈利能力所必须考虑的前提：即提供差异化的服务，满足客户需求，促进客户资产的保值增值，维护交易资产的安全性、流动性与收益性，进而吸引并发展更多的大型客户，实现业务的良性发展。这也反映了，期货公司务必将客户利益放在公司利益之上，才能获得持续稳健的成长能力。

（二）双重代理问题

如上所述，期货公司在日常经营中面临的首要问题是保障客户利益，通过提供及时有效的服务帮助客户实现资产的保值与增值。但另一方面，期货公司是盈利主体，在保障客户利益的基础上，期货公司务必实现自身的利润增长和持续的现金流。这两方面直接贯穿着期货公司日常经营活动始终，并体现在期货公司高管决策和执行的成果方面。从产权关系的角度来看，这两方面带来的委托代理问题比一般非金融企业固有的委托代理问题更复杂。

如何理解期货公司内部的委托代理问题？一般意义上，公司治理所研究的企业内部委托代理关系，一般意义上包括所有者与经营者之间，大股东与小股东之间两个层次；但在现代企业所有权与经营权分立的情况下，所有者与经理层之间的矛盾更加突出。因而，对于一般企业而言，主要是考查所有者与经营者之间的委托代理问题能否通过有效的制度设计得到平衡，作为衡量公司治理水平的关键因素。然而，期货公司作为现代金融企业，由于其所处行业的特殊性，在公司治理问题上存在着另一层委托代理，即公司与客户之间的委托代理关系。期货公司治理问题的解决，除了考虑一般公司治理中的股东—经理层关系外，还应考虑客户利润最大化和公司价值最大化之间的关系。因而，期货公司考虑治理机制时应分清主次，在充分保障客户利润最大化的前提下，为公司股东创造最大价值保驾护航。

从业务层面上看，期货公司作为现代金融企业，尽管业务范围没有放开，仍以经纪业务为主要收入来源，但由于其接受客户资金，为客户提供必要的信息和咨询服务，起着控制风险，为客户创造收益服务的作用。因而，这层资金层面的委托代理关系与一般从事实业的公司有别，后者只保障所提供商品或服务的实物属性能够满足客户的需求，并不涉及资金的安全性、流动性和收益性。所以，期货公司的治理结构不可避免地比一般实体企业多出这样一层功用：为保障客户资金的安全性、流动性和收益性服务，在此基础上，才能谈及公司自身的利润创造和价值实现。

从监管层面上看，期货公司也应改进自身治理机制的缺陷，减少期货市场中不必要的风险。由于现代金融与经济的相互渗透，期货公司提供的金融服务虽不直接关系国计民生，但期货产品的标的物，如棉花，白糖，大豆等农产品直接与百姓日常生活相关，而铜，铝，螺纹钢等工业品直接与生产制造企业平时生产相关，所以期货价格的变动会直接影响到消费者和生产者对未来经济走向和需求变化的预期，从而使得期货市场的波动与实体经济之间建立起了紧密的联系。在这样一个管理风险的行业，如果作为行业主体的期货公司存在着治理制度上的缺陷，就不仅没能管理好风险，反而给经济体中增添了新的不必要的风险，所以期货公司的治理结构，直接与内部风险管理相关，也直接与外部监管相关。

出于解决公司—客户委托代理问题的考虑，期货公司应建立全面的风险控制体系，严格执行客户资金的托管制度，防止部分内部人员利用制度或技术漏洞违规挪用客户资金，同时严格把控自身财务风险，针对监管机构提出的期货公司的净资本要求做出有效的管理。

（三）高杠杆下的金融脆弱性与风险管理

金融市场的风险主要类别见表6。

期货公司在充分保障客户利益的前提下，实现自身的盈利与发展，这是期货公司的经营目标，但是由于行业的特殊性，期货公司不得不注意防范杠杆交易给金融资产管理带来的诸多风险，并采取合适的手段度量及管理这些风险。

表 6　　金融市场的风险类别

市场风险：主要受资产价格的变化或其波动率的变化的影响	绝对风险：受资产总收益变化的影响
	相对风险：受钉住误差变化的影响
	直接风险：受对经济和金融变量风险暴露变化线性部分的影响
	非直接风险：受对经济和金融变量风险暴露变化非线性部分的影响
	基差风险：受资产和对冲工具间的相关性程度影响
	波动率风险：受市场价格的波动率变化的影响
流动性风险：指能否以公平价格将资产变现的风险	资产的流动性风险：指对某一资产持有过度头寸，将其变现的过程中会影响到其市场价格
	融资的流动性风险：维持一个头寸可能碰见的展期风险以及保证金催缴风险等
信用风险：指在交易对家违约的风险	主权风险：指国家违约的风险
	结算风险：指合约一方履约后另一方违约的风险
经营风险：主要由金融机构管理不善导致	模型风险：指用设定错误的模型产生的风险
	人为风险：由于内部员工或外部个人的违规操作所导致的风险
	法律风险：由诉讼可能产生的损失而导致的风险

期货公司作为风险管理的主体和盈利的主体，其在为客户提供业务，改进服务的同时，肩负着管理自身风险，防范操作失误，扩大业务规模，增强业务盈利能力，保障资金运作安全的任务。相对与其他金融企业，期货公司提供的服务——期货或其他衍生工具交易采用杠杆交易，因此，期货公司存在因期货价格被动造成客户损失巨大、无力支付保证金的可能性。一个或几个客户（尤其金融企业）的财务危机或破产容易引发外部负效应——金融市场的连锁反应，加剧金融脆弱性。这种情况，在最近十多年中平凡发生，金融市场警报频传，如巴林银行事件，安然事件，AIA 事件等。

期货的高杠杆加剧了金融脆弱性，从而凸显了期货公司风险管理的重要性。期货公司的风险管理一方面督促和监控客户的市场风险；另一方面，确保自身在高杠杆背景下规避相应风险。

（四）金融创新的灵活性

金融创新的源泉是市场中客户的需求。由于政府监管的限制，国内期货业务的金融创新一直以来都是针对产品，例如近几年陆续推出的黄金期货、股指期货等，都是为了满足客户对金融产品的需求所进行的，引入相对成熟的金融产品所实现的创新。

我们认为，近几年金融产品主要集中于产品创新而非期货公司的业务模式创新主要原因在于市场中交易主体的需求并未被深入挖掘。从期货市场投资者结构来看，国外期货公司的客户大部分是机构投资者，而国内期货公司的客户中个人投资者占了相当大的比例（见图 1）。资金规模较大的机构客户占比不高，直接影响到投资咨询和资产管理业务的收入情况；同时，由于监管的限制，期货公司的业务模式创新没有得到较快发展。

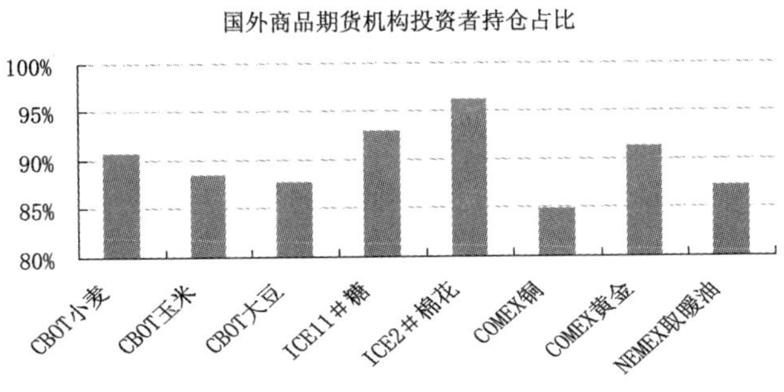

图 1　国外商品期货机构投资者持仓占比

通过与国外期货交易品种的机构客户持仓比例的对比，我们认为，机构投资者在市场地位中占比较高是未来的发展趋势，而现阶段中国期货市场相关产品的市场中机构投资者比例仍有待进一步提高，机构投资者持仓占比会继续上升。具体到产品而言，截至2010 年年底，我国股指期货累计开户数接近 6 万户，但其中法人开户只有 1000 余家，98% 都是个人投资者。而且，自然人投资者中，商品期货市场的老客户居多，由证券市场转做股指期货交易的比例并不高，参与股指期货套期保值的现货企业比例更是少之又少。

期货市场中的交易主体应是多元化的，除了投机者外，更少不了套利者与套期保值投资者；因而引进更多的机构（法人）投资者进行套期保值、风险对冲及套利交易，是未来优化市场结构，完善市场主体的必经之路。同时，引入更多的机构投资者可以有效培育投资咨询、资产管理等业务的客户群，为以后的业务模式创新发展铺平道路。

随着金融创新监管业务的部分放开，金融创新逐渐转向业务模式而非仅仅是产品层面。根据中国证监会主席尚福林在 2010 年中国期货业协会第三次会员大会上的讲话，今后一段时期，期货行业将重点推进三项创新业务：一是期货公司投资咨询业务，二是期货公司境外期货经纪业务，三是期货公司资产管理业务。这对于当前只有经纪业务的期货公司来讲无疑是重大利好，将直接改变期货公司同质化竞争状况，提升期货公司自身的综合盈利能力。

分析以上变化，我们认为，金融创新的灵活性，主要体现在两个层面上：从宏观上来看，从期货产品创新到期货业务模式创新的跨越，体现了政府管理者对于期货行业未来发展的客观判断，反映了监管者的吸收、学习国外成熟的先进经验，不断增强国内期货公司的整体盈利能力和业务规模，将企业做大做强，并通过收购兼并等可能的渠道打造国际性期货公司的意图；从微观层面来看，期货业业务模式创新的发展体现了市场需求的深化，已不仅仅局限于新的成熟的交易产品，更多的将焦距从“将市场做大”转向“将期货公司做强”，因为只有真正增强期货市场主体的盈利能力和竞争能力，才能更进一步地满足投资者的需求，从而使得整个期货市场更加完善。

（五）行业自律与监督

期货及衍生工具价格瞬息万变，稍纵即逝，期货公司服务的及时性和质量直接影响到客户的盈利水平。也正因如此，客户与期货公司之间存在严重信息不对称，而且这种信息不对称不仅表示为事前的而且表现为事后的——这样期货经纪公司存在严重的道德风险。在交易过程中这种道德风险表现为各种损害客户利益的行为，例如，在收到某一客户的大宗交易指令后，交易员先为自己公司或关联客户的账户下单，然后再为该客户执行指令。这种现象在美国这样高度发达的期货市场也曾普遍存在，俗称“Front Running”；期货公司也可能利用期货价格变化的复杂性和难以预测性，可能诱使客户频繁交易等等。总之，期货交易中表现出很高的道德风险。外部监管是化解道德风险，提高交易者信心的一种重要手段。然而，外部监管很难在降低道德风险与鼓励金融创新之间得到平衡。过分严厉的监管，打击了金融创新，限制了期货行业的发展；过分宽松的监管则导致创新过度以及带来的不符合客户利益或行业整体发展的行为。在外部监管与客户利益保护之间建立行业自律是一种有效的解决方法。期货的行业自律是通过期货协会、交易所进行，也就是通过期货的业内即内部人自行监管、相互监管。国外发达市场的经验表明，有效的行业自律是克服过度外部行政监管、保护客户利益的一个重要途径。这一点使得期货公司治理结构有别于一般公司甚至一般金融企业。

四、期货公司发展前景分析

衍生工具场内交易市场是随着商品期货交易的出现而发展起来的。最早的有组织交易的衍生品市场萌芽于1710年大阪市的堂岛米市场。现代衍生品市场则起源于1848年美国芝加哥期货交易所（CBOT）的建立，迄今已走过160余年的历史。衍生品市场对于产品定价和风险管理具有重要作用，有组织的场内交易则极大地降低了交易成本。本部分从期货业及其他衍生工具的发展状况入手，分析其发展的内在动因，表明近年来期货市场的快速发展不是偶然现象，而是期货市场本身功能所致。因此，我们认为期货业发展前景光明。

（一）全球期货市场发展状况

随着经济全球化、金融自由化和交易电子化进程的加深，金融期货、金融期权等交易品种异军突起，场内衍生工具市场随着20世纪80年代以来金融衍生工具的引入和拓展而迅速发展，交易规模迅速扩大。即便是2008年底，由美国次贷危机引发的百年一遇的全球金融危机对衍生产品市场发展的冲击也相对有限。2003年至2010年间，期货成交额年均增长率高达18.6%，其中2009年由于金融危机和去杠杆化，金融衍生工具成交量与前一年基本持平（见图2）。

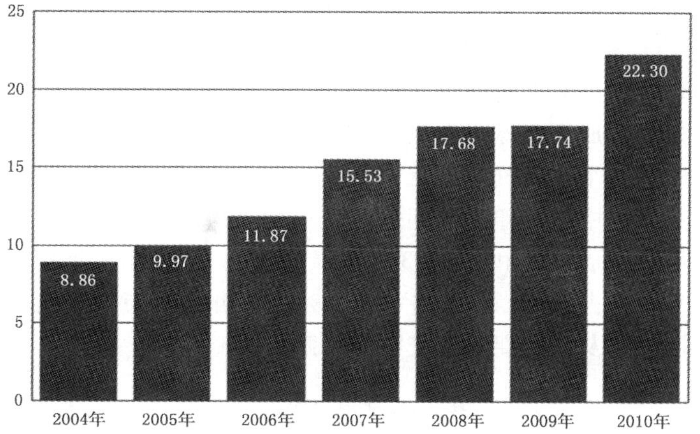

图 2　2004 ~ 2010 全球场内衍生工具交易状况（10 亿手合约）

从区域期货发展情况看，2009 年美国期货成交同期下降 18%；而非美国交易所的成交量依然保持上升趋势，尽管上升势头受到影响（见表 7）。

表 7　　按区域分全球衍生工具交易情况

美国市场	2005 年	2006 年	2007 年	2008 年	2009 年
期货	1652871559	2043926142	2644564674	2852549470	2328114528
增长率	24.84%	23.66%	29.39%	7.86%	-18.38%
期权	1872280124	2529362212	3446445874	4101501346	3987096642
增长率	27.26%	35.10%	36.26%	19.01%	-2.79%
合计	3525151683	4573288354	6091010548	6954050816	6315211170
增长率	26.11%	29.73%	33.19%	14.17%	-9.19%
非美国市场	2005 年	2006 年	2007 年	2008 年	2009 年
期货	2381882087	3250147029	4573164803	5465149620	5850991617
增长率	9.89%	36.45%	40.71%	19.50%	7.06%
期权	4066789738	4050032383	4862456753	5259576767	5533829312
增长率	4.22%	-0.41%	20.06%	8.17%	5.21%
合计	6448671825	7300179412	9435621556	10724726387	11384820929
增长率	6.25%	13.20%	29.25%	13.66%	6.15%
全球市场合计	2005 年	2006 年	2007 年	2008 年	2009 年
期货	4034753646	5294073171	7217729477	8317699090	8179106145
增长率	15.56%	31.21%	36.34%	15.24%	-1.67%
期权	5939069862	6579394595	8308902627	9361078113	9520925954
增长率	10.53%	10.78%	26.29%	12.66%	1.71%
合计	9973823508	11873467766	15526632104	17678777203	17700032099
增长率	12.51%	19.05%	30.77%	13.86%	0.12%

如果将全球期货交易按区域划分，北美和亚洲的交易量在全球期货交易额中所占比例相当，分别为40%和32%。2008年金融危机以来，美国的期货（及其他衍生工具）成交额较危机前略下降，而亚洲的情况恰好相反，成交规模在2009、2010年同比快速增长，因而，取代北美成为全球衍生工具交易最活跃的地区（见图3）。图4进一步统计了包括中国在内的几个主要国家期货成交情况。数据表明，2003年至2010年，除日本以外，美国、英国、中国和印度的期货成交量均呈现出稳步增长的势头，其中以中国的期货成交增长最快，成交总额由2003年不及美国一半到2009年超出美国市场的总成交额，在期货交易中独占鳌头。图5进一步揭示，几年来期货市场的发展主要由于贵金属期货、农产品期货以及能源期货成交活跃所致。

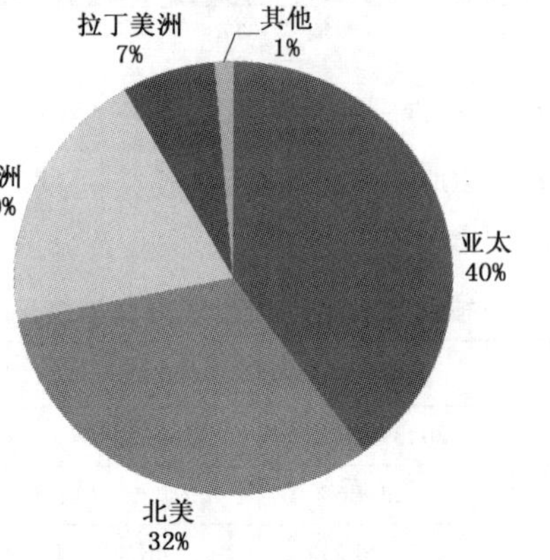

图3 2010年全球期货等场内交易衍生工具成交量区域分布

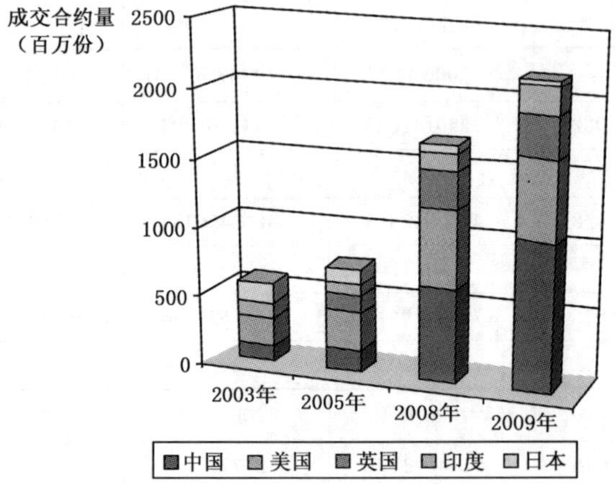

图4 几个主要国家期货成交情况

中国期货市场的迅速发展，使中国期货交易所在全球交易所中越来越引人注目。2009年中国的3个商品期货交易所按期货成交总额排名，全部进入20强，其中上海期货交易所和大连商品交易所分别位列第7和第8位。2010年全球最活跃的两个期货合约都落在上海期货交易所，它们分别是螺纹钢期货和锌期货合约。2009年全球10大最

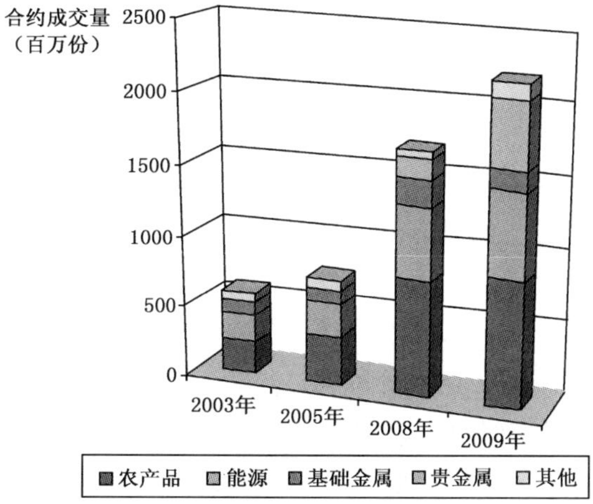

图5　分品种期货成交情况

活跃期货合约见图6。

表8　　2009年期货成交量交易所排名

排名	交易所	2008年	2009年	增长率
1	芝加哥商业交易所	1612884857	1276264462	-20.9%
2	欧洲期货交易所	1231646824	928766700	-24.6%
3	纽交所-伦敦国际金融期货期权交易所	610023995	629257336	3.2%
4	芝加哥交易所	825257796	587977047	-28.8%
5	印度国家证券交易所	439616060	583175127	32.7%
6	俄罗斯证券交易系统	191981604	454465573	136.7%
7	上海期货交易所	140263185	434864068	210.0%
8	大连商品交易所	319159693	416782261	30.6%
9	印度大宗商品交易所	103049912	384730330	273.3%
10	纽约商品交易所	338434758	362426620	7.1%
11	巴西交易所	323770173	289551236	-10.6%
12	郑州商品期货交易所	222557134	227112521	2.0%
13	韩国证券交易所	99007894	181900142	83.7%
14	ICE欧洲期货交易所	152322268	164741412	8.2%
15	JSE南非证券交易所	475051729	138668058	-70.8%
16	大阪证券交易所	131028334	130690652	-0.3%
17	伦敦金属交易所	105861588	106463839	0.6%

续表

排名	交易所	2008 年	2009 年	增长率
18	东京金融交易所	65675700	83645956	27.4%
19	ICE 美国期货交易所	63433647	81715275	28.8%
20	土耳其衍生品交易所	54472835	79431343	45.8%

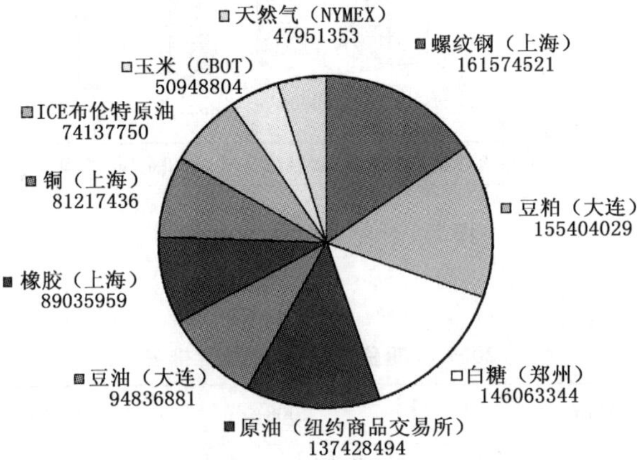

图 6　2009 年全球 10 大最活跃期货合约

（二）我国期货公司成长中的问题

1. 我国期货公司面临政策、法律、人文环境等因素的制约

（1）中国期货行业面临的政策、法律、人文等基础环境制约。2004 年 2 月 1 日，国务院发布《关于推进资本市场改革开放和稳定发展的若干意见》（简称《国九条》）。文中明确提出要稳步发展期货市场，完善现代市场体系、更大程度地发挥市场在资源配置中的基础性作用。这是期货市场在国务院的文件当中首次被纳入整个资本市场体系中进行战略规划，实质是政策层对期货市场进行金融定位。此前，期货市场在国务院的政府文件中经常被忽略，可见，期货市场的逐步发展逐渐引起了中央的重视，此后，在总理的政府工作报告中，“稳步发展期货市场”的目标多次被提及。同时《国九条》明确提出要把期货公司建设成为具有竞争力的现代金融企业，对期货公司的发展提出了总体战略目标。

国务院直到 2004 年才出台《国九条》对期货市场及期货公司的发展进行明确定位，有其时代背景。我国期货市场从 20 世纪 90 年代初期的无序发展到被治理整顿，再到当前的规范发展，期间经历的教训是沉痛而深刻的，管理层对期货市场的态度从宽松到遏止再到目前的规范发展使得整个市场处在大起大落的环境当中，目前虽有所好转，但管理层对期货市场的谨慎态度并没有改变。这诚然由于我国的各方面市场条件还不够完善，也由于海外金融市场的多次动荡使得管理层不得不对期货市场保持高度警惕，从而在政策方面对期货市场加以限制。这些政策虽然在一定程度上降低了市场风险，但同时也限制了期货市场的正常发展，使得期货市场的总体规模仍然偏小、期货公司盈利模式单一、期货业务仍没有对外开放、期货价格仍不具有足够的权威性等。这些问题的解决有待政策面的进一步放宽，只有这样，期货市场才能在金融体系中充分发挥其功能，期货公司的金融中介作用也才能充分体现。

其次，我国尚没有《期货法》，期货市场法律保障力度不够。自 1999 年 6 月国务院颁布《期货交易管理暂行条例》以来，我国期货市场法律法规建设取得了一些进展，特别是“十五”期间，法律法规框架逐步搭建起来。2001 年 5 月 24 日，五部委联合制定《国有企业境外期货套期保值业务管理办法》；2002 年 1 月，证监会修订颁布了《期货经纪公司高级管理人员任职资格管理办法》和《期货从业人员管理办法》；同年 5 月，证监会修订颁布了《期货交易所管理办法》和《期货经纪公司管理办法》；2003 年 7 月，《最高人民法院关于审理期货纠纷案件若干问题的规定》施行，使得期货纠纷案件审理的法律依据又一次扩展。可以看出，“十五”期间的期货市场法制建设在不断进步，期货市场初步形成了以“一个条例”、“一个司法解释”、“四个办法”的法律法规基本框架。

2006 年，各项基础性制度建设也全面推进，期货保证金安全存管制度实施、期货保证金监控中心成立、以净资本为核心的期货公司风险监控指标体系建立、《期货投资者保障基金管理暂行办法》颁布使得期货市场的规范化程度大大提高，为期货市场下一步发展创造了有利条件。2007 年，国务院对原有的《期货交易管理暂行条例》进行了修订，推出了正式的《期货交易管理条例》，中国证监会也同时在对原有四个管理办法修订的基础上推出了《期货公司管理办法》、《期货交易所管理办法》等四个新的规章，使得市场法制基础进一步加强。

《期货交易管理条例》的重新修订及相关配套办法的相继出台，对我国期货市场具有里程碑的意义。期货经纪公司改为期货公司，改变了期货公司的属性。其中第十七条规定“期货公司业务实行许可制度，由国务院期货监督管理机构按照其商品期货、金融期货业务种类颁发许可证。期货公司除申请经营境内期货经纪业务外，还可以申请经营境外期货经纪、期货投资咨询以及国务院期货监督管理机构规定的其他期货业务。”同时出台的《期货公司管理办法》第十一条也规定：“按照本办法设立的期货公司，可以从事商品期货经纪业务；从事其他期货业务的，还应当取得相应的业务资格。”相比原来的《期货交易管理暂行条例》中的规定：“期货经纪公司除接受客户委托，从事交易所上市期货合约的买卖、结算、交割及相关服务业务外，不得从事其他业务。”显然新的监管政策对期货公司的经营范围作了明确的拓宽和扩充。

但是，到目前为止，尚没有一部针对全国的期货法律，当前的《期货交易管理条例》虽然适用于全国范围，但毕竟是行政法规，只能在它的职权范围内，对期货市场本身的事项具有约束力，其权威、效力远不如法律大。随着期货市场的发展，期货市场内部的经济问题日益增多和复杂，仅仅依靠“一个条例”、“一个司法解释”、“四个办法”很难对这些经济行为进行充分约束，有时在处理相关事件时，不得不借用经济领域的其他法律来解释和处置，这就让当前的一些法规显得效力不足。另外，作为期货市场的衍生品市场，其标的物一般来源于商品市场、资本市场，未来还可能来源于外汇市场、货币市场，当前在这些市场中，都有相关的法律存在，而期货市场仅有法规条例与它们配套，显然无论是在理论上还是在事件中都存在不对称的现象，不利于期货市场与其他经济市场协调发展。

对于期货公司而言，其在期货市场中的行为的确需要一部相关的法律来约束，而不应只是一部《期货公司管理办法》，期货公司在现代金融体系中是特殊的企业法人，不同于经济领域中的一般法人，若仅以经济领域中的《公司法》去约束和规范期货公司的经验活动，往往只能涉及大概，而不具有针对性。有时，期货公司在期货市场出现违规行为后，管理层仅仅只能依据相关条例进行处理，往往处理较轻，若适用《公司法》又难以切中要害，如此一来，对于期货公司的长远发展是不利的。

除上述之外，与证券市场相比，普通民众对于期货市场认识远远不够，这一方面与中国传统的经济文化观念有关，另一方面也与期货市场发展的不健全有关。中国当前虽然在建设市场经济，但市场经济的并没有在各个领域全面推行，如在能源领域，外汇、货币领域并没有完全市场化，成品油没有市场化的价格、利率没有市场化、人民币不能自由兑换，以此而论，还不能说中国的经济就是市场经济。期货市场是在市场经济高度发展的产物，是为了管理市场风险而产生的，但当前由于目前的状况，民众对于风险的意识并不高，利用市场工具对市场风险进行规避的理念并没有深入人心。其次，前一个时期，中国期货市场的无序发展让普通民众感到恐惧，一般的民众并不愿意把自己的盈余收入放在期货市场中进行投机盈利，因种种交易制度的制约及市场的变化莫测让他们望而却步。

期货公司是怎样的一个公司普通民众也知之甚少，这给期货公司开展业务带来诸多不便，对于期货公司的文化建设也是不利的。企业文化是指企业全体员工在长期的发展过程中所培育形成的并被全体员工共同遵守的最高目标、价值体系、基本信念及行为规范的总和。但这种文化的建立并不能超越整个社会的文化氛围而独立存在，一个公司的企业文化若能持续发展，必须与整个社会的经济文化背景相融合，才能充分体现其价值，促进公司的业务发展。

（2）期货公司虽然被赋予金融中介的职能，但该职能并未发挥。长期以来，我国对期货公司在金融市场中的身份地位一直难以准确定位，是属于金融行业还是属于服务行业，一直未见系统的定性和论证，对于期货公司的行业属性一直众说纷纭，甚至有人提出期货根本不能称之为行业，更不能成为产业。这种论调当然是错误的，《国九条》中明确指出要“促进资本市场中介服务机构规范发展，提高执业水平”，这里的中介服务机构已经把期货公司包含在内，可以说对期货公司的中介职能进行了首次定位。但在具体实践中，期货公司只有经纪业务，这就使得期货公司的金融中介职能并没有充分发挥，而只能充当交易中介。国外成熟的期货公司除经纪业务外还包括投资咨询、资产管理、代理外盘、基金管理等创新业务，这些业务不仅拓展了期货公司的盈利范围，而且使期货公司真正起到金融中介的作用。

除了在业务方面需要拓展外，期货公司本身的内部治理结构、外部法律约束、监督监管体系的不完善也使得期货公司难以发挥其金融中介职能。这方面的问题后文有详细论述，而对于期货公司的中介职能而言，并不是说让其具备金融中介职能，期货公司就能够具备这种职能。金融中介职能的发挥需要完善的市场体系、健全的法律体系、高效的监管监督体系以及公司自己完备的内控体系共同发挥作用，才能让期货公司的金融中介职能得到充分发挥，更好地为经济的持续发展服务。

从期货公司发展模式看，中国的期货公司有多种模式，有券商背景类、中外合资类、现货背景类和传统类，具体哪种类型的期货公司更有发展前途，更能促进期货公司金融中介职能的发挥目前还难以定论，这主要还是看其公司的内部治理结构是否能符合现代金融企业的要求，是否能应对日益变化的金融市场环境，只有在充分的市场竞争中不断壮大发展的期货公司才更有前途，更能发挥金融中介的职能。

2. 业务单一、创新能力不足

（1）盈利模式单一，手续费恶性竞争。当前中国的期货公司只有经纪一项业务，是公司利润的唯一来源渠道。盈利模式单一导致一系列严重后果。首先，期货公司的盈利水平较低。在利益分配上，国内经纪公司一般向客户收取万分之二点五的佣金，但其中有80%，即万分之二是要上交给交易所的；而在国外这一比例却恰好相反，以LME为例，经纪公司只需将大约20%的佣金上交给交易所。利润低导致另一个后果，就是各家期货公司恶性竞争、客户服务“同质化”问题日益严重。期货交易中的一些基础的软、硬件服务，例如：优化交易软件、短信平台、网站资讯、投资策略报告等目前多数公司基本都可以提供，在这种背景下，为了拉开差距，一些公司选择了降低手续费、低保证金、高佣金返还等方式来吸引客户，这加剧了行业的恶性竞争，最终危害整个行业的正常发展。近年来，虽然国内期货市场走出低谷、增长迅速，但由于行业的竞争加剧，期货公司普遍无法实现规模经营和个性化发展，未能形成自己的核心竞争力。

期货公司业务模式单一还使得整个期货业态链缺损。目前，我国内地期货业既缺乏像美国、中国台湾期货交易辅助人这样的客户开发型期货中介，也没有法律意义上正规的管理服务型期货中介。这一方面造成了期货经纪公司长期以来在客户开发与代理服务这两个业务领域顾此失彼、难以两全。另一方面，由于得不到专业、安全的资产管理服务使得大量潜在的客户因为专业知识匮乏而无法投资于期货市场。

（2）创新能力不足。期货是高、精、尖、专的投资产品，期货市场并非适合所有的个人投资者参与，期货信托理财产品对于中小投资者来说是最为合适的选择。长期以来，期货基金以各种各样的形式大部分处于地下或者半地下状态，比如说投资公司、期货工作室、管理账户等等，处在既不违法也不合法的状态，所以多年来市场人士一直在呼吁期货基金的阳光化、合法化。目前监管部分对商品交易顾问（CTA）业务并未放行，期货理财产品仍处于试水阶段，厦门国际信托有限公司推出了我国首个涉及期货领域的理财产品：厦门信托——震雷先行者集合资金信托计划。该产品被认为是商品交易顾问（CTA）创新业务的“模板”。然而实际上，在目前《信托法》和《证券投资基金法》都没有提到期货信托产品，其身份合法化依然存疑。信托公司发信托产品归银监会管，但是涉及期货投资，则属于证监会管理范畴，两者之间还需要沟通和协调。而证监会对这些产品的态度是明确的，即采取不支持和限制的态度。其他业务方面，虽然有探索的动作，但推进缓慢。

3. 内控机制不健全，风险管理能力不高

我国期货公司经过20年的发展，经历了从混乱到治理再到稳步发展的阶段，到目前共有一百多家期货公司，由于成立的背景及经营水平的不同，各期货公司发展水平差距很大，可以说是良莠不齐。总体来说，数量多，规模小，实力弱，抗风险能力差，在内部控制方面也千差万别，不一而足，总结起来有以下特点。

（1）治理结构较为混乱，运营机制不够健全。我国多数期货公司都在形式上建立了法人治理结构的基本框架，但在实践中存在有名无实的问题，一些公司的公司股东会、董事会、监事会并没有发挥真正的作用。由于一些公司在成立之初就被大股东垄断，股权结构高度集中，股东会上基本是大股东说了算，没有发挥真正的作用，这样一来董事会也形同虚设。有的公司根本没有监事会，有的即便是有监事会，但监事会的成员一般由大股东委派，难以充分发挥监事的作用。从一些调查的情况看，一些公司的总经理通常由董事长兼任，一些需要设立独立董事的公司并没有设立独立董事，这使得董事长的权力过大，缺乏必要的监督。以上现象往往导致许多违规事件的发生，如大股东与公司客户相互串通左右市场价格，大股东资金抽逃，中小股东的利益被侵犯，管理层决策独断，信息披露不及时，挪用客户保证金，抗风险能力差等等。

（2）风险控制机制运行不畅。期货公司作为以管理市场风险为主业的公司，本身也有很大的风险，但我国的期货公司在开展业务过程中，由于竞争等因素往往对此忽视。第一，一些公司的业务人员本身风险意识淡薄，对自己在工作过程中的风险认识不足，往往大而化之、敷衍了事。第二，由于公司业务只有经纪业务一项，公司的业务人员为了争夺客户，对存在的风险往往视而不见，以为只要有利润就可以不顾一切。第三，一些公司对风险管理没有足够重视，没有成立风控中心，或即使成立了风控中心也不能与其他部分密切合作，使得风险控制体系难以建立起来。第四，一些公司内部职位设置混乱，往往是一人兼多职或是一项业务由多人负责，风控部门的工作人员不能专职专责，从而使得职责不明，相互掣肘。

（3）总部对分支机构的监控难以掌握。为了开展业务方便，绝大多数期货公司都在全国各地设立分支机构，为公司开发客户。但在实际运营过程中，总部对分支机构的控制很难把握。控制得过严，难以充分发挥分支机构的积极性和主动性；控制过松，分支机构往往忽视总部规章制度，自行其是。公司对业务人员的约束也是如此，业务人员为了开发客户，常常采用多种手段，有些手段不一定是正规途径，这就可能给公司带来风险。分支机构控制不严也可能给总部带来较大风险，甚至将总部拖垮。

4. 期货公司规模偏小，人才缺乏，国际化程度低

目前，国内一共有165家期货公司，总资产超过400亿元，规模虽然有所增长，但总体规模还是很小，这些总资产还不如大证券公司一家的总资产多，可见当前每家期货公司规模将小到何种程度。如此小而散的状况无论对期货行业，还是对单个的期货公司而言都是不利的。期货市场本来就是风险较大的市场，期货公司不仅要面对市场中的风险，还要防范期货公司内部的风险，规模小的公司抗风险能力就弱，容易在激烈的竞争中被淘汰。对于整个期货公司行业而言，业务量过于分散，不利于提高公司服务水平，应对外部市场冲击的能力也弱，也难于在金融市场中发挥中介职能。

目前，我国期货行业人才正面临青黄不接的窘境，挣扎在温饱线上的期货公司根本谈不上人才储备，整个行业的人才断层现象比较突出。近年来，期货行业扩张速度加快，但人才缺乏已成为行业发展的瓶颈，2009 年全行业具有从业资格证的人不足 1 万，研究人才、分析人才尤其缺乏。无奈之下，为应对不断扩容的市场，多数公司出现了一个分析师负责两到三个期货品种的情况。

另一方面，期货市场人才流失的问题很突出，这是由诸多原因造成的。首先，由于期货行业整体规模小，期货公司业务单一，恶性竞争导致收入减少，员工待遇较低，不可避免地造成人才流失。其次，虽然社会各界对期货市场的重视程度不断提高，但少数人对期货市场仍然存在误解，再加上管理层多次治理整顿，使他们看不到期货市场的发展前景，造成期货行业新生力量成长缓慢，从业人员流动性很大，现有的人才流失也比较严重。

中国的期货公司走向世界是大势所趋。2007 年，国务院对 2004 颁布的《外商投资产业指导目录》（简称《指导目录》）进行了修改，期货公司却被列入了"限制目录"，而在这之前，期货公司一直被列入"外商禁止投资目录"，这也就意味着，自新的规章在 2007 年 12 月 1 日正式生效后，期货公司可以向外资开放了。但由于期货公司仍是外资进入的限制行业，因此到目前为止，仅有 3 家引进了外资，且外资并不控股。它们分别是，荷兰银行参股的银河期货，东方汇理参股的中信期货，摩根大通参股的中山期货。期货公司对外开放是大势所趋，也是期货公司的发展方向，一个封闭的期货市场、期货公司是不能得到充分发展的，最终只能走向萎缩。在经济全球化的今天，任何经济领域的故步自封是难以长久存在的，因为只有实现了全球市场的相互联系，才能使得市场信息更加通畅，市场中的交易成本也才能最低。期货市场更是如此，中国的期货公司应该随着期货市场的对外开放而走向世界，只有这样才能为中国商品、资产争夺国际市场的定价权做出贡献。

5. 监管体系有待进一步完善

2009 年 8 月 17 日，证监会公布了《期货公司分类监管规定（试行）》，并于 2009 年 9 月 1 日实施，从而使得证监会对期货公司的监管进入了一个新的阶段。在这之前，证监会对期货公司的监管随意性较大，缺乏量化指标，而自《期货公司分类监管规定（试行）》实施后，证监会对期货公司的监管更加具体了。

根据《2010 年度期货公司分类评价操作指引（试行）》（简称《指引》）的规定，期货公司分类评价包括市场影响力、风险管理能力与持续合规情况的评价，期货公司最终评价计分由这三部分的分值合计得出，采取由期货公司自评、证监局初审、评审委员会复核和评审、中国证监会确定评价结果的方式进行。

当前，我国的期货公司共分 5 类 11 个级别，分别是 A（AAA、AA、A）、B（BBB、BB、B）、C（CCC、CC、C）、D、E。其中，A 类公司风险管理能力在行业内最高，能够较好控制业务风险；B 类公司风险管理能力在行业内较高，能够控制业务风险；被依法采取责令停业整顿、指定其他机构托管、接管等风险处置措施的期货公司，定为 E 类公司。

中国证监会按照分类监管原则，对不同类别的期货公司在监管资源分配、现场检查和非现场检查频率等方面区别对待。分类结果将作为期货公司申请增加业务种类、新设营业网点等事项审慎性条件，也将作为确定新业务试点范围和推广顺序依据。分类监管可以降低整个期货行业的风险、实施规范运作，并推动行业洗牌。获得A类评级将对在期货公司的同质竞争中胜出有着决定性作用。目前，期货公司收入的来源就是经纪业务，A级公司在未来可以开展一些创新业务，比如进行投资咨询、开展特定资产管理业务、从事境外期货业务等。

2009年11月初，期货公司首次分类监管评审结果出炉，国内期货公司已于近两日收到了证监会关于公司评审结果的通知。据初步了解，在目前国内165家期货公司中，此次评出的A、B、C、D、E类公司数量分别为18、37、81、28家和1家。

分类监管尝试改变以往中国期货业协会发布的简单的期货公司按照成交量、成交金额排名的做法，但实际上仍存在一些问题。由于分类监管的办法实施不久，具体问题尚没有充分暴露，但本文认为该办法在具体实施中可能存在一些问题，比如对评级结果的应用方面，《期货公司分类监管规定（试行）》中规定，证监会将依据评级结果对期货公司进行资源分配、新业务批准、新分支机构批准、确定检查频率、确定期货投资者保证基金的缴纳比例等事项，但并没有进一步明确说该如何做，如哪类公司批准或不批准新业务开办、新分支机构设立，哪类公司给予何种检查频率，各类级别公司的投资者保证基金的缴纳比例是多少等等，这就给人为操作留下了空间。由此可见，对于这种分类评级的制度，还需要相应的补充规定予以完善。

除证监会对期货公司直接的监管外，证监会对期货公司的监管还应当和其他相关执法部门、期货业协会、交易所等部门相配合，逐步形成一套完整的监管体系。当前，相应的联动机制还没有建立起来，虽然明确以证监会为核心，但在具体事务的操作过程中，特别是涉及司法等部门时，反应速度难以跟上，使得一些违规事件的处理不能够及时、持续，给市场留下猜想空间，不利于证监会监管威信的提高。

（三）期货业前景光明

生产、零售、批发和服务企业等实体经济单位在日常的经营活动中，自始至终面临各种外来的风险，这些风险直接影响产出的状况。由于经营资源的约束，以及对风险的预测能力所限，具体企业对抗风险的能力是不均匀的，有的实体可能可以承受更多的风险，有的则比较脆弱。所以，在这些能力资源分布不平衡的实体之间分散风险，可以最大限度地动员实体经济的产出，将外生的风险因素对实体经济的伤害保持在尽可能低的状态。因此，有效的管理风险，乃至对冲风险则显得至关重要的作用。而达到此目的的最经济和有效率的方法就是使用衍生工具，而中间使用的最成功，范围最广的衍生产品正是期货。

有效的使用期货等衍生工具对冲实体经济中所遭遇的难以承担的风险，可以很好地使企业对未来的经营环境保持信心，并促使企业加大产业的投资，也可以使企业更加专注自己的本业，如此可以形成良性的扩大产出和总供给，减少经济波动和短缺，成就良性的总体向上的经济态势。

不仅如此，使用对冲策略的企业大多可以增加企业的价值，对于上市企业而言，这一点对公众投资人尤为重要。其原因有两点，其一是使用期货等对冲工具，可以使企业很好地管理生产成本，例如，在预期商品价格持续高涨的环境，企业通过持有石油期货，可以很好地降低生产资料的成本开支。对于原材料生产企业，如果预期未来商品市场波动剧烈，预先卖出相应期货，则可以有效地保证盈利，甚至有利于安排生产，使企业经营活动避免因市场波动而造成的各样短缺和过剩之虞。

使用对冲策略的企业除了在生产经营环节获得便利，还可以由于很好的现金流管理而受益。对冲策略相对而言是一个保守的策略，使得使用者获得一个比较平均的结果。在好的年景，由于使用对冲策略，可能会损失一部分利润（直接表现是期货头寸亏损），但由于实体产出的意外增长，可以弥补这部分的损失，总体讲，对冲策略会使企业在这样的情形下减少了收入。由于企业面临一个不确定的经营环境，一旦出现恶劣年景，我们在实际经营中的损失，无论这种损失来自于成本提高，还是产品需求下降而引致的降价减收，都可以通过持有对冲头寸而得到补偿。两者相加，总体而言，企业可以通过使用期货等手段，有效地降低企业自己经营收入的波动。

众所周知，现金流的有效管理可以非常好的满足企业内部融资，降低整体融资成本。这无疑也可以使企业的未来现金流增加，进而提高企业的价值。

自20世纪80年代以来，全球期货及其他衍生工具交易活跃，为金融风险管理做出巨大贡献，尤其是从20世纪90年代以后，衍生工具市场的交易额平均保持两位数的速度增长。我国的期货市场成长过程尽管产生诸多问题，但市场的发展取得瞩目成就。快速发展的期货和其他金融衍生工具市场不是历史巧合，而是有其必然性。期货及其他衍生工具，不仅具有管理风险的功能，例如转移，对冲风险的功能，与此同时还具有一定的投资收益性。

1. 优越的抗通货膨胀工具

随着金融危机的蔓延和各国宽松的货币政策环境，通货膨胀日益成为困扰居民财富保值增值的重要影响因素。期货不仅与股票收益呈现弱相关性，有利于分散组合风险，它还与CPI指数呈现较强的正相关，为投资者提供一个较好的抗通货膨胀的工具。图7的结果表明，期货收益与股票、债券收益之间呈现负相关，但期货收益与美国CPI指数表现出较强的正相关。因此，期货合约在管理通货膨胀风险上比股票和债券优越。

2. 期货的投资收益优于普通证券

从长期投资角度，期货的累计收益表现并不比市场上常见的投资品种如股票、债券等差。以1970年12月底为基期，比较标准普尔500指数、长期国债以及商品期货等权重指数的收益发现，商品期货指数的名义收益率远超出股票或债券收益率，说明期货除了我们通常认识的对冲风险的功能外，还具有很好的投资属性。这也从一方面对期货市场长期交投活跃给出了一个解释（见图8）。

3. 期货价格与股票价格的弱相关性

根据Gorton，Gary以及Geert Rouwenhorst（2006）的研究发现，在1959~2004年的45年时间里，美国所有交易所交易期货品种加权平均的收益率与S&P 500的收益率负相关。而且持有期限越长，收益率的负相关系数越大。45年间，期货与股票月收益率之间的相关系数为-0.06，年收益率之间的相关系数为-0.10，五年持有期的收益率之

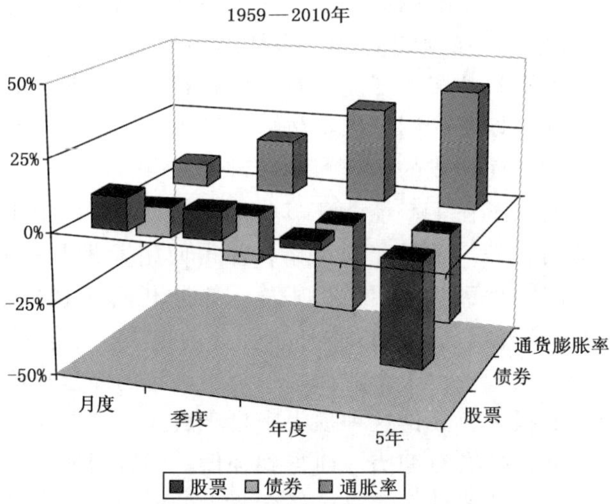

图 7　商品期货收益与股票收益、债券收益和 CPI 的相关系数

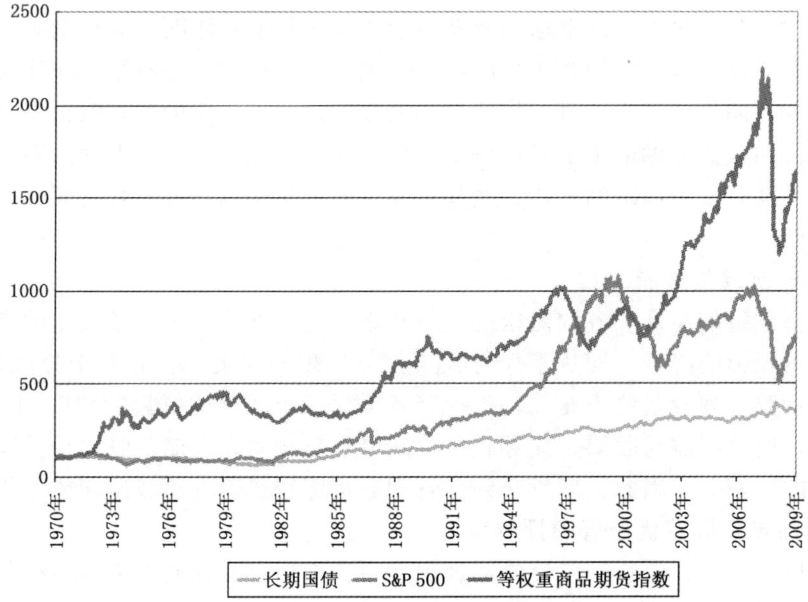

图 8　美国 S&P500、长期国债与商品期货指数收益比较

间的相关系数为 -0.42。这表明持有商品期货可以比较有效地对冲股票的风险，而且持有期越长，对冲风险的效果越好。同时，Gorton、Gary 以及 Geert Rouwenhorst 的研究还发现，商品期货的风险对冲效果在股票市场低迷时期尤其有效。他们检验了 45 年间，股票月收益率排最后 5% 的月份中，期货的收益率。结果表明，在这些月份中，股票指数的平均月收益率为 -8.98%，而期货指数的平均收益率为 1.03%；而在股票月收益率排名最后 1% 的月份中，股票指数的平均月收益率为 -13.87%，而期货指数的平均月收益率则为 2.38%。这一结果充分支持了期货可以有效对冲股票价格风险这一观点。

随着期货与股票之间负相关性这一关系被越来越多的投资者所认识到，很多机构投资者开始涉足期货市场，通过不同的期货交易品种或者期货指数来分散自己的投资组合，降低风险。

五、现代期货公司：国际比较分析

因为我国期货业起步较晚，市场基础及其运作还不完善，所以我国期货经纪公司开展经营活动以传统的经纪代理业务为主，与国外期货公司相比存在着巨大的差距。国外期货公司一般都定性为金融服务公司，业务范围广泛，具有经纪、结算、场外交易、期权发售、基金管理、客户顾问服务、融资等职能。而英美等国的大型期货公司均为全球主要交易所的交易会员；除了商品期货和金融期货外，均能提供期货、期权和外汇交易服务、资产管理服务等；均开展了全球的电子化和网络化业务等。本部分拟就国际上期货公司的业务范围进行剖析，以及与我国期货公司业务进行比较分析。

（一）国内外期货公司的业务对比分析

国外期货公司的经营特点和收入结构有以下两个显著特点：

第一，全方位的业务经营，例如期货业代表性公司瑞富公司和飞马公司，均是金融公司兼营期货业务。瑞富公司拥有最广泛的客户群，1969 年公司成立之初，主要从事农产品期货的交易和清算业务，随后，公司不断扩大业务范围。1974 年，瑞富公司认识到新兴的金融期货市场的潜力，开始从事外汇期货和固定收益期货期货交易的服务，并于 1982 年介入资本市场的经纪业务。1983 年，在并购了芝加哥谷物、CONTI 商品和 DLJ 期货 3 家公司之后，瑞富公司构建起来了国际化网络。瑞富公司分别于 1997 年和 1998 年获得了美国纽约 Forstmann – Leff Associates 和英国利物浦 Tilney 投资公司的股份后，又涉足资产管理业务。2000 年，瑞富公司兼并了 Lind – Waldock 公司，成为网上经纪业务方面的领先者。2001 ~ 2003 年，瑞富公司又先后合并了 Main Street Trading，LGF，第一期权和 MAC 期货。从瑞富公司的发展史中可以看出，瑞富公司的最大特点就是业务发展非常全面和均衡，凡是期货经纪公司能够涉及的领域，该公司均成功进入。从瑞富公司经营发展的历程中可以看出，该公司涉足的业务主要有四部分：一是提供基础服务，包括贸易、清算、账户管理、客户风险管理、研究开发产品等服务；二是提供衍生交易，主要是商品期货、金融期货以及跨境衍生交易；三是提供资本市场业务，包括固定收益期货期权和外汇期权等；四是资产管理业务和收购业务等投行业务。

法国兴业银行控股的飞马期货是 39 个衍生品交易所和 10 个股票交易所的会员，提供全球的期货合约买卖及结算服务。飞马期货开展业务的国家多达 13 个，仅比瑞富公司少一个。飞马期货的母公司——兴业银行在全球 75 个国家开设有 500 多家办事处，这也给飞马期货的业务发展带来了便利。飞马期货还有相当数量的工业领域客户，其涵盖面要大于另外几家大型国际期货公司。飞马期货的经营范围概括起来主要是以下三个方面：一是不中断的全球经纪服务，包括全球期货代理、全球清算、提供全球市场信息，通过网络化和专业化提供客户个性化的商品或金融期货合约来满足客户的需求；二是增值服务，主要提供资本期货、固定收益期货和外汇交易产品，富余资金理财，场外交易产品，电子化和外货交易平台等；三是电子贸易及资金管理等服务。

国外大型期货公司经营和收入的第二个特点是主营业务突出，经营专业化程度高。代表公司为卡里翁进金融和曼氏金融，即专业期货经纪公司。不同于飞马期货的商业银行倾向，卡里翁金融则完全是投资银行风格，走专业化道路。该公司的重点就是服务好基金，在目前总的期货合约成交量中，基金的份额为六成左右。

曼氏金融是英国曼氏集团的经纪业务部门。目前，曼氏集团的主营业务是资产管理，因此曼氏金融的主要功能之一就是为资产管理业务提供服务。曼氏集团的资产管理费收入为2.711亿英镑，资产管理业绩收入为1.391亿英镑。曼氏集团在资产管理业务上是非常成功的，而其中曼氏金融发挥了非常关键的作用。曼氏金融在业务开发时，对机构客户非常重视，而对于开发单纯以手续费收入为目的的中小客户则不如前文讲到的瑞富公司积极。因此，曼氏金融的经营走上了一条专业化的道路，主要是为资产管理业务提供服务，虽然也设立了曼氏期货，进行一些经纪业务，但这些都是为其资产管理服务的。

因此，从这些先发期货市场国家的期货公司业务经营特点可以看出，很多期货公司是在其他业务发展基础上介入期货行业并不断开拓新业务，在业务种类多元化的基础上向两个不同的方向发展：一些期货公司通过合并重组寻求规模化、全方位经营；一些则是迈上了主营业务突出的经营道路。

国外期货经纪公司在业务经营上可以选择两条不同的道路，但在收入结构上都表现出多元化的特征。按照业务类型来划分，一些综合性的期货公司主要的收入来源可分为保证金收入、结算收入、利息收入、自营业务收入、投资咨询服务收入等。

国际著名期货经纪商、大型公众公司曼氏金融的业务类型及收入来源见表9。

表9　　曼氏金融2006年利润表　　单位：百万美元

合并会计报表	2007年	2006年
收入		
交易佣金	386.5	261.8
结算佣金	1280	865.6
主要交易收入	245.7	151.1
利息收入	3775.4	1294
其他收入	37.8	29.2
总收入	5725.5	2601.6

我国的期货业是在借鉴发达国家经验的基础上建立起来的，但由于市场基础环境的差异，如我国的社会主义市场经济体系到目前仍然受到传统体制和观念的严重束缚，因

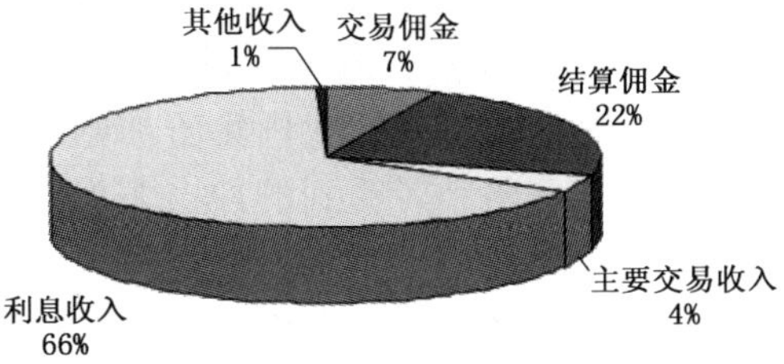

图 9　曼氏金融 2007 财务年度利润分布图

而期货市场这一高度市场化的产物在我国法规和监管下，只能从事单一的业务模式。《期货交易管理暂行条例》（以下简称《条例》）第二十五条规定："期货经纪公司除接受客户委托，从事交易所上市期货合约的买卖、结算、交割及相关服务业务外，不得从事其他业务。""期货经纪公司不得从事或者变相从事期货自营业务。"此外，《期货经纪公司管理办法》第六条规定：期货经纪公司可以申请经营以下业务：一是期货经纪业务；二是期货咨询培训业务；三是经中国证监会批准的其他业务。

《条例》中规定了期货经纪公司只能从事经纪业务，并且禁止期货经纪公司从事境外期货交易，这使期货经纪公司的业务范围受到了较大幅度的限制，在中国期货市场这一现在还相对狭小的空间中，期货经纪公司很难得到长足的发展。《条例》中还规定金融机构、事业单位不得从事期货交易，期货经纪公司不得接受其委托为其进行期货交易。对期货经纪公司各项限制条款共同作用的结果，使期货经济公司成了不伦不类的四不像：理论上属于金融业，但央行不管；宏观规制纳入中国证监会管理序列，但无任何金融权利；会计核算执行饮食服务会计制度，又显然不是一般服务业；无权贷款，也无权提供贷款担保，自由资金无权用于期货自营，从而丧失了一般企业都具有的"国民待遇"。在如此严格的限制条件下，中国的期货经纪公司很难得到进一步发展。

与国外期货公司不同（见表 10），我国期货公司的经营业务十分狭窄，主营业务只有代理业务一种；而且代理的品种也比较有限，只有大豆、豆粕、铜、铝、天然橡胶、小麦、绿豆等 23 个商品期货品种和股指期货一种金融期货品种，这些交易品种远远满足不了投资者的需求。

表 10　　中外期货公司的经营范围及重点

公司	瑞富期货	飞马期货	卡利翁金融	曼金融	中期公司
经营范围	全球 14 个地区	全球 13 个地区	全球 9 个地区	全球 6 个地区	中国国内
经营业务	全方位 提供交易和清算，包括资本市场和现汇市场中介业务、固定收益业务、资产管理业务等	全方位 适应客户提出的要求，开展个性化业务，提供多元化的金融服务	专业化 （工作重点是服务好基金）	专业化 （重视机构客户，服务好资产管理）	单一 （提供一些咨询、信息等传统服务）
重点	全方位的开展业务	各业务分布均匀	基金期货	资产管理	期货经纪代理业务

由于业务范围的狭窄，期货公司的收入结构也十分简单，只有手续费（佣金）和保证金利息收入两块，而手续费收入占到收入来源的90%以上。目前，作为期货公司收入主要部分的手续费收入朝不保夕，由于行业内竞争加剧，各公司竞相降价，恶性竞争的最终结果往往是两败俱伤，其中弱小者受到的冲击尤为严重。恶性竞争导致手续费大幅下降，部分中小期货公司现在就处于手续费无可再降、成本无可再压的被动亏损境地，其生存直接受到威胁。而保证金利息收入方面也因为客户资金的流动性比较大而不可能有多大的指望。

期货市场的竞争日趋激烈，而期货公司较为单一的业务局限了利润的增长，期货公司的亏损现象在市场低迷时期尤为普遍。虽然2003年以来期货市场的发展前景为投资者看好，期货公司的扩张速度也不断加快，大量资金纷纷涌入期货市场，而与此同时，期货市场的成交量并未同步扩大，因此，期货公司处于生存需要，不断采用压低手续费等手段来争夺有限的客户资源，以期增加收入，造成期货交易手续费占代理额的平均比例不断降低，从而危害到整个期货市场的健康发展。

借鉴国外期货公司的发展经验，国内期货经纪公司在业务经营上有两种方式可以选择：一是培育综合性期货经纪公司，这主要针对一些资产优、信誉高、管理体系完善、规模较大的经纪公司。如中国国际期货经纪有限公司，扩大其经营范围，除了一般的代理业务外，还要允许其开展期货自营业务、资产管理业务、投资理财等业务。二是向专业化方向发展，这主要适合那些规模不大，但创新意识强、具有开展专业化优势的期货公司，如某期货公司通过控股现货企业向价值链上游拓展，而一些期货公司正在筹划创建期货投资基金。目前，国内还存在着一类较为特殊的期货公司，它是以现货公司为背景的期货经纪公司，中粮期货就是典型的代表。它主要为母公司（中粮集团）进行套期保值服务，在开始发展阶段能够依托母公司规模上的优势，在某些交易品种上具有很大优势，短期内发展迅速，但是从长远发展上看，这种经营方式是过渡型的，不能纯粹依赖母公司，最后必须从以贸易公司为背景中转型出来。这从曼氏金融发展历程可以看出，它是从一个贸易公司成功转型而发展壮大的。

（二）期货公司的客户开发能力国际比较

纵观各家中外期货经纪公司的发展，在客户开发上的差异主要表现在以下几个方面：

1. 客户结构

国外期货公司都在代理本国业务的同时也代客进行海外期货业务的买卖，因此针对的是全球客户，并且更多的是机构投资者，而个人投资者占的比重较低。如飞马期货的客户主要是大型机构，大部分是金融机构，包括银行、保险公司、金融组织、国际投资机构和基金公司、基金经理、保值基金、抚恤基金、货币市场基金等。同时，飞马期货的客户也包括生产商、贸易商、大公司和现货套期保值者等传统客户。

在我国期货经纪公司的客户结构中，个人投资者占绝大多数，法人投资者特别是机构投资者比重过低，两者的比重严重失衡。就全国而言，到2009年底，全国期货投资者总数已接近90万户，其中自然人投资者的比重占绝对优势，上海、郑州、大连三家期货交易所中，个人投资者分别占比91.82%、96.38%、97.27%。这样的比例显然与我国作为国际第二大商品期货市场的地位不相符合，金融市场的成熟与繁荣离不开机构投资者。造成这种状况的主要原因是政策对一些法人投资者入市的限制，比如，对国有企业、国有资产占主导的企业进入期货市场加以过多的限制；信贷资金、金融机构被阻止在期货市场之外；期货经纪公司业务单一，除了期货代理外，不能开展其他投资业务等等。而国外期货公司在这些方面都没有限制，因此投资主体实现了多元化。

2. 客户开发策略

据调查，客户在选择期货经纪公司时主要考虑的因素是公司的规模、资信水平、公司知名度、手续费高低、服务水平和手段、风险控制能力，因此期货公司在开发或留住客户时必须从这几方面考虑。中外期货公司在客户开发策略上也存在着诸多的差别，以下从三个方面来加以分析：

第一，扩大公司规模，提高公司资信水平。国外期货公司通过对同行期货公司一系列的购并重组来扩大自己的运营规模，实现规模经济，特别是跨国购并，不断开拓新业务，涉足不同领域，从而吸引更多的客户。如瑞富公司在1983年购并了芝加哥谷物、CONTI商品和DLJ期货3家公司后，构建了国际化网络，并且分别于1997年和1998年获得了美国纽约Forstmann－Leff Associates公司和英国利物浦Tilney投资公司的股份后，2000年，瑞富公司兼并了Lind－Waldock公司，并成为网上经纪业务方面的领先者；在2001～2003年，又与Main Street Trading，LGF，第一期权和MAC期货合并。瑞富公司通过这些购并业务实施全球扩张，提高了自身的规模，同时也涉足更多的业务领域，提升了影响力，极大地吸引了国内外的客户。目前，瑞富公司成为一家多元化的金融服务机构，在全球39家主要期货交易所拥有席位，在14个国家开设业务。

国内的期货经纪公司也在这方面进行了努力。现阶段，扩大自身规模来开发客户的举措主要是增设期货营业部、增加投入（主要是注入资本金）。通过增设遍及各地的营业部起到扩散效应，以吸引该地区的客户。像中国国际期货经纪有限公司的分支机构数目为25个，几乎涉及整个国内市场，以这种方式来扩大影响力，拉拢客户。采用横向的兼并、合并期货公司的情况则较少，不利于利用各个期货公司的自身优势，通过合并整合资源，更好地服务于客户。

第二，提高经纪公司品牌知名度和服务水平。国外期货公司通过细分市场，给品牌一个准确的定位，实施公司的品牌战略。像卡利翁金融是投资银行风格，该公司的工作重点是服务好基金，在目前总的期货合约成交量中，基金的份额占了六成左右，可见该公司品牌定位是基金，由于具有自己独特优势，就能把大部分基金客户吸引过来。曼金融的品牌优势是资产管理业务，具有这方面的核心竞争力，因此，对此业务有需求的客户会优先选择该公司。

而国内各个期货经纪公司在品牌知名度上显然没有自己的独创性，各期货经纪公司品牌大同小异，层次化、差异化不显著。

第三，明确的客户保留策略。当客户选择某家期货经纪公司以后，并不一定会始终留在该公司，如果顾客对所在经纪公司不满意，随时可能流失。这在国外期货公司很少发生，而在我国期货经纪公司，这种现象则屡见不鲜。这表现了中外期货经纪公司在客户保留政策上的巨大差异。国外期货公司留住现有客户的政策主要是采取以下措施：一是提高服务质量，实时跟踪客户动态，满足客户个性化的要求，最终提升客户的满意度和忠诚度。二是规范化的运作，严格的风险管理制度和监管制度。三是为客户提供良好的软硬件环境和创造良好的投资环境等。国内期货经纪公司客户流失现象严重，各期货经纪公司通过降低手续费等恶性竞争来争夺客户资源，并且有些期货经纪公司违规运作，挪用客户保证金，监管政策没有落在实处，致使客户不断撤离期货市场。

为此，国内期货经纪公司对客户的开发关键是自身核心竞争力的建设。要塑造良好的公司价值观和经营观念，建立规范的管理制度，开发满足不同客户要求的创新业务，这样才能真正吸引客户，培育优良的投资者。

（三）期货公司的业务创新与拓展能力的国际比较

全方位的业务经营是国际现代期货公司的一大特色，以瑞富公司和飞马公司为代表，他们均是金融公司兼营期货业务。瑞富公司拥有最广泛的客户群，1969 年公司成立之初，主要从事农产品期货的交易和清算业务，随后，公司不断扩大业务范围。1974 年，瑞富公司认识到新兴的金融期货市场的潜力，开始从事外汇期货和固定收益期货期货交易的服务，并于 1982 年介入资本市场的经纪业务。1983 年，在并购了芝加哥谷物、CONTI 商品和 DLJ 期货 3 家公司之后，瑞富公司构建起来了国际化网络。瑞富公司分别于 1997 年和 1998 年获得了美国纽约 Forstmann - Leff Associates 和英国利物浦 Tilney 投资公司的股份后，又涉足资产管理业务。2000 年，瑞富公司兼并了 Lind - Waldock 公司，成为网上经纪业务方面的领先者。2001 ~ 2003 年，瑞富公司又先后合并了 Main Street Trading，LGF，第一期权和 MAC 期货。从瑞富公司的发展史中可以看出，瑞富公司的最大特点就是业务发展非常全面和均衡，凡是期货经纪公司能够涉及的领域，该公司均成功进入。从瑞富公司经营发展的历程中可以看出，该公司涉足的业务主要有四部分：一是提供基础服务，包括贸易、清算、账户管理、客户风险管理、研究开发产品等服务；二是提供衍生交易，主要是商品期货、金融期货以及跨境衍生交易；三是提供资本市场业务，包括固定收益期货期权和外汇期权等；四是资产管理业务和收购业务等投行业务。

20 世纪 70 年代以后，金融期货的崛起带动了期货经纪公司服务领域的拓展，先进的通讯技术、互联网技术的应用进一步提高了期货经纪公司的服务功能，使期货经纪公司降低成本、扩大市场空间成为可能。法国兴业银行控股的飞马期货是 39 个衍生品交易所和 10 个股票交易所的会员，提供全球的期货合约买卖及结算服务。飞马期货开展业务的国家多达 13 个，仅比瑞富公司少一个。飞马期货的母公司——兴业银行在全球 75 个国家开设有 500 多家办事处，这也给飞马期货的业务发展带来了便利。飞马期货还有相当数量的工业领域客户，其涵盖面要大于另外几家大型国际期货公司。飞马期货的经营范围概括起来主要是以下三个方面：一是不中断的全球经纪服务，包括全球期货代理、全球清算、提供全球市场信息，通过网络化和专业化提供客户个性化的商品或金融期货合约来满足客户的需求；二是增值服务，主要提供资本期货、固定收益期货和外汇交易产品，富余资金理财，场外交易产品，电子化和外货交易平台等；三是电子贸易及资金管理等服务。其主要表现如下：

1. 传统经纪代理业务的新发展

传统期货经纪代理业务的内容主要体现在行情、信息、咨询、交易、交割等服务上，服务产品主要注重行情和信息的准确全面、顺畅等。随着网络技术的推动，这些服务提供的方式和方便程度上发生了重大变化，使期货服务在时空上达到了极限，如瑞富期货公司推出的 7×24 小时、以客户使用的语言提供咨询和交易的服务；飞马期货公司建立了“E - mini Trading System”，树立了投资人的交易信心，提高了交易决策能力，最为关键的是通过即时传输期货的交易信息（全球交易所），以消除个人投资者对期货交易的忧虑心理，提供了个性化的增值服务。

2. 综合业务的发展

除经纪代理业务外，期货经纪公司还兼有期货结算、资产管理、自营交易、场外交易、期权发售、咨询和融资等职能，业务范围向综合化方向发展。

第一，建立多级结算业务。由于国外的期货经纪业实行多级代理制，经纪业中有 FCM、IB、CTA、CPO 等各类市场参与者，同时不同类型的期货经纪公司间也有着不同的分工和代理关系。交易所的会员有交易会员和非交易会员之分，结算中则有结算会员和非结算会员之分。在美国全国期货协会（NFA）的注册会员中，共有 11 家结算会员。美国期货业协会（FIA）的会员中，Forties Clearing Chicago、LLC、JP Morgan Collateral-Management、Pension Financial Futures 以及 The Clearing Corporation 等公司都是代表性的结算会员。

在结算业务中，结算会员和非结算会员根据自己的实际情况在多级代理体系中进行自我定位，相互分工协作，共同发挥中介职能。通常交易所的结算所只结算由结算会员提交的合约，因此非结算会员的期货经纪商必须代客户通过有结算资格的期货代理商进行结算。非结算会员在结算会员处以自己的名义开立账户，并将其客户的所有期货合约记入该账户，包括客户提交的期货交易保证金，由结算会员来结算。国外交易所的结算会员公司不仅为自己的客户或分支机构结算，而且还为一些小的 IB、Local、CTA 等结算。

第二，资产管理业务。曼氏金融主要以资产管理业务为其主营业务，通过设立期货管理账户、发起设立和管理期货投资基金等，为客户提供包括各项服务在内的多方面的资产管理业务。

第三，自营交易。国外很多市场允许经纪公司从事投机性自营交易业务，并且经纪公司可以做交易所中专门交易某种品种的做市商。做市商通过连续双向报价，缩小买卖报价差，为投资者创造成交的机会，提高市场的流动性和吸引力；交易所通过减免交易手续费等奖励措施，对做市商进行补偿或奖励。国际上如芝加哥期货交易所、芝加哥商业交易所和伦敦国际金融期货与期权交易所等成熟的期货市场都实行做市商制度，并取得了显著成效。

第四，场外交易，又称柜台交易。它是为了满足市场使用者不同的需求来设计新品种，24 小时为全球客户提供及时、迅速的交易服务，为闭市后的场外交易者报出买卖价，撮合成交。

第五，投资咨询与培训。国外期货经纪公司已经成为客户投资咨询和理财顾问，为客户提供期货市场信息，进行期货交易咨询，充当客户的交易顾问等。期货经纪公司有专门从事信息搜集及行情分析的人员为客户提供咨询服务，这样有助于提高客户交易的决策效率和决策的准确性。

第六，融资业务。国外期货公司由于有着良好的资本金保证，对于一些信誉较好的客户提供融资服务，获取利息收入，像瑞富期货、飞马期货、卡利翁金融这几家期货公司都向那些优良客户提供融资，给予一定的透资限额。通过对风险的有效控制，能促进期货交易的连续性和活跃性，从而建立了期货公司与客户的良好稳定的业务管理，同时也为期货公司增加了收入。此外，国外的一些大型期货经纪公司还广泛开展期权发售、境外交易业务等来扩大业务范围和增加客户群。

（四）期货公司的营业收入结构国际比较

国外大型期货公司经营和收入的一大特点是主营业务突出，经营专业化程度高。代表公司为卡里翁进金融和曼氏金融，即专业期货经纪公司。不同于飞马期货的商业银行倾向，卡里翁金融则完全是投资银行风格，走专业化道路。该公司的重点就是服务好基金，在目前总期货合约成交量中，基金的份额为六成左右。

曼氏金融是英国曼氏集团的经纪业务部门。目前，曼氏集团的主营业务是资产管理，因此曼氏金融的主要功能之一就是为资产管理业务提供服务。曼氏集团的资产管理费收入为2.711亿英镑，资产管理业绩收入为1.391亿英镑。曼氏集团在资产管理业务上是非常成功的，而其中曼氏金融发挥了非常关键的作用。曼氏金融在业务开发时，对机构客户非常重视，而对于开发单纯以手续费收入为目的的中小客户则不如前文讲到的瑞富公司积极。因此，曼氏金融的经营走上了一条专业化的道路，主要是为资产管理业务提供服务，虽然也设立了曼氏期货，进行一些经纪业务，但这些都是为其资产管理服务的。因此，从这些先发期货市场国家的期货公司业务经营特点可以看出，很多期货公司是在其他业务发展基础上介入期货行业并不断开拓新业务，在业务种类多元化的基础上向两个不同的方向发展：一些期货公司通过合并重组寻求规模化、全方位经营；一些则是迈上了主营业务突出的经营道路。

国外期货经纪公司在业务经营上可以选择两条不同的道路，但在收入结构上都表现出多元化的特征。按照业务类型来划分，一些综合性的期货公司主要的收入来源可分为保证金收入、结算收入、利息收入、自营业务收入、投资咨询服务收入等。

（五）期货公司发展模式的比较分析

根据目前期货公司的股东背景和分布等特点，把期货公司分为券商控股类、现货商背景类、实力雄厚的传统公司类、中外合资期货公司四类。

1. 券商控股类的期货公司

券商系期货公司与传统期货公司相对而言，它是指因证券公司入主期货公司而形成控股和参股地位的期货经纪商。中国的期货市场之所以开始称谓券商系期货公司这个群体，主要是由于中国期货业这几年的快速成长以及对股指期货推出的预期，为获得参与金融期货的条件，即为了获得IB资格以及更便利参与期货市场，券商纷纷增资控股或参股期货公司，从而使得“券商系期货公司”的数量也得到了空前增长。据统计，截至2009年年底，全国共有63家券商参股或控股期货公司，占现有163家期货公司的38.65%。其中全资控股的有21家，股权比例达50%以上（不含全资）有33家，由券商参股其股权比例小于50%的有5家。应该说券商系期货公司在所有期货公司的阵营中，已形成了一定的数量规模。

以证券公司和期货公司在各自市场的地位来看，券商与期货公司之间的股权变动，可以分为强强联合型，典型的如华泰证券与长城伟业期货的重组，光大证券与上海南都期货的重组等；弱强联合型，典型的如财通证券与永安期货的重组，浙商证券与天马期货的重组等，但大部分的证期重组都是属于强弱联合型，如广发期货、国泰君安期货、银河期货、海通期货、国信期货、长江期货等。不同类型的证期重组，也影响了券商期货公司的业务发展定位以及在期货市场初期的发展进程，期货公司的行为也有了一定的变化，尤其是券商作为IB业务入主以来，其业务行为也有了新的表征。在IB管理方面，主要被券商采用的是在证券公司的经纪业务管理部门内设立专职部门或设立专职岗两种模式。而在IB业务支持的模式上，券商主要采取的是总部设立专门机构的方式，其次较多的是采取在区域营业部设立专职部门。券商IB业务的风控模式主要是由期货公司总部的专门机构负责，其余的是在区域营业部成立专职部门从事风控职能的发挥。

券商控股类期货公司具有比其他期货公司更强的竞争优势。随着大宗商品期货品种的不断丰富与完善，国内期货市场将目光越来越多地转移到金融类期货产品的创新上。与股指、利率、汇率相关的期货衍生产品已经或者未来很可能会在中国期货市场中占据一席之地，这决定着国内金融期货的相关产品将不再简单作为单一的交易品种，而更多地可能被共同基金、私募基金的管理者们用于对冲产品系统性风险，金融期货的需求可能直接与其他金融资产紧密相关。在这种情况下，金融控股公司和大型金融集团将拥有充足的能力为客户提供全方面、多领域的金融产品及金融服务，因而预期券商控股的期货公司将逐渐被作为大型金融集团的一个业务部门得到重视，金融集团的优质客户资源也会逐渐向券商控股类期货公司倾斜，因而无论从能够提供金融产品及服务的能力上，还是客户资源的拓展空间方面，我们都认为券商类期货公司是未来期货公司发展的主要方向。

目前来看，券商类期货公司运行状况良好，2010年在已公布的12家券商半年报中，相关券商旗下的期货公司上半年以盈利居多，其中广发证券、华泰证券、海通证券旗下的期货公司成为券商系的主力军，净利润为期货公司中的翘楚。但数据也显示，期货公司的净资产收益率并不高，在券商整体利润中所占分量更是很低。作为创新业务之一的股指期货，目前尚未体现出相对于传统业务的优势。

2. 现货背景期货公司

这类公司具备某类商品的贸易背景，或者说有比较大的现货企业，一般与这一品种的现货生产商、贸易商联系密切，具备此品种生产储运贸易方面的专业优势和信息优势，往往在这一品种上有比较大的交易量。目前影响较大的有中粮系、五矿系诸公司。如具有粮油公司背景的吉粮期货、中谷期货、渤海期货、大连良运、万达期货等等；有金属现货背景的，如五矿海勤、五矿实达、金瑞期货等。在发展过程中，现货背景的期货公司，对市场的理解更为深刻，对行业的服务专业化程度比较高，对产业链的上游以及商品的产供销和环节运作更为熟悉，可以从各个源头把握影响价格的因素，提供产品以及产品衍生产业链透彻深入的研究报告，如果研究报告的准确率高，能够为客户指导实际操作，无疑报告具有非常强的商业价值，吸引更多投资者的参与。而且期货经营机构可以与区域内大型现货企业构建合作平台，共同深化对特定期货品种的研究，并由此转化为各自的竞争优势。同时便于拓展产业链上系列产品的套期保值、期现套利以及咨询管理业务。

现货背景的期货公司具有自身的业务优势母公司因为经营相关业务而拥有着丰富、全面的信息优势，管理上更加专业，在公司服务的专业性方面比一般期货公司能够更加突出，从而会吸引相关大型机构类投资者在公司开立账户。从国外发展情况来看，在期货业发展的初期，有相当部分的期货公司拥有现货商背景。

3. 实力雄厚的传统类期货公司

除券商和现货背景的期货公司外，一批期货公司长期以来凭借自身的品牌优势在商品期货领域发展壮大。该类期货公司长期以来在期货业界口碑良好，每年的代理交易量均排名前列。在2007年期货公司代理交易排名中，国际期货、浙江中大、格林期货、南华期货等老牌大型期货公司均位列前茅。在股指期货发展初期，此类公司仍能借助其固有优势维系其市场份额，不过这类公司的良好业绩可能会因未来市场格局的转变而受到一定的影响。如何巩固和继续发挥期在传统商品期货领域中的优势，进一步提升品牌影响力及行业地位，是其在金融期货时代面临的新挑战。

实力雄厚的传统类期货公司的优势在于拥有规模和品牌效应，在职业期货投资圈内具有良好的信誉；但相比券商控股类期货公司和现货商背景的期货公司，该类公司的劣势也比较明显，即面对着专业化服务的期货公司的挑战——如何留住已有客户，并继续扩大新客户的规模与范围，是该类期货公司需要面临的考验。

4. 中外合资类期货公司

外资直接参与国内期货市场的渠道还没有放开，三大商品交易所尚未批准外资会员。但已有3家期货公司获批外资参股，由荷银金融期货亚洲有限公司与银河证券共同出资设立的银荷期货公司，是国内首家获证监会批准的中外合资期货公司。除了荷兰银行参股银河期货，还有东方汇理参股中信期货（现更名中信新际期货），摩根大通参股中山期货（现更名摩根大通期货），其中外资股权都在49%以下。

中外合资类期货公司的优势在于可以借鉴外方金融类企业的人才培养和业务管理经验，直接引进一些成熟的管理模式、金融产品和相关服务，便于合资类期货公司增强自身的业务盈利能力。部分中外合资类期货公司同时也是券商控股类期货公司，且外资参股背景也有助于公司本身在期货行业内进行差异化运作。

六、我国期货公司的定位与发展：对策与建议

面临广阔的发展空间和巨大的挑战，中国期货业的持续健康发展有赖于回归期货公司的金融企业定位和完善的基础制度环境，在正视期货公司治理特殊性的基础上，借鉴成熟市场国家期货公司的发展经验，我们对期货公司的发展提出如下对策建议：

（一）明确期货公司的金融企业定位、完善基础环境建设

2004 年 2 月 1 日，国务院发布《关于推进资本市场改革开放和稳定发展的若干意见》（简称《国九条》），明确提出要稳步发展期货市场，完善现代市场体系、更大程度地发挥市场在资源配置中的基础性作用。这是期货市场在国务院的文件当中首次被纳入整个资本市场体系中进行战略规划，实质是政策层对期货市场进行金融定位。但在过去几年的发展中，期货公司的金融企业地位有名无实。期货公司业务单一，同质化竞争十分严重。期货公司在实践中除了行业门槛较高之外仅被看着一般的经纪公司。随着期货业务的不断发展，我国期货公司的地位与期货业在金融体系中的地位明显不符。既然期货公司具备金融企业的一般属性，我们在政策制定层面就要尽早让期货公司回归金融企业属性，明确其具备一般金融企业的共性，但同时区别于其他金融企业，并是重要的管理实体经济、实体产业的风险管理工具，需要期货公司在控制好自身风险、完善其金融企业属性的同时，充分发挥其服务国民经济、服务于实体产业的桥梁纽带作用。

拓展期货公司的职能当然要与合理监管框架相适应。在风险可控条件下，逐步拓展期货公司的业务范围。可考虑在资产管理、顾问业务、境外期货代理、发起设立期货投资基金、自营交易等创新业务方面，根据不同的扶持对象有重点地进行试点经营，试点成功后，可允许设立单项业务的全资子公司进行许可证经营。鼓励大型综合类期货公司在海外设立分支机构，允许信誉好、实力雄厚的大期货公司到中国香港、新加坡、美国、英国等国家和地区设立分支机构或办事处，逐步在国外开展期货经纪业务。同时，随着期货市场的进一步发展，还可以考虑对大型期货公司进行股份制改造后推介国内上市，在政府结合期货业发展的实际适时的引导的基础上实现期货公司的市场化和现代金融企业职能的发挥。目前虽然我国已有包括银行、证券公司等金融企业在内的上市公司 1400 多家，但期货公司上市的份额与其在世界同业中的地位相比很不相称。期货公司上市可以大幅度提升期货市场的治理水平，有利于期货公司乃至期货业的健康发展。

基础制度环境的完善，需要充分发挥政策的支持作用，引导期货公司树立行业的诚信意识，增强和维护期货市场的正确的市场定位，同时加强投资者的基础教育，培育坚实的市场投资者基础。形成合理适度引导期货产品、业务创新的环境，促进各类期货公司同台良性竞争，期货行业监管法规的制定等等，培育良好的氛围。

（二）倡导竞争性制衡，改进大股东治理

中国的期货公司在股权结构和法人治理结构上都不能适应期货市场长期发展的要求，改变一股独大的股权结构格局，倡导竞争性制衡已是必然趋势。现代公司理论和实践中普遍认同的两类代理冲突决定公司治理的方向，影响着现代公司的发展：首先是股东与经理层之间的代理冲突；其次是大股东与小股东之间的代理冲突。现代金融理论已经证明，在法治水平不高，股东利益得不到很好保护的国家，一般来说公司的股权集中，尤其是控股股东的持股比例较高。大股东治理本身是保护自身利益的一种保证，因此，无可厚非。然而，大量金融学研究表明，大股东治理一方面凭借大股东的能力和激励实现对管理层的监督，从而增加公司的价值；另一方面，大股东也有很强的侵犯小股东利益的倾向。我国的公司治理结构的一个典型特征是股权集中，很多公司都存在一股独大问题，小股东利益遭侵犯案例屡见不鲜，在期货公司中也不例外。

充分发挥大股东治理作用的基础上，控制大股东股权过度集中造成的控制权私人收益行为，是我国公司治理改革的方向，也是我国公司治理改革取得突破的关键。这无论是在其他行业还是期货行业，都是同样成立的。因此，在期货公司中，倡导股东竞争性制衡是一条少走弯路、高效的公司治理改革之路。具体措施包括引入战略投资者、鼓励并建立实力相当的、存在多个大股东的股权制衡结构、积极引导和推动具有较强资金实力、具有较高管理水平的投资者进入期货公司。并在完善的相关管理办法后，允许国外期货公司、证券公司、投资银行和基金管理公司参股控股国内期货公司。

（三）完善公司治理结构，构建主动型风险管理体系

改变传统的风险管理模式，逐步建立主动型风险管理体系是期货公司持续发展，健康成长的必经之路。随着期货业的发展，期货公司业务风险管理水平将会提高到一个新的层次。金融学中的基本观点认为，盈利能力与风险水平是紧密相关的，未来期货行业引进新的业务模式，必然会带来新的各类风险，如信用风险、利率风险、汇率风险、市场风险、操作风险等。由于期货业本身是一项高杠杆化交易的特殊行业，客户资产规模庞大，在这一行业中客户利益与实体经济有着紧密的关联性，业务模式的逐步放开，在带来更好的盈利性与成长性的同时，风险也相伴而生，要求各类期货公司的风险管理水平也需要相应不断提高。由于当前行业整合程度较低，大量期货公司的创新能力、资金规模、管理水平和风险控制水平参差不齐，因而期货公司的风险控制水平还不足以让外界尤其是期货监管层放心。期货公司职能的拓展、期货业务的发展、期货公司的竞争局面取决于期货公司主动型风险管理体系的建立与完善。

金融市场中的风险基本可以分为市场风险、流动性风险、信用风险和经营风险几类。其中市场风险主要指由于金融市场中产品价格波动而造成损失的不确定性；流动性风险主要由于过量的头寸持有导致，在深度不足的市场，进行交易将影响资产价格，同时在市场逆向环境中有可能面临融资以维持头寸的风险；信用风险主要是由交易对家违约所造成的风险；而经营风险则主要包括模型设定风险，人为风险和法律风险等。传统的风险控制工具，主要包括在险价值法（VAR），止损限额法（Stop－Loss Limit）和名

义限额法（Notional Limit），这些工具多半只是简单计算单个或单类风险影响，例如计算VAR常用的三种方式解析法、历史数据发和数值模拟法，通常都是假定单类风险内部的关系。主动型风险管理是相当于现阶段被动型风险管理体系的一个相对概念，它要求期货公司结合自身所处的宏观经济环境和金融市场环境的特点，充分考虑不同类别风险之间的相关性，发自期货公司自身的、根据公司所在环境和风险承受能力而采用的风险管理体系和风险管理技术。与被动型风险管理体系相比，主动的风险管理在风险识别、风险测量和风险控制等环节赋予公司更多的时间和主动权，通过事前设立风控目标和测量方法等内容及时有效地采取应对策略，并建立完善的跟踪监测体系，确保风险的可识别和可控性，从而让外界包括监管层和客户对公司都有充分的信心。当然，这种主动型风险管理体系的建立有赖于期货公司的公司治理完善程度。正如前文所述，积极探索我国期货公司的公司治理改革是主动型风险管理体系建立的前提条件，而大股东制衡式的公司治理模式可能是期货公司治理改革的核心。根据主动型风险管理体系完善程度，监管部门可对期货公司进行分类监管。对于主动型风险管理体系不健全的公司，外部监管力度不能降低，反而应该力度更强；而对于主动型风险管理体系健全的公司，外部监管力度可以减低，并鼓励公司职能和创新业务的拓展。不符合条件的期货公司将不能执行相应的创新业务。考虑到期货产品风险的复杂性和多变性及风险控制各项技术的发展，推动和鼓励期货公司建立主动型风险管理体系有利于期货公司的健康可持续发展，节约市场监管的社会资源，也对保障客户资产的安全性、流动性和收益性大有裨益。

（四）鼓励外延式并购，发挥规模经济优势

培育大型期货公司是期货业自身发展的内在要求，期货市场管理部门可以全力扶持一些信誉好、运作规范的综合类和经纪类期货公司发展壮大，成为大型期货公司。培育扶持大型期货公司的意义在于：在国外期货机构进入中国之前，培育出一批实力雄厚、运作规范的大型期货公司，以应对外国期货机构进入中国市场带来的冲击和挑战。同时，通过一些布局合理的大型期货公司的典型示范效应，对贯彻期货监管部门各种精神、活跃新上市品种交易、防范各种风险、维护期货市场稳定发展有积极作用。

扶持大型期货公司，首先，要考虑行业分布，可考虑从专业代理型、有色金属系统、粮油进出口系统、粮贸储运系统、物资系统、证券公司背景、上市公司背景等方面重点选择。

期货公司的盈利增长能力有赖于外延式增长模式。不同于内生性增长主要依靠公司本身的研究能力、创新能力，提供新业务模式、差异化的产品服务、综合化的服务平台，在已有业务和创新业务方面获得持续性的成长。外延式增长要求期货公司在行业内或行业间通过资本运作，兼并收购与公司已有业务有直接或间接业务联系的公司，实现公司规模的扩张、客户资源的增长、品牌效应的增强，最终达到规模经济的目的。

期货公司的外延式并购扩张，追求规模经济已经成为国内期货行业整合的必经之路。一方面，由于国内期货公司数量很多，但服务能力和创新能力参差不齐，需要通过兼并收购组建一批大型的，能提供全面业务服务的期货公司，以提高行业整体服务水

平，健全行业风险管理能力；另一方面，我国期货公司在国际期货市场中的影响力极其有限，亟待培养一批具有国际视野，能够融贯中西方两个平台的具有国际竞争能力的期货公司，增强我国金融市场在国际金融市场中的影响力和话语权，推进期货行业发展的国际化、规范化与专业化进程。

（五）构建多层次期货行业结构，鼓励适度创新与竞争

在构建多层次的期货行业结构中，创新是多层次的，包括期货品种创新的同时，也应包括具体期货业务开展过程中的创新，充分发挥期货公司的服务国民经济的要求，引导组织机构创新，引进事业部制度；服务手段的创新，投资者需求导向型管理；完善管理制度，实现服务与国民经济手段或者模式的多层次多角度的创新。

根据中国证监会主席尚福林在中国期货业协会第三次会员大会上的讲话指出的期货行业将重点推进三项创新业务：一是期货公司投资咨询业务，二是期货公司境外期货经纪业务，三是期货公司资产管理业务。而我国现存的期货公司，同属一种类型，业务仅局限于交易代理，规模大多都较小，赢利能力较低。要改变期货业的这种状态，有必要创造条件构建多层次、多样化的期货行业结构。构建多层次、多样化期货行业结构势在必行，鼓励创新和竞争已是期货公司健康发展的必然选择。

通过品种创新和制度创新，扩大期货市场规模，开发和拓展其他衍生工具市场，为期货公司的发展提供更大舞台。一方面，在市场条件成熟时，政府应及时推出国债或外汇等金融期货商品，为银行、证券公司、保险公司等金融机构以及广大证券投资者提供规避风险的工具和场所，从而有效地拓展期货市场的规模，吸引更广泛的市场机构参与期货交易。同时，放宽期货市场参与主体的限制，允许证券公司、保险公司等进入期货市场，创建期货投资基金，并积极培育行业性、专业性的机构投资者，使期货市场的投资者结构和规模得到有效改善。更为重要的是，我国的衍生工具目前主要局限在期货、远期合约，期权类衍生工具还只处在起步阶段，其发展空间巨大。

积极鼓励金融机构入股期货公司，促进期货中介机构加速发展。纵观发达国家期货市场中介业，具有投资银行等金融企业背景的期货公司已经成为期货中介行业的中坚力量。这些期货公司借助母公司在客户开发、成本控制、信息搜集以及风险控制方面的优势，得到了很快的发展，显示出极强的竞争力。考察我国期货业，在 2003 年 1 月 14 日中国证监会取消对非银行金融机构参与期货公司的限制后，我国已有部分金融企业入资进入期货公司，但就总体而言，我国金融机构参与期货公司的数量还比较少。因此，可以首先考虑进一步促进银行、证券公司与期货公司在客户开发、资金结算、划转和融资等方面进行业务上的合作，使得金融机构与期货公司在实现资金合作的同时，也可以在业务、管理等领域进行更广泛的协作，增加金融机构入股期货公司的兴趣。另外也可以预见，在股票指数、利率、外汇等金融期货推出后，随着银行、证券公司等金融机构更广泛地参与期货交易，风险控制和成本节约等方面的动机也会促进金融机构进一步介入期货行业。

与境外期货公司相比，我国的期货公司业务单一，目前基本上仅容许从事经纪代理业务，而资产管理、自营、投资咨询以及境外期货代理等较为常见的业务都不允许开

展。现行的简单代理业务使期货公司在等待中意志消沉，失去活力。我国的期货业正在一个蓬勃发展的阶段，期货公司跟随期货业发展的需要，必将有较大的发展空间。期货公司的发展也将与期货本身发展一样，创新是其生命力。通过走出去和引进来战略并举，在鼓励本地有实力的期货公司与国际知名品牌的期货公司合作，逐步取得海外各大交易所的经纪代理资格，通过技术创新打造有自主知识产权的交易平台和交易系统，更好地为客户服务的同时，逐步开放国内期货市场，如将 QFII 制度引入到期货市场，让海外资金有序可控地流入，既可以减少热钱非法地流入，也可以增加国内期货公司的经纪收入。

我国的期货公司在改进的监管框架下和公司治理水平提高的前提下拓展业务，逐步开展资产管理、自营和投资咨询等业务，尤其是资产管理和投资咨询等风险较小的业务。这样，在品种和业务结构较为完善的情况下，期货公司的经营水平将呈现较大的差异化，既可以减少恶性竞争，也可以通过优胜劣汰的竞争机制提高期货公司在国际上的竞争能力，并最终做大做强，走向世界。

（六）构建一体化监管系统，发挥行业自律功能

现行的“五位一体”的期货监管体系，具备相对完善的监管制度和框架，未来应侧重于加大监管的执行力度，在减少寻租行为的同时，对分类监管下期货公司实行扶优劣汰。各类期货公司业务模式的创新能力差异带来的盈利能力差异加大。可以预计的是，未来各类期货公司在真正拓展业务时，务必考虑公司自身的创新能力。创新能力较强，资本实力较大的期货公司，在未来期货业监管逐渐放开的道路上会充分享受到政策扶持的好处，拓展自己的客户资源并做强自己的业务链条，最大化地实现企业盈利。但一些现存的小型期货公司，地区性较强，业务创新能力、资本规模有限，这类期货公司的自身竞争优势在未来会不断得到弱化，盈利能力也会被大打折扣。因而，在监管逐步放松的背景下，如何增强自身业务创新能力，打造多元盈利链条，是期货公司首先要考虑的策略。

分类监管长期存在，在期货业务范围监管逐渐放松的背景下，实行分类管理，促进期货中介机构类型多元化。目前，国内期货公司只能做期货代理业务，不能从事期货自营以及其他投资业务。业务上的单一造成期货公司综合业务缺位，这种缺位极大地限制了期货中介行业的发展，使期货公司无法全方位介入市场，在造成期货市场规模无法得到进一步扩大的同时，也抑制了期货公司自身的发展。因此，可以通过实行行业分类管理，扩大经纪业的经营范围，对不同类型的期货公司赋予不同的经营权，改善期货中介行业的结构。比如，对于符合条件的期货公司，除了允许从事一般的代理业务外，还允许其开展期货自营业务、代客理财等业务，使其成为具有期货投资顾问、投资理财等职能的综合性期货公司。另外，可以根据需要引入期货经纪业多级代理制度，进一步拓展期货市场的深度和广度。结合分类监管制度，完善立法、加强法律制度实施力度，如结合期货市场发展和业务拓展出台相关法律措施，并建立各部门之间的联动机制。设立行业“高压线”以规避期货公司、期货从业人员以及市场参与者，若期货公司、期货从业人员以及市场参与者的违规行为，增大他们的违规成本，设置完备的法律法规体系和

科学的惩罚力度，净化市场，防范投机风险。

随着期货业务模式的创新和监管的逐步放开，对于期货业的适度监管有助于行业健康的发展。而行业自律机构功能的充分发挥，有助于降低过度监管对金融发展的影响和制约。充分发挥中国期货业协会的职能，发挥其作为政府监管部门与期货公司之间的桥梁和纽带作用，强化行业自律功能。期货协会充分与监管部门保持沟通，对新出现的问题及时研究和提出相应对策，为监管部门改进监管服务。另一方面，期货协会与期货公司紧密联系在一起，对行业发展和期货公司的状况了如指掌，因此可以在维护会员的合法权益的同时，监督并引导期货公司的行为符合监管意图，做好行业自律。合理有效的行业自律可以创造更加宽松的金融创新环境，维护期货业的正当竞争秩序，保护投资者和期货公司的利益，推动期货市场的健康稳定发展。

综上所述，中国期货业的持续发展首先需要重新认识期货业的金融企业定位，并在制度环境建设、金融监管以及期货公司自身发展等方面符合期货公司的金融企业一般属性和一般职能。我们在正视期货公司金融企业定位基础上，按照重要性原则，提出了我国期货公司发展的对策建议。其次，我国期货公司持续健康发展最重要的基础是建立一个规范、科学、符合国情的公司治理结构。我们认为，我国期货公司治理结构的主要问题是一股独大和股权集中。改变这种状况的可行且有效的办法是倡导和鼓励股权制衡，引进大股东包括战略投资者，建立起大股东之间相互制衡的机制，以达到降低股东之间、股东和其他利益相关者之间的代理冲突。在健全公司治理基础上，构建让监管者放心、使交易者和股东对公司有信心的主动型风险管理体系也就顺理成章。再次，需要建立公平透明的制度环境，鼓励期货公司与期货公司之间、期货公司与其他机构之间的外延并购发展，发挥期货公司的规模经济效应；同时，建立一个鼓励期货公司创新发展、有序竞争的环境，逐步放宽期货公司业务范围，创新盈利模式。最后，进一步发挥行业协会和交易所等行业自律组织在期货监管和期货公司发展中的作用。

中期协联合研究计划（第六期）项目

证券公司期货中间介绍业务的发展与规范研究

课题负责单位：光大期货有限公司
课题合作单位：光大证券股份有限公司
天津商业大学经济学院
课题负责人：曹国宝
课题组主要成员：满全杰　王常柏　吴晓勇　邵永同
胡燕燕　何　俊

一、绪　　论

（一）证券公司期货中间介绍业务的研究背景

我国资本市场经过20年的探索与发展，已成长为全球最重要的资本市场之一，资本市场服务国民经济的功能得到了充分的体现。伴随着中国经济的高速成长和资本市场的稳定发展，中国期货市场也迎来历史性的发展机遇。2006年9月8日，经国务院同意，中国证监会批准，中国金融期货交易所在上海成立，中国金融期货创新发展之路正式开启。2007年4月15日实施的《期货交易管理条例》，在充分总结我国期货市场十几年来的经验教训的基础上，为适应我国市场经济发展的现实需求，对原暂行条例内容进行了重大修改。1999年的暂行条例只能适用于商品期货交易，新条例第二条明确将金融期货和期权交易纳入调整范围，即“任何单位和个人从事期货交易，包括商品和金融期货合约、期权合约交易及其相关活动，应当遵守本条例。”同时，为配合金融期货的推出，新条例还删除了暂行条例中有关金融机构不得从事期货交易的规定。

根据中国证监会的总体部署，中国金融期货交易所坚持“高标准，稳起步”的原则下推出股指期货。为了配合股指期货的平稳推出，《期货交易管理条例》确定了期货公司专门代理股指期货、证券公司介绍客户参与的市场参与模式。这一模式，充分依托证券公司历年来积累的庞大的营业网络资源，同时也通过有效隔离风险的方式，隔离了现货市场与期货市场之间交易代理环节的风险，从而保证股指期货业务开展过程中的风险可控、可测，推动证券公司和期货公司在股指期货创新业务上的稳健发展。同时，中国证监会还研究借鉴了美国 IB（Introducing Broker）制度和我国台湾地区的期货交易辅助人制度，根据《期货交易管理条例》，制订了《证券公司为期货公司提供中间介绍业务试行办法》，规范证券公司为期货公司提供中间介绍业务活动。为了更好地开展期货中间介绍业务（以下简称期货 IB 业务），证券公司加快了收购或控股期货公司的步伐，期货公司的总体资本（金）实力得到了明显增长。证券公司为期货公司提供中间介绍业务是我国期货市场大发展背景下推出的一项重要的制度安排，对期货市场的投资者数量及结构，以及期货市场总体规模变化都将产生深远的影响。

（二）证券公司期货中间介绍业务的研究目的

沪深 300 股指期货自 2010 年 4 月 16 日在我国推出以来，市场运行平稳，服务于证券市场的功能得到了充分体现。股指期货的推出加强了证券市场与期货市场的联系，广大的证券投资者对股指期货的关注度不断升温，运用股指期货进行风险管理的需求增加。证券公司期货 IB 业务是适应市场发展的现实需求，服务于证券投资者，推进期货投资者教育，协助期货公司提供专业化服务的重要环节。证券公司期货 IB 业务的推进将极大地改变期货市场的投资者结构，促进期货市场整体投资者结构变化及市场规模的增长，深化证券公司与期货公司的合作，进一步提升期货业服务实体经济的功能。对于证券公司而言，期货中间介绍业务属于新业务，需要在组织结构设置、制度建设、人才储备及业务推进各个环节不断完善，从而有效发挥网络资源优势，有序推进股指期货中间介绍业务的健康发展，为证券公司拓展新的利润增长点。对于期货公司而言，有效开展与证券公司的 IB 业务对接，提升服务水平，能更好地服务于期货市场的现有投资者和潜在投资者，以助推期货市场的进一步发展。

本课题将借鉴国际市场的成熟经验，结合国内资本市场发展的客观实际，说明 IB 业务在期货市场发展中重要地位及其发展前景。针对国内 IB 业务的发展，就 IB 业务管理体系的构建进行深入研究，为在现有法律法规框架下构建有效的制度建设提供参考依据，并对我国 IB 业务发展趋势及制度创新前景进行探索，从而有助于证券公司完善 IB 业务制度流程，更好地开展 IB 业务，也有助于期货公司完善与证券公司 IB 业务对接，提升期货专业化服务的效率。本课题总的目的是对证券公司期货中间介绍业务的顺利开展与有序推进提供实用性的指导，促进证券公司期货 IB 业务又好又快地发展，从而推动期货行业的稳步发展。

（三）证券公司期货中间介绍业务的研究意义

证券公司期货 IB 业务是行业发展进程中的一个创新业务，从理论到实践都还有不断完善，不断深化的过程。国内有关 IB 业务的相关制度推出至今，“加强证期联系，促进证期双赢”的初衷，其实现效果并不明显。究其原因主要有两个方面：一是证券公司和期货公司在业务模式、组织结构、发展规模和成熟度方面存在着显著的差异，证券公司控股和并购期货公司后，在期货中间业务推进中仍要解决证期磨合问题。目前，大部分证券公司与其控股或全资子公司（期货公司）之间仍处在不断地磨合过程之中。二是股指期货未推出以前，证券市场的投资者畏于商品期货的高杠杆和高风险，其参与积极性并不高，IB 业务发展并不十分顺利，因此，证券公司出于自身利益的考虑，也不愿对期货公司加大投入和扶持力度，从而造成部分证券公司收购的期货公司沦为“鸡肋”。股指期货推出后，这些期货公司由于前期没有获得有力的扶持，在新一轮竞争中再次处于下风，也再次导致证券公司的扶植意愿减弱。

证券公司期货 IB 业务发展过程中面临的这些阶段性问题需要有好的解决方案，本课题从国外 IB 业务的起源及发展入手，研究了期货 IB 业务的实质及海外市场稳步发展的先进经验。基于国内市场的特点，就 IB 业务组织结构、技术支持系统、IB 业务营销、开户与交易、风险控制等主要环节进行了深入的研究，并对 IB 业务投资者教育、档案管理、客户投诉处理等辅助环节进行了必要的分析，以期为证券公司更好地开展期货 IB 业务提供理论及实际的帮助。

证券公司应从基础设施和研究团队等多个方面为下属期货公司提供支持。要积极推动证券营业部对未来期货市场潜力的正确认识和对新品种的扶持，鼓励证券营业部开发期货客户。可通过积极扶植一批对 IB 业务较为重视的证券营业部，树立标杆效应，从母公司层面将证券营业部的期货资金转化率作为其考核指标，使证券营业部的经纪业务收入更加多元化。同时期货公司应立足自身的期货行业积累，为证券公司提供全方位的支持与服务，特别是关于期现货综合管理、股指期货交易策略、资金管理和风险控制系统的构建等多个重要的方面，最终实现证期双赢。

在证券公司利用自身优势的客户资源为期货公司开发客户的过程中，由于期货交易具有高流动性、高杠杆性、时效性等与证券市场存在显著差异的特征，对期货 IB 业务的客户服务也提出了更高的要求，期货公司要尽量避免因服务不到位而使客户入市之后独立承担市场的高风险，并迅速出现大面积亏损的现象发生，要以提升服务质量为抓手，构建证期长远健康合作的基础。本课题的研究针对证券公司期货 IB 业务客户的特点，从业务流程的设计，投资者教育，专业化指导等各个层面构建适合于此类投资者的有效服务体系，从而为证券公司和期货公司更好地开展 IB 业务打下坚实的基础，也可以为我国期货市场相关管理部门进一步制定科学、有效的政策措施提供可靠的理论依据。

（四）本课题的研究思路与研究框架

1. 研究思路

根据目前 IB 业务的发展现状，借鉴国外的 IB 业务进行情况，并在证券市场及期货市场进行充分调研，从发现的问题入手，分析研究该问题的存在会对今后的业务规范发展带来的各类风险，及时提出防范建议和方案办法。积极探索创新制度及建议并实践论证，通过不断反复的调研和实践，从而形成一套完整的 IB 业务管理体系。

2. 研究框架

本课题的研究框架如图 1 所示。

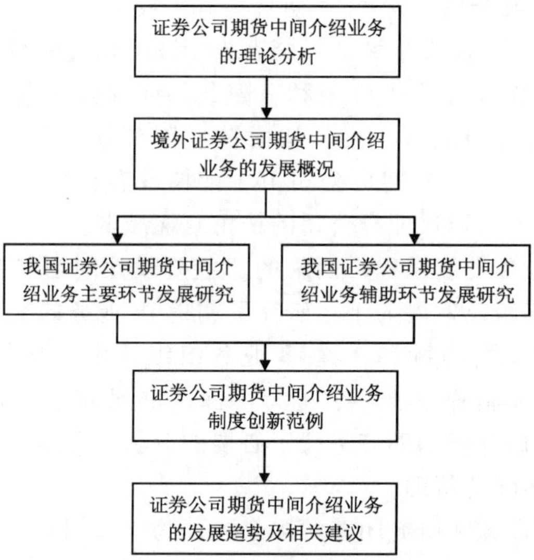

图 1　本课题的研究框架

二、证券公司期货中间介绍业务的理论分析

期货中间介绍业务制度，最初是由英文“Introducing Broker”翻译而来，通常也被简称为“期货 IB”。这一制度起源于美国，目前在金融期货交易较为发达的国家和地区如美国、英国、韩国、中国台湾地区等得到普遍推广，并取得了成功。在美国许多期货公司（FCM）的业务结构中，IB 的客户量和交易量都远比 FCM 直接开发的还要大，IB 的引入极大地促进了美国期货业的发展。尤其是证券公司期货 IB 业务的发展，有效地搭建了证券公司与期货公司之间业务合作的桥梁。

（一）期货 IB 业务的概念

1. 期货 IB 的概念

期货 IB 业务，即期货中间介绍业务，是指某一机构或者个人接受期货公司的委托，为期货公司介绍客户并收取一定佣金的业务模式。这样的机构或个人就叫期货 IB。

虽然从定义上看，从事期货 IB 业务既可以是机构也可以是个人，但通常都以机构的形式存在。期货 IB 可以为期货公司开发客户或辅助客户进行交易，但不能接受客户的资金，且必须通过期货公司（期货佣金商）进行结算。从期货 IB 业务的服务范围上看，证券公司为期货公司担任期货中间介绍业务时，按照相关行政法规和规范性文件的要求，对可以从事的期货中间介绍业务主要内容有具体的限定。

2. 证券公司期货 IB 业务

证券公司期货 IB 业务是指证券公司（券商）接受期货公司的委托，为期货公司介绍客户参与期货交易，提供辅助客户进行期货交易等相关服务，并从中获取一定比例佣金的业务模式。目前我国期货 IB 业务主要采用证券公司期货 IB 制度。

（二）期货 IB 业务的类型与特征

1. 期货 IB 业务的类型

根据中间介绍商从事期货 IB 业务过程中是否需要期货公司提供担保来划分，可将期货 IB 业务分为独立执业的期货 IB（IIB）和由期货公司担保的期货 IB（GIB）。其中，独立执业的期货 IB 必须维持最低的资本要求，并保存账簿和交易记录，以便查阅和核对。期货公司担保的期货 IB 则在提供期货中间介绍业务时，必须与期货公司签订担保协议，借以免除对期货 IB 业务关于资本和记录的有关法定要求。一般来说，期货经纪公司在异地的分支机构、营业网点等的经营模式与 GIB 比较相似。

2. 期货 IB 与期货居间人的区别

在国内外的期货市场中，为期货公司介绍客户的主体通常有两类，一类是期货中间介绍商（IB），另一类则是期货居间人。所谓期货居间人是指独立于公司和客户之外，接受期货公司委托，独立承担基于居间法律关系所产生的民事责任的自然人或机构。需要注意的是，居间人与期货公司没有隶属关系，不是期货公司所订立期货经纪合同的当事人。而且，期货公司的在职人员不得成为本公司和其他期货公司的居间人。实际上，期货居间人是凭借手中的客户资源以及信息渠道优势为期货公司和投资者“牵线搭桥”。期货居间人因从事居间活动付出的劳务，有按合同约定向期货公司收取一定酬金的权利。两者的区别参见表 1。

表 1　　证券公司期货 IB 与期货居间人的区别

类别 项目	证券公司期货 IB	期货居间人
资格要求	证监会批准	无需获得批准
代理权限	客户介绍、辅助交易	提供客户资源

续表

项目 \ 类别	证券公司期货 IB	期货居间人
代理内容	协助开户、提供行情信息与交易设施、协助风险控制	提供客户信息
人员归属	证券公司	独立于期货公司与客户之外
收费方式	佣金	劳务酬金

3. 期货中间介绍商与期货公司之间的关系

期货中间介绍商与期货公司都是为投资者进行期货投资服务的一类机构，但两者在业务方面具有明显的区别，主要表现为：①期货中间介绍商与期货公司之间是委托关系。期货中间介绍商接受期货公司的委托，从事期货中间介绍业务，为期货公司介绍客户，并提供相关辅助交易服务。②期货中间介绍商在代理客户期货业务时，不能接受客户的资金，不能对客户进行交易结算，这些业务必须通过期货公司来完成。③在双方所承担的责任上，期货中间介绍商按照委托协议对期货公司承担介绍业务受托责任，而基于期货经纪合同的责任由期货公司直接对客户承担。

4. 期货中间介绍商与投资者之间的关系

期货中间介绍商在为期货公司与投资者提供中间介绍业务时，有责任为投资者从事期货交易做好下列服务：建立完备的协助开户制度，帮助投资者办理期货开户手续，对投资者提供的开户资料和身份信息的真实性进行审查，告知投资者并向投资者解释期货交易的方式、流程以及期货交易的风险，向投资者明示其与期货公司的介绍业务委托关系，使投资者明确三方主体之间的权利义务关系等。

（三）证券公司开展期货 IB 业务的必要性

1. 期货行业发展的需要

期货 IB 为期货行业发展服务具体表现为：一方面，由于期货市场的专业性以及高风险性，使得大量具有期货市场潜在需求的投资者未能参与到交易中来，需要专业人士对其进行开发与服务；另一方面，多数期货公司由于受其经营规模和运营成本制约，需要外部力量的支持，共同推进期货市场投资者群体发展壮大。

期货行业经过清理整顿阶段之后，近年来发展迅速，特别是股指期货的上市运行，期货市场又吸引了更多的投资者尤其是证券投资者的加入，这就要求有熟悉、了解这些投资者的机构引导其参与期货交易、协助他们进行期货交易服务。但全国期货公司现有的营业网点仅千余家，市场的覆盖面非常有限，而如果利用证券公司的营业网点资源协助开展期货业务，将是非常经济高效的制度安排，从这个意义上讲，引入期货 IB 业务很有必要。

2. 期货业务拓展的需要

长期以来，期货市场中经纪业务的整个环节一直都是期货公司承担，但目前期货公司网点总量少，业务活动范围有限，不能充分挖掘有业务需求的大量潜在客户，尤其是股指期货上市以后，这一矛盾显得尤为突出。而证券公司在我国发展较快，各类分支机构和营业部分布广泛，与投资者接触频繁，因此，有必要借助证券公司拓展期货业务。另一方面，IB 业务的开展可以解决不同客户对多样化投资的需求，对期货公司来说，也是一种很好的业务拓展方式，可以使期货公司的部分人员从客户开发工作中分离出来专业做好研究和客户服务等工作。

3. 为投资者提供便利

期货市场快速发展的这几年，越来越多的投资者开始对期货产品逐渐了解，并想参与期货交易，但由于期货公司网点分布不均，主要集中在发展较快的大城市，且数量相对较少，这就使得许多有期货投资需求的投资者很难参与进来，即使有机会参与了期货交易，有些后续的服务经常得不到应有的跟进，因此，在我国有必要加快发展期货 IB 业务，依托证券公司广泛覆盖的网点优势，在做好风险防范的基础上尽快扩大期货业务的覆盖范围，为投资者提供便利的投资服务。

（四）证券公司开展 IB 业务的重要意义

1. 大力促进期货市场的整体发展

期货中间介绍商在从事中间介绍业务或辅助服务的过程中，客观上可以扩大投资者从事期货交易的业务规模，从而有力地促进期货市场的发展；同时，期货中间介绍商的专业、高效的服务可以在投资者中形成更大的影响力，提升期货市场在投资者心目中的形象和在社会经济发展中的地位。另外，在我国，证券公司多年来规范的经营和运作，在客户开发和客户服务方面已经积累了丰富的经验，证券公司担任期货 IB 可以将这些经验用到期货 IB 业务中，提高为投资者服务的便捷性，并对期货公司的服务产生一定的辐射作用，从而促进整个期货行业的发展。

2. 有效推动期货制度与业务创新

期货 IB 是一项期货制度创新，这一创新拓展了期货公司为投资者服务的业务空间，并增加了证券公司与期货公司之间的业务联系。这一制度的成功施行和推广，对期货市场制度创新必将产生深远的影响。

多年来，期货市场的发展因其运行规则较为复杂而相对缓慢，这一问题尤其在期货投资者市场开发和投资服务方面较为突出，因此，迫切需要对现有期货市场的相关制度进行改革和创新，期货 IB 制度的推出正是一种有益的尝试，必将为今后我国期货市场制度创新提供得力的例证，形成良好的示范效应，从而推动其他相关制度不断创新与完善。

3. 加快提升期货公司的服务质量

由于证券市场和期货市场在我国发展的实际情况有较大的差距，从过去的十多年来看，证券市场的发展总体状况要好于期货市场，在行业中介机构的服务水平和服务效率上也存在一定的差距。在 IB 制度出现之前，证券公司和期货公司为投资者提供服务时相对独立，两者之间服务水平和效率差距没有能够引起人们的足够重视。

然而，当证券公司通过参与期货 IB 业务加入到期货市场的业务中时，它在不同程度上会对期货公司的服务水平产生一定的影响。这一影响具体表现为以下两种效应：一是辐射效应，实际上，证券公司长期为各类投资者进行着多种投资服务，在这个过程中，他们积累了较为丰富的服务经验，当他们再参与到期货 IB 业务当中时，鉴于这两类业务的高度相通性，一定会将已有的服务经验带入到期货业务中，从而对期货公司的服务产生较好的辐射效果；二是竞争效应，证券公司开展期货 IB 业务从业务本质上来说，对期货公司可以说是一种支持，又可以说是一种竞争，因为面对有限的显性或潜在市场，另一个主体的加入势必会在某种程度上对原有主体的业务构成一定的威胁，往往会表现为两者之间的共同竞争，从而会在客观上促使期货公司提高服务水平和服务效率。因此，证券公司期货 IB 业务的开展在客观上会有效提升期货公司的服务质量。

4. 不断增强期货投资者参与热情

由于制度的不完善和发展经验的缺乏，多年来，我国期货市场发展缓慢，从业人员相对缺乏是期货业内的一个普遍现象。而在期货市场迅速发展的情况下，这一状况显然不能满足大量投资者的需求。证券公司期货 IB 业务的推广，借助其先进的设备，高素质的服务人员，可以在很大程度上为投资者参与期货交易提供必要的高质量服务；再者，在我国，由于期货市场在发展过程中出现过一系列风险性事件，期货市场在投资者当中产生了许多负面影响，并在一定程度上影响着投资者参与期货市场的热情。而对证券公司来说，由于证券业务发展的普及性，加之投资者对证券市场认识较为深入，他们更加认同在证券公司开展的投资业务，因此，证券公司开展期货 IB 业务可能更会得到投资者的认可，通过证券公司开展期货 IB 业务过程中的潜移默化，期货投资业务在众多投资者心目中的印象会逐渐提升。

（五）证券公司开展期货 IB 业务的理论及政策依据

1. 证券公司开展期货 IB 业务的理论依据

（1）信息不对称理论。信息不对称理论是指在市场经济活动中，各类主体对有关信息的了解是有差异的；在完成某项活动的过程中，掌握信息比较充分的主体往往处于比较有利的地位，而信息相对不足的主体，则会处于较为不利的地位。该理论认为：在由两方或多方交易主体组成的市场中，掌握信息较为完善的一方可以通过向信息不足的一方传递可靠信息或为其提供某种服务而在市场中获益，而信息相对贫乏的一方也会采取相应措施或通过购买努力从另一方获取信息。

信息不对称是市场经济的弊病，要想减少信息不对称对经济活动产生的影响，市场监管者应在市场体系中发挥强有力的作用，可以通过制定一些新的制度来降低或者弱化交易主体之间因信息不对称而带来的影响。这一理论在实践中已得到广泛应用，尤其在金融市场领域。当前，人们对信息不对称理论在实际经济活动中的作用的认识也越来越深化。发现这一理论不仅说明了信息的重要性，而且也告诉人们市场中的人因获得信息渠道之不同、掌握信息量的多寡而承担着不同的风险和收益。

在我国，证券投资者的数量比期货投资者的数量要大得多，并且绝大多数现有期货投资者或潜在期货投资者同时又是证券投资者，证券公司在为这部分投资者服务的过程中会掌握很多的信息，包括投资者的基本情况、投资心理以及投资风格等，因而，证券公司会比期货公司掌握更多投资者的相关信息，也更了解投资者对期货投资的需求和特点。加之，在社会公众投资者中，大多数投资者更熟悉证券公司的经营状况，也更加信任证券公司提供的服务，这给证券公司从事期货中间介绍业务提供了良好的客户条件。

根据信息不对称理论的分析，同样为投资者从事经纪业务时，证券公司对市场上潜在期货投资者信息的掌握与期货公司相比要处于有利的地位，而期货公司则相对处于不利的地位。因此，证券公司可以通过向期货公司传递潜在投资者的可靠信息或为期货公司提供中间介绍业务，在市场中获益，而期货公司则通过支付佣金的方式获得证券公司提供的期货中间介绍业务，扩大期货投资者的客户规模。

（2）比较优势理论。比较优势理论认为，两个经济主体双方交易的基础是生产技术、掌握资源的相对差别（非绝对差别），以及由此产生的相对成本的差别。在市场经济中，每个主体都应根据“两利相权取其重，两弊相权取其轻”的原则，集中自身的资源从事其具有“比较优势”的产品或服务，委托代理出具有“比较劣势”的产品或服务。

具体来讲，在市场交易中，如果交易的一方在两种商品生产或服务上较之另一方均处于绝对劣势，但只要处于劣势的一方在两种商品生产或服务上劣势的程度不同，处于优势的一方在两种商品生产或服务上优势的程度不同，则处于劣势的一方在劣势较轻的商品生产或服务方面具有比较优势，处于优势的一方则在优势较大的商品生产或服务方面具有比较优势。交易双方分工合作，各自提供其具有比较优势的商品生产或服务，则双方都能从交易中获益。

将这一理论应用于为投资者提供期货经纪业务方面，我们可以发现，期货公司与证券公司相比，在下面几个方面都处于相对优势地位，如期货开户、投资者开户资料和身份真实性审查、向投资者揭示期货交易风险、为投资者提供期货交易结算、风险控制和研究咨询业务等。其中有一些业务，期货公司具有更好的比较优势，如为投资者提供期货交易结算、风险控制和研究咨询业务等，因此，期货公司在期货经纪业务中，可以将有限的资源运用于有比较优势的环节，而通过支付佣金的办法将部分相对不具优势的服务，如开发期货客户、对投资者开户资料的审查等委托给相关证券公司代理，从而使双方都能获取更大的收益。

（3）交易成本理论。交易成本理论（Transaction Costs）又称交易费用理论，该理论认为，由于经济体系中不同类型企业各自的专长以及市场价格机制的存在，产生了专业分工的现象，当使用市场的价格机制的成本相对偏高时，便形成了企业机制来降低价格机制的交易成本。交易成本的含义相对宽泛，指所有为促成交易发生而形成的成本，且不同的交易往往涉及不同种类的交易成本。狭义的交易成本指达成一笔交易所要花费的成本，也指买卖过程中所花费的全部时间和货币成本。从本质上说，有人类交往互换活动，就会有交易成本，它是人类社会生活中一个不可分割的组成部分。

根据交易成本理论，我们不难发现，期货公司在开发客户的过程中要支付许多交易成本，并且这种交易成本的多寡视期货公司与客户关系的松散程度不同而增减，若掌握的潜在客户资源越多，则在开发客户的过程中需支付的交易成本就越少，反之亦然。而与期货公司相比，证券公司由于具有广泛的证券投资客户，也掌握着相对较多的潜在期货投资客户资源，因此，在搜寻客户、了解客户和辅助客户进行期货投资方面所需支付的交易成本相对较少，所以让证券公司参与期货投资客户的介绍业务可以节省较多的交易成本，因此，引入证券公司期货中间介绍业务可以更好地节约交易成本。

2. 证券公司开展期货 IB 业务的政策依据

证券公司为期货公司开展中间介绍业务不仅有其理论依据，而且也有相关的政策依据，具体表现在以下几个方面：

（1）行政法规上的依据。目前，我国涉及期货中间介绍业务的行政法规相对较少，有代表性的则为《期货交易管理条例》，其第二十三条明确规定，从事期货投资咨询以及为期货公司提供中间介绍等业务的其他期货经营机构（IB 机构），应当取得国务院期货监督管理机构批准的业务资格，具体管理办法由国务院期货监督管理机构制定。这就从行政法规上提供了强有力的依据。

（2）部门规章上的依据。在部门规章中，主要有两个文件对期货中间介绍业务作了规定，一是《期货公司管理办法》，二是《证券公司为期货公司提供中间介绍业务试行办法》（以下简称《试行办法》）。前者第六十七条也规定，期货公司可以委托经中国证监会批准的其他机构从事中间介绍业务。

《期货公司管理办法》第八十八条还规定，期货公司或其营业部有下列情形之一的，中国证监会及其派出机构可以依据《期货交易管理条例》第五十九条的规定，采取相应的监管措施：①未按规定委托中间介绍业务（IB 制度），业务活动存在较大风险或风险隐患；②违反规定委托中间介绍业务（IB 制度），损害客户合法权益。这两项政策规定从具体业务上对证券公司从事中间介绍业务提出了相应的要求，同时也在客观上为证券公司从事中间介绍业务提供了具体的政策依据。

中国证监会颁布的《试行办法》的相关规定也为证券公司从事期货 IB 业务提供了相关的政策依据，如《试行办法》中的相关条款规定了证券公司可以提供的业务范围以及应遵循的要求。其中第九条规定，证券公司受期货公司委托从事介绍业务，应当提供下列服务：协助办理开户手续；提供期货行情信息、交易设施；中国证监会规定的其他服务。作为股指期货介绍经纪商的证券公司，可以将投资者介绍给期货公司并为投资者提供期货知识的培训、向投资者出示风险说明书，协助期货公司与投资者签订期货经纪合同，为投资者开展期货交易提供设施方面的便利，协助期货公司向投资者发送追加保证金通知书等，期货公司向 IB 支付佣金。但 IB 不得接受投资者的保证金，不得变相从事期货经纪业务，投资者仍然需要通过期货公司来进行股指期货的投资。

在《试行办法》第十八条、第十九条明确指出了证券公司为期货公司介绍客户时应承担的具体工作，包括应当向客户明示其与期货公司的介绍业务委托关系，解释期货交易的方式、流程及风险，不得作获利保证、共担风险等承诺，不得虚假宣传，误导客户。另外，还要求证券公司应当建立完备的协助开户制度，对客户的开户资料和身份真实性等进行审查，向客户充分揭示期货交易风险，解释期货公司、客户、证券公司三者之间的权利义务关系，告知期货保证金安全存管要求。证券公司应当及时将客户开户资料提交期货公司，期货公司应当复核后与客户签订期货经纪合同，办理开户手续。

在《试行办法》第二十三条中特别规定期货、现货市场行情发生重大变化或者客户可能出现风险时，证券公司及其分支机构可以协助期货公司向客户提示风险。

而在《试行办法》第九条中，还提到了证券公司作为期货 IB 业务机构，不得代理客户进行期货交易、结算或交割，不得代期货公司、客户收付期货保证金，不得利用证券资金账户为客户存取、划转期货保证金。

在《试行办法》第二十一、二十二条中明确指出证券公司在提供中间介绍服务中的禁止事项，包括不得代客户下达交易指令，不得利用客户的交易编码、资金账号或期货结算账户进行期货交易，不得代客户接收、保管或者修改交易密码。不得直接或间接为客户从事期货交易提供融资或担保等，特别对于风险控制环节。

(3) 地方性规定中的依据。在证券公司从事期货 IB 业务方面，各地方相关行政机构也制定了针对性较强的地方性行政规程，如广东证监局为加强对辖区证券公司和期货公司提供中间介绍业务的监管，增强监管的协同性，提高监管的实效性，同时也起到严惩中间介绍业务违法违规行为，就及时出台了《广东辖区中间介绍业务监管工作规程》(以下简称《工作规程》)，对中间介绍业务监管各个环节的工作进行规范。具体包括：

一是明确责任，建立统一协调的监管机制。针对股指期货给跨市场监管带来的挑战，广东证监局坚持依法监管、科学监管的原则，以强化风险防范为导向，建立了市场信息共享、监管政策协调、监管手段同步、风险防范联动的监管机制，强化对中间介绍业务的监管。在《工作规程》中，明确实行统一归口、按责承办的日常工作机制，以及完善监管工作档案，建立信息共享机制，实行按责承办、共同会签的协作机制。

二是细化流程，提高中间介绍业务监管的规范性。为提高中间介绍业务监管工作的规范性，广东证监局认真梳理中间介绍业务监管中的关键环节，细化监管工作流程，明确了职责分工和工作要求。在《工作规程》中，明确证券公司、期货公司以及证券营业部中间介绍业务的开业验收流程，规范了中间介绍业务开业验收现场检查工作的程序及要求，明确要求开业验收应约见相关机构管理人员谈话，制作谈话记录，应取得验收检查中发现问题的事实确认书等，同时细化了中间介绍业务的日常监管、投诉处理、人员培训、档案整理和信息报送等工作的流程和职责分工。

三是严格监管，加大对中间介绍业务违规行为的惩戒力度。为确保股指期货平稳推出和安全运行，严厉打击中间介绍业务中的违法违规行为，广东证监局根据《证券法》和证监会关于中间介绍业务的法规条款，对证券公司、证券营业部在中间介绍业务开展过程中的业务流程进行了全面梳理，归纳列举了证券经营机构在开展中间介绍业务过程中可能发生的 18 种违规行为，并根据违规行为的不同性质，规定了采取监管措施的类型。同时，《工作规程》还强调，对未经许可擅自开展中间介绍业务的证券公司及证券营业部，或在开展中间介绍业务中收付、存取或者划转期货保证金的，将按照国务院《期货交易管理条例》第七十条予以处罚。

总之，上述三个层面的政府政策文件分别从不同方面为证券公司开展期货 IB 业务提供了充分的政策依据。

三、境外证券公司期货中间介绍业务的发展概况

（一）境外期货 IB 业务的发展现状

1. 境外期货 IB 的业务模式

在美国，期货 IB 的发展模式一般有两种。一种是担保的 IB（GIB），又称单一中间介绍商，该类期货 IB 仅仅服务或附属于一家期货经纪商，因此，经营模式往往由其所服务的期货公司的特点决定。如果其所服务的期货公司只对商品市场的某一领域比如大豆市场熟悉，那么该 IB 就只能满足客户对大豆市场的投资需求。另一种是非单一的独立中间介绍商（IIB），可服务于多家期货公司。与单一的附属于某一期货公司的 IB 相比，IIB 的经营模式具有更大的灵活性，研发资料来源也可从多方获取，使其在信息反馈方面具有较大的优势，并可以解决不同客户对多领域投资的需要。同时，IIB 可以在一定程度上保护投资者的利益，当投资者有某一方面服务需求时，IIB 通常能够高效地满足客户的需求，这一点往往是单一中间介绍商无法比拟的。

IB 业务在美国期货行业结构框架见图 2，从中可以看出 FCM 居于核心中介地位，是美国期货业中最为关键的中介机构。IB 等其他中介通常需要在交易和结算方面与 FCM 建立一定的联系，方能发挥应有的作用。

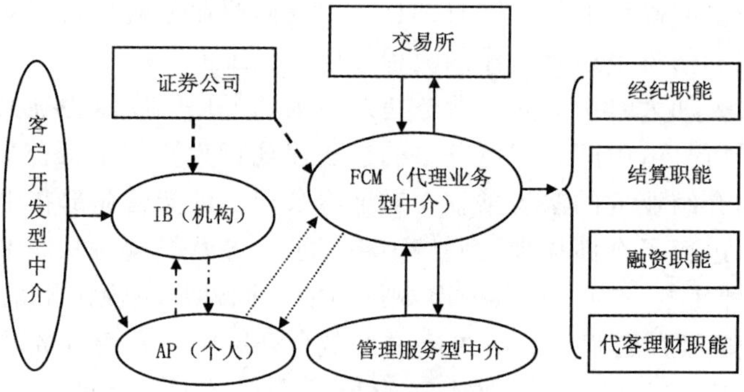

图 2　美国期货行业机构框架

在中国台湾地区，当期货市场放开经营股指期货业务时，约有一半以上的券商不是所谓的综合券商，而是专业的证券经纪商，因而无法有效地开展股指期货业务。这与那时台湾当局相关管理部门对期货 IB 业务的认识有很大关系。在当时，台湾地区主管机关认为 IB 并不属于期货商，只是辅助期货商来招揽客户的中介机构，是独立的法人，可以称之为“交易辅助人”。因而通常将期货 IB 称为证券商经营期货交易辅助业务，即只有证券公司才能够申请成为 IB。

在具体运营模式上，台湾地区的证券公司可任意选择一家期货公司作为上手。在台

湾地区，目前作为 IB 的券商分为两类：一种是金融控股公司或大型证券商旗下的全资期货子公司，证券商作为自己同集团期货商的 IB；另一种则是中小型证券商，因本身缺乏资金或人力资源，需寻找一家信誉较佳、实力较强的期货公司合作，作为该期货公司的 IB。一个 IB 只能代理一家期货公司，而期货公司则能拥有多家 IB。台湾地区之所以形成这一运营模式，是因为在台湾期货交易所尚未成立，还在交易国外期货阶段时，大部分的期货公司就是大型证券商或银行所开设的。在台湾期货交易所成立，并开始交易本土指数期货后，自然成为集团内证券公司的上手公司。此外，出于风险隔离，以及其他专业的因素，大部分的券商也比较愿意以 IB 的形态从事期货业务。

台湾地区期货市场的行业结构及证券商参与期货市场情况见图 3。

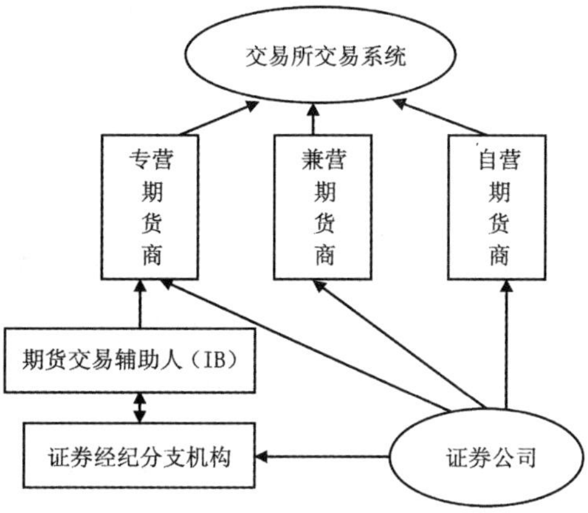

图 3　台湾地区期货行业结构框架

2008 年台湾地区期货中介机构市场参与情况见图 4。

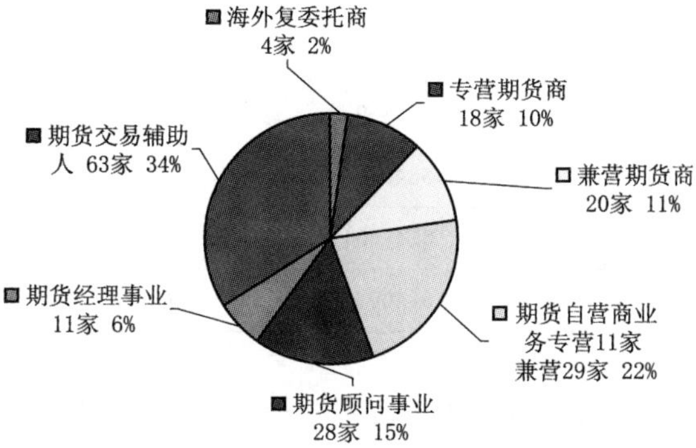

注：图中数据时间截至 2008 年底，来源于 www. cfachina. org/news. php?id =41632.

图 4　台湾地区期货中介机构市场参与情况

2. 境外期货 IB 的发展现状

美国期货 IB 业务的发展现状：首先在注册资本金的要求上，美国两种期货 IB（GIB 和 IIB）在注册资本金方面的要求不同，一般 IIB 的注册资本金要远高于 GIB 在注册资本金方面的要求。其次，无论是担保的 IB（GIB）还是独立中间介绍商（IIB），都具有一定的资产规模，有些 IB 的资产规模甚至要超过期货经纪商（FCM），如美国一份权威期货杂志曾做过统计，美国 40 名以后的期货经纪商，其资产规模基本在 0.5 亿美元以下，而有些 IIB 的资产却达 1 亿美元。再次，由于互联网和计算机技术的发展，在美国注册的 IB 已超过了 1500 家，并且超过 55% 的 IB 业务集中在金融期货产品上，如股指期货、利率期货和外汇期货等，IB 的市场覆盖面达到了较高的水平。另外，美国期货 IB 业务一般不是从大银行或者是大客户那里获取收益，更多的是从客户的交易中获利，而且是按照每笔交易进行，亦即通常在 FCM 和 IB 之间会安排一个净收入的比率，IB 通常是基于 FCM 提供的费率向客户报价，并且要求得到合理的收益。最后，美国期货业协会对 IB 的注册和聘用有非常严格的要求，美国期货 IB 的雇员还被要求定期参加道德规范的培训，培训内容包括在交易中要遵守的规范，以及遵守公平、公正的交易原则，并被要求操作合理，向客户披露实质性的信息等。

中国台湾地区的期货 IB 因为不是专业期货商，只是期货商的辅助，所以入门门槛设置不高。券商 IB 须缴存的营业保证金为新台币 1000 万元，其每一分支机构从事 IB 业务须缴存新台币 500 万元。

根据台湾期货交易所 2010 年 4 月发布的统计数据，截至 2009 年 12 月 31 日，台湾从事 IB 业务的机构共 60 家。整个台湾地区从事期货业务的网点 1062 个，其中 932 个业务网点是属于从事期货 IB 业务的机构的，占比高达 88%。2009 年全年，整个台湾地区期货 IB 的交易量约占期货市场总成交量的 23%，约占期货经纪业务交易量的 46%。2009 年在所有从事期货 IB 业务的机构中，总交易量排名前五的为：永丰金证券、宝来证券、元大证券、群益证券和日盛证券。其交易占比具体见表 2。

表 2　　台湾地区期货 IB 业务交易量前五位占比

	2009 年交易量（双边，手）	占比（%）
永丰金证券	9779212	3.62
宝来证券	6198323	2.29
元大证券	5842146	2.16
群益证券	5247731	1.94
日盛证券	5150973	1.91

根据有关资料的介绍，IB 业务的确促进了台湾地区金融期货市场的繁荣，也给 IB 业务机构实现了新业务创收。以 2008 年次贷危机发生后为例，整个台湾地区期货公司没有一家亏损。2008 年期货公司业务最低的 EPS 为 0.3 元新台币，而业绩最好的宝来曼氏则达到 5.7 元新台币，与宝来曼氏差不多盈利情况的公司还有 4 ~ 5 家。

（二）境外期货 IB 业务的管理

1. 业务内容方面

美国期货 IB 在业务内容方面体现为：在某些特定情况下，证券公司绝不能将其客户介绍给同一集团的期货公司。而且，美国相关法律条款也明确规定，当证券公司管理着某些特殊基金时，如养老基金，则不能将其管理的该类基金通过其旗下的期货公司运作，以防发生期货公司为追求高额手续费而恶意炒作的现象。借助于先进的交易技术，客户操作变得越来越自制，在美国，订单服务程序得到大力的发展。很多客户在家、在办公室就可以输入他们的订单，这些客户依靠 IB 进行风险管理，包括各种各样的服务，如建立网络联系、提供避险建议、协助管理账户等。专业化的 IB 是为行业提供独有的服务而建立的，它有一些特殊的价值，如提供特定的管理，为金属或者是外汇市场服务，这些附加服务一般具有独特的价值。

在中国台湾地区，期货 IB 所能够从事的业务内容包括，招揽期货投资者从事期货交易、代理期货商接受期货交易人开户以及接受期货交易人期货交易之委托单并交付期货商执行。在招揽业务部分，台湾是严禁无从业资格的人向客户推荐期货交易的。在证券营业部中，凡是要招揽期货客户的业务人员，必须具有期货从业资格证。同时，客户在 IB 营业部开期货账户时，开户的主体仍为期货商而非 IB，但由于客户签署合同的过程，完全是由 IB 的开户人员办理，IB 也必须在合同上盖章，因此，所签订的合同是一份三方合同。由于 IB 并非交易所的会员，所以无直接下单至交易所或与交易所直接连线的权利，期货 IB 需通过期货商转单至交易所撮合。所有期货 IB 对外招揽业务的宣传资料必须向公会申报，所有宣传资料必须保留两年，所有以公司名义对外发布的宣传资料都要刊登许可证，宣传资料的内容不能涉及获利保证或者夸大技巧，不能在宣传资料里预测未来的价位，不能公开刊登经纪业务的价格。台湾规定期货公司包括期货 IB 不可以联合定价，台湾期货同业公会也制定了非常严谨的自律机制，以防止期货经纪业务的恶性价格竞争。

2. 业务程序方面

在美国，根据《期货交易法》的规定，任何人要注册登记为期货介绍经纪人都须向美国期货管理委员会（以下简称为委员会）提出注册登记申请。申请须按照委员会规定的形式和方式提出，并须提交委员会认为必须提供的有关申请人已从事或将要从事经营业务的资料和事实，根据委员会制定的规则、规章、决定、规定，注册登记将于登记的当年 12 月 31 日期满或于其他日期届满。

为满足期货市场改革需要，《2000 年商品期货交易现代化法》特别规定，任何在证券交易委员会登记的经纪人在符合下述条件的情况下均应被登记为期货介绍经纪人：①该介绍经纪人应向委员会提交按规定须在必要或适当的时间提交的、有关公共利益或保护投资者信息的书面通知；②该介绍经纪人的登记未被委员会予以中止。

经注册登记为期货介绍经纪人后须根据委员会的要求，报告其在美国或其他任何地区进行的商品期货交易、持有头寸及其客户的交易和头寸，并在委员会规定的形式和方式及期间内保存交易和头寸的账册、记录，并使这些账册和记录公开接受委员会及美国司法部代表的检查。介绍经纪人应为每个客户保存法律规定的与交易相同的方式和形式的日交易记录。日交易记录应符合委员会规定的方式，并在委员会规定的期间内予以保存。为保护公共利益及商品期货交易人的利益，保存记录的报告应在委员会规则、规章、决定中所规定的日期、地点及形式范围内由被存的记录所组成。

在中国台湾地区，期货IB的业务程序包括：客户首先应持规定的证件至IB处办理并签署合同，在具备期货从业资格的人员解说交易风险之后，再签署“风险预告书”。IB开户人员须将开户资料送交期货商，再由期货商向交易所上传开户人资料后，方可完成开户程序。

期货经纪业务中的开户环节尤为重要，如果开户环节不严谨容易引来后患。在开户环节，除了具有业务执照的业务员在场，还有一个专门负责开户的人在旁边见证，以确认是客户本人开户。IB必须把契约的内容对客户解释清楚，同时签订两份风险预告书，一份由客户保管，一份由IB留存，客户签字后表明已经了解风险内涵。开户环节的第二项重要内容就是对客户财务能力的征信。自律公约规定，75岁以上的人和以前从事证券交易时有违约行为的人都不能开户。

客户可自行利用网络方式下单，也可根据规定方式（当面、电话、传真等），向IB业务员发出委托指示，再由IB人员输入电脑撮合。

由于IB不可接受客户保证金，因此客户需将保证金直接存入期货商的“保证金专户”；同时，客户出金时，亦是直接向期货商申请。在每日结算后，凡有部位或保证金发生变化的客户，均由期货商列印“客户买卖报告书”并送交客户（当面或寄送）。此外，期货商应在每月底印制月对账单送交客户。

实际的操作程序是：A证券商决定从事IB业务后，会先与一家期货公司签订合约，合约中会注明期货商应提供给IB的软硬件设备、双方的权利义务、风险事故发生时双方应负担的比率以及双方利润分享的比率。而上述的条件都是互相关联的，也就是利润的分配，是视双方的权利义务而定的。A证券商的业务员招揽客户从事期货业务，必须先由公司内拥有期货执照的业务员为客户做风险及合同的详细解说，然后订定一份由期货商、IB、客户组成的三方合同。客户先要存入足额保证金至期货商的客户保证金专户内，才可以开始交易。客户下单时可以下给A证券商的业务员，由网络联机方式经由期货商主机将交易指令下至交易所撮合，或直接将交易指令输入由期货商提供的网络交易系统内。

IB客户的出入金、风险控管、保证金的追缴与保证金不足时的强行平仓均由期货商负责，IB则有义务协助期货商处理。

期货IB终端机的数量和摆放位置都需要有文件说明和照片为证，不能随便搬放。IB在台湾地区代客操作时非常小心。尽管营业网点多达1000多家，但是只要更换位置，都要进行检查，这是接单工作的重点。

IB需要给客户提供成交回报，每月寄月度账单。IB对所有资料进行录音存证，所有录音要起码保存2个月以上。同时，IB应该协助控管，包括错账及保证金追缴通知。

3. 风险控制方面

IB业务是成熟市场的标志。在美国，IB制度已实现法制化，法律对IB成立的条件、IB的权利和义务等均作了相应的界定。除了资本方面的要求外，监管层对经纪公司运作的监管也非常严格，CFTC每年都要对其进行审查。除此之外，IB从业人员还需通过由NFA认证的考试，公司很多管理人员的经验都十分丰富，这可在很大程度上预防IB业务风险的发生。

另外，美国期货经纪业务是分层管理的，不同层次的实体承担不同的风险，因而客户的风险客观上被细化了，且更加可控。作为中间介绍商，在与期货公司按一定比率分享收益的同时，也需要承担相应的客户风险。比如，IB介绍给一家期货公司的一个客户在交易中爆仓后销声匿迹了，相应的后果就要由IB来承担。从这个意义上说，IB的权利和义务也是对等的。因此，IB公司在开发客户时，要最大限度地履行谨慎义务，尽可能多地了解客户的资信状况，这在无形中又给期货公司上了一道防火墙。

需要强调的一点是，在美国，投资者不能在IB公司开户，而只能在期货公司那里开户，客户资金风险也是由期货公司进行管理和控制的。因此，客户资金的安全性是有保障的。

在中国台湾地区，IB并不负责风险控制，凡是盘中盘后通知客户追加保证金、盘中强制平仓等等，均由期货商完成。但在期货商与IB所签订的委托协议中，一般都会约定，因客户违约而导致的损失由双方共同负担。

对于IB业务的风险管理方面也有一些细节性的规定，如IB负责人本人和配偶不能单独操作，每月10号以前向有关单位申报上个月业务量的月报表。交易辅助人除非申请兼营期货自营业务，否则不得在期货商处开户，为自己利益从事期货交易。经营交易辅助人业务，应由专责部门办理，并应指派专人负责管理。此外，IB从业人员在招揽客户、开户和接转单之外不得接受交易人任何款项和交易人的全权委托。

台湾地区开始施行IB制度的初期曾发生过一些风险事件，包括交易系统问题、工作人员的道德风险事件等等，因此，后来对许多关于IB的规定也进行了必要的修正和完善。台湾地区IB业务进行监管的依据主要是《证券商经营期货交易辅助业务管理规则》，台湾期货交易所根据该规则拟定了《证券商经营期货交易辅助业务内部控制制度标准规范》，供台湾地区各IB业务机构制定自己的内部控制制度为参考。此外，内部控制制度还需要包含内部稽核的事实细则，并经董事会通过。内部稽核细则至少应包括：对内控制度进行检查，以衡量当前政策、程序的有效性及实施程度，和对业务活动的影响；确定稽核项目、时间、程序及方法。

（三）台湾宝来曼氏期货公司IB业务管理模式调研

一般情况下，台湾地区券商IB业务管理模式为由期货公司成立IB业务管理部门，再由该部门进行各分区IB业务服务，如交易、账务、教育及信息、业务发展等，人员配置大约3~5人，宝来曼氏是少数对券商IB投入最多资源的期货公司。以下为对宝来曼氏期货公司IB业务的调研结果。

1. IB业务管理制度及业务流程

宝来曼氏期货成立IB业务管理委员会组织，提供给IB各项专业服务。业务流程为宝来曼氏期货→券商IB→IB可从事业务招揽、代理期货商开户、通知追缴、接受下单委托以及其他经主管机关核准之业务。

2. IB业务相关统计

IB业务权益占公司权益比为20%，IB业务交易额占公司交易额比为50%，IB业务手续费占公司手续费比为45%。

3. IB业务收入分成

各家券商IB所制定的分成制定各有不同，利润分配方式可分为底价拆账制及成本扣除分润制两种。

4. IB端投资者结构

IB端投资者结构法人占0.35%，自然人占99.65%。

5. IB端客户营销

宝来曼氏期货在全台拥有最多券商IB，以奖励式营销，以丰富的服务，协助IB在市场上具有竞争力，对于后续服务工作有完整的规划，我们称为全包式的IB服务：第一，提供充沛的信息IT资源；第二，提供完整教育训练；第三，提供多样化营销活动；第四，提供后勤支持。

6. IB端客户的后续服务工作

目前台湾地区市场上券商IB的期权客户以自然人为主，一般投资人对期权商品和交易策略比较不了解，因此后续服务工作以专业教育训练为主，结合营销活动定期举办课程说明会，传授客户各种主流交易策略，例如期货短线当冲、选择权价差策略等，希望能提高客户交易胜率，协助客户在投资市场上获利，另外IT部门开发或更新交易系统上的功能，满足客户客制化的需求，例如当冲所需要的闪电下单接口，移动停损停利等功能。

7. IB端客户的期货风控

宝来曼氏的风控通知系统为：结算部风险控管专员→结算部各IB分层负责人员→IB经办人员与营业员→客户。风控流程如图5所示。

8. IB端客户投诉

宝来曼氏对各家券商IB皆设有专门的服务窗口，客户可通过IB与此窗口做投诉，也可以直接打电话与宝来曼氏期货080客服中心联络。

在IB业务开展过程中，宝来曼氏期货公司也遇到过一些困难。例如，从开发新的IB来讲，主要有以下的困难点：①手续费比价竞争；②市场饱和的问题；③多数券商、金控均自行设立期货商，转换不易；④转换IB成本效应；⑤须重新学习前后台系统；⑥现有客户须重新开户。

（四）境外IB业务发展的借鉴

纵观IB业务的先行者，主要具有以下几个特点：

1. IB业务量随金融工具种类的增多和期货市场规模的扩大而显著扩大

在灵活的市场机制引导下，可供IB业务开发的期货品种日益增多，期货市场的规模也显著扩大，随着期货交易量的增长，越来越多的交易量主要通过IB渠道得以实现。

以IB业务开展较为成熟的台湾地区为例，据台湾期交所最新公布的2009年年报显示，其IB业务交易量占全市场交易量的比重已达23.75%，经纪业务占比更是高达46.3%（见表3）。

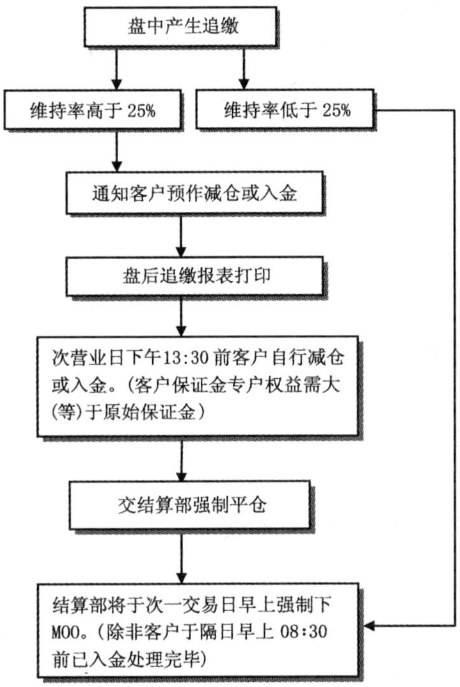

图 5　宝来曼氏期货公司的风控流程

表 3　　2009 年台湾期货市场 IB 业务概况

IB 交易量（买 + 卖）	64177731 口
全市场成交量（买 + 卖）	270251390 口
IB 占全市场百分比	23.75%
IB 占经纪业务百分比	46.3%

注：此处的“1 口”表示一张期货合约，相当于大陆的“1 手”；

资料来源：台湾期货交易所 http：//www.taifex.com.tw/chinese/home.asp.

2. 证券公司对 IB 业务的重视程度不断提高

无论是以商品期货及金融期货为主的欧美市场，还是以金融期货为主的港台市场，期货市场的交易大多由证券公司通过控股或者联合相关期货公司来完成，只有较小部分的期货交易是通过非 IB 渠道完成的。

根据美国的经验，在期货公司的业务结构中，IB 业务的客户量以及交易量都远比期货公司直接开发的客户量、交易量要大。随着 IB 业务量的增大，逐渐成长为证券公司利润不可忽视的来源之一，在剧烈竞争的压力下，证券公司对 IB 业务的资金、人力和设施等各项投入均明显增加。我国香港地区的数据显示，通过具有券商背景的期货公司进行的期货交易占整个期货市场交易额高达 95%，而独立期货公司的成交量不到整个市场的 5%。

3. 以提供优质服务为核心

实践证明，IB 客户对相关服务的需求要比期货公司自有客户的需求复杂和全面得多。正是将 IB 业务定位于为证券客户提供优质服务这一核心，才最终促成了 IB 业务在美国的蓬勃发展。无独有偶，IB 业务在港台地区的蓬勃发展，巨额的交易量经由 IB 渠道完成也主要是由于优质服务使然。

四、我国证券公司期货中间介绍业务主要环节发展研究

（一）证券公司期货 IB 业务组织结构设置

证券公司期货 IB 业务的开展过程较为复杂，在这个过程中会碰到各种各样的问题。期货 IB 业务的涉及面广，再加上期货市场的风险程度高、系统性强，而且市场风险突发性强、传导快，这就更需要有一个工作严谨、处事灵活的组织结构，发挥良好的沟通与协调职能，以便高效率地服务期货 IB 业务的各个环节。

在进行 IB 业务管理时，因涉及证券公司与期货公司两方主体，因此，在监管上需要有周密的组织结构，以确保业务的稳定、合规开展。证券公司 IB 业务组织架构可参考图 6。期货公司 IB 业务组织架构可参考图 7。

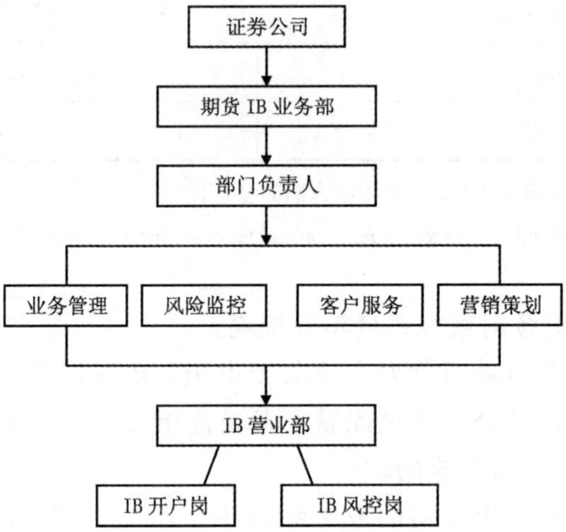

图 6　证券公司 IB 业务组织架构

1. 证券公司总部、期货公司总部 IB 管理部门设置

证券公司 IB 业务作为一个事务性非常强的环节，需要有一个专设部门和期货公司进行对接，在整个业务运转体系中承担起承上启下的协调衔接作用。为此，证券公司总

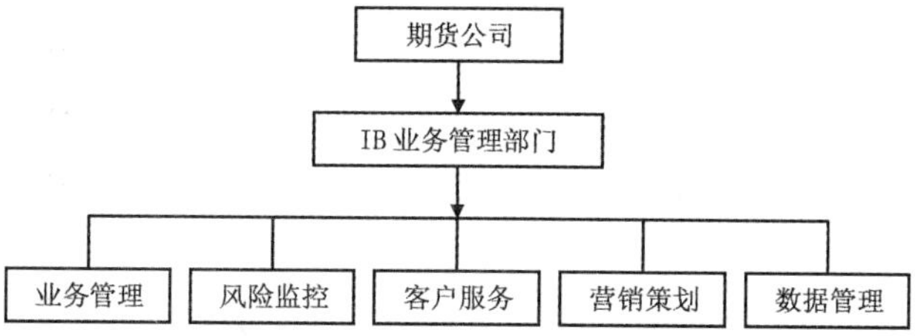

图 7　期货公司 IB 业务组织架构

部下设期货中间介绍业务部，负责介绍业务的统一管理。该部门除部门负责人之外，可设立业务管理、风险监控、客户服务、营销策划等岗位，配备相应的专职业务人员，由具备期货从业人员资格并通过中国期货业协会组织的中间介绍业务专项培训和考试的员工担任。

期货公司设立专门的 IB 业务管理部门，作为与证券公司 IB 业务部的对接部门，负责介绍业务期货公司端的统一管理，同时又是对证券端的支持服务部门。

期货公司总部及证券公司总部实施日常联络沟通机制，两个部门共同全面负责统筹 IB 业务的客户服务、业务管理、投资者教育等相关工作。并定期举行联络协调会，确保 IB 业务开展过程中所出现的问题能及时得到处理，使已制定的管理办法及业务流程在 IB 端及期货各部门及时有效执行。

2. 证券与期货业务部门对接

为确保 IB 业务的顺利开展，由期货公司 IB 业务管理部门建立与证券营业部的对接关系，明确由期货公司 IB 业务管理部门协助对接证券营业部开展期货 IB 业务培训及投资者教育工作，同时负责 IB 客户风险控制及通知工作。充分发挥期货公司 IB 业务管理部门的专业能力，有效整合期货公司 IB 业务管理部门与证券营业部各自的资源优势。

3. 人员层面的对接

落实到人员层面上，就是证券营业部与期货公司 IB 业务管理部门的人员对接。证券营业部按规定设置 IB 专岗人员的做法在行业里差别不大，期货公司业务管理部门相应的对接人员设置则经历了一个摸索的过程。为了能满足证券营业部所需的及时、长效的辅导和协助，目前已有专门设立 IB 辅导员岗位的创新做法。IB 辅导员是指由期货公司指派，长期驻点证券营业部的期货 IB 业务专职辅导人员。IB 辅导员对证券营业部 IB 专岗的日常工作进行专业上的指导与建议，并且协助证券营业部开展各类投资者教育及员工教育（该制度创新的具体内容详见本文第六部分“证券公司期货中间介绍业务制度创新范例”中的介绍）。

（二）证券公司期货 IB 业务技术支持系统配置

目前国内证券公司只能以金融期货交易介绍商（IB）的名义通过参股、控股或全资拥有期货公司的形式辅助参与金融期货经纪业务。这就意味着拥有庞大客户资源的证券公司不能直接经营股指业务，其客户要进行股指期货交易，只能通过期货公司的间接方式实行。而在股指期货业务日常交易正常运行的各项工作中，技术系统是基础，也是最为关键的。目前保证证券公司与期货公司日常业务运行的技术应用系统，包括机房、交易结算系统、灾备系统等，一般都是自成体系、各自独立、互不相关的，而在股指期货上市以后，本着风险控制、便利投资者、资源共享、成本节约等方面的需要，期货公司与证券公司的技术系统又必须实现有效的衔接与融合。

以下通过包括机房、交易结算系统、灾备系统这三方面分别介绍目前与期货 IB 相关的技术现状。

1. 机房情况介绍

目前国内有券商背景的期货公司或与证券公司合作关系非常紧密的期货公司存在以下几种网络衔接与融合方案：

（1）把机房建在一起，但考虑到风险隔离及运行管理的要求，可将两家机房建立在同一楼层的不同物理区域或同一办公楼的不同楼层，形成各自相对独立的物理区域，两者通过光纤进行网络连接，同时在技术上进行一定程度的网络隔离（见图 8）。

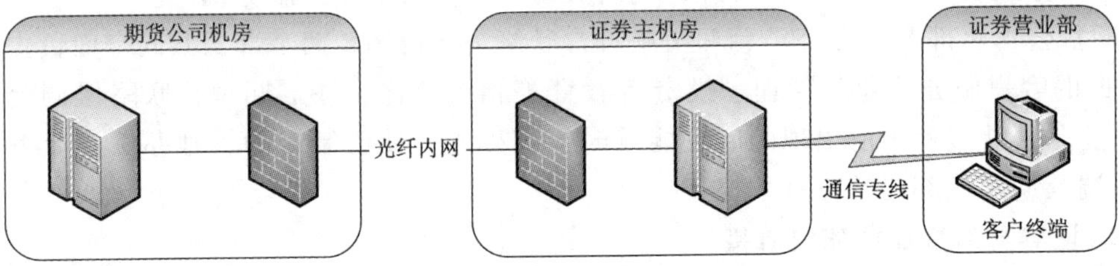

图 8　机房建设方案一

（2）建设各自独立的机房，证券公司机房和期货公司机房相对独立，不处于同一物理区域，若在同城可通过光纤或 SDH 连接，若在不同城市可通过 SDH 或 DDN 进行连接（见图 9）。

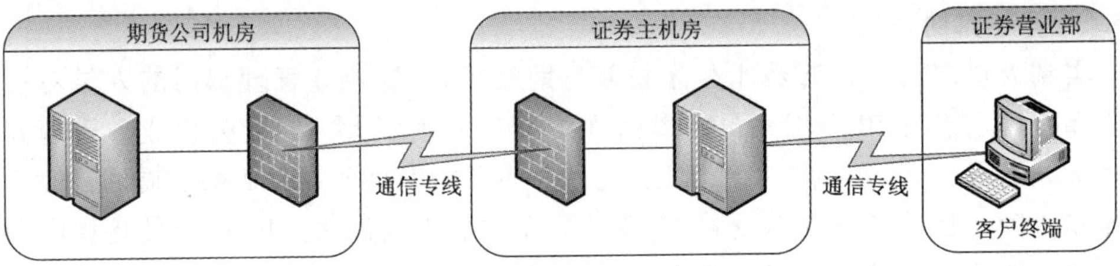

图 9　机房建设方案二

在此基础上期货公司应该以《计算机场地技术条件》、《电子计算机机房设计规范》、《电子计算机机房施工及验收规范》及中国证监会发布的《期货交易所、期货经营机构信息技术管理规范（试行）》的要求建设好符合技术规范要求的机房，并重新规划设计好公司的网络结构。机房主干网络宜采用千兆网，主交易用机器采用小型机或高档 PC 服务器，关键设备要做到双机热备并能实现自动切换。要有足够的措施和适当的投入做好网络隔离、病毒防范、防黑客攻击等技术安全措施。

2. 交易结算系统

由于证券公司和期货公司各自都已建立了自己的交易结算系统，且一般来说证券交易结算系统和期货交易结算系统由不同的 IT 开发商提供，因此，必须根据证券和期货不同的业务特点及技术实现方式来考虑如何应对股指上市后两套甚至多套系统的有效衔接与融合。为便于对一个证券公司属下所有营业部参与股指交易的客户进行服务和管理，可做如下设计：该证券公司每一个营业部可作为该证券公司期货 IB 业务部下的一个 3 级分类，其分公司（或区域总部或地区总部）所属的所有 3 级分类可归结为一个 2 级分类（2 级分类下有若干个 3 级分类），而该证券公司所有证券营业部的归结为该证券公司期货 IB 业务部下的 1 级分类，1 级分类下有若干个 2 级分类（见图 10）。

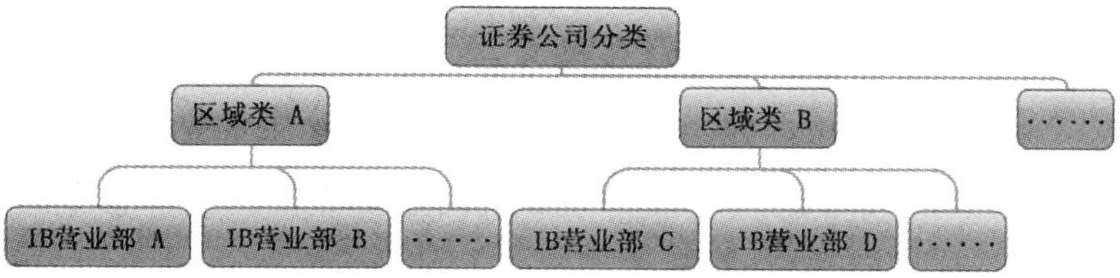

图 10 交易结算系统分类

（1）证券营业部客户开户处理。

可考虑两种模式。

模式一，类似现行期货开户的方式。IB 责任人接受客户有关开户资料后把资料传递给期货公司开户责任人，由期货公司开户责任人将其输入交易结算系统并向交易所申请交易编码，通知 IB 责任人开户成功，并告知初始密码。这种方式属于集中开户管理模式，便于统一管理，但需要期货公司增加开户责任人员的数量，在客户开户量较少时较为合适。但开户量大时这种集中开户模式将会严重影响效率，而且开户资料的单个传递也加大了成本（见图 11）。

图 11 证券公司期货 IB 开户处理模式一

模式二，在 IB 责任人处安装股指期货客户开户资料输入界面，由 IB 责任人负责输入客户有关资料后，期货公司开户责任人据此资料每天定时向交易所申请交易编码并导入交易结算系统做开户处理，IB 责任人可在其终端查阅开户情况并据此通知客户。客户开户资料原件可定期传递给期货公司开户责任人。这种开户办法效率高，但对 IB 责任人审核开户资料要求严格，同时需要 IT 公司编写供 IB 责任人使用的开户资料前端输入及相关处理程序（见图 12）。

（2）证券营业部行情处理。对行情来说，如果仅仅是在现有股票的基础上增加一条股指期货行情则比较简单，但实际情况并非如此。客观地讲，目前，证券交易所对股

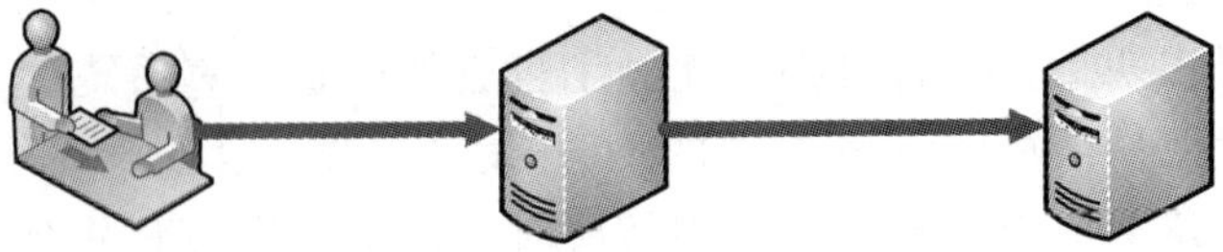

图 12　证券公司期货 IB 开户处理模式二

票行情的刷新速度比期货行情要慢很多，如每只股票的行情要 6 秒左右才会刷新一次。所以，在证券行情系统中直接加入一条股指期货行情，其可行性需经测试才能确定。而如果使用两套行情，即证券行情与股指期货行情两者完全独立，则不但会加大系统的开发和运行成本，对客户来说也会感到很不方便。

（3）证券营业部客户交易处理。客户交易处理也有两种方式可以考虑：

①股票和股指交易分别采用独立的系统，客户要做股票时继续用现有的股票交易下单系统，而需做股指期货时则启动期货交易下单系统。这种方式会增加客户操作的复杂性，但对使用网上交易和 WINDOWS 无盘站交易的客户来说只需多开一个窗口而已。但由于不少证券营业部还在使用 NOVELL 的 DOS 无盘站下单，要在其中再嵌入一个期货下单程序是否可行还需要测试。当然也可以采用在证券营业部适当增加 WINDOWS 无盘站的方式来解决需同时做股票和股指期货客户的需要。这应该是最快捷的解决证券营业部股指期货交易下单问题的方式。

②在现有的股票交易下单系统中加入股指期货交易功能，这一方式对客户操作来说比较方便，但需要对现有的证券交易下单程序进行较大的修改，主要工作量在后台处理上，且需要做证券交易系统的 IT 公司和做期货交易系统的 IT 公司之间进行协调，提供接口和测试。

在此需特别强调指出，期货交易基本采用网上交易模式，没有目前证券营业部正大量使用且交易量一直居于前列的电话交易委托系统，如果要在现有的证券营业部电话委托系统中加入期货交易，则需要对所有证券营业部的电话委托系统进行软件改造升级，这会牵涉到营业部证券电话委托系统开发商和期货交易结算系统提供商的相互沟通与协作，开发与测试的工作量较大。

（4）证券营业部客户结算处理。按上述分类方法来看，则宜采用完全由期货公司对 IB 进行结算，即由期货公司直接结算到客户，并对每一级分类提供结算汇总表，以利于证券营业部、分公司（地区总部或区域总部）、经纪业务总部及时了解客户交易状况。

（5）证券营业部交易风险处理。采取分级风险控制、及时沟通、各负其责、集中管理的方式，即由期货风控人员和证券营业部风控人员共同做好风险控制工作。IB 风控人员应随时通过有关客户管理系统实时了解客户风险情况，对于需要追加保证金的客户立即主动对客户发出追加保证金的通知。期货公司风控人员也应随时了解 IB 客户的风险情况，发现有客户保证金不足时，及时通知证券营业部风控人员。若客户未及时追加保证金，期货公司要根据合同进行强行平仓处理。每日结算后，由 IB 风控人员打印

"×××证券营业部保证金追加明细表"（已处理的列明风险处理情况，未处理的列明处理意向并有责任人的签字）传真给期货公司风控人员留存，并及时发出追加保证金的通知。

（6）证券营业部客户商品期货交易处理。目前，因此类客户数量较少，因此，短期内较好的方式还是采用现在期货公司跟证券营业部合作的方式，即采用期货公司网上交易行情和下单系统。当然以后也可以考虑把股票与期货的行情及下单系统完全融为一体。

3. 灾备系统

有券商背景的期货公司基于技术资源和人力资源共享、系统管理及成本等因素考虑，券商与期货公司的机房灾备系统以统筹考虑为宜。

无券商背景、同时考虑金融期货与商品期货齐头并进、共同发展的期货公司可根据自身定位及公司实力，考虑建立独立的灾备系统或通过租用第三方技术公司机房建立灾备系统。

无券商背景、未来主要考虑发展商品期货业务的期货公司可通过租用上海期货交易所下属的上海期货信息技术公司机房建立灾备系统。

证券公司期货IB业务部无需考虑灾备系统，只需在与之合作的期货公司层面建立灾备系统即可。

在股指期货推出后，期货公司比任何时候都更急切地需要建立总部机房灾难备份系统。考虑到证券公司的灾备系统建设已走在了期货公司的前面，因此，期货公司的灾备系统建设也可结合其是否具备券商背景、业务模式等方面的情况综合考虑。

（三）证券公司期货IB业务营销

20世纪90年代以来，针对IB业务这一实务安排，海外学术界相关的研究非常少，国内对于IB业务的研究是随着IB业务的推行而渐次展开的，因此，直到近几年才引起学术界部分学者的兴趣。截至目前，与IB业务营销相关的研究成果主要有：夏青（2009）针对"券商系"期货公司的IB业务营销策略进行了较为全面的探讨，详细分析了券商控股期货公司IB业务的发展形势和IB业务发展现状，从传统期货营销策略的不足出发，结合营销六要素提出了期货IB业务营销策略，并从服务环节对期货IB业务的开展提出了建设性意见；马晖、赵丹凝（2010）则对券商营业部关于股指期货IB业务的服务与营销这一专题进行了深入的研究。

IB业务的健康发展离不开合理的营销理论的指引，运用国际通行的营销六要素理论对我国期货IB业务营销的有序开展进行分析，将具有一定的实际意义。

1. 营销六要素简介

营销是一项系统工程，它包含多个要素，营销管理理论的进展历程显示，早期杰罗姆·麦卡锡的四要素理论经由菲利普·科特勒的拓展，已发展至如今国际流行的六要素理论。根据营销六要素理论，营销的六大要素包括：产品（Product）、价格（Price）、渠道（Place）、促销（Promotion）、人员（People）和有形展示（Physical Evidence）（见表4）。

表 4　　营销六要素概况

要素	定　义	构　成
产品 Product	以向目标市场提供各种适合消费者需求的有形和无形产品的方式来实现营销目标	品种、规格、式样、质量、包装、特色、商标、品牌及售后服务等的组合和运用
价格 Price	以按市场规律制定价格和变动价格等方式来实现其营销目标	基本价格、折扣价格、津贴、付款期限、商业信用及各种定价方法和定价技巧的组合和运用
渠道 Place	以合理选择分销渠道和组织商品实体流通的方式来实现其营销目标	渠道覆盖面、商品流转环节、中间商、网点设置以及储存运输等因素的组合和运用
促销 Promotion	以利用各种信息传播手段刺激消费者购买欲望，促进产品销售的方式来实现其营销目标	广告、人员推销、营业推广，公共关系等的组合和运用
人员 People	以良好地沟通，并提供令人满意的服务来实现营销目标	专业水平、可靠度、沟通能力的综合运用
有形展示 Physical Evidence	以利用各种有形展示途径来创造品牌地位，获得消费者的信任来实现其营销目标	标志、媒体、环境、项目、事件的综合利用

2. IB 业务营销要素

目前，国内 IB 业务的主要产品仅有商品期货和股指期货两大类；IB 业务的价格则主要体现在手续费率上；IB 业务当前的合法渠道是证券公司营业部；IB 业务的促销手段包括广告、推销（赠送小礼品）和公共关系公关等；IB 业务的人员主要是期货公司 IB 端人员；IB 业务的有形展示当前主要是在证券营业部摆设公司品牌 Logo，相关的媒体报道及公司或业务部门的获奖情况等（见表 5）。

表 5　　现行 IB 业务营销的要素及其组成

要　素	内　容
产品	商品期货、股指期货
价格	手续费率
渠道	证券公司营业部
促销	广告、推销、公共关系
人员	期货公司 IB 业务员
有形展示	公司品牌 Logo，媒体报道，获奖情况

3. 现行 IB 业务营销模式的弊端

主流营销模式有产品领先、价格领先、渠道领先和服务领先等，由于 IB 业务营销的产品仅为商品期货和股指期货标准化的产品，并不存在太多的个性化创新产品开发空间，渠道只是对接证券公司的营业部，因此当前 IB 业务主要以“手续费率竞争和服务差异化”为主要营销模式，围绕营销的六个主要要素来分析，此类营销模式存在以下几个明显的弊端：

（1）产品同质化。与上千只股票相比，IB业务的营销产品只有商品期货和股指期货等二十多种，对于证券公司而言，IB业务的推出只是多了一些营销产品而已，且种类较少，风险较大，产品同质化现象严重。

（2）手续费率竞争白热化。由于期货公司在业务创新方面受到相关法规的限制，因此可交易的产品只有交易所列示的二十多种，各期货公司业务趋同现象普遍，IB业务营销往往通过压低交易手续费的方式来抢占市场，获取客户资源，故而手续费率之争陷入白热化，加之投资者群体也处于成长过程之中，乐于选择到较低手续费率的期货公司开户和交易，这些都严重干扰了IB业务的正常发展。

（3）渠道单一化。IB业务的营销渠道主要为证券公司营业部。虽然作为期货公司的控股或母公司的券商拥有大量的营业部，但一方面由于券商本身对IB业务的重视程度不够，另一方面各营业部对IB业务的热情差异较大，因此，各营业部之间的IB业务量存在较大的差异。此外，证券经纪人不能从事期货IB业务营销，从根本上使IB业务的正常营销渠道大受限制，能真正较好地开展IB业务的营业部数量少之又少。

（4）营销方式欠新意。由于大部分证券公司和期货公司的合作尚在磨合之中，证券公司对于IB业务的投入较少，期货公司对于IB业务虽然寄予厚望，但因自身实力所限，也只能提供一些开户赠送小礼品等较为常见的促销方式，或依赖股东关系进行促销，很难有实力举行大手笔的促销活动。

（5）营销人员不足，专业素质有待提高。由于期货产品同质化竞争现象比较明显，因此营销人员为了多做业绩，在营销过程中侧重谈期货的高收益，而不充分揭示其高风险，造成诱导客户盲目入市并导致惨重损失的恶果，从而损害了客户的利益，给相关的券商营业部造成十分严重的负面影响，最终危及证期良性合作的根基，影响甚至阻碍了IB业务的正常开展。此外，证券经纪人不能从事期货IB业务营销，也使得IB业务的营销力量不足问题难以得到根本性的改观，从而使IB业务规模偏小和质量偏低的问题愈加突出。

（6）缺乏战略层次的有形展示安排。由于我国期货市场远未成熟，其发展水平与股票市场存在显著的差距，因此，与已经在业内确立良好口碑，并已树立优质品牌的证券公司相比，我国的期货公司尚处于成长过程之中，在树立业内知名品牌方面的战略安排尚欠重视，多满足于举办同质化现象较为严重的高峰论坛、高端峰会和组建高端俱乐部等初级有形展示。缺乏系统地打造公司品牌，树立行业标杆的战略安排。

4. IB业务营销模式的改进与规范

IB业务营销模式的改进和规范是一项系统性的工程，它涉及营销六要素的各个方面，由于我国台湾地区的期货市场发展较早，在引进新的交易品种和开放相关政策方面，远远地走在了大陆的前面，特别是IB业务方面，大陆IB业务的开展很多方面主要借鉴了台湾地区的发展经验。

与大陆相比，从产品层面来看，台湾地区期货市场可供IB业务营销的产品较多，除了商品期货外，金融期货也较为丰富，如台湾证券交易所除拥有金融保险类股价指数外，还有交投活跃的小型台指期货等创新型金融期货；从价格角度看，台湾地区 IB 业务已摆脱了低端手续费率竞争阶段，着眼于通过后续完善的服务等方面进行更为有效的竞争；从营销渠道看，台湾地区 IB 业务开展过程中，并不存在证券经纪人不能从事股指期货营销的规定，从而充分利用了证券公司营业部和庞大的证券经纪人资源，IB 业务规模逐年增大；从促销手段来看，台湾地区的期货公司整合了证券公司和集团内部的力量，组队促销，且能收到良好的促销效果；从人员角度看，台湾地区期货行业历经多年的发展，如今已是人才济济，拥有多年期货从业经验的专业人士较多，专业素质较高，加之 IB 业务已开展多年，各项制度和激励措施均已比较完善，因此基本不会存在通过隐匿潜在风险的方式开展 IB 营销的情形；从有形展示方面看，台湾地区知名的期货公司均有数十年的历史，品牌效应非常明显，且其善于借力金融集团的力量开展多方位的有形展示，与大陆形成较为鲜明的对比。

因此，现行 IB 业务营销模式的改进和规范可借鉴 IB 业务先行者——台湾地区的相关经验。IB 业务营销的改进和规范可考虑从“巩固直接产品、开发间接产品、改善产品同质化现状”、“依靠行政力量规范手续费的恶性竞争现状”、“放开证券经纪人股指期货营销限制，缓和 IB 营销人员不足现状”、“证期联合解决营销方式欠新意的窘境”、“加大 IB 业务人员培训提升人员服务能力”和“制定长期发展战略打造战略层面的有形展示平台”六个主要方面进行综合考量，详见第七部分之建议部分。

（四）证券公司期货 IB 业务开户与交易

1. IB 业务开户

（1）当前 IB 开户的现状及问题。在我国，根据《证券公司为期货公司提供中间介绍业务试行办法》的规定，证券公司受期货公司委托从事介绍业务时，应当协助期货公司办理开户手续，向投资者进行风险揭示、协助期货公司与投资者签订期货合同等服务。期货公司对 IB 开户进行统一的管理。

据调查显示，目前我国期货 IB 的开户业务流程主要包括以下过程：客户持相关证件到 IB 处，由 IB 专人对客户进行风险揭示后办理签订合同；IB 专人再将开户资料传递至期货处，由期货处审核开户资料后为客户开通交易权限，完成开户。

但在实际操作过程中，由于证券公司只是从事协助期货公司办理开户手续，所以随着客户开户数量的增多，存在的一些问题也逐渐凸显：

①风险揭示不充分。由于期货行业的竞争比较激烈，在开发客户时 IB 人员往往为了提高业绩，避重就轻地只谈期货的高收益，而对期货市场的高风险揭示不够充分，造成客户盲目入市后导致惨重的损失，不但给 IB 端也给期货公司造成负面的影响。

②开户资料审核的不严谨。作为 IB 端的开户人员虽具有期货从业资格，但在实际的操作过程中受 IB 端对期货业务的重视程度及人员配置关系的影响，其在岗位上常常表现得既不专业也不专职，对于 IB 业务方面的工作也是敷衍了事，未尽审核义务就将客户开户资料传递给期货公司，造成的影响极坏。

③开户效率低下。一般认为，造成证券公司开户效率低下的原因主要有以下四个方面：

一是由于证券公司对期货业务的重视程度不够，IB 人员积极性不高，导致开户工作拖拖拉拉，不能及时地将客户资料传递的期货公司审核。

二是目前大多数公司通过传真或公司内部自己开发的系统进行证券与期货间的客户开户资料的传递，由于需期货公司审核的开户资料内容较多，在传递过程中耗时过多，大大降低了开户的速度。

三是在期货公司的业务数量未达到一定规模之前，期货公司为了节约成本，大多采用一对多的开户方式，这样做的结果就导致不能即时地处理开户。

四是客户开户资料保存不完善。由于 IB 人员对期货业务的不重视，开户完成后往往不能及时地将客户资料整理归档，导致客户资料有泄密或调阅不到的问题。

（2）IB 开户的建议和发展。针对 IB 开户过程中存在的上述问题，我们认为，证券公司和期货公司应积极协调，关键从以下几个方面着手改进：

①配备专人专岗。证券公司对从事期货中间介绍业务的人员配备应当充足，起码配备一至两名开户岗专职人员，并制定一定的考核制度，对于不能认真履行中间介绍业务规定要求的人员应进行惩罚。期货公司也应定期组织相关的 IB 开户专人参与各项培训，培训内容可涵盖多个方面，如业务操作方面、期货相关知识普及、期货各类品种介绍、品种分析、期货行情分析等，提高整体风险意识，有效防范开户风险。

营销人员和开户人员分离，业绩和工作职责分离，可从一定程度上降低风险揭示不够充分现象发生的概率。

②配备专用开户室。因期货开户的各项要求往往比证券开户更高、更专业，所以对证券营业部的场地设施及环境应该有一套标准要求，IB 开户专员可以在专门的地方对客户进行充分的风险揭示和投资者教育。

③提高 IB 开户人员的专业能力，下放审核权限。期货公司可将开户资料的审核权限下放给经严格挑选符合要求的 IB 开户专员，这样能大大节省在资料传递上的时间，为期货公司人员从繁忙的工作中解脱出来，大大提高开户的效率。

④完善期货资料档案管理的要求。期货经纪合同由期货公司统一管理，期货公司相关部门须设定合同管理专岗，负责公司期货经纪合同统一管理。证券公司作为中间介绍业务部门也须指定专人负责期货经纪合同的管理。期货开户提供的资料不但多而且要求保存的年限长，证券公司应制定相应的制度来管理和保存这些资料。

通过对目前 IB 开户现状中存在问题和解决方式的分析，能在一定程度上解决近阶段 IB 开户存在的弊端。但作为监管部门、期货公司、证券公司三方在对待 IB 开户业务时，还需用发展的眼光看待，使 IB 中间介绍业务真正服务于客户。

目前证券公司在办理中间介绍业务时还停留在为客户现场办理开户手续的阶段，这种方式不但耗时、耗力、耗财，而且随着期货市场的壮大，参与人数的增加，客户的地域分布也将越来越广，这种现场办理的方式将会越来越显现出阻碍市场发展的弊端。现场办理开户手续的目的无非就是便于客户身份识别、进行风险揭示和合同签订，而通过采取下列措施可使这项工作更好地完成。

第一，对于在证券公司已经开立证券账户的客户，证券公司在为其办理证券账户时已经进行了严格的客户身份识别工作，期货业务作为证券公司的一项中间介绍业务，无须再进行重复的客户身份识别工作。

第二，和网上风险揭示相比较，现场风险揭示由于受时间限制和人员配备的约束，可能在揭示风险时客户未能真正全面了解，相反通过网上风险揭示客户可以不受时间限制，让客户详细阅读风险揭示书以充分了解风险。

第三，由于网络技术水平不断提高，其安全性和便捷性也与日俱增，越来越多的人渐渐喜欢并习惯通过网络形式参与各项活动、工作、业务，所以通过网络形式签订期货合同也将逐渐被人们所认可和接受。

因此，如果是在证券公司已开立证券账户的客户就可以通过非现场开户的方式为其办理期货开户。如果采用网上签订合同的方式，也能解决目前期货公司和证券公司间开户资料传递中存在的诸多问题。

2. IB 业务交易

（1）出入金环节。证券公司在代理客户期货业务时可以协助期货公司对客户进行风险揭示、签订合同、辅助风险控制等，但不能接受客户的资金，不能对客户进行交易结算，这些业务必须通过期货公司来完成。如何实现证券和期货资金自由划转是目前IB 客户在出入金环节面临的一个难题。

①期货结算银行与证券存管银行数量上不匹配。根据期货市场保证金存管制度的规定，投资者从事期货交易，应当在期货结算银行（工商银行、农业银行、中国银行、建设银行和交通银行）开立用于期货交易出入金的银行结算账户或选择已在上述结算银行开立的银行结算账户登记为期货结算账户，结算账户户名与开户名必须一致。由上述规定可知，进行期货资金划转目前只有5家银行，而众所周知，能作为证券资金划转的银行远远大于这5家。也就是说，如果一个客户在证券开户时用的存管银行是上述5家之外的某银行，那么他通过证券公司介绍到期货公司做期货时的资金就不能从该银行直接转到期货账户上，而是需要通过转到上述5家银行之一后才能入金，导致客户资金划转极其不便。另外期货行情瞬息万变，讲求的就是速度和效率，客户资金划转不及时可能会给客户带来极大的损失。

②出入金方式单一。现行客户出入金方式不外乎两种，即传统资金划拨、银期转账。

传统资金划拨方式，即客户到银行柜台将资金划拨到期货保证金账户，这种方式既不方便，效率也不高，已逐渐退出期货行业的舞台。一般在特殊情况下客户才会使用这种方式进行资金划拨，如客户周边没有网络、密码忘记等情况。

银期转账方式，这是目前绝大多数客户划拨资金的首选方式。客户在银行开通此项业务后，通过期货交易端、网上银行、电话等方式进行资金划拨，这种方式和传统的资金划拨方式相比较，不但方便而且效率也高。

由于资金划拨方式的单一，一旦银期系统出现故障，客户就不能进行资金划转，传统的资金划拨方式速度又太慢，时间的滞后无法做到实时到账，人为的操作失误容易带来转账风险，不能满足期货市场客户的需求。

针对目前出入金方面存在问题，我们首先应尽快着手解决增加期货保证金结算银行的数量，对于符合《人民币银行结算账户管理办法》的银行给予其作为期货结算银行的资格，使得期货市场和证券市场的结算银行相匹配。其次，银行、证券、期货相关部门应尽快联合研究出一套能证期直接资金划拨的转账系统，这将极大地方便投资者进行资金划转。

（2）交易环节。目前客户可选择的期货交易的委托方式大致有三种：书面、电话和互联网。

绝大部分的客户选择使用网上客户端交易系统进行自助交易，部分客户通过电话进行应急委托下单，极少数客户采用书面委托下单的方式，在营业部现场填写书面应急委托交易单进行交易。IB 营业部的客户主要采取的是自助下单，由于 IB 营业部未设置交易员，客户应急电话委托下单，指令实际上是通过拨打应急下单热线或者客服热线委托总部交易员进行的。

自助下单的交易方式之所以为大部分人所选用，并成为一种趋势，其原因在于：①客户期货账户的密码安全性——在电话应急委托时，客户必须告知交易员其交易密码，而自助下单操作无需对外公开交易密码和验证密码；②交易指令的灵活性，如客户端交易系统支持止损（盈）指令，但交易员系统仅支持市价指令和现价指令；③下单的及时性，节省了委托交易员下单时密码验证的时间。

目前，市场上可供客户使用的交易软件包括两类交易系统：主交易系统和辅助交易系统。主交易系统是期货公司用于结算的系统，可进行交易下单、银期转账等功能；辅助交易系统是指除主交易系统外的交易软件，不能进行结算和银期转账功能，但能给客户提供个性化的交易程序，是期货投资者的首选。

不管是何种交易方式，使用哪类交易系统，目前期货市场上设计的软件大部分是只针对期货交易或证券交易的，无法满足既能做证券又能做期货的双向需求。对于这个问题，如何从技术上加以解决，期货公司和证券公司应好好加以研究，使客户从众多的交易软件中解脱出来。

（五）证券公司期货 IB 业务风险控制与合规管理

1. IB 业务风险控制

（1）目前期货行业的风险控制架构。风险控制是期货公司的生命线，目前我国期货公司已经建立了三级风控体系，如图 13 所示。第一级是公司决策层，如董事会、风控委员会和总经理、副总经理、首席风险官等高管；风险监控部位于第二级，是风险监控的执行部门；期货公司营业部位于风控体系的第三级，设有风控专员，负责风险通知。风险通知的内容包括提示客户注意风险、通知客户追加保证金、强行平仓后对客户的解释等。

（2）目前期货行业 IB 风险控制模式。我国《证券公司为期货公司提供中间介绍业务试行办法》（以下简称《试行办法》）中规定了 IB 专员的风控职责（或权限）。《试行办法》第二十三条规定："期货、现货市场行情发生重大变化或者客户可能出现风险时，证券公司及其营业部可以协助期货公司向客户提示风险。"目前，我国期货公司对 IB 客户的风险监控主要采取由期货公司营业部负责同城或相邻的证券 IB 端客户的风控，即一个期货营业部的风控员不仅负责本营业部客户的风控，而且负责几个证券营业

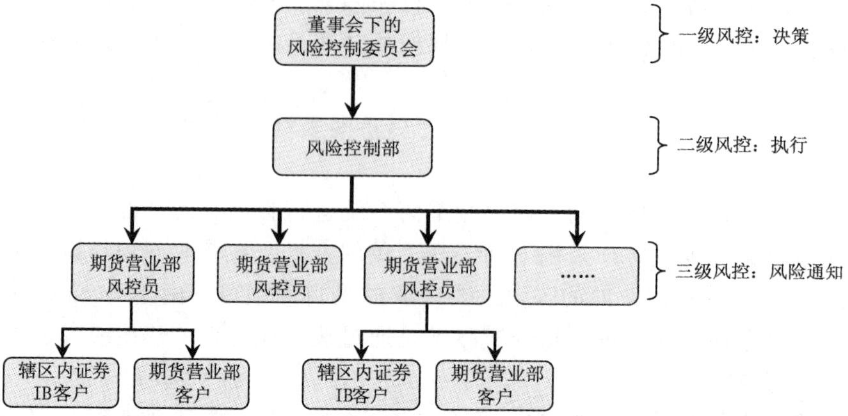

图 13　期货公司的三级风险控制体系

部期货客户的风控。而 IB 风控岗起到协助风险提示的作用。

按照管理暂行办法的规定，基于期货经纪合同的责任由期货公司直接对客户承担。这也就表明了在风险控制环节，期货公司承担主要责任，直接负责客户的风险控制。IB 业务部门主要协助期货公司办理对客户的通知、沟通等辅助性工作。

①期货公司风险控制的责任主要包括：第一，执行盘后风险管理。对于结算后客户账户余额低于维持保证金水平的，期货公司在向客户发出保证金追加通知的同时应立即通知 IB 业务部门，其中保证金比例依期货公司通知为准。第二，执行盘中风险管理。交易期间随时追踪客户的账户权益状况，对风险度达到警戒水平的客户，及时通知客户及 IB 业务部门。第三，及时核查保证金追加纪录，检查客户是否于规定时间内追加足额保证金，若有未按时间及金额追加者，期货公司应按照合同规定进行处理。第四，处理结果及时通知客户及 IB 业务部门。

②在风险控制环节中，IB 的责任包括：第一，主动查询。IB 业务人员应随时通过“IB 监控系统”监控所属客户保证金及风险状况；第二，通知客户。当发现所属客户保证金不足时，IB 风控人员应及时通知客户应追加保证金金额及追加期限。

③风险控制环节 IB 需要完成的工作主要包括：协助期货公司要求所属客户及时追加保证金或者自行减仓；协助期货公司对被执行强行平仓的客户进行安抚工作；协助期货公司对穿仓客户资金的追索；督促所属客户查看每日交易结算单，协助有异议的客户向期货公司提出异议并协助期货公司对客户的结算结果进行解释。

（3）IB 风险控制人员的职责。引入 IB 制度后，随着 IB 客户量的增加，如何将 IB 客户的盘中风险监控纳入到期货公司现有的风控模式已成为 IB 业务的重要课题。我国 IB 与客户之间未签订期货经纪合同，不具有法律上的委托代理关系，在期货公司为避免法律纠纷仍将通知追加保证金作为一种义务的期货大环境下，IB 追保不具有法律效力。因此，我国 IB 风控岗只负责协助风险提示，不具有如期货营业部风控员的追保通知权限。目前，国内期货公司 IB 风控模式的利弊分析见表 6。

表 6　　国内期货公司 IB 风险控制模式及其利弊分析

序号	IB 风险控制模式	利弊分析
1	具有 IB 对接资格的证券营业部通知客户	利：熟悉所辖客户、方便直接沟通
		弊：法律上与客户未签署期货经纪合同，不具有法律上的委托代理关系，IB 追保不具有法律效力
2	期货营业部风控员通知 IB 客户	利：符合《试行办法》规定
		弊：对 IB 客户不熟悉；显著增大期货营业部风控员的压力
3	总部风控员通知 IB 客户	利：方便直接风险监控
		弊：不了解 IB 客户的交易习惯；显著增大期货营业部风控员的压力

（4）改进 IB 风险控制的建议。

①制度上可借鉴台湾地区 2009 年新修订的《证券商经营期货交易辅助业务管理规则》，建立客户风险通知由 IB 执行、强行平仓操作由期货公司统一执行的风控架构，以减轻期货公司端的风控压力。

②在目前的操作模式下，期货公司风控部作为后台部门，配置的人员一般比较紧张，未来至少需增加一倍。

③启动证券营业部风险控制应急预案，当期货市场出现单边市且无成交或少量成交时，期货公司将启动风险控制的应急措施，证券 IB 营业部必须加以配合。一是期货公司风险控制人员盘中即时计算整个公司的动态风险，并且按风险比例的大小，列出可用资金为负的客户资金清单，通知各 IB 风控及时监控和提示。二是期货公司风险控制人员在单边市当日收盘前，向证券 IB 协助风控人员发出具体通知，通知内容主要包括：客户资金账号、客户名称、盘中资金情况、需追加资金数量及追加时间的时限、强行平仓执行时间等内容。三是 IB 端风险控制协助人员接到风控部通知半个小时之内，通知其有关客户，通知的内容必须与风险控制专管员的口径一致。根据期货公司风控部的要求，加强与客户之间的沟通、交流，即使采取了强行平仓措施，也要做好解释、安抚工作。

2. IB 业务合规管理

（1）合规概述。根据巴塞尔银行监管委员会的有关解释，合规管理是指一个独立的机制，负责识别、评估、监控和报告银行的合规风险。合规风险主要是指因未遵循各项法律、条例、行为准则和良好的执行标准导致受到法律制裁、监管处罚、重大财务损失和声誉损失的风险。我国引进合规管理的理念首先运用于银行业。近年来，随着期货公司综合治理工作的全面开展，期货公司分类监管规定的正式实施，期货公司的合规管理将会成为常规监管的一项重要抓手。这也对期货公司对自身业务开展中的合规管理提出了更高的要求。

在证券公司从事期货中间介绍业务的合规管理方面，我们可以看到，一系列法规、条例的出台给 IB 业务的合规管理和规范运营提出了明确的要求。从 2007 年 4 月 15 日起，证券公司从事期货中间介绍业务以《期货交易管理条例》的形式被首次确认下来。随后证监会又颁布了《证券公司为期货公司提供中间介绍业务试行办法》，该《试行办法》第二章、第三章对IB业务资格条件、业务范围、业务规则和监管制度等内容进行了较详细的规定。2010年证监会下发了《关于进一步加强证券公司为期货公司提供中间介绍业务管理的通知》，进一步将中间介绍业务纳入证监会日常监管体系。

由于期货中间介绍业务涉及证券公司和期货公司，因此，对该业务的合规管理就需要两家进行协调分工，对各自的期货从业人员进行合规管理和合规培训，并对相关部门和相关责任人员进行责任追究。

（2）合规管理的架构。IB业务的主要风险并非来源于这项业务本身，而是来源于并不完善的业务管理模式以及客户服务的衔接过程。因此建立有效的合规管理架构是控制IB业务风险的有力保障。目前国内证券公司和期货公司的合规管理架构是将IB业务的合规管理纳入各自公司的日常合规管理体系中，同时，证券公司和期货公司联合制定IB业务的实施办法、联合规划，并对证券IB营业部实施联合检查。

①合规制度建设。证券公司的合规部门负责本公司期货中间介绍业务的合规管理，将中间介绍业务纳入公司日常合规管理体系，并制定相应的合规检查制度，内容包括人员资格、客户开户、风险控制、信息技术、合规管理、投诉处理等。证券公司的合规总监应对中间介绍业务进行监督检查，并按要求向当地证监局提交合规检查报告。

期货公司负责制定本公司中间介绍业务合规管理制度，期货公司首席风险官负责对介绍业务的合规性进行监督检查，包括客户开户、风险控制、信息技术、合规管理、投诉处理等方面，并应在首席风险官季度工作报告中反映有关中间介绍业务检查情况的相关内容，并按规定向当地证监局提交工作报告。

②合规管理实施。证券公司期货IB业务部和期货公司各自负责其期货业务的合规管理，如发现对方在开展期货业务中存在风险或隐患，都应于当日向期货公司合规部门书面报告，合规部门接到报告后应立即以书面形式反馈给证券公司期货IB业务部或本公司相关业务部门，由其负责调查、核实并制定解决方案，并将解决方案以书面形式反馈至期货公司合规部门。

证券公司和期货公司应联合制定证券营业部开展中间介绍业务的规划，并按相关规定和联合办法进行自查。证券公司合规总监和期货公司首席风险官须履行对联合办法和联合规划的审查责任，并对联合自查结果签字确认，报当地监管部门备案。

③合规培训。要将合规管理制度落到实处，关键是提高IB业务相关期货从业人员的合规水平。而要提高期货从业人员的合规水平，我们必须加强对期货从业人员的合规培训，特别是对市场开发人员和风险管理人员进行持续的业务考核与培训，让所有期货从业人员都清醒地认识到自身工作岗位上可能存在的风险，形成防范风险的有效屏障。该项合规培训也应该纳入到证券公司和期货公司对IB业务的联合合规管理工作中。

④责任追究。要保障期货中间介绍业务开展的合法规范开展和运营，必须明确各相关部门和人员的责任，建立责任追究制度。由于期货中间介绍业务涉及证券公司和期货公司两方，因此，对于与期货中间介绍业务相关的部门和人员均应纳入责任追究的范围。

证券公司和期货公司均应建立各自的责任追究制度，明确期货中间介绍业务相关部门和人员的职责和要求，以及明确规定未履行职责的处罚措施。由证券公司和期货公司的合规稽核部门负责责任追究制度的监督和实施。

就责任追究制度的具体形式而言，应建立分级责任追究机制，公司要追究各级相关责任部门和责任人员的责任，即分管的高级管理人员承担相应的管理责任、业务部门负责人（包括公司后台管理部门）、营业部负责人对本部门违规事项负最终责任，复核评估人、开户经办人、客户开发人员等相关责任人员对客户开发过程中的违规行为负直接责任。

五、我国证券公司期货中间介绍业务辅助环节发展研究

（一）证券公司期货 IB 业务投资者教育

1. 投资者教育的本质

投资者教育，一般被理解为针对个人投资者进行的教育，目的是通过一些特定的方式传播投资知识、传授投资经验、培养投资技能等来提高投资者素质，以及提示投资风险，倡导理性投资观念，告知投资者权利及其保护途径等的一系列活动。国际范围内，最初的投资者教育是由投资者自行组织，或由金融机构、专业的投资教育机构及学校等组织，而政府在其中的角色一般是提供组织协调、法律和财务协助。但 20 世纪 90 年代后，各证券市场的监管者纷纷把投资者教育作为监管工作的重要内容和投资者权益保护的重要途径。通过开展投资者教育的方式，提高投资者的自我保护能力，降低监管成本。因此从国际实务演变的角度来看，投资者教育本质上是整个市场风险控制的一种重要环节，其核心是强调从投资者认识的角度，提高市场参与者对金融衍生工具的理解，强化投资风险意识，从而达到市场风险控制、降低政府监管成本的目的。

基于以上目的，国际证监会组织技术委员会为投资者教育工作设定了六个基本原则：①投资者教育应有助于监管者保护投资者；②投资者教育不应被视为是对市场参与者监管工作的替代；③投资者教育没有一个固定的模式，相反，它可以有多种形式，这取决于监管者的特定目标、投资者的成熟度和可供使用的资源；④鉴于投资者的市场经验和投资行为成熟度的层次参差不齐，尝试去建立一个广泛适用的投资者教育计划存在难度；⑤投资者教育不能也不应等同于投资咨询；⑥投资者教育应该是公正、非营利的，应避免与市场参与者的任何产品或服务有明显的联系。

以这六个基本原则为立足点，同时结合国内 IB 业务环节投资者教育的实际现状，应当能够探索出一个符合中国国情的 IB 业务投资者教育的体系。

2. IB 业务中投资者教育现状及问题

在实务操作过程中，国内 IB 业务环节中的投资者教育主要是针对证券 IB 端介绍和转化的期货投资者进行，目的是通过一些特定的方式传播期货投资知识、传授期货投资经验、培养期货投资技能等来提高投资者素质，并加强期货投资风险提示，倡导理性期货投资观念，使得投资者教育能够成为期货前端风险控制的一个重要环节。目前，国内 IB 业务环节中的投资者教育，主要以股指期货的投资者教育为主，商品期货的业务内容为辅。

IB 业务开展中，大约 80% ~90% 的投资者是从原来的证券市场转而进入期货市场投资股指期货或者商品期货的。这部分投资者尽管有一定的证券投资经验和知识，但对于期货这一衍生工具的认识还比较有限，实务操作中对于期货交易规则和制度，以及“杠杆”使用上风险意识相对薄弱，导致亏损出现和风险发生。这些现象不仅加大了期货公司风险控制环节的压力，同时也给后期 IB 业务的推进和期货行业的发展带来隐患。为了更好地开展 IB 业务，投资者教育工作一直在持续不断地开展。当前，国内 IB 业务环节中投资者教育的方式，主要表现在以下三个方面：

（1）存在控股或股东关系的证券公司和期货公司之间，由 IB 部门牵头，协调期货公司其他部门（涵盖研究、技术、开户、风控）配合，专门针对证券公司营业网点客户开展的投资者教育。其内容主要是期货的基础知识，期货的基本面和技术面分析，期货投机、套保、套利交易策略、期货行情分析等。形式主要是培训会、沙龙、分发投资者教育资料。

（2）期货业协会或同业公会、交易所层面协调组织（邀请境内外知名专家，以及期货公司资深专家），专门针对期货公司或证券公司从业人员进行的培训，目的是补充从业人员的业务知识和提高从业人员投资者教育工作。形式也基本采取培训会、沙龙、分发投资者教育资料。

（3）交易所提供专家及财务支持，由会员单位主动上报申请，配合期货公司开展培训会、沙龙等形式的投资者教育工作。

除去以上三个主流层面的投资者教育形式外，网站专栏、证券期货专业报刊专栏、电视媒体专业类财经节目、广播媒体专业类财经节目也从不同角度丰富投资者教育的形式和扩大投资者教育的覆盖面。

但实务过程中，随着时间的推移，也出现了一些问题，现列举如下：

（1）部分证券公司 IB 端工作人员自身对于期货市场和期货工具的理解有限，导致了以证券公司 IB 端发起或维护的投资者教育工作流于形式、达不到正面效果。

（2）证券公司 IB 端和期货公司内部业务部门的投资者教育的体系尚不完善，阻碍了投资者教育工作的效率。目前 IB 端业务的投资者教育已经出现受众和形式层次上的不同诉求。首先，已经参与过前期投资者教育活动的投资者有后续深层次培训的要求；其次，刚进入期货市场或正准备进入期货市场的投资者则有初级培训的需要；第三，已经参与交易的投资者对于更深层次期货交易和期货策略存在培训的要求。但系统化、持续化、分层次的投资者教育体系，在证券公司 IB 端和期货公司内部业务部门，乃至整个期货公司层面，还尚未有效建立。

现行的以期货公司为主导的 IB 端投资者教育，在实施过程中，以业务开发为目的的营销成分远远大于一般意义上的投资者教育，因此往往出现对期货投资的风险揭示不足、投资者对期货投资风险理解有偏差，以致可能造成投资者在日后期货交易上产生风控意识匮乏的交易风险。

（3）随着新品种上市后交易的逐渐稳定成熟（主要是股指期货），期货业协会或同业公会、交易所层面协调组织的培训，渐渐转变为由期货公司主动策划、上报，交易所提供专家及财务支持的形式。以期货公司牵头进行、或直接由期货公司进行的 IB 端投资者教育培训逐渐形成主流。整个社会中，期货公司层面的投资者教育居于主流，或可能增大期货投资风险揭示偏差的隐患。

（4）报刊、电视广播等媒体方面的投资者教育工作，作为 IB 端投资者教育工作的补充还缺乏有效性。一方面表现为 IB 端投资者教育工作在事前、事中、事后有效利用报刊、电视广播配套宣传力度不够，降低了 IB 端投资者教育工作的效果；另一方面表现为报刊、电视广播等媒体人员，对期货市场的理解也存在偏差，部分报道和宣传有过分放大期货投资风险、以偏概全的现象。

这些暴露出来的问题，已经反映出 IB 端投资者教育系统性梳理的必要性，因此，对 IB 端投资者教育进行梳理，并作为一个分支纳入整个金融市场投资者教育体系环节，有相当的必要。

3. 合理的投资者教育体系的建立

IB 端合理的投资者教育体系的建立，应在参考国际证监会组织技术委员会为投资者教育工作设定的六个基本原则的基础上，根据中国的国情，建立分层次、相对独立、持续的 IB 端投资者教育体系。更全局的构建体系为：建立分层次、相对独立、持续的投资者教育体系，而将 IB 端的投资者教育当做整个体系中的一个枝节。

所谓“分层次”，有几个方面的内容：一是以期货公司居于主流的投资者教育模式存在欠缺，应当存在其他形式的投资者教育模式——监管机构协调组织的专门的投资者培训团队。监管部门组织的、没有利益关系的、不存在营销成分的，同时也必须专业的投资者教育人员和团队，往往能够较为中性、客观地揭示期货风险和收益的关系，灌输理性投资观念。二是投资者教育必须按照对象和推进层度，分层次开展。在投资者教育的推进过程中，必须根据市场规模的发展和投资者成长的过程，建立配套的、分层次的投资者教育团队和课件。一般情况下，投资者教育，至少应当分初级和中级两个层次。按照投资者教育的初级和中级层次，配套初级和中级的专业投资者教育团队和课件。三是应存在投资者教育的监管过程，监管可以采取报备、定期抽查以及受训回访的形式。同时，监管也应当对实施投资者教育的人员采取资格认证制度。且资格认证应当实行年检制度。

所谓“相对独立”，是指开展 IB 端投资者教育的团队必须要有一定的相对独立性。一方面，要有监管部门牵头的、独立于期货公司方的投资者教育团队；另一方面，期货公司内部开展投资者教育的团队，应该独立于期货业务本身，不以业务考核为目的。

所谓“持续的”，是指开展 IB 端投资者教育要有持续性，既有形式上的持续性，也应保持内容调整的持续性，根据市场的变化，与时俱进地调整投资者教育人员和内容。IB 端投资者教育系统可参考图 14 的框架。

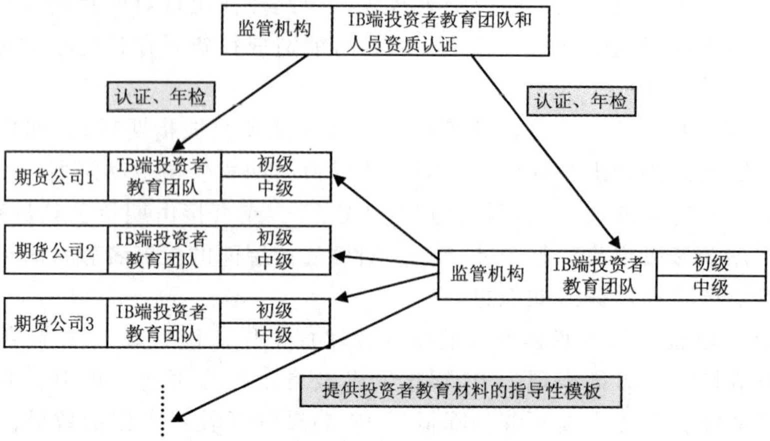

图 14 IB 端投资者教育系统框架图

4. 投资者教育的内容

IB 端投资者教育的内容，根据投资者认知情况，可以分初级和中级两个层次开展。由监管机构专门的投资者教育团队提供指导性的内容和模板。期货公司层面的投资者教育团队，可以根据指导性的内容和模板适当调整，但调整后的培训内容和模板应当报备。对于投资者教育的内容，应当包含以下几点：基础知识、期货风险和投资理念、期货分析、程序化交易、期货交易策略以及其他相关发展和内容（见表 7）。内容的深浅根据投资者的认知情况调整。这些内容从实务的操作经验和反馈的效果来看，已经能够基本覆盖期货各个主要层面知识，对投资者全面了解期货、熟悉期货工具、并在一定程度上理解期货投资技巧是有帮助的。

表 7　　IB 端投资者教育内容

期货交易基础知识	期货基础知识
	期货交易流程
期货交易理念与风险意识	期货交易风险来源
	期货交易中的心理学
期货基本面分析	宏观经济分析
	期货品种供需分析
	主要期货品种基本面介绍
期货技术分析	技术分析理论
	主要技术指标
期货程序化交易	程序化交易原理
	主要期货品种程序化交易
期货套期保值	原理与实务

续表

期货套利	期现套利原理与实务
	跨期套利原理与实务
	跨品种套利原理与实务
	跨市场套利原理与实务
股指期货	
国际期货市场发展情况	

（二）证券公司期货 IB 业务档案管理

期货经纪合同由期货公司统一管理，期货公司相关部门须设定合同管理专岗，负责公司期货经纪合同统一管理，证券营业部也须指定专人负责本营业部的期货经纪合同管理。

1. 期货经纪合同及相关材料的保存

（1）需归档的档案内容。期货经纪合同文本、开户需提供的证明材料、客户提出信息变更的材料、客户申请开通各类权限、销户等相关材料。

（2）档案管理的方式、材料保存年限。证券公司将需归档的各类档案按规定存档，并登记各类统计表、资料库、合同存放柜。终止的期货经纪合同及其附件，其保管年限为 20 年。

2. 档案管理存在的主要问题

（1）档案的存放、调阅不便。证券公司随着业务的发展，客户量的增加，需归档的资料越来越多，会对档案的存放及调阅工作产生不便。

（2）档案的遗失、客户信息的泄露。随着需归档材料的增多，如果无法合理、有序的进行档案管理便会造成档案管理混乱，甚至档案遗失的风险，同时造成客户信息的泄露。

3. 进一步规范档案管理的建议

（1）档案需要及时归档。经签署生效的有效期货经纪合同、各类申请材料的原件，证券营业部须在规定的时间内寄回期货公司，期货公司将审核通过的材料按档案管理规定存档。期货经纪合同、开户证明材料、申请变更等各类材料需要及时归档，以免造成遗失、信息泄露等各类风险。

（2）建立一个客户资料电子档系统。客户资料电子档系统可用于保存客户所有资料的扫描件，也可用于搜索、调阅客户资料电子档，从而解决了因期货经纪合同数量的增加，造成调阅的不便。

（3）定期组织员工内部培训，提高客户信息保密意识。证券公司定期组织员工参与职业道德、工作准则等各类内部培训，提高工作人员整体素质以及客户信息保密意识。

（三）证券公司期货 IB 业务客户投诉处理

要提升客户的满意度，顺畅高效的投诉通道和流程是必不可少的。由于期货中间介绍业务涉及证券公司和期货公司两方，客户投诉可能发生在任何一方，因此，如何准确、高效地解决客户投诉，如何构建证券公司和期货公司之间工作环节的衔接，是解决问题的关键所在。下面我们将从客户投诉的四个阶段依次予以分析。

1. IB业务客户投诉的受理

通常，由于客户是通过证券公司介绍到期货公司从事期货交易的，一般情况下，客户与证券公司工作人员的交往比较多，较为熟悉。因此，将证券公司作为受理客户投诉的机构，可以更好地与客户沟通，了解客户的想法，有助于问题的迅速解决。但是，由于证券公司期货IB毕竟不是专业从事期货业务的主体，对于期货专业知识的掌握程度会存在一定的欠缺，从这一方面而言，证券公司可能无法实现准确解决客户投诉的目的。

鉴于此，较好的做法是建立两级客户投诉受理机制，即在期货公司中设置专门负责客户服务的部门接收客户投诉，在具备IB资格的证券营业部中，则指定某一期货中间介绍业务专职人员负责接收客户投诉。按照证监会的要求，具备IB资格的证券营业部至少应有两名以上的期货专职人员，岗位分别为期货开户岗和期货风控岗，由于期货风控岗涉及与客户联络和沟通的事项较多，因此，由期货风控岗受理客户投诉事宜较为合适。证券营业部同时应建立客户投诉台账，通过投资者投诉记录表，详细记录客户姓名、投诉内容、投诉时间、联系方式等。并应在证券营业部的营业场所显著位置明示期货公司、证券营业部的投诉受理部门和投诉电话。

2. IB业务客户投诉的处理

对于客户投诉的受理原则，目前普遍采取的是首问责任制。如果客户直接向IB证券营业部进行投诉，则IB证券营业部的客户投诉受理人员应根据客户投诉的内容按不同的流程进行处理。如果客户投诉只涉及证券营业部端的开户受理、员工服务等方面的问题，则证券营业部可直接受理。由IB证券营业部期货风控岗将投诉事件上报证券营业部的负责人或营业部负责业务的人员，如营销总监，由负责人或营销总监负责组织营业部相关人员对客户投诉进行调查。如果客户投诉涉及期货公司或属于证券营业部不能解决的投诉，则期货风控岗应在受理当日将填写完整的IB端客户投诉记录表提交给期货公司合规稽核部门，由期货公司的合规稽核部门负责处理，并及时将处理结果反馈至证券营业部。

如果客户直接向期货公司投诉，则期货公司亦应当按照首问责任制的原则进行受理。首问责任人在接到客户投诉后，填写相应的IB端客户投诉记录表，详细记录客户的姓名、投诉内容、投诉事件和联系方式等关键信息，并应于当日将投诉情况报送给被投诉部门的负责人、分管领导、合规稽核部门和IB管理部门。被投诉部门负责人应指定专员根据客户投诉内容组织人员当日进行调查处理，在1个工作日内（必要时经负责人批准可延长）反馈处理结果，处理结果须包括情况说明、处理方案及整改措施。在投诉事件处理完毕当日，由合规稽核部门经办人填写IB端客户投诉记录表，记录处理过程及处理结果，经合规稽核部门负责人签字确认后上报期货公司总经理。期货公司总经理对投诉事项批示后，期货公司合规稽核部门应将处理结果在1个工作日内以书面形式反馈至被投诉部门、期货公司IB管理部门和期货公司投诉受理部门。并由期货公司投诉受理部门以录音电话的形式将处理结果及时反馈至投诉人，IB 管理部门则应及时应将处理结果反馈至证券公司的中间介绍业务管理部门。

3. IB 业务客户投诉的答复

在对投诉进行调查后，证券营业部投诉受理人员应在接到客户投诉的 24 小时内将处理进展或处理结果反馈给客户。有特殊情况的可经负责人或营销总监同意后适当延长。证券营业部投诉受理人员应同时填写相应的投诉台账，详细记录投诉相关的情况说明、处理方案或整改措施。

为更好地加强证券公司和期货公司对客户服务的管理，证券营业部应及时将台账、记录报备证券公司负责期货中间介绍业务管理工作的领导部门、期货公司的中间介绍业务管理部门和期货公司的合规稽核部门。

4. IB 业务客户投诉文件的归档

证券营业部应定期整理 IB 端客户投诉记录表等投诉信息记录，确保真实性、完整性，并将电话录音、电子文档等记录刻盘，连同纸质材料归档保管，保存期限不得少于 5 年。

期货公司的 IB 管理部门负责编制 IB 端客户投诉记录汇总表，在每季度首月的 3 个交易日内，将上一季度新增的投诉记录上报证券公司相应的 IB 管理部门。

5. IB 业务客户投诉事件的责任追究

在完成对客户的答复后，为杜绝投诉事件的再次发生，提升对客户服务的水平，根据期货公司合规稽核部门在处理过程中调查核实的实际情况，若投诉事件中承担主要责任的是期货公司员工及相关部门，则由期货公司按照本公司的责任追究制度对直接责任人或责任部门进行相应处罚。若投诉事件中承担主要责任的是证券公司的员工及相关部门的，则应由证券公司按照本公司的责任追究制度对直接责任人员或责任部门进行相应的处罚。涉及触犯刑律的，应移送司法机关处理。同时，应将投诉的数量、响应速度、处理结果和资料归档情况作为对相关部门及员工考核的依据之一。

六、证券公司期货中间介绍业务制度创新范例

IB 业务的整个过程较为复杂，搭建有效的管理框架体系对提高工作效率、促进业务发展非常重要。作为该框架的支柱，首先应是管理制度的拟定及业务流程的理顺。为此，应先做好基础工作，尤其是在业务制度建设方面夯实基础。在证监会颁发的《证券公司为期货公司提供中间介绍业务试行办法》以及《证券公司为期货公司提供中间介绍业务操作指引》等规章制度的指导下，走在行业前列的期货公司已经构建起较为完善的 IB 业务管理体系，相关的 IB 业务制度创新也已成为行业标杆。该部分的制度创新范例提供了从组织架构层面的对接服务，到 IB 业务各专项岗位的对接，以及整个申报 IB 业务资格过程中的严格管理及认证等诸多环节的内容，可供业内同行在相关的 IB

制度建设中借鉴参考。

（一）IB 业务对接管理制度

1. 制度建设背景

通过调研，我们了解到，很多期货公司在 IB 业务的开展过程中，常常会遇到以下这些问题：业务体系通道运行不顺畅，证券营业部配置的 IB 专员不能胜任 IB 业务的各项工作。

这些问题的发生，是可以预期的。由于证券营业部编制紧，人手少，无暇顾及期货业务，IB 专岗人员普遍被用于证券业务；客户开户后的后续服务力度还不够强；期货公司所能提供的支持有限，使得 IB 端转化的客户服务有所欠缺，信息沟通不畅，风险提示不及时。

基于调研和实践摸索，课题组认为可依托现有期货业务部门，形成一对一或一对多的对口服务模式。制定证券营业部与期货业务部门对接管理的相关办法，明确对接业务部门的权利义务及考核要求。

2. 制度探索

一项管理办法的制定，首先是在合理范围内明确办法的可行性，其次是认证该管理办法的实际效果。这里探讨的 IB 业务对接管理制度，应先从对接规则、对接管理、对接绩效考核及收入核算等方面明确期货业务部门和证券营业部的职责。

（1）对接规则。经过调研，根据实践的效果，课题小组在创新范例的对接规则上总结了以下内容：

①明确申请对接的对象范围。期货公司所有业务部门（含营业部，以下简称期货业务部门）均可申请与证券营业部进行对接。

②明确对接服务的项目及职责，并明确一对多或一对一的对接规则。期货业务部门负责证券营业部的期货投资者及员工的培训、市场开拓及投资技术指导、风险提示及控制等工作。期货业务部门在保证对接质量的基础上，根据自身的综合能力及工作承受能力，可决定申请与多家证券营业部对接合作。

③明确对接区域的划分原则。采取就近原则，即期货业务部门申请与就近的证券营业部对接，从而确保对接服务开展的及时性及高效性。

④明确对接业务及员工的禁止行为，确保 IB 对接服务的合规性。对接业务部门及员工不得从事以下行为：第一，直接或间接开发证券营业部存量客户，串通客户或员工损害公司的声誉和利益。第二，接受客户委托直接替客户进行期货交易，代客理财。第三，其他违反期货、证券法规的行为。

⑤明确证券营业部配合期货业务部门开展的各项 IB 业务工作，提升 IB 岗及证券营业部的专业性。证券营业部应积极配合期货公司对接部门的培训指导，做好前期准备、后期跟进等相关工作，持续学习期货业务知识，提升 IB 业务专岗人员的专业水平。

⑥明确激励机制及考核机制，提升对接质量。期货业务部门与证券营业部对接，应确保对接绩效考核合格。绩效考核优秀，不但核增业绩，而且还可申请增加对接营业部；绩效考核不合格，将被取消相关营业部的对接资格。

（2）对接管理。证券营业部与期货业务部门对接，从申请、认证、审批到备案等各个环节，是一个繁琐的过程，而且证券营业部数量很多，一定要从制度上将流程规则定细定实，这样才能保证对接工作的顺畅开展。经课题小组研究总结，该部分主要形成以下内容：

①明确申请流程、表单的规范化及报备。首先明确 IB 业务对接资格申请流程，并以表单形式加以留痕。其次，IB 业务主管部门根据规章制度及管理办法，严格把关和审查，然后报公司管理层批准备案。

②明确对接业务责任到人，确保对接工作的持续性。在 IB 业务对接过程中，首先要明确双方对接的负责人，确保对接业务的统筹安排。其次，责任到人，确定岗位责任制，保证 IB 业务的持续性。

③明确对接双方主管部门的责任与权限范围，确保督导促进的作用。证券公司与期货公司总部 IB 业务主管部门需统计、督导期货对接业务进展状况，分析存在问题，并与证券营业部和期货业务部门沟通期货对接业务效果。

④明确对接业务的考核标准及解除对接的流程，确保 IB 业务对接过程中的成长性。首先要对期货证券业务部门对接进行绩效考核，如连续不合格，由 IB 业务主管部门根据相关数据及工作情况确定是否予以解除对接关系和核减业绩，并上报公司管理层。其次，填制相关的解除表单，以备留痕。对接关系的解除，必须有规范化的表单和流程，以及明确备案的部门。

⑤明确对接业务的整顿及改进，保证后续的对接质量。对于解除对接关系的情况，在规定时间内不得重新申请对接关系。由于对接考核不合格而使对接关系解除需要一个整顿的周期，让证券期货业务部门对自身的服务质量进行改进，寻找原因，确保后续对接工作顺利开展。

⑥明确 IB 端投资者教育活动管理流程。首先，期货业务部门与证券营业部合作举办期货业务投资者或员工培训，应提前填制 IB 端培训表单，以备留痕。作为监管部门非常重视的一项工作，要加以常态化和规范化。其次，报备主管部门，作为对接绩效考核的一项重要依据。

（3）IB 业务对接的业绩激励考核机制。在 IB 业务开展过程中，业绩考核和激励是并存的，旨在引导对接资源的充分利用，确保对接专业服务等各项工作的完成质量，激发对接双方的积极性和业务发展的持续性。业绩考核将从以下几方面展开：

①明确 IB 业务对接业绩考核的主管部门。由证券公司与期货公司总部 IB 业务主管部门作为对接业绩考核主体，充分利用相关数据、对接工作质量、投资者教育、员工培训等方面的内容为考核项，并对考核结论负责。

②确定业绩考核的时间点及考核内容。对接绩效考核内容参考以下几项：第一，IB 业务新增开户数及累计开户数。第二，IB 业务新增有效客户数（“有效”是指入金并交易）及累计有效客户数。第三，IB 业务新增净入金量及累计入金量。第四，IB 业务留存收益。第五，IB 端投资者及员工培训工作。

由于市场始终处于变化之中，必要时，IB 业务主管部门应根据市场的变动来调整下一阶段的考核内容及指标。

③明确考核等级划分。根据 IB 业务对接的业绩及工作质量等考核结果，实行等级认证。绩效考核不合格，将被取消与相关证券营业部的对接资格；绩效考核优秀，期货业务部门可申请增加对接证券营业部。

④明确 IB 业务对接收入核算。期货公司总部 IB 业务主管部门按期货结算及交易部门提供的各类对接数据，对考核进行业绩调整。

3. 制度运用的实际效果

该制度经较长时间的实践认证，据统计，范例公司证券营业部投资者教育场次及受益人数有明显提高（见图 15）。证券营业部 IB 岗位也普遍对期货业务部门服务的必要性作出肯定，其自身的专业水平也有一定的提高。

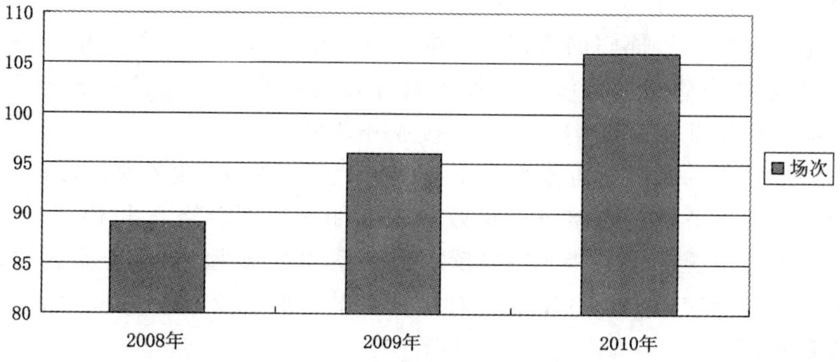

图 15 范例公司投资者教育场次统计图

该制度的实施，确保了证券营业部的 IB 业务基础工作、员工及投资者教育等工作有序而规范地开展，业务水平有了一定的提高，取得了预期效果。该制度不仅能充分利用证券营业部的客户资源，更能发挥期货业务部门的专业优势，解决了 IB 端服务的诸多难题。

（二）IB 业务对接人员配备的相关制度

1. 制度建设背景

服务无止境，在 IB 业务的对接过程中，更多考虑的是如何细化服务流程、提升服务质量。经过一段时间的研究实践，我们发现仅仅凭期货业务部门人员不定期对证券营业部进行辅导和培训是远远不够的。证券营业部需要的是及时、长效的辅导和协助。经过认真调研，课题组大胆创新，提出专门设立 IB 业务辅导员岗位（以下简称 IB 辅导员），在人员配备上保证对接的质量。

IB 辅导员是指由期货公司指派，长期驻点证券营业部的期货业务专职辅导人员。目前，证券营业部需按规定设置中间介绍业务的专项人员（以下简称“IB 专岗”）。IB 辅导员负责协助证券营业部 IB 专岗进行 IB 业务宣传、培训、咨询等服务工作，同时指导 IB 开户和风控工作。

2. 制度探索

该制度应从岗位设立与管理、薪酬与考核、日常培训与服务及业务拓展等方面明确

IB 辅导员的职责与义务，其主要内容有：

（1）岗位设立与管理。

①明确 IB 辅导员的编制属于期货公司而非证券公司。IB 辅导员归属期货公司编制。由期货公司 IB 业务主管部门统一组织 IB 辅导员的培训、认证、日常管理、业务考核、薪酬发放等工作。

②明确对接营业部配备 IB 辅导员的数量。根据实际需要，每家证券营业部配备 1～2名 IB 辅导员。IB 辅导员对证券营业部的 IB 专岗日常工作起辅助、协助的作用，并不是完全替代证券公司 IB 专岗。故每家证券营业部配备 1～2 名较为适合。

③鉴于证券营业部分布范围较广，IB 辅导员的社会统筹（四金）一般由对接期货营业部缴纳，若由于户籍、地域等原因不能由对接期货营业部缴纳的，对接期货营业部可委托 IB 辅导员所在的证券营业部代缴。

④明确对接业务部门设立 IB 辅导员岗位的具体要求。能派驻 IB 辅导员的期货业务部门，必须是具备相应实力与人力的期货业务部门，否则无法派驻优秀的 IB 辅导员全力配合证券营业部的工作。

有以下情况之一的，暂缓设立 IB 辅导员岗位：第一，未通过当地证监局 IB 资格验收的证券营业部。第二，内控机制不健全，管理能力、风控能力较弱的期货业务部门。第三，IB 业务开展情况较差的期货业务部门。

⑤明确 IB 辅导员的任职资格。鉴于 IB 辅导员岗位较为重要，代表期货公司的专业水平，故对其任职资格有以下要求：第一，遵纪守法、品行端正，工作责任感强，具有良好的沟通协调能力及团队合作精神。第二，本科以上学历，获得学士学位，具有期货从业资格。第三，具有两年以上期货从业经验，同时具有证券从业经验者优先。

⑥明确 IB 辅导员的选拔标准。第一，公司正式员工。第二，通过公司 IB 业务上岗培训。第三，取得公司培训师资格。第四，无重大违纪违规记录。

⑦明确 IB 辅导员的岗位职责。第一，负责证券营业部营业场所内的 IB 业务宣传和培训。第二，负责证券营业部 IB 业务客户的交易咨询。第三，IB 辅导员应定期分析客户需求与服务状况、业务拓展情况、维护情况并收集市场信息。第四，指导证券营业部 IB 专岗，完成 IB 业务开户、风控等日常管理工作。

⑧明确 IB 辅导员的薪酬与级别的挂钩。IB 辅导员可设置若干的岗位级别，基本工资、岗位工资、岗位津贴等与其岗位级别挂钩，以提高 IB 辅导员的积极性。

（2）IB 辅导员的日常管理。

①明确 IB 辅导员由证券营业部代为日常管理。由于 IB 辅导员长期驻点在证券营业部，除了证券营业部的各项业绩数据能反映其服务质量之外，其在营业部现场的表现期货公司无从知晓。故其驻点期间由证券营业部代为管理，以证券营业部对其工作的评分作为岗位津贴的依据。

证券营业部负责人对在本营业部驻点的 IB 辅导员评分连续不合格者，可以建议期货公司更换驻点 IB 辅导员。

②明确 IB 辅导员的工作报告机制。IB 辅导员实行每周例会与定期工作报告制度。IB 辅导员主管部门每周招集 IB 辅导员开例会。IB 辅导员每周、每月向期货业务部门报

告工作进展。

③明确 IB 辅导员团队的文化建设。在 IB 辅导员团队中通过业绩竞赛、业务心得交流或其他形式的团队活动，形成持续激励的辅导员文化。

④明确 IB 辅导员展业的内容。展业工作并不是 IB 辅导员的主要职能，但是 IB 辅导员应配合期货公司与证券公司的各项宣传教育活动。第一，IB 辅导员必须配合公司总部的宣传教育活动。第二，IB 辅导员应根据驻点证券营业部客户结构特点，制定具有相应特色的宣传教育方案。第三，IB 辅导员可采取多样化的方式开展宣传教育，合理利用公司资源，做好投资者的后续跟踪服务。

3. 制度运用的实际效果

目前，范例公司 IB 辅导员已走向证券营业部，以专业高效的服务赢得好评，取得较好的效益，达到预期效果。

据统计，现在大部分证券营业部都提出了需要派驻 IB 辅导员的要求，因为该制度有效解决了期货营业部不能及时、长效为对接证券营业部提供专业服务的难题，为期货 IB 业务的发展奠定了良好的基础。

（三）证券营业部申报开展 IB 业务资格的内部管理制度

1. 制度建设背景

通过调研，我们发现，在证券公司接受监管部门的验收前，常常遇到这样的问题：每家证券营业部在场所、设施、系统等方面不知怎样才能达到监管要求，通过当地监管部门的验收；证券营业部 IB 专岗的水平不够专业，工作效率不高。

虽然期货公司与证券公司之间存有 IB 业务协议，但仅协议上的内容是远远不够的，必须在制度上进行各环节的完善。

在这样的背景下，经过调研和实践摸索，课题组认为应建立一套证券营业部开展 IB 业务的内部认证制度，对证券营业部开展 IB 业务进行规范。可根据证监会的《证券公司为期货公司提供中间介绍业务试行办法》和监管部门检查验收工作底稿，制定一套包括硬件、软件、人员及投资者教育等方面内容的内部认证管理办法。

2. 制度探索

可从证券营业部内部认证入手，从业务系统认证、IB 专岗人员上岗认证及年度检查等方面规范证券营业部开展 IB 业务的行为。证券营业部通过 IB 业务认证与 IB 专岗人员认证后，方能向监管部门申报开展 IB 业务的资格。

IB 营业部认证主要包含以下五方面认证内容：硬件设施认证、业务系统认证、投资者教育工作认证、业务团队培训工作认证以及 IB 专岗人员上岗认证。

（1）硬件设施认证。硬件设施认证分为场地认证与设备认证。包括独立的 IB 业务房间、设备（至少包括电脑一台、彩色扫描仪一台、数码相机一台、录音电话一部等）、单据保管柜、资料架、投资者教育板报等。

（2）业务系统认证。

①技术系统认证。包括通讯平台、期货交易周边网关、期货行情转发机、期货行情转码机、期货风控终端软件等。

②日常业务管理认证。包括合同管理、业务往来单据管理、档案管理等。

（3）投资者教育工作认证。指证券营业部开展期货投资者教育活动的考核评定。期货投资者教育活动的举办形式主要以大型报告会、小型座谈会为主，其他形式不限。

（4）业务团队培训工作认证。指证券营业部开展业务团队期货专业知识、风险控制、资金管理等方面培训的考核评定。证券营业部业务团队的培训内容主要为期货开户、期货风险控制、期货基础知识、期货品种介绍、行业企业开发、程序化交易、套期保值等。培训方式主要为集中现场培训或视频培训。

（5）IB岗位人员上岗认证。

①由证券公司与期货公司IB业务主管部门联合对证券营业部已通过期货从业资格考试及中期协专项培训的人员开展IB业务培训。

②培训内容涵盖开户流程、客户服务、风险控制及技术系统等知识。培训形式主要以集中现场培训或视频培训为主。

③培训结束后组织考试，可以起到对IB培训的效果检查的作用，同时通过考试可以及早发现问题，确保证券IB岗位的专业程度。

④证券营业部设置IB业务开户岗和风控岗两个岗位编制，专岗专人。

⑤明确IB专岗人员上岗及变更岗位的工作流程。IB专岗的上任及变更需要固定的流程及报备机制，这样便于IB岗位的管理及后期的培训。

3. 制度运用的实际效果

该项制度实施后，各证券营业部IB业务的各项准备工作有了很大提高。尤其为证券营业部接受监管部门检查前的自查工作提供了极大的帮助。范例公司目前已有35%证券营业部通过监管部门的验收，课题组认为，每个期货公司根据监管部门的操作指引及自身的实际情况，制定类似这样的一套完整的内部认证体系，是必要而有益的。

七、证券公司期货中间介绍业务的发展趋势及相关建议

（一）我国期货IB业务目前存在的问题及风险点

目前，我国期货IB业务存在的问题与风险点在以下环节较为明显：

在开户环节，存在风险揭示不充分、开户资料审核的不严谨、开户效率低下、客户开户资料保存不完善等问题。

在出入金环节，期货结算银行与证券存管银行数量上不匹配、出入金方式单一等问题。如何实现证券和期货资金自由划转是目前IB客户在出入金环节面临的一个难题。

在交易环节，目前期货市场上设计的软件大部分是只针对期货交易或证券交易的，无法满足既能做证券又能做期货的双向需求。对于这个问题，如何从技术上加以解决，

期货公司和证券公司应好好加以研究，使客户从众多的交易软件中解脱出来。

随着IB客户量的增加，如何将IB客户的盘中风险监控纳入到期货公司现有的风控模式已成为IB业务的重要课题。我国IB与客户之间未签订期货经纪合同，不具有法律上的委托代理关系，在期货公司为避免法律纠纷仍将通知追加保证金作为一种义务的期货大环境下，IB追保不具有法律效力。在目前的操作模式下，期货公司风控部作为后台部门，配置的人员一般比较紧张，未来至少需增加一倍。这些问题都需要开展IB业务的相关主体在后续发展中加以重视与解决。

（二）证券公司期货IB业务的发展趋势

出于防范风险及扶植期货行业健康发展的需要，我国的IB业务演变成“一对多”模式的可能性不大。在相当长的一段时间内，仍将以“一对一”的形式存在，且与国际经验相类似，证券公司在IB业务市场所扮演的角色将越来越重要，借助IB通道，证券公司也将成为期货市场的主要力量之一。

展望我国IB业务的发展，主要有以下几个趋势：

1. 商品与金融期货的高速增长促进IB业务量快速放大

目前，我国商品期货市场已经成长为全球最大的商品期货市场，从国际市场上股指期货与商品期货的成交量对比来看，我国股指期货必将随着机构投资者的广泛参与而具有更为巨大的发展空间。我国股指期货上市以来，其交易量和交易规模均显著增长（见图16），目前股指期货交易量已占整个期货市场交易量的30%以上。

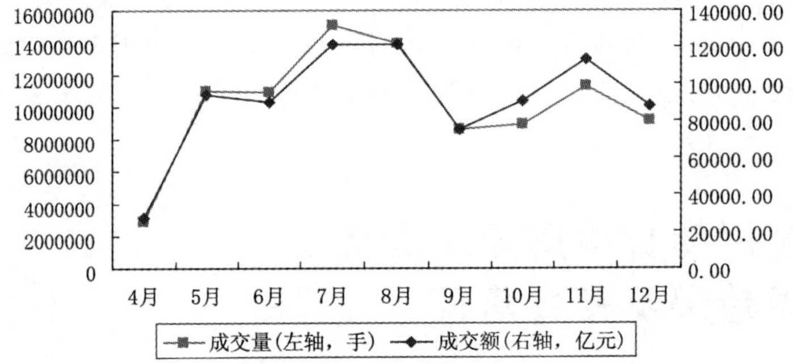

图16　2010年股指期货上市以来成交情况

商品期货的快速发展，加之股指期货的爆发性增长前景，期货IB的两大业务主体的巨大发展潜力必将使IB业务交易量快速放大，占期货市场的交易量的比重也将越来越大。

2. 证券公司对IB业务的重视程度加大

随着IB业务规模的增长，加之IB业务开展情况较好的行业领先者的示范效应，面临激烈竞争压力的证券公司必将加大对IB业务的重视程度，为弥补IB端服务人员人手不足的瓶颈，证券经纪人或可从事股指期货IB业务，最终使得券商成为期货IB业务的主力践行者。证券公司的重视也将促进IB业务服务水平的大幅度提升。

3. IB 业务产品的种类和数量进一步丰富

从商品期货来看，国内市场已基本实现与国际市场的接轨，品种正在不断地丰富和发展，同时也推出了我国所特有的商品期货品种，此次国际金融危机期间，各期货品种出现剧烈波动，但我国期货市场总体运行平稳，国内交易所独有特色的风险控制管理办法为国际期货市场在极端行情下的风险控制提供了参考和借鉴。然而，就金融期货而言，我国仅有沪深 300 股指期货这一种产品，与国际发达期货市场股指期货、迷你股指期货、个股期货、利率期货、外汇期货等种类繁多的金融期货相比，我国金融期货的发展步伐较慢，未来的空间十分巨大（国际主要金融期货类型见表 8）。可以预见，随着新产品的推出，IB 业务产品数量和种类均将随之增加，个股期货等创新型金融工具也完全有可能成为 IB 业务产品。

表 8　主要金融期货概览

种类	金融期货具体产品
利率	美国长期国库债券 30 年、美国国库票据 10 年、5 年及 2 年，芝加哥债券期货（以 6% 为票面息率），Libor、美元利率、欧元利率、香港银行同业拆借利率
股票指数	标准普尔 500 指数、纳斯达克指数 100、道琼斯指数、日经 225 指数、恒生指数
外汇	GIO 货币组合、新兴市场货币组合

4. 期货公司反向 IB 实力提升

随着期货公司全面参与 IB 业务，IB 端人员对于 IB 业务的体系和流程的理论和实践认识均有显著的提升，由于接受了证券公司系统性的培训，期货公司 IB 端人员的证券知识也得到有效充实。随着期货市场交易量的扩大，期货公司盈利能力有了较为可靠的保障，营业部和从业人员数量将会进一步增多，前期 IB 业务的先行者们期货和股票市场的双重实践经历将为期货公司为证券公司提供股票反向 IB 业务奠定牢固的基础。

（三）发展证券公司期货 IB 业务的相关建议

1. 积极推动监管层跨部门协作下的宏观引导

证券公司期货 IB 业务在国内开展的时间还很短，从行业整体来看，此类业务深入而可持续的发展离不开监管部门的引导，离不开业内各方共谋发展的合力。这种合力不单体现在市场参与各方在业务创新和业务拓展等方面的共同努力上，也应存在于监管层面不同部门之间共同摸索行业监管以及有效引导模式的努力上。必要时，若能由不同的监管部门（例如证监会、中国期货业协会、期货交易所、当地监管部门等）通过联合工作小组等形式，开展制度建设、协作监管或协调引导行业发展等方面的工作，将大大提高监管环节的效率，提升对行业发展宏观引导的效能，这对作为新生事物的证券公司期货 IB 业务的发展将极为有益。

谈到宏观引导，业内议论多年的一个议题是如何制止期货公司手续费的恶性竞争问题。作为一种市场行为，原本似乎无需干预。但在期货业经历了近 20 年的发展，交易规模增长了 100 余倍、公司数量减少了 10% 的今天看来，全行业仍然未能出现几家整体实力出类拔萃的龙头企业，这不得不说是无序竞争的恶果，依托行政力量进行规范十分必要。

2. 努力加强证券公司营业网点在IB业务中理想作用的发挥

目前，控股和全资收购期货公司的证券公司各营业部网点IB业务均已正常开展，期货公司也派驻了IB端人员入驻各营业部。虽然股指期货已成功推出，但机构投资者还没有广泛深入地参与，与券商本身的经济收益相比，来自IB业务的收益尚只占非常小的一部分，业绩提升效益并不十分显著，因此，总体而言，营业部网点IB业务的效益并不尽如人意。

据上海证券交易所最新数据显示，国内证券公司营业部总数为4573家。第一批获批IB资格的营业部数占总数的20%，截至2010年年底，第二批再次新增的20%的营业部将获批开展IB业务。届时，可开展IB业务的营业部总数近1000家。当前面临激烈竞争压力的券商虽然拥有数量众多的营业部，但对于IB业务的重视程度轻重不一，较为重视的券商的营业部也因地域和各自差异而对IB业务的支持力度不一。

此外，证券经纪人不能从事期货IB业务营销，从根本上使IB业务的正常营销渠道大受限制，能真正较好地开展IB业务的营业部数量少之又少。

纵观整个市场，营业部网点IB业务尚处于初级发展阶段，IB业务收益占券商总收益的比重还并不十分显著，但是对于与证券公司实现IB业务良好对接的期货公司而言，IB业务所带来的业绩提升效果却较为明显。

目前，对处于行业前列的券商背景期货公司而言，其股东证券公司的营业部数量多在100家以上，IB端的客户权益规模已达到或接近10亿元的数量级，占公司客户总权益的比重在20%～30%之间，IB业务收益常见的期证分成比例在4：6到7：3之间。以其中一家的数据为例，来自IB端的开户数已占整个公司开户数的50%，股指期货的交易量占整个公司交易量的70%，IB端客户权益占公司客户总权益的25%，IB业务的手续费收入也成为公司主要的手续费来源之一。

当然，证券公司营业部网点在期货IB业务中理想作用的发挥并不是一蹴而就的，这是一个系统工程。证券营业部应积极配合期货对接部门的培训指导，做好相关前期准备与后续跟进工作，持续学习期货业务知识，拓展期货业务，充分发挥证券公司营业网点多、从业人员多的优势，有效拓展IB业务的渠道，提升IB端服务人员的综合素质。进而实现自身经济效益和期货公司经济效益的双提升，真正发挥证券营业部网点在期货IB业务中的理想作用。

3. 持续推进IB业务创新，改进和规范IB业务营销

（1）期货公司为证券公司开展中间介绍业务（反向IB业务）。为加强期货公司与证券公司的客户资源整合，促进双方业务交易及合作发展，期货公司同样也可以为证券公司开展中间介绍业务，为证券公司介绍客户参与股票交易或基金理财等业务活动。

与股票市场的参与者对期货的熟悉程度相比，期货市场的参与者对于股票的熟悉程度要高得多，事实上，期货市场的参与者对于股票这一投资工具也存在着不小的需求，大部分期货市场的参与者既交易期货又参与股票投资。随着股指期货的推出，股票现货与股指期货之间的联系空前加强，在同一个金融集团开展股指期货交易和股票交易将能极大地方便投资者的信息获取和享受期现货综合服务，因此，期货投资者将多个投资工具在同一金融集团开展的需求也将空前增强，期货公司为证券公司开展 IB 业务的需求将随着股指期货的不断发展而不断增强。

与证券公司为期货公司进行中间介绍业务相类似，期货公司为证券公司开展中间介绍业务也是涉及多个方面协调和考量的系统性项目，其开展流程、规章制度和激励措施等均需要基于互惠互利的原则，才能真正实现期货公司与证券公司的双赢，这也是期货公司为证券公司开展中间介绍业务这一模式可行性和持续性的客观要求。

（2）证券经纪人从事期货 IB 营销。现阶段，证券经纪人不能从事期货 IB 营销的规定阻碍了期货 IB 业务的发展已成为业内共识。证券经纪人不能从事期货 IB 营销使得期货营销不能得以充分展开，证券公司的资源并不能得到有效利用，因此，将从根本上动摇证期双赢的基础，IB 业务规模的发展受到严重的限制。

无论从执业资格、业务水平还是风险管理等多个方面看，证券经纪人从事期货 IB 营销并不存在不可逾越的门槛，对于证券经纪人而言，从事期货 IB 营销只是增加了数种交易品种而已，只要做好相应的培训工作，完全可以胜任。在以股指期货为代表的金融期货时代来临之际，证券经纪人从事期货 IB 营销能提高其对期现货金融市场的理解，强化期现货综合服务能力，从而促进整个金融市场的长远健康发展。证券经纪人从事期货 IB 营销不仅是期货公司的需要，也是证券经纪人提升自身素质的需要，更是我国金融市场长远发展的需要，为客户提供优质的金融服务也才能成为可能，真正实现与国际金融市场的全面接轨。

（3）期货居间人规范为期货经纪人并从事证券 IB 营销（拓展证券公司销售渠道）。国内外期货市场的发展实践表明，独立于公司和客户之外，接受期货公司委托，独立承担基于居间法律关系所产生的民事责任的居间人队伍是期货市场不可忽视的力量，这一群体在客户资源和信息渠道上拥有显著的优势。但由于与期货公司不存在隶属关系，期货居间人易受酬金驱动而在阶段性的合同期限到期后，经常性地发生流转，期货公司业务量的波动也因此加剧。

由于这一群体大多具备期货和证券的基本知识，可以试行灵活的酬金安排，将这一群体纳入期货经纪人范畴，由期货公司辅以适当的培训，从手续费收取、佣金提取和业务开发奖励等各个方面出台针对性地安排，一方面将在不侵蚀证券公司的现有资源的基础上有效地壮大期货经纪人队伍；另一方面也将为未来期货公司向证券公司提供中间介绍业务（即反向 IB 业务）提供必要的人员补充，有效弥补当前期货人才紧缺这一发展瓶颈。

（4）巩固直接产品、开发间接产品，改善产品同质化现状。我国资本市场的发展呈显著的政策推动型特征，因此在产品方面的改进步伐并不会太快。虽然商品期货和金融期货品种仍有待丰富，但只有市场的稳定发展，才会有新品种推出的可能，因此，品种的丰富并不会一蹴而就，更不会突然大范围的放开。但是期货公司可以加大研发投入，通过组合策略开发出既定政策下的投资组合产品，为 IB 业务营销创造特色产品，提供强有力的支援。

（5）证期联合解决营销方式欠新意的窘境。当前，期货公司的实力与其母公司或控股证券公司之间存在着不小的差距，并不具备强大的财力和物力举行大型的促销和推广活动，因此，证券公司有必要加大对期货公司的支持力度，共同举办大型促销活动，促进IB业务的健康发展。IB业务的手续费转换率是普通股票交易的5倍左右，因此，证券公司大力支持下的大型促销活动并非盲目的非理性之举。

（6）制定长期发展战略，打造战略层面的有形展示平台。应当吸取之前期货市场历经多年发展但行业集中度仍然过低的教训，从IB业务开展之初，即予以足够的重视，从证期联合品牌的打造，树立良好的公共口碑出发，致力于打造业内领先的证期联合经营主体。制定合理的期货公司和证券公司IB业务利益分配机制，为IB业务长期健康发展提供制度基础。

中期协联合研究计划（第六期）项目

股指期货市场的机构投资者风险管理机制研究

课题负责单位：北京工商大学
课题合作单位：上海东证期货有限公司
新华社经济信息部
课题负责人：高　扬
课题组成员：党　剑　张　彬　林　慧　李　伟　何　晶
周清杰　任　杰　赵丹丹

一、引　言

（一）研究背景及意义

2010年4月16日，国内首个股指期货品种——沪深300指数合约正式在中国金融期货交易所上市。沪深300股指期货的上市拉开了金融期货时代的大幕，标志着我国金融创新迈上了一个新的台阶。更为重要的是，股指期货特有的衍生品属性将给机构投资者、企业、个人提供有力的避险、融资和资产配置工具。作为股指期货市场上最重要的参与者，机构投资者（券商、基金等）在新的市场环境中如何应对各种风险，建立有效的风险控制体系是机构投资者在金融期货时代急需解决的重大问题。同时，其交易策略、产品设计、盈利模式也面临着新的机遇和挑战。

在上述背景下，2010 年 4 月 21 日中国证监会发布《证券投资基金参与股指期货交易指引》和《证券公司参与股指期货交易指引》（简称两个指引）。两个指引的发布，将有利于引导券商、基金在股指期货推出初期，结合自身风险管理能力，稳妥有序地参与股指期货交易。2011 年 1 月 25 日，中国证监会又发布《合格境外机构投资者参与股指期货交易指引（征求意见稿）》，对 QFII 参与股指期货交易的有关问题做出了明确规定。

目前，券商、基金正在为参与股指期货交易进行筹备。由于股指期货的高风险特征，而且在交易机制和操作策略上与股票交易存在较大差别，客观上要求机构投资者结合自身情况，选择恰当的交易目的和交易策略，采取针对性的风险管理流程和内控制度，有效防范股指期货交易中的风险。这是摆在机构投资者面前迫切需要解决的问题。

在此背景下，本课题的研究具有较强的现实意义和实践价值。主要体现在：

第一，有助于券商、基金等机构投资者完善风险管理体系，有效防范股指期货交易过程中的风险。

第二，有助于强化机构投资者在股指期货交易上的风险管理理念，促进其理性运用股指期货工具，从而有利于培育合格股指期货机构投资者，促进股指期货市场投资者结构的合理化，有助于资本市场稳健发展。

第三，有助于保护个人投资者利益。证券投资基金和券商的资产管理业务均涉及诸多个人投资者的利益，在股指期货交易中有效地控制风险，才能保障个人投资者资金的安全性。

（二）课题理论依据和方法

本课题研究框架设计上，借鉴金融机构全面风险管理（ERM）技术。ERM 强调企业风险管理应该是一个多维、立体、连续的管理方案和过程，不仅包括风险管理策略和过程，还包括所有支持和保障 ERM 效率效果的配套设施（公司治理、内部控制、组织和部门管理、关联方利益管理、数据和技术资源、积极组合管理），策略、过程和配套设施三部分共同构成全面风险管理的整体框架。该框架对于股指期货这一衍生品交易具有较好适用性，有助于构建全面有效的风险控制体系。

针对基金和券商不同业务、产品和操作策略的风险分析，采取定性和定量分析相结合的方法。定量分析的目标在于构建一套便于衡量的风险评估指标体系，并以沪深 300 股指期货历史交易数据为基础进行实证分析。

在基金和证券公司风险管理和内控制度建议方面，通过调研，采取座谈、访谈了解现有机构的一般制度框架，并提出针对股指期货的相关调整建议。

（三）本课题预期达到的目标

第一，针对不同策略、产品或业务，确立风险点和相应风险管理流程，并对基金和券商设计一套可量化和操作的风险指标体系。

第二，在券商、基金现有风险管理体系基础上，提出与股指期货相关的增加、修改、补充性建议。

二、机构投资者参与股指期货的策略、产品和业务创新

（一）境外机构投资者运用股指期货的现状

世界上第一支股指期货合约——美国堪萨斯城交易所的价值线指数期货合约上市于1982年2月24日，距今已有28年的历史。股指期货自上市以来，交易活跃，成长迅速。目前，股指期货及期权已经占到全球衍生品交易总额的32.4%。[①] 海外机构投资者在多年的交易实践中，积累了丰富的经验，开发出大量利用股指期货的交易策略和创新产品。

1. 境外机构投资者对股指期货的运用现状

（1）境外股指期货市场的投资者结构。从国际经验来看，机构投资者具有研发能力强，资金实力雄厚，交易行为理性等优点，有利于市场的平稳运行和功能发挥。境外成熟市场大都形成了以机构投资者为主的投资者结构。

①美国：共同基金为主体。美国股指期货市场是典型的以机构投资者为主的市场。这和美国以直接融资为主的金融制度，以及以共同基金、养老基金等机构投资者为投资主体的资本市场是完全吻合的。目前，机构投资者持有美国股票市值的80%左右，而机构投资者占美国股指期货市场的交易量大致也为80%。[②]

美国参与股指期货的机构比较广泛，包括养老基金、共同基金、对冲基金、期货基金、投资银行、保险公司等。根据晨星在2006年3月31日对美国基金3年内参与衍生品（以股指期货为主）的调查显示，大盘基金参与度为53%，投资比例不超过5%；中盘基金参与度为60%，投资比例不超过2%；小盘基金参与度为23%，投资比例不超过1%。由此可见，大中盘基金参与度较高，但投资比例比较低。根据美国《机构投资者调查》统计显示，1993年美国大约有1/3左右的养老基金使用股指期货，其中，资产配置、套期保值、套利交易各占1/3。

②中国香港地区：海外机构为主体。我国香港是亚洲地区最早开设股指期货的市场之一。据港交所统计，恒生指数（简称HSI）和恒生中国企业指数（简称HHI）指数期货交易中机构投资者占所有交易者的40%～50%，交易量占总交易量的81%，主要进行方向性交易和套期保值。在机构投资者中，海外机构占据绝大多数，分别占HIS和HHI指数期货交易的34%和49%（见图1），其中又以欧美机构占据主导。[③] 从交易类

① 2010FIA成交量网络研讨会报告。

② “海外股指期货：机构投资者占主体”，《证券时报》，2007年6月11日。

③ 于栋华：《亚洲股指期货投资者结构分析》。

型看，投机者比例虽有所下降，但仍占市场交易总量的半数以上，套期保值者和套利者稳步增长。

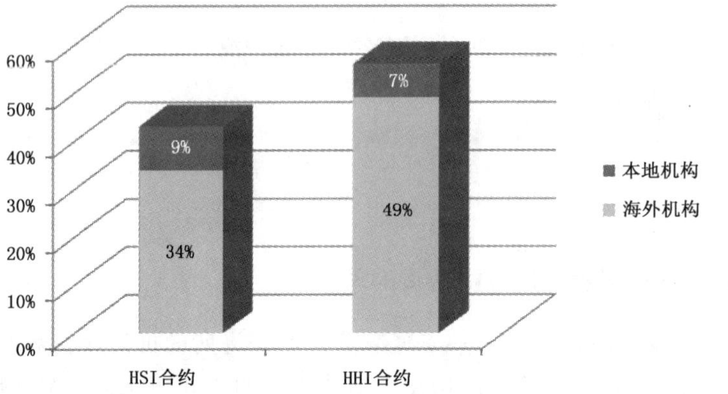

图 1　港交所股指期货合约机构投资者参与比例

资料来源：www. hkex. com. hk。

③日本：海外机构为主体。日经 225 股指期货的投资者分为两大类，一类是证券交易所的自营会员参与者；一类是期货经纪商所代理的客户，主要包括企业投资者、个人投资者、海外投资者和证券公司四类。其中，个人投资者比重保持平稳，2006 ~ 2009 年间比重均在 12. 5% ~15% 左右；机构投资者和证券公司的参与比重在持续降低，分别由 2006 年的 8% 和 2. 5% 降低到 2010 年 2 月的 5. 2% 和 1. 4% ；海外投资者的比重则在不断上升，2006 年海外投资者的比重为 74. 2% ，2008 ~ 2009 年海外投资者比重分别为 78. 8% 和 77. 5% ，在 2010 年 1 月更是达到了 80. 5% 。同时，海外投资者的成交量占期货成交量的比重也在不断上升。[①]

④韩国：证券期货公司、国外投资者与个人三足鼎立。在 KOSPI200 股指期货投资者结构中，证券期货公司、外国投资者和个人投资者是投资者结构中所占比例最大的三类投资者。其中，证券期货公司占据 37. 88% 的比重，位于首位，外国投资者比重为 31. 44% ，个人投资者比重 27. 96% ，三类交易者累计占据 97. 28% 的比重（见图 2）。可见，证券期货公司、外国投资者和个人投资者是支撑韩国 KOSPI200 股指期货市场交易的投资主力和交易主体。另外，根据数据显示，其他保险公司等五类投资者在韩国 KOSPI200 股指期货的交易中的参与度较低，比如银行的比重仅 0. 22% ，投资信托和保险公司的比例分别为 1. 17% 和 0. 14% 。[②]

⑤中国台湾地区：个人投资者与机构投资者比例并重。我国台湾地区股指期货于 1998 年 7 月推出。上市初期，因信托基金等机构投资者参与股指期货的规定未能及时发布，个人投资者占据了市场的主力地位，当年交易量比重高达 97% 。随着相应规定的制定和限制的放松，QFII、基金等机构投资者的逐渐进入，股指期货的个人投资者交

① 于栋华：《亚洲股指期货投资者结构分析》。

② 于栋华：《亚洲股指期货投资者结构分析》。

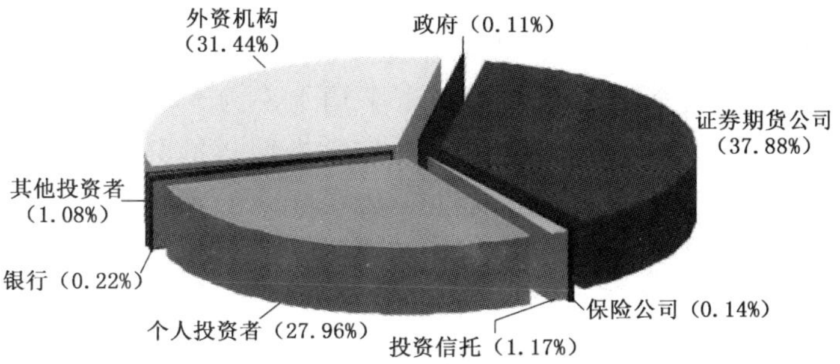

图 2　韩国 KOSPI200 投资者结构比例

资料来源：光大证券研究所。

易量比重逐年下降，2010 年全年已经下降到 57%。在股指期货推出初期是不允许期货自营的，制度放开后，期货自营的占比增幅最快，2011 年 1 月占比为 45%。此外，海外投资者占 2010 年交易量的 15%，交易量比重相对较小。[①]

(2) 境外机构投资者参与股指期货的交易方式。在美国，共同基金、对冲基金、投资银行等机构投资者广泛参与股指期货交易。按机构投资者投资风格的不同，参与股指期货的交易方式有显著的差别。大型共同基金主要利用股指期货进行资产配置和流动性管理，资产配置主要指调整投资组合的 β 值规避系统风险，流动性管理主要是利用股指期货的现金替代和杠杆作用。大型共同基金参与股指期货的方向是做多，没有做空的情况出现。大型共同基金的投资对象以小额、近期的合约为主，广泛投资与各国股指期货。中小型共同基金为了在基金市场中与大型共同基金竞争，吸引投资者，利用股指期货的杠杆作用，设计出放大或反转基金收益的产品，其交易方式较为灵活，持仓水平较高。私募基金主要是各种对冲基金，通过对 1994 ~ 2010 年美国对冲基金的考察，发现对冲基金广泛采用各种交易方式参与股指期货。其中，方向性策略应用最为广泛，占全部交易的 44.44%。[②]

我国香港股指期货市场从 2003 年至今，恒生指数期货的投机交易在逐渐减少而套保交易则在逐步增加，小型恒生指数在投机交易减少的同时套利交易大幅增加。在 2003 ~ 2004 年度，恒生指数期货的投机、套期保值和套利交易的比例分别为 66%、25% 和 9%；而在 2008 ~ 2009 年度，这个比例分别为 54%、32% 和 14% 左右。小型恒生指数的投资者结构在 2006 ~ 2007 年发生了较大的变化，投机交易比重由前 3 个年度的 83% 以上突然减至 61%，而套利交易比重却由前 3 个年度的年均 7% 左右增至 34%。[③]

由于日本股指期货市场上海外机构投资者比例较大，这些海外机构是以盈利为目的参与日本股指期货，所以投机和套利是日本股指期货的主要交易形式。

我国台湾地区的基金从 2000 年开始参与股指期货交易，市场占有率不超过 0.6%。

① 台湾期货交易所网站 http：//www.taifex.com.tw/chinese/home.asp。

② 范向鹏：《股指期货在海外基金中的应用》。

③ 于栋华：《亚洲股指期货投资者结构分析》。

2004 年后基金参与股指期货的资金明显放大。2005 年年底，台湾 286 只共同基金中有 109 只参与股指期货，参与比例为 38% 左右。此外，共同基金运用股指期货进行投机操作的头寸价值总额不超过基金净资产的 15%，平均水平为 5%，仓位都很低。在 2006 年 7 月单独统计，该月 292 只共同基金中，参与股指期货的只有 38 只，参与比例为 13%。其中，利用股指期货进行套期保值的有 28 只，进行管资产配置或投机的 8 只，进行套利的有 2 只。在这些基金中，参与投机的头寸的价值占净资产的比例最高为 14.38%，参与套期保值的最高套保率为 92.52%。[①]

2. 股指期货对境外券商基金的影响分析

从境外经验来看，股指期货的推出对券商、基金的经营理念和经营方式都产生了深远的影响。券商需要重新界定自营、资产管理、投资银行等各项业务的边界，基金也可以利用股指期货在交易策略上进行创新，进而推出具有不同风格的基金产品。股指期货的推出从深层次改变了以券商、基金为主的机构投资者的业务和盈利模式，这些影响主要体现在以下几个方面：

（1）股指期货为券商、基金提供了风险管理工具。股指期货被认为是最为有效的风险管理工具，股指期货最重要的职能就是风险管理职能。风险管理不是表面所看到的资金转移和盈亏转化，而是隐含的风险在不同偏好的投资者之间转移，从而达到主动管理资本市场系统性风险的目的。套期保值和套利功能在股指期货市场上的充分发挥，是市场平稳运行的重要基础。券商和基金可利用股指期货来管理资产，达到规避风险和保值的目的。

（2）股指期货为券商、基金创造新的盈利模式。在缺乏做空机制的市场中，如果现货市场出现暴跌，会导致机构投资者卖出股票难的局面。在拥有股指期货之后，机构投资者可以通过卖空股指期货来规避风险，提高收益。同时，机构投资者可以利用股指期货和融资融券来创造新的利润源泉。例如，券商和基金可以在管理好风险、建立起健全的风控制度后开发获取阿尔法收益的交易方式，机构投资者可利用股指期货来进行无风险套利和指数化产品的创新，从而为机构投资者创造新的盈利模式。

（3）股指期货为机构投资者提供了资产配置工具。资产配置是利用股指期货交易费用较低、资金使用效率高、贴近现货指数等特征，实现预先设定的风险收益结构目标。由于股指期货采取保证金交易的特点，机构投资者可以占用较少的资金来完成较大规模的交易，把其余的资金进行更多元化的投资。常见的资产配置应用包括：贝塔值调整、阿尔法策略、可转移阿尔法、指数化投资和现金证券化等。

（4）股指期货为机构投资者提供流动性管理工具。在日常生活中，开放式基金随时要面对投资者的申购和赎回，这就造成大量资金流动的不确定性和风险。当基金面临申购赎回时，基金经理面临两个选择：一种是立刻进行交易，这样会产生较大的市场冲击成本；另一种是保持现有的头寸并推迟市场交易操作，这样虽然会较少冲击成本，然而会产生一定的时滞成本。应用股指期货进行交易后，当基金面临净资金流入时，基金公司可以选择持有合理数量的指数期货合约多头，这样就可以使流入的资金迅速获得市

---

① 国信证券研究所研究报告。

场风险的暴露，因而能减少时滞影响。当基金面临非预期的净资金流出时，基金经理则可以借入现金或动用现金留存以应对基金赎回，并且持有合理数量的股指期货合约空头。尚未出售的资产与空头指数期货合约就构成了一个几乎零市场风险的投资组合。这样，基金的部分资产就可迅速地转换为现金风险暴露以应对基金持有人的流动性需求。

3. 境外机构投资者应用股指期货的交易策略

从交易动机来看，运用股指期货的主要交易策略包括：投机、套期保值、套利和资产组合管理。

（1）套期保值。套期保值是基于以下两个基本原理：同种商品的期货价格走势和现货价格走势一致；现货市场与期货市场价格随期货合约到期日的临近而趋于一致。套期保值者本着“品种相同或相近，月份相同或相近，方向相反，数量相当”的原则，在两个市场之间建立一种“相互冲抵”机制，从而达到转移价格风险，锁定盈利或建仓成本的目的。

在不同市场环境下，应采用不同的套保策略。当券商基金持有仓位较重，预期市场将会出现下跌时，为避免大幅减仓给市场带来过大冲击，可卖出股指期货进行风险对冲，称之为卖出套期保值（空头套保）。反之，当券商基金预期市场行情向上，因为种种原因无法迅速建仓时，可以买入股指期货提前锁定成本，称之为买入套期保值（多头套保）。

根据套保比率的不同，可以分为完全套期保值策略和部分套期保值策略。所谓完全套期保值，是指建立与现货仓位 1∶1 对应的期货头寸，从而将投资组合的 β 值调整为 0，从而完全对冲掉市场的系统性风险。部分套期保值则是建立小于现货仓位的期货头寸，其目的是降低投资组合的 β 值，降低系统性风险。由此可见，完全套期保值也可以看做一种 α 策略，部分套期保值则是调整 β 值的一种方式。

从实际经验来看，机构投资者应用卖出套期保值的情况主要是：第一，仓位较重又面临减仓或调仓压力，为了回避股票资产价格下跌的风险。第二，短期未来有现金流出或股票变现需求，提前锁定部分价值量，平滑净值。第三，限售股在二级市场减持，为防止解禁时价格下跌，提前锁定利润。

机构投资者应用买入套期保值的情况主要是：第一，机构投资者看好大势，因为流动资金紧张或防止建仓给市场带来的冲击，买入股指期货锁定建仓成本和建仓时机。第二，基金等募集资金会有时滞效应，利用股指期货的杠杆机制提前锁定建仓成本；未来有频繁的小额现金流入，机构投资者可通过先将流入资金投资于短期政府债券并建立与流入资金相当的股指期货头寸，待流入的资金积累到一定程度后在直接投资于一系列股票同时将期货头寸平仓，这一策略也称为“现金证券化”。

（2）套利。套利是利用与期货指数相关的各种不合理利差，进行方向相反的交易从而获得收益的操作。根据不同的套利对象，股指期货套利可以分为期现套利、跨期套利、跨市场套利和跨品种套利等。其中，跨市场套利需要统一指数在不同市场同时上市，例如日经 225 指数分别在大阪证券交易所、新加坡交易所、CME 集团上市交易；跨品种套利需要至少两种不同但高度相关的指数期货产品，例如道琼斯指数和标准普尔指数。从国际成熟市场的经验来看，国际基金广泛运用全球股指期货合约来进行灵活的资产配置，及时发现市场的异常带来的获利机会。

跨期套利是利用同一股指期货不同月份合约的不合理价差获利的套利交易。一般来说，远月合约的波动幅度大于近月合约，当预期市场将上涨时，可以“买远卖近”进行多头套利；反之，当市场有下跌风险时则可以“买近卖远”进行空头套利。此外，还有利用两笔方向相反，共享居中交割月份合约的跨期套利组合，形象地称之为“蝶式套利”策略。

期现套利是利用期货价格对现货价格的偏离进行套利交易。从涉及的市场来说，期现套利跨越期货市场和现货市场，可以看做一种跨市场套利；从期货和现货的时间差异来看，把现货作为当时到期的期货，期现套利又可以看作特殊的跨期套利。

期现套利与套期保值都是在期货市场和现货市场建立方向相反的头寸，有一定的相似性。其区别主要体现在：第一，套利交易操作主要是基于对期货指数和现货指数之间的价差大小的判断，如果期指高于现指程度大，可进行正向套利，如果期指高于现指程度小，可进行反向套利；而套期保值主要是基于对市场方向和风险的判断，如果担心股市下跌，可以对持有的股票组合进行卖出套期保值。第二，期现套利头寸的了结时机主要取决于期指和现指价差的变化，只要对套利者有利，就可以同时了结两个市场的头寸；套期保值头寸的了结主要取决于对市场风险的判断，如果大盘走稳，下跌风险减弱，就可以了结期货套期保值头寸。第三，套利交易一般要求期货和现货两部分头寸数量完全对应，而套期保值可以部分套保。

（3）投机或方向性交易。从美国的实际经验来看，基金（主要是指数基金）往往利用股指期货的杠杆机制，将小额资金与现货同方向配置在股指期货上，形成加强型指数基金等产品，从而追求超越股票市场的收益或用股指期货代替部分股票资产。其目标是对资产组合的风险—收益组合进行调控，实际操作中主要是进行资产配置和流动性管理。研究发现，美国富达基金在其年报和半年报中公布的期货持仓情况均为多头，合约价值/净资产比例较低，平均值为3.17%。① 各种对冲基金采取方向性交易策略更为普遍，占其参与股指期货全部交易量的44.44%，包括股票多空策略，全球宏观配置策略等。

（4）资产组合管理。股指期货有两个突出的特性，一是能够灵活的改变投资组合的β值；二是具备灵活而低成本的资产配置功能。这两个特性使得股指期货在资产配置策略、投资组合的β值调整策略、指数化投资策略、传统阿尔法（Alpha）策略及阿尔法转移策略、现金证券化策略五个方面的资产组合管理中得到广泛应用。

①资产配置策略。平衡型基金的投资组合需要在股票、债券和货币市场工具之间按照一定比例进行投资。随着市场环境的改变，每一种投资标的收益和风险都会发生变化，实际的资产组合比例会偏离计划目标。从而，基金管理者可以利用股指期货进行资产配置比例的调整，而不需要调整现有资产组合。此外，利用股指期货也可以应对法律法规对投资于特定资产比例的限制，这一点对于指数基金尤其重要。

②投资组合的β值调整策略。在实践中，投资者一般根据市场不同情况选择不同

① www.fidelity.com.

类型的证券（具有不同的β值）进行投资。股指期货可以作为一项资产加入到投资组合中去，起到调节该组合的总体β值以增加投资组合回报的作用。β值调整是改变投资组合的客观结果，可以认为所有的交易策略都有一定的改变投资组合的效果。当投资者看好后市，可以建立同现货方向相同的股指期货头寸，使得投资组合的β值大于1，获得超额收益；投资者看淡后市，可以建立与现货方向相反的股指期货头寸，降低投资组合的β值，从而降低投资组合的系统性风险。甚至可以进一步将β值调整为负数，从而在市场下跌过程中获得一定的收益。

决定投资组合回报的关键是管理者的择时和选股能力。而两者往往存在一定的矛盾。当某只股票被看好而市场处于下跌过程中时，可以利用股指期货将β值调整为0，从而获得该股票的α收益。从而解决择时和选股之间的矛盾。

与通过直接交易股票、融资融券等方式调整β值的方法相比，利用股指期货的调整成本低，无需卖出可能产生超额收益的股票，但需要考虑展期成本、保证金控制、股票组合与股票指数的匹配程度等问题。

③指数化投资策略。指数化投资是一种被动型的投资策略，投资者需要在投资期内跟踪基准指数买进并固定持有一组证券。而传统的以现金基础复制指数组合往往伴随着较高的跟踪误差和调整成本。利用股指期货可以构造“合成指数基金”，通过买卖股指期货加固定收益类债券等方法来构造一个和目标指数相一致的投资组合。

④传统阿尔法（Alpha，α）策略及阿尔法转移策略。阿尔法策略需要一个具有高额、稳定积极收益的投资组合，然后通过卖出相对应的股指期货合约来对冲该投资组合的系统性风险，使组合的β值在投资过程中保持为零，从而获得与市场相关度较低的阿尔法收益。该策略适用于银行理财产品，养老基金等低风险偏好的机构投资者。

阿尔法转移策略则是通过股指期货的杠杆机制，用较少的资金成本覆盖所需头寸，抽出部分资金投资于其他与所覆盖头寸资产类别相关性较低的资产。这一策略被投资公司，基金等机构投资者广泛采用。

⑤现金证券化策略。机构投资者（尤其是开放式基金）往往要面对频繁的小额现金流入或流出，这部分现金由于难以分散配置到投资组合的资产中或分散投资交易成本较高，使得投资收益有可能低于基准收益。股指期货有助于解决高流动性需求和投资收益之间的矛盾。例如，在资金流入时，投资者可以现将流入的资金投资于短期政府债券，并购买相当于流入资金的股指期货，待流入资金积累到一定程度后再直接投资于一系列股票，同时将期货头寸平仓。反之，机构投资者面临未来小额现金流出，例如开放式基金的赎回时，可以借入现金或动用现金留存以应对基金赎回，并持有合理数量的股指期货空头，与部分尚未出售的资产构成互相对冲市场风险的投资组合，这样，基金的部分资产就可以迅速地转换为现金资产以应对流动性风险。

4. 股指期货给机构投资者带来的业务和产品创新

股指期货作为一种有效的避险工具和具有杠杆机制的投资标的，将对证券公司自营、资产管理等业务产生全方位的影响，并将改变现有证券公司和基金公司的市场定位、业务主体和发展方向，为机构投资者带来全新的盈利模式。

（1）股指期货给基金公司带来的产品和业务创新。基金应用股指期货主要是基于控制投资组合的β值和改变投资规模的目的。在投资实践中，基金除了可以利用股指期货进行避险保值外，还可以利用股指期货与基础资产进行多元化组合，形成不同风格的基金产品。股指期货极大地丰富了基金产品体系，不仅能满足不同投资者的个性化需求，还对各国的金融市场的稳定发展有着重要意义。

利用股指期货的创新基金主要有：

①阿尔法策略基金。运用股指期货设计阿尔法策略基金在国外是一个比较成熟的产品。即在现货市场买入某证券组合，在期货市场做空股指期货对冲系统风险获取阿尔法收益。由于新兴市场的有效性较弱，专业投资者可以利用专业管理、积极操作、资金规模等优势获得较高的阿尔法收益，从而跑赢大市。

②加强型保本基金。保本基金的主要缺陷是高比例配置于货币或债券等固定收益品种来保证本金，收益偏低。在市场风险较大的情况下虽能有效保证本金安全，但在市场向好时往往失去吸引力。基金管理者可以在保证一定比例本金的前提下，将部分资金投资于股指期货以获取收益。

③算法交易基金。股指期货的推出使得程序化交易成为一种最为有效的投资模式。算法交易（Algorithmic Trading）是通过计算机程序来下交易定单，即利用计算机算法决定交易下单的时机、价格乃至最终下单的数量与笔数等。算法交易被对冲基金、养老基金、共同基金以及其他机构交易者广泛使用，他们将大额的交易分解为若干笔小额的交易，以便更好地管理市场冲击成本、机会成本和风险。算法交易可以被应用于任何投资策略，包括做市、跨市套利、期现套利和单边投机（包括趋势追随）。

④合成指数基金。指数基金的目标在于获取标的指数的收益，相应的在指数基金业绩评价体系中，跟踪偏离度和跟踪误差成为两大主要指标。单纯依靠买卖股票复制指数的偏离度往往较大，交易成本较高。应用股指期货，指数基金可以减少跟踪成本，降低跟踪误差。

⑤股指期货基金。该产品单纯以股指期货为投资标的，在承担较高风险的同时试图获取高额收益。往往采取定向理财或者私募的组织方式。

⑥130/30 基金。一种采用主动投资和以指数为基准的多头和空头策略相结合投资方法的基金。具体操作如下：将全部资金以指数为基准投资于多仓（包括股票和少量股指期货），同时通过融入并抛空相当于基金净值 30% 的证券，再将抛空所得建立多仓。从而，基金的实际组合变为 130% 的多头和 30% 的空头。此种策略基金的优点是：虽然利用了杠杆，但基金净权益风险敞口仍然保持在 100% 左右，即 β 值接近于 1，在不额外承担风险的同时也能产生较高的超额收益。

（2）股指期货给证券公司带来的产品和业务创新。股指期货可以拓宽券商的经营范围，丰富现有投资产品，提供更为灵活的投资手段，使券商主要利润来源的经纪业务、自营业务、投行业务以及资产管理业务出现新的盈利增长点。从而打破券商单纯依靠资本规模扩张，一味低层次同质竞争的格局，使券商向为客户提供多样化、个性化的资金管理和投资咨询服务的现代金融公司转变。具体来说，股指期货对券商产品、业务的影响主要集中在以下几个方面：

①券商自营业务盈利多元化。在传统的自营业务中，不论是股票还是债券，券商都

必须通过持有股票和债券等待其价格上涨后平仓才能获利。利用股指期货的双向交易机制，券商在股市的上升和下跌中皆可获得利润。同时还可以对整个市场和个股的投资策略进行分离，用股指期货规避市场的系统风险，获得超过市场的收益。最后券商还可以进行期现套利，获取无风险套利收益。

②资产管理业务局面将改变。这几年券商在资产管理业务上的巨额亏损说明避险工具对有效管理资产的重要性。利用股指期货，券商可以部分或完全规避市场的系统性风险，保证客户的资产安全。另一方面，各种套利交易也将成为主流的理财模式。

券商可以利用股指期货设计各种不同风险和收益特征的理财产品以满足市场和不同层次客户的需要。比如，指数化理财产品，保底型理财产品，跨品种跨市场的理财产品，从而改变目前券商理财产品单一的局面。

③为投行业务提供避险机制。随着我国证券市场的日益成熟及规范化，一级市场证券最终也将走市场化。目前采用的上网定价发行隐含着较大的风险，如果市场行情不好，券商因 IPO 或增发而包销大量的余股，沉淀了大量资金，会给券商的正常经营带来极大的压力和风险。运用股指期货，承销商可预先卖出相应数量的股指期货对冲风险、锁定利润。这一方面有利于新股发行方式向上网竞价发行的转变，改变现有上网定价发行方式；另一方面，可回避二级市场低迷给承销商带来的巨大风险，保证新股的发行与顺利上市。

5. 股指期货对其他机构投资者的影响

从境外的经验来看，与券商和基金类似，社保基金、保险基金、投资银行等其他机构投资者均广泛运用股指期货来规避风险和提高收益。例如，美国保险基金运用股指期货的交易策略主要有：代替指数现货获得平均收益、调整投资组合 Beta 值、快速建仓、调整资产配置、对冲自然灾害风险、套利等。首先，股指期货为这些机构投资者提供了避险机制，这种避险机制对于社保基金等有较高保本要求的机构是必需的。其次，股指期货减小了资产规模较大的机构投资者频繁调整仓位给股票市场带来的巨大冲击成本，起到了方便灵活、稳定市场的作用。最后，股指期货也提供给机构投资者低成本地将资产配置于全球市场的机制，对于金融全球化浪潮下的机构投资者有着重要意义。

（二）现有制度框架下我国券商基金运用股指期货的情形分析

2010 年 4 月 21 日，证监会发布了《证券投资基金参与股指期货交易指引》（中国证券监督管理委员会公告［2010］13 号）和《证券公司参与股指期货交易指引》（中国证券监督管理委员会公告［2010］14 号），对券商、基金可从事的业务种类和交易方式、交易规模等作了详细的规定。这就为券商、基金参与股指期货打开了大门。

1. 我国关于机构投资者参与股指期货交易的相关规定

（1）《证券投资基金参与股指期货交易指引》主要内容。

基本原则：根据风险管理原则，以套期保值为目的，遵循中金所套期保值管理规定。保本基金及中国证监会批准的特殊基金品种除外。

基金类型：股票型、混合型及保本基金可参与，债券型、货币基金不得参与。

持仓限制：在任何交易日终，①基金持有的股指期货多头合约价值不得超过净值的

10%。②开放式基金持有的期货多头合约价值与有价证券市值之和，不得超过净值的95%，而对于封闭式基金、开放式指数基金（不含增强型）、ETF为100%。③持有的期货空头合约价值不得超过基金持股总市值的20%。④基金持有的股票市值和股指期货多头、空头合约价值（轧差计算），合计应符合基金合同关于股票投资比例的约定。

日内交易头寸限制：基金在任何交易日内交易（不包括平仓）的股指期货合约的成交金额不得超过上一交易日基金资产净值的20%。

现金留存规定：每个交易日终，①开放式基金（不含ETF）在扣除期货合约需缴纳的交易保证金后，应保持不低于资产净值5%的现金或到期日在一年以内的政府债券。②封闭式基金、ETF在扣除股指期货合约需缴纳的交易保证金后，应保持不低于交易保证金1倍的现金。

保本基金的特殊规定：保本基金投资股指期货不受上述限制，但应符合基金合同规定，且每日所持期货合约及有价证券的最大可能损失不得超过基金净资产扣除用于保本部分资产后的余额。

新老基金参与规定：老基金（本指引实施前已获证监会核准的基金）应根据基金合同和本指引等决定是否参与股指期货。新基金（本指引实施后申请募集的基金）拟参与股指期货投资的，应在申报材料中列明股指期货投资等内容。

内控机制：基金公司应制订严格的授权管理制度和投资决策流程，确保各环节的独立运作，明确相关岗位职责。建立股指期货投资决策部门或小组，并授权特定的管理人员负责股指期货的投资审批事项。

《证券投资基金参与股指期货交易指引》对基金业务的规定见表1。

表1 《证券投资基金参与股指期货交易指引》对基金业务的规定

规定项目	受规定基金	规定内容
基本原则	可交易基金	根据风险管理原则，以套期保值为目的
可交易基金	部分基金	股票型、混合型及保本基金可参与，债券型、货币基金不得参与
持仓限制（在任何交易日终）	允许交易基金	基金持有的股指期货多头合约价值不得超过净值的10%
	开放基金 封闭基金 开放指数基金	开放式基金持有的期货多头合约价值与有价证券市值之和，不得超过净值的95%，而对于封闭式基金、开放式指数基金（不含增强型）、ETF为100%
	允许交易基金	持有的期货空头合约价值不得超过基金持股总市值的20%
	允许交易基金	基金持有的股票市值和股指期货多头、空头合约价值（轧差计算），合计应符合基金合同关于股票投资比例的约定
日内交易头寸限制	允许交易基金	基金在任何交易日内交易（不包括平仓）的股指期货合约的成交金额不得超过上一交易日基金资产净值的20%
现金留存规定	开放式基金	开放式基金（不含ETF）在扣除期货合约需缴纳的交易保证金后，应保持不低于资产净值5%的现金或到期日在1年以内的政府债券
	封闭式基金、ETF	封闭式基金、ETF在扣除股指期货合约需缴纳的交易保证金后，应保持不低于交易保证金1倍的现金

续表

规定项目	受规定基金	规定内容
内控机制	允许交易基金	基金公司应制订严格的授权管理制度和投资决策流程，确保各环节的独立运作，并授权特定的管理人员负责股指期货的投资审批事项

（2）《证券公司参与股指期货交易指引》分析。

基本原则：自营业务以套期保值为目的参与股指期货交易，资产管理业务（包括集合、定向、限额特定资产管理业务）参与股指期货交易适用本指引。

自营业务：①对已被股指期货合约占用的交易保证金按100%比例扣减净资本。②通过卖出股指期货对冲持有的权益类证券风险时，对已有效对冲风险的权益类证券和卖出股指期货分别按权益类证券投资规模和卖出股指期货合约价值总额的5%计算风险资本准备（5%为基准标准，不同类别公司按规定实施不同的风险资本准备计算比例，下同），对未有效对冲风险的权益类证券和卖出股指期货分别按权益类证券投资规模和卖出股指期货合约价值总额的20%和30%计算风险资本准备。③按买入股指期货合约价值总额的30%计算风险资本准备。④权益类证券及证券衍生品（包括股指期货）的合计额不得超过净资本的100%，其中，股指期货以股指期货合约价值总额计算。

集合资产管理业务（不含限额特定资产管理业务）：参与股指期货交易，应当以套期保值为目的。①本指引实施前，已设立的集合资产管理计划未明确约定可参与股指期货交易的，原则上不得投资股指期货，若拟变更合同投资股指期货的，应当经过客户、资产托管机构、证监会等适当程序。②任一时点，持有的卖出股指期货合约价值总额不超过持有的权益类证券总市值的20%，持有的买入股指期货合约价值总额不超过资产净值的10%。③任一时点持有的权益类证券市值和买入股指期货合约价值总额的合计应当符合集合资产管理合同关于权益类证券投资比例的约定。④任何交易日终在扣除股指期货合约占用的交易保证金后，应当根据资产管理合同的约定保持不低于资产净值5%的现金及到期日在1年以内的政府债券。

定向资产管理业务、限额特定资产管理业务：①本指引实施前，已签署的资产管理合同未明确约定可参与股指期货交易的，原则上不得投资股指期货。若拟变更合同投资股指期货的，应当按照资产管理合同的约定及有关规定取得客户、资产托管机构的同意并履行有关手续。②任一时点，单一客户或单一计划持有股指期货的风险敞口不得超过客户委托资产净值或计划净值的80%，并保持不低于交易保证1倍的现金及到期日在1年以内的政府债券。

《证券公司参与股指期货交易指引》对券商业务的规定见表2。

表2　《证券公司参与股指期货交易指引》对券商业务的规定

规定项目	受规定业务	规定内容
基本原则	自营/资管业务	自营业务和资产管理业务以套期保值为目的参与股指期货交易，自营业务不以套期保值为目的参与股指期货交易的，应当经证监会批准。专项资产管理业务不得参与股期指日报指期货交易。

续表

规定项目	受规定业务	规定内容
自营业务的规定	自营业务	对已被股指期货合约占用的交易保证金按100%比例扣减净资本
	自营业务	通过卖出股指期货对冲持有的权益类证券风险时，对已有效对冲风险的权益类证券和卖出股指期货分别按权益类证券投资规模和卖出股指期货合约价值总额的5%计算风险资本准备，对未有效对冲风险的权益类证券和卖出股指期货分别按权益类证券投资规模和卖出股指期货合约价值总额的20%和30%计算风险资本准备
	自营业务	按买入股指期货合约价值总额的30%计算风险资本准备
	自营业务	权益类证券及证券衍生品（包括股指期货）的合计额不得超过净资本的100%其中股指期货以股指期货合约价值总额计算
集合资产管理业务	资产管理业务	任一时点，持有的卖出股指期货合约价值总额不超过持有的权益类证券总市值的20%，持有的买入股指期货合约价值总额不超过资产净值的10%
	资产管理业务	任一时点持有的权益类证券市值和买入股指期货合约价值总额的合计应当符合集合资产管理合同关于权益类证券投资比例的约定
	资产管理业务	任何交易日终在扣除股指期货合约占用的交易保证金后，应当根据资产管理合同的约定保持不低于资产净值5%的现金及到期日在一年以内的政府债券
定向资产管理业务、限额特定资产管理业务	定向、限额特定资产管理业务	任一时点，单一客户或单一计划持有股指期货的风险敞口不得超过客户委托资产净值或计划净值的80%，并保持不低于交易保证1倍的现金及到期日在一年以内的政府债券

2. 我国券商基金参与股指期货交易的现状及特点

沪深300股指期货自上市以来，市场的投资者规模不断扩大。中金所相关数据显示，截至2010年7月15日，全国股指期货的开户数已经突破4.1万户，其中，日均参与交易的客户数约1.3万，日均动用的交易保证金总额约为50亿元。

机构投资者占市场份额比重还比价低。数据表明，截至2010年7月，机构投资者在股指期货市场的开户量仅占市场开户量总额的2%，券商是率先入市的机构投资者，其交易量仅占市场总交易量的1%，持仓量约占市场总持仓量的20%左右。可见，机构投资者的参与程度和市场份额仍然较低，与海外市场的情况仍有较大差距，市场整体的投资者结构急需进一步完善。

券商、基金和QFII等机构对于股指期货的热情较高，准备也比较积极，但参与上都十分谨慎，总体来看券商的积极性高于基金，而相对于规模比较大型的基金而言，中小规模的基金表现更加积极。由于基金、券商参与股指期货在内部制度、流程、策略以及交易系统构建等方面仍需要一定的准备时间，并且原有的基金合同、券商理财合同都需要做相应变更，因此，短期内不会直接加大期指的交易量。

在交易方式上，券商、基金主要以套保为主。两个“指引”中明确规定，券商自营、股票型及混合型基金，参与股指期货以套期保值为目的。

3. 影响我国券商参与股指期货交易的因素分析

目前，我国机构投资者没有大规模进入市场参与股指期货的原因，一方面来自于证监会对机构投资者参与股指期货的严格监管，券商和基金要参与股指期货交易，需经董事会批准，报当地证监局审批。另一方面，机构投资者的对于股指期货市场的谨慎态度也是重要的原因。

从客观上限制来看，目前券商、基金等参与股指期货除要学习适应相关法律法规以及中金所的相关规定所带来的制约外，还包括对托管银行的资金划拨能力的顾虑。只有待这几方面客观因素都得到改进后，机构投资者才有可能进入股指期货市场。在交易特性方面，股指期货市场特殊的双向交易、流动性、保证金比例、转账的成本等等也会影响机构投资者参与到股指期货交易中来。

从主观上来看，首先，券商和基金已适应了股指期货推出前的业务和交易方式，在两个"指引"发布之后要对原来业务模式进行相应的改进和修正。其次，券商、基金参与股指期货在内部制度、流程、策略以及交易系统构建等方面仍需要一定的准备时间，要集中大量的人力和物力进行相关制度性的修正，例如要对原有交易合同进行更改，交易策略设计和风险控制机制的建设也需一定时间。最后，券商、基金还需要着重研究创新业务品种。所以券商、基金完全参与股指期货仍需一段时间。

（三）机构投资者运用股指期货的前瞻性分析

相比于海外市场，我国股指期货市场尚不成熟。但全球股指期货市场的整体发展趋势是不分地域的，所以在研究我国股指期货市场发展尤其是机构投资者运用股指期货的前瞻性分析上，我们可以借鉴海外市场的发展经验和经历来预测我国股指期货市场的发展。

1. 我国股指期货市场整体的发展趋势分析

制度的创新源于市场的需求。随着股指期货市场的发展，必定会带来制度上的创新和发展。未来股指期货交易制度将更多地受市场的影响，表达市场的需求。主要体现在以下几个方面：

（1）相关品种及交易机制将逐步推出。股指期货作为国内的首个金融期货品种，从政策制定部门到监管部门都秉承缓步推进的态度。这一方面是为了保证股指期货的平稳运行，另一方面也将各金融主体的风险限制在一定范围内，使风险真正可防、可控、可观测。随着股指期货市场和投资者的逐渐成熟，相信在未来，与股指期货配套的合约品种和交易机制将会逐步推出。届时，机构投资者的业务范围和业务种类也将得到进一步扩充。

（2）更多机构投资者获准参与股指期货市场。当前，两个"指引"只允许部分机构投资者参与股指期货交易。相信在股指期货市场平稳运行的基础上，未来将会有更多的机构投资者被允许参与股指期货交易。从国外的经验来看，这些机构投资者包括企业、银行、保险公司等。

（3）相关业务规定更加宽松。监管部门出于市场平稳的考虑，在股指期货上市之初，对相关的业务规定要求较为严格。随着股指期货运行时间的延长，包括券商、基金在内的投资者运用股指期货的熟练度提高，未来期货监管部门将逐渐放宽对相关业务的硬性规定。

2. 机构投资者参与股指期货对市场的影响

（1）机构投资者参与股指期货将使市场更加理性。我国目前股指期货市场上机构参与者缺失较为严重，散户主导的股指期货市场投机性依然很强。虽然这样的投资者结构对市场中长期的趋势影响不大，但就短期来说确实会起到一定程度地助涨助跌作用。未来当机构投资者占据主导地位时，他们将主要参与套期保值交易，这一点将更好地发挥股指期货风险管理的功能。另外，机构投资者的投资更为理性，更多建立在客观性投资研究的基础之上，这一点也有助于股指期货价格发现功能的实现，使价格信息传递速度和准确性大为提高，市场效率得到改善。

（2）机构投资者参与股指期货有助于优化投资者结构。目前我国证券市场参与者仍以中小投资者为主，机构投资者只占30%左右。由于各种原因，中小投资者大多以投机心态参与股市，显然不利于证券市场的健康发展。股指期货推出后，除增强证券市场的流动性和稳定性之外，也将提升证券市场的发展水平和层次。套期保值和套利交易对投资者的资金实力、技术水平要求更高，中小投资者往往难以参与，这有利于改善我国证券市场的投资者结构，加速投资者机构化进程，使机构博弈成为市场投资的主流。届时，我国将进入机构投资者主导的时代。

（3）机构投资者参与股指期货将使对冲性交易比例升高。新兴市场以投机性交易为主，而成熟市场对冲性交易比例较高。由于股指期货上市初期市场规模比较小，机构投资者进入股指期货市场较慢，这样使得新兴市场机构投资者一般不占绝对优势，而个人投资者的投机性交易占有大量比例。但随着股指期货市场的发展，机构投资者逐渐入场，机构投资者利用股指期货化解证券市场系统性风险的对冲性交易将成为主要的交易方式。

3. 股指期货对其他机构投资者的影响

机构投资者是指相对于个人投资者而言的专业金融机构，包括券商、基金管理公司、投资银行、保险公司、社保基金等。机构投资者具有比个人投资者更强的信息吸收与处理能力、投资专业化管理能力及规模经济效应，可以有效地降低交易成本，因此具备相对优势，能获得比中小投资者更好的投资效果。机构投资者在股指期货交易中具有明显的优势。尽管我国目前只有券商和基金的部分产业和业务被允许参与股指期货，但股指期货对其他机构投资者也会产生一定程度的间接影响。

（1）对于各类保险基金和社保基金而言，他们庞大的股票持仓在单边做多的市场中很容易受到市场下行的影响，从而导致市值的大幅下降。股指期货提供了一个有效地规避市场下行风险的工具，可以通过做空股指期货对战略性持有的股票仓位进行套期保值。同时，股指期货也将促使各类机构投资者改进资产配置策略，进行创新产品研发，以保证资金的保值增值，满足市场不同投资者的需求。对私募基金来说，更为灵活的投资组合策略和更为复杂的风险将拉大基金收益率上的差异，通过优胜劣汰改变私募基金现有的结构。

（2）外资将会成为股指期货的重要参与者。根据第二轮中美战略与经济对话达成的协议，中方将在审慎监管的基础上，允许在中国境内依法设立的合格外商投资公司开展股指期货业务，允许合格境外机构投资者投资股指期货。相比于美国，中国资本市场正处于成长期，无论从投资者的业务水平、监管的成熟度还是从市场本身来看，我们均与成熟市场有很大的差距。如何与业务水平、市场经验和资金实力全面高于我国金融机构的国际投行竞争，是我国机构投资者所要面临的挑战。

（3）对于上市公司控股股东而言，由于股票市值波动，其持有的战略控股股份不可避免地暴露在市场风险中。股指期货的推出，为这些上市公司股东提供了良好的套期保值工具。一方面，战略股份持有者可以通过在合适的时间卖出股指期货提前锁定收益；另一方面，还可以通过期现套利实现更大的收益。此外，配套推出的融资融券业务也给上市公司的战略投资者提供了盈利的途径：持股股东可通过借出股票而获取稳定的利息的收入。

三、机构投资者在股指期货相关业务、产品、策略上的风险管理流程

随着我国股指期货市场的不断成熟完善，机构投资者将在更大范围内参与股指期货交易，盈利模式将进一步丰富。但与此同时，也应注意到，作为具有高风险特征的衍生工具，股指期货也会给机构投资者带来更为多样的风险。因此，设计一套针对股指期货相关业务、策略的全面而有效的风险管理流程，是机构投资者有效利用股指期货的重要前提。本部分在重点考虑股指期货交易与股票交易在机制上的差异性的基础上，结合不同的业务类型和策略，从风险点分析着手，分析在风险识别、风险评估和风险控制等风险管理业务流程上的相关要求。

（一）境外机构投资者风险管理流程

本部分先对境外机构投资者的风险管理流程作以简要介绍，从而对我国机构投资者参与股指期货交易的风险管理流程提供一定的借鉴意义。

总体来说，境外投资基金，包括对冲基金，对于风险管理都以事前预防、分析为主的策略。从流程上分为风险识别、风险评估和风险控制三个步骤。对于不同类型的基金，由于其投资性质不同、风险点不同和风险程度不同，最终导致其风险管理制度和风险控制上的手段也有所不同。

对于传统的退休基金或公募基金来说，其投资标的主要是股票和债券，相对而言风险识别比较简单。风险类型以市场风险为主，信用风险相对有限。在进行风险评估时，可着重对市场风险进行情景分析（Scenario Analysis），极端压力测试（Stress Test），以及常规的 VaR 方法来度量风险承受能力。但是，由于退休基金等公募基金的规模较大，一般资金规模都在 10 亿美元以上，因而其内控制度就较为严格。

对冲基金是衍生品的重要交易者。因其属于私募基金，不受监管规定约束，可以相对自主地研究，开发更加复杂、非常规的投资策略。对冲基金的收费标准相对较高，且与基金业绩挂钩。对冲基金的仓位设置，一般包括运用衍生品的投机头寸和套利头寸。因此，对冲基金在进行风险管理时，首先会完成三方面的工作：一是对基金面临的风险进行估值；二是分析、决定哪些风险是可接受的，哪些风险是必须采取措施加以对冲的；三是确定利用衍生品对风险进行对冲的策略。

由于对冲基金投资标的多样，投资策略灵活，而且使用杠杆交易模式，其交易的风险识别就比较困难。另外，私募性质决定其在内控制度上往往有所欠缺，特别是很多明星交易员的权力很大，前台，中后台并没有完全区分开来，埋下了较大的风险隐患。

通过对境外基金风险管理方法的分析，应该认识到在股指期货交易中，必须时刻进行风险的事前分析，事中监控和事后回溯，切实利用好股指期货这个有效的避险工具和投机工具。

（二）股指期货交易中风险点细分

1. 参与股指期货的交易环节的风险点分析

由于期货在交易机制上与股票有显著差异，因此从业务环节上主要有以下风险点需要予以关注：

（1）投资交易环节。①杠杆交易放大风险。股票是全额交易，而期货实行保证金交易制度，据有杠杆效应。杠杆效益以小搏大的特点，在放大收益的同时，放大市场的风险。②保证金变动风险。期货交易实行保证金制度，在期货市场剧烈波动或者合约即将到期时，交易所通常会上调交易保证金比例，从而增大了资金的需求量，可能使原有资产配比发生变化，套保手数和额度发生变化，从而为交易带来风险。③期现市场交易规则差异风险。股票交易采取“T+1”、单向交易，融资融券存在诸多限制，不存在到期日问题；而期货交易则采取“T+0”、双向交易，卖空便利灵活，存在合约到期日问题。两个市场的差异对于机构投资者参与股指期货的套期保值和套利都有一定的影响。例如投资者的指数套利交易可能会出现现货头寸不能当日对冲的问题，从而导致套利成本的增加乃至套利交易的失效；期货合约指数和沪深300现货指数的波动存在差异，影响套期保值的效果等。

（2）结算交割环节。期货交易实行每日无负债结算制度和到期交割制度，会相应带来下列风险：①逐日结算风险。股票交易实行全额交易，交易者账户股票市值虽然会随着股价波动而变化，但只要其股票没有卖出，其可用资金始终是不变的。而股指期货交易实行保证金交易和逐日结算制度，每个交易日结束，会根据结算价计算盈亏，并进行资金划转。交易者的可用资金余额是动态变化的。一旦出现不利变动，可用资金为负时，意味着交易者账户资金不足以维持期货头寸所需要的保证金，就需要追缴保证金。如果投资者资金周转不足，可能由于无法及时补足保证金而被强行平仓，套期保值策略由此落空，亏损可能更严重。因此，投资者应对股指期货的保证金数量留有充分预估。②合约到期交割风险。与股票不同，期货合约有特定的到期日期，期货合约到期后，所有未平仓合约都必须进行交割。机构投资者在从事期货投机或者套利交易时，有可能面临在合约交割月未能及时平仓而产生交割风险。

2. 股指期货交易策略中的风险点分析

利用股指期货进行交易，其背后的策略林林总总。但归结起来，还是脱离不了期货市场上最基本的三种交易策略：套保，套利和投机。下面我们将对其各自的风险点分别进行论述。

（1）套期保值策略的风险点分析。套期保值的主要目的是为了进行风险管理，锁定成本或者未来的现金流。在套期保值操作中，主要面临的风险包括：套期保值比率风险、资金（现金流）风险、流动性风险和操作风险等。

①套期保值比率的确定风险。投资者被套保的资产通常是一揽子股票，为了实现期指市场与股票市场的风险对冲，需要确定合适的股指期货合约数量。这需要选择适当的套期保值比率。股指期货套期保值中，套期保值比率是套期保值者所选择的股指期货合约价值相对于股票组合合约价值的比率，假设用 h 表示。

则 $h=$（股指期货合约数量·期货指数·乘数）/现货市值

股指期货合约数量 $=h\cdot$ 现货市值/（期货指数·乘数）

由上式可以看出，当股票组合的市值、期货指数和乘数已知时，确立合适的股指期货套期保值的合约数量，主要取决于 h。从理论上讲，当套期保值者拟对其股票组合进行完全的风险对冲，被套期保值的股票组合的股票构成和权重与股票指数构成完全相同，且在套期保值期间股票组合价值变动与股票指数变动完全一致时，套期保值比率就为 1。但现实中，受计划对冲程度、交叉套期保值风险和基差风险等因素影响，h 值通常并不等于 1。

h 的大小主要取决于：第一，计划对冲程度，即计划在多大程度上对冲股票组合的风险。这取决于投资者对风险程度的预测、风险偏好程度以及自身风险承受能力。如果预计风险发生的可能小或者风险偏好强、风险承受能力强时，可选择较小的 h 值，甚至选择不进行套期保值（即 h 值为 0）。这意味着投资者接受其股票组合在一定程度的风险暴露，以获取更高的风险收益。第二，交叉套期保值风险。在实际操作中，投资者持有的股票组合在构成和权重上不可能与股指完全一致，这会导致股票组合的价格波动特征与指数波动特征存在差异。要想实施有效的对冲，还需要考虑股票组合的收益变化幅度相对于指数的收益变化幅度，即 β 系数。β 系数越大，所需套期保值的合约数量就越大，两者同比例变化关系。β 系数的估计模型选择不同，会影响套期保值的比率确定和套期保值效果，即 β 风险。第三，基差风险。即使股票组合和股指构成完全一致，在套期保值期间，仍存在股指和期指变动不一致所导致的基差风险。在确定套期保值比率时，可以根据风险最小化模型或效用最大化模型，确立适当的套期保值比率，来管理基差风险。

在现有制度框架下，两个“指引”已经明确规定了多头和空头套期保值的最大比例，例如规定“基金持有的股指期货多头合约价值不得超过净值的 10%；持有的期货空头合约价值不得超过基金持股总市值的 20%”，该规定在一定程度上限制了投资者根据风险程度和自身风险承受能力确定套期保值比例的自主性，相应也会弱化对精确确定 β 值以及估计基差风险的现实意义。只有随着这一政策的逐渐放松，投资者能自主决定套期保值程度了，对于精确计算套期保值比率才会更有价值。

在本课题中，我们模拟构建一个股票组合，以沪深300股指期货上市以来的数据为依据，使用传统套保法、滚动时间模型和ECM－GARCH模型三种套期保值比率确定方法，比较分析各自的最优套期保值比率和套期保值有效度。实证分析过程详见附录A。

实证研究结果见表3。

表3　　各种套保条件下的套保结果比较

		4周	8周	12周
传统套保法	套保比	1	1	1
	套保有效度	0.040	0.128	0.735
滚动时间模型	套保比均值	0.742	0.721	0.699
	套保有效度均值	0.518	0.568	0.828
ECM－GARCH模型	套保比均值	0.721	0.705	0.725
	套保有效度均值	0.525	0.577	0.823

由表3可以得到，随着套保期限的增长，套保有效性均逐渐提高，套保期限为12周的套保有效性在不同套保比率计算方法下均为最高，并且在滚动模型条件下的套保有效性达到了最高值0.828，略高与ECM－GARCH模型的最高值0.823。在套保期限为4周与8周的套保操作中，ECM－GARCH模型条件下的套保有效性均值均高于滚动模型条件下的套保有效性均值，并且两者套保有效性均值均显著高于套保比为1的传统套保法。

各套保期限内基于ECM－GARCH模型和滚动时间模型的套保有效性相差不是很大，但两者均明显优于套保比率为1的传统套保法。套保期限为20天和40天的套保有效性均出现了一定量的负值，而套保期限为60天的套保操作的套保有效性则一直保持较高水平。这说明期限越短，资产组合与市场发生背离的几率越大，在较长期限内，两者可能恢复到共同趋势。

②展期风险。展期风险是指当套期保值合约到期，将原有合约平仓然后换为更远月合约时面临的风险，主要涉及合约流动性及成交价格变动的问题。

③资金（现金流）风险。资金风险是指在进行套期保值的同时，由于暂时的流动性不足而导致期货头寸被迫强平，从而给投资者带来不必要的损失的风险。资金风险要求在套期保值操作时，除了交易保证金之外，还要有一定的流动资金以应对市场不利变化对追加保证金的需要。

④流动性风险。流动性风险，是指在期货交易中，受市场流动性因素限制，使其不能以有利价格出入市，而影响套期保值效果。流动性不足主要原因包括：某些合约月份不活跃，市场处于极端单边行情，或建立头寸相对过大等。这要求投资者要选择流动性好的市场及合约进行交易。

⑤操作风险。套期保值的操作风险是指由内部工作流程、风险控制系统、员工职业

道德问题、信息和交易系统导致交易过程中发生损失。包括：员工风险、流程风险和系统风险。这是保值业务中风险防范的重点，而操作风险更多体现为人员风险。

（2）套利策略。在套利操作中，最常见的是期现套利和跨期套利。跨期套利的风险点基本涵盖在期现套利的风险点中，因此重点对后者进行分析。

在期现套利操作中，主要面临的风险包括：

①持仓成本估计不准的风险。持仓成本主要包括资金占用成本和股利（可视为一项负成本）。它是判断是否存在套利机会的关键。在套利期间利率变化会带来利率风险。股利预测不准，会导致对期现价差估计失误。国外上市公司一般倾向于保持相对稳定的股利政策，但是我国多数上市公司各年的股利分配波动较大，时而派现，时而送股，时而送股加派现，时而不分配，随意性较强，导致估计难度大。

②与现货组合的跟踪误差风险。是指模拟股指与股指之间误差影响套利效果的风险。沪深 300 指数包含 300 只股票，要模拟它，在短时期内同时买进或卖出这么多的股票确实太困难。而且准确模拟也将使交易成本大大增加，因为对一些成交不活跃的股票来说，买卖的冲击成本非常大。使用 ETF 代替现货指数是一种更便利的选择，但目前尚无沪深 300 指数的 ETF 产品，其他 ETF 产品存在模拟误差和流动性不足的问题。虽然市场上已有以沪深 300 指数作为标的物的 LOF 产品，但 LOF 产品提供的流动性不足，且 LOF 产品受到产品设计环境的束缚，作为现货指数替代物产生的跟踪偏差过大，会严重影响套利效果。

③套利组合构建与平仓时面临的流动性风险和交易成本。主要表现在：股市和期市流动性风险，会带来套利操作的市场冲击成本，影响套利收益；期货和股票市场建仓和平仓时间的不同步，也会带来风险；在投资组合中的成分股产生变更时，需要对投资组合进行调整，这样而引入成分股变更风险。

④现金流风险、操作风险、流动性风险。与套期保值操作面临的类似，在此不作赘述。

（3）投机策略。投机策略是风险度最高的一种策略，不同于前述的套保和套利策略，投机策略的风险与一般投资行为没有太大区别，只是风险度由于期货交易特有的杠杆效应而放大了。其面临的主要风险包括：市场风险、现金流风险、操作风险和流动性风险等。

3. 各类风险点的汇总与分类

在此将券商或基金从事股指期货交易所涉及的各类风险点进行汇总和分类（见表4）。从中可以看到，资格申请部分的法律风险、投机面临的风险、投资交易环节的市场风险，对手不能履约的信用风险，无法及时建立头寸的流动性风险，计算机系统风险，人为操作失误等风险是券商或基金公司在股票交易中也会面临的风险，其风险管理流程基本类似，不再赘述。在下面分析中，将重点分析股指期货交易所特有的风险类型。

表 4　　　股指期货交易各类风险点的汇总与分类

业务	业务环节		风险关键点	股票	期货
机构投资者股指期货投资业务	资格申请		自身规模是否控制在法定和公司内部规定的限额内	■	■
			选择的期货公司不具有代理资格带来的法律风险	■	■
	策略制定	套期保值	现货与指数之间时变性和不稳定性导致套保比率出现误差，产生风险		■
			使用当月合约进行套保需要展期时，下月合约价格与理论价值偏离太多面临的展期风险		■
		期现套利	股利不确定性和股指期货定价模型是否有效的风险		■
			现货组合的跟踪误差风险		■
			套利组合构建与平仓面临的流动性风险		■
		价差套利	价差变动并不必然收敛，预测错误造成套利失败		■
			不同品种与市场在交易成本、汇率、流动性、交割结算方式、风险控制等制度上的差异造成风险		■
		投机	对价格变动方向，时机判断错误造成的风险	■	■
			止损点设计失误引起的风险	■	■
	投资交易		需要迅速而且大规模地买进或者卖出证券，未能按照预定价位成交的流动性风险	■	■
			市场波动使持有合约价格变化的风险		■
			交易对手不履约而导致的风险	■	■
			无法及时以合理价格建立了解头寸的风险	■	■
			资金无法满足保证金要求，头寸面临强制平仓的风险		■
			价格激烈波动或连续涨跌停板造成保证金穿仓的风险		■
			交易人员指令错误所造成的风险	■	■
			计算机灾害或操作失误引起的风险	■	■
			由于股市实行 T+1 交易制度，指数套利交易可能会出现现货头寸不能当日对冲的风险		■
	结算交割		未能及时追加保证金而面临头寸被强制平仓的风险		■
			期货结算价为现货成交均价，而非收盘价，这也可能会给期现套利或投机交易带来风险		■
			在合约交割月未能及时平仓而产生交割风险		■
			合约交割而无法履约产生的信用风险		■

注：“■”表示存在此类风险。若只在“期货”一栏显示，表明该风险仅出现在期货市场而非股票市场，若在“期货”和“股票”两栏均显示，表明该风险属于期货和股票市场均存在的风险类型。

（三）风险衡量和风险评估指标体系

1. 风险的辨识

无论是策略中的，还是流程中的风险，究其由来都可以归入以下五类：市场风险、现金流风险、流动性风险、操作风险和法律政策风险。上述各类风险最终都会直接或间接地影响公司的财务状况或导致财务危机。从财务角度上看，有些风险在一定时点可以进行财务计量或评估，有些可能在财务上无法进行直接的计量评估，故本课题从广义财务风险的角度入手，将可以进行财务计量或评估的风险纳入考量，进而建立风险评估指标体系。

2. 量化风险点与风险评估指标体系的确立

整个体系分为三个层次，一是证监会要求的，必须具备的风险指标。二是根据中金所要求，需要具备的风险指标。三是公司层面的，反映公司整体风险情况。

三个层次的风险指标见表5、表6和表7。

表5　证监会风险监控指标

评价指标	计算公式	监管线
净资本	=净资产－资产调整值＋负债调整值－客户未足额追加的保证金－/＋其他调整项	低于12亿元
负债/净资产		高于10%
流动资产余额/流动负债余额		低于150%
净资本/净资产		低于70%
流动资产/流动负债		低于100%
负债/净资产		高于150%
对外担保占净资产的比例	期末对外担保金额/期末净资产	高于20%
证券公司		
套期保值有效性	期货头寸盈亏/现货头寸盈亏	80%～125%之外
风险资本准备（卖出股指期货或已有效对冲风险）	权益类证券投资规模和卖出股指期货合约价值总额	低于5%
风险资本准备（卖出股指期货或未有效对冲风险）	权益类证券投资规模和卖出股指期货合约价值总额	低于30%或20%
自营权益类证券及证券衍生品计额	自营权益类证券及证券衍生品（包括股指期货）的合计额/净资本	高于100%
集合资产管理计划（卖出股指期货）	卖出股指期货合约价值总额/集合资产管理计划持有的权益类证券总市值	高于20%
集合资产管理计划（买入股指期货）	买入股指期货合约价值总额/集合资产管理计划持有的权益类证券总市值	高于10%
集合资产管理计划持有现金和政府债券	交易日日终在扣除股指期货合约占用的交易保证金后，集合资产管理计划资产净值5%	低于30%
定向资产管理业务、限额特定资产管理业务单一客户或单一计划持有股指期货的风险敞口	客户委托资产净值或计划净值	高于80%

续表

评价指标	计算公式	监管线
	证券公司	
定向资产管理业务、限额特定资产管理业务持有现金及政府债券	现金及到期日在1年以内的政府债券/交易保证金	小于1倍
	基金	
在任何交易日日终持有的买入股指期货合约价值	买入股票期货合约价值/基金资产净值	大于10%
开放式基金在任何交易日日终，持有的买入期货合约价值与有价证券市值之和	持有的买入期货合约价值与有价证券市值之和/基金资产净值	大于95%
封闭式基金、开放式指数基金（不含增强型）、交易型开放式指数基金（ETF）在任何交易日日终，持有的买入期货合约价值与有价证券市值之和	持有的买入期货合约价值与有价证券市值之和/基金资产净值	大于100%
基金在任何交易日日终，持有的卖出期货合约价值	卖出期货合约价值/基金持有的股票总市值	大于20%
基金在任何交易日内交易（不包括平仓）的股指期货合约的成交金额	股指期货合约的成交金额/上一交易日基金资产净值	大于20%
开放式基金（不含ETF）交易日日终持有的现金或到期日在一年以内的政府债券	扣除股指期货合约需缴纳的交易保证金之后的现金或政府债券/基金资产净值	小于5%
封闭式基金、ETF每个交易日日终持有的现金	扣除股指期货合约需缴纳的交易保证金之后的现金/交易保证金	低于1倍
保本基金每日所持期货合约及有价证券的最大可能损失	不得超过基金净资产扣除用于保本部分资产后的余额	

表6　　中金所指标体系

评价指标	计算公式	预警线（区域）
单边持仓限额		大于100手
某一合约结算后单边总持仓量		大于10万手
下一交易日该合约单边持仓量	下一交易日该合约单边持仓量/合约单边总持仓量的	大于25%
套期保值额度	各个合约同一方向累计	大于审批额度
一周累计空头交易量		
一周累计多头交易量		
一周累计空头交易量/最大空头数量		
一周累计多头交易量/最大多头数量		

表 7　　　　　　　　　　公司指标体系

评价指标	计算公式	预警线（区域）
部门资金占用（含期货）		
部门累计损失限额（含期货）		
现货持仓市值		
对冲账户现货持仓市值		
部门累计损失占实际投资规模比例		大于 10%
风险度（保证金预警）	期货保证金/总权益	大于 80%
期货隔夜持仓		
VAR	与自身风险承受度进行比较	大于风险承受度

（四）风险估计方法

依据不同的风险来源，可以应用不同的方法予以甄别估计。比如针对市场风险，可以采取标准法、内部评初级法；对操作风险，可以采用基本指标法、标准法或者高级计量法，后者通常在银行业使用比较普遍。

市场风险是股指期货交易的主要风险。通常依靠公司内建的方式来评估风险。内部模型法是以 VaR 为核心的市场风险计量方法，VaR 由 J. P. Morgan 等开发，已成为市场风险评估的主要方法，为全球 1000 多家金融机构所采用。VaR（在险价值，或风险值）比较规范的定义是：在正常的市场条件下，在给定的置信水平 W% 和持有期 t 内，某一投资组合预期可能发生的最大的损失。VAR 模型是通过输入投资者的基本信息，包括品种、持仓方向、持仓数量、持仓均价、保证金比率、止损率或止损点数计算风险概率，由此来得到目前的风险度。风险度随时可与止损资金率进行比较。

首先，每个投资者的风险承受能力是不同的，因而对于可承受的最大损失的比例也有所不同。风险承受能力低的，该风险比例可以调低一点，比如损失达到总资金的 5% 就必须要止损了；风险承受能力强的，该风险比例可以调高一点，比如损失达到总资金的 20% 才进行止损。其次，每日可根据二叉树模型的理论，计算出每个品种上涨下跌的概率，再加上投资者的持仓资金，可以得到该投资者的第二日可能的损失，得出的比例与投资者的风险承受度做一个比较，如果在风险承受能力内的，则不需要调整；如果超出投资者的风险承受能力的，则需要调整持仓的数量，减仓或者调整持仓分布，来规避可能的损失。

在本课题中，我们仍使用套期保值实证分析中所构建的股票组合，通过运用 ECM－GARCH模型对 VAR 方法进行实证分析。过程详见附录 B。结果显示，从失败天数与失败率来看，GARCH 模型能很好地刻画资产组合收益的变动，从计算的 Var 值来看，95% 和 90% 的显著性水平下，都落在 Kupiec 的 Var 准确性检验的非拒绝域内。并且通过计算得出，在 95% 和 90% 的显著性水平下，资产组合的 VAR 最大值分别为 237.73、271.33。

（五）风险控制的措施

按风险发生的时间，又可以分为事前、事中、事后的风险管理环节（见图3）。事前风险管理侧重市场风险种类的识别和评估分析，可以通过量化模型的手段，比如情景分析、历史数据压力测试、VaR统计方法来判断可能的风险大小，并根据这个评估后的结果进行资金的预备，应急方案的设定等。事中管理侧重对风险指标的监控和合规性风险的核查，重点监视风险值较大的关键要素，敏锐及时地发现异常征兆，并准确地预报风险，在发生意外风险的情况下应用，尽量减少风险带来的不良影响。事后管理侧重定期评估组合绩效和风险报告，应急预案等。明确各个前、中、后台人员的职责，包括应急预案等方面。绩效评估一般采用费用——效益比值法进行评价判断，即，比值=效益/费用。效益就是达到风险管理目标后所取得的实际效果，通常用经济效益和社会效益来表示；费用则是指风险管理活动的实际支出，其中又分货币支出和非货币支出两种费用。比值越大，则说明风险管理活动的效果越好，反之亦然。

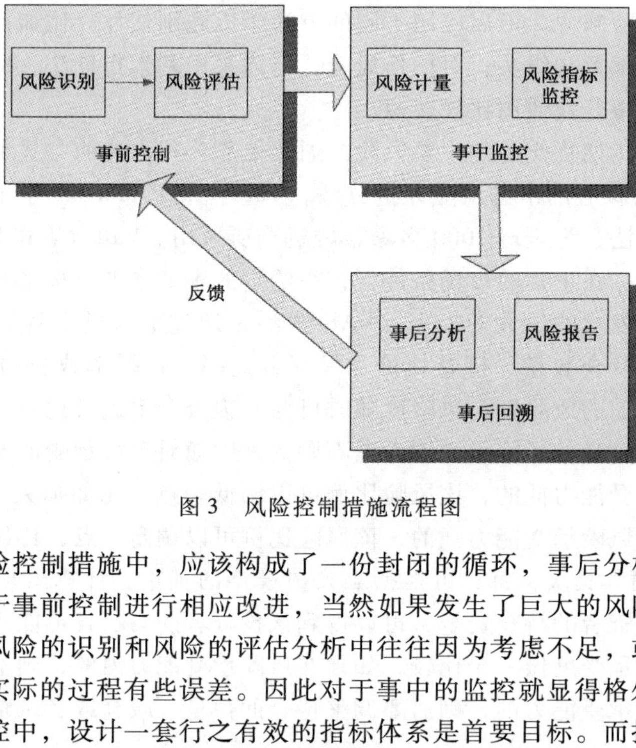

图3 风险控制措施流程图

在这里的风险控制措施中，应该构成了一份封闭的循环，事后分析评估和风险报告的出具有助于对于事前控制进行相应改进，当然如果发生了巨大的风险后再进行改进显得代价太大。而风险的识别和风险的评估分析中往往因为考虑不足，或者量化模型假设太强，总是会和实际的过程有些误差。因此对于事中的监控就显得格外的重要。

风险指标监控中，设计一套行之有效的指标体系是首要目标。而指标体系的建立是基于风险识别和风险模型的基础上的。由于风险指标多种多样，还需要进行筛选。

策略监控是该风控系统的主体部分，主要分为4个层面：公司、账户、交易员和策略。指标分类如下：市场风险指标、头寸流动性指标、现金风险指标和操作风险监控。

以下为一个简单的风控系统指标体系：

第一，在账户层面，主要参考指标有：账户的浮动盈亏、账户的日收益率、账户的日波动率、账户实时头寸、账户的资金充足率、期货账户的保证金需求、期货账户可交易资金余额、账户中头寸距涨跌停板的距离等。

第二，策略层面，主要参考指标有：策略的浮动收益率、策略的日收益、策略收益日波动率、策略中期货头寸距离最近的交割天数、策略的未占用资金余额、期货的保证金需求、策略的资金充足率等。

第三，交易员层面，主要参考指标有：交易员的日收益率、交易员收益的波动率、交易员的资金充足率、交易员的持仓头寸量等。

第四，市场层面，主要参考指标有：现货的价格日波动率和日盈亏率、期货的价格日波动率和日盈亏率、期货的跨期合约价差、期现合约的基差等。

第五，公司层面，主要参考指标有：公司总投资的收益率、公司投资收益波动率、资金的占用率、资产的负债率、投资杠杆率等。

风控指标系统见表8。

表8　　风控指标系统表

指标	所属层次	频率	实时或盘后	反映的风险	重要性
账户的浮动盈亏	账户	每分钟	实时	市场风险	中
账户日收益率	账户	每日	盘后	市场风险	高
账户的日波动率	账户	每日	盘后	市场风险	中
账户实时头寸	账户	每分钟	实时	流动性，操作	高
账户资金充足率	账户	每分钟	实时	资金风险	高
期货账户的保证金需求	账户	每日	盘后	资金风险	高
头寸中距离涨跌停的距离	账户	每分钟	实时	流动性风险	高
期货账户可交易资金余额	账户	每分钟	实时	资金风险	中

根据策略设定选用不同的指标，也可以设定不同的参数。

ERM数据流程见图4。

在有了监控体系ERM和风险模型评估后，还需要有相应的应急预案和内控制度来保证出现风险事件之后的处理流程和公司层面和部门层面的风险管理职责。同时也需要对交易员的权限做相应约束，需要能做到前台交易策略，中台负责监控风险和风险评估，后台出具风险报告并有风险应急处理的权利。

应急预案需要做到以下几点：

第一，明确出现风险事件的优先级，设定处理紧急的情况的负责人和其权限。对于风险程度一般的事件或者有可能出现风险的情况，可以安排风险管理委员会和投资委员会做出相应决策。

第二，明确风险事件的出处，即发生风险的识别，并明确相应负责人和处理方法。

第三，明确事后处理流程和惩戒办法。

第四，根据出现的或有风险苗头的情况，及时找出原因和修改风险评估模型，风险监控指标体系也可以做相应修改。

综合来说，以上诸多措施都是实现事前分析评估，事中监控，事后回溯的风险管理

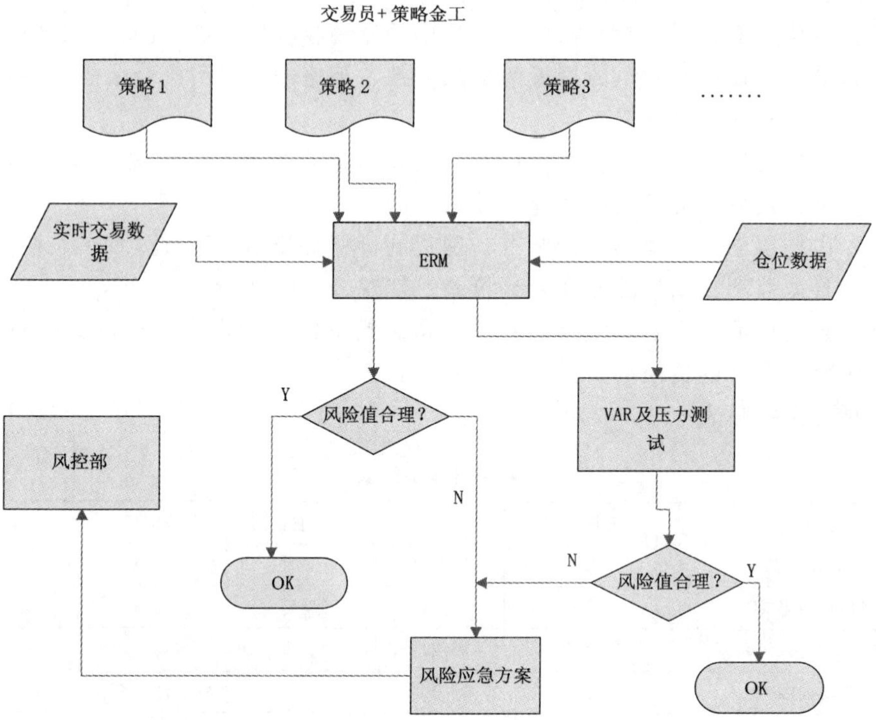

图4　ERM数据流程图

体系的措施。这个体系是一个动态的过程，每个环节出的问题并不一定局限于该环节。只有加强管理和监控，不断吸取前人的风险事故教训，完善公司内控体系，才能有效地做好风险管理。

（六）风险管理结果反馈

第一，根据券商、基金在引入股指期货交易之后的业务、产品和策略变化，区别不同业务类型、产品和策略，分析可能存在的风险点。将风险点进行分类：与股票交易相似的风险点；与股票交易不同但属于股指期货交易共有的风险点；属于不同交易策略下特有风险点。风险点的区分有助于对券商、基金现有风险管理体系的补充、调整。

第二，针对上述风险点，在券商、证券公司现有风险管理流程基础上进行扩充、调整和完善。针对每个风险点，按照风险确认、衡量、管理和反馈这四个风险管理步骤进行分析。其中，风险衡量包括对风险的辨识、分析和评价。针对不同风险选择定性或定量风险评估工具，制定一套风险指标体系。风险管理从策略制定和风险解决方案两方面着手，具体包括目标、组织领导、业务流程、条件和手段、风险发生前中后各阶段的措施、风险管理工具等内容。

四、机构投资者参与股指期货的风险管理策略与制度

前面从机构投资者参与股指期货的具体操作层面（交易环节和交易策略）明确可能涉及的风险点，并给出了具体的风险评估指标和风险管理技术。本部分从机构投资者自身角度出发，试图从风险管理理念、策略选择、公司治理三个方面解决以下问题：第一，如何建立行之有效的风险管理理念；第二，如何结合市场情况和机构投资者特点选择不同的交易策略，以满足一定的风险偏好；第三，如何将股指期货的风险管理纳入到内部控制和公司治理中。

（一）机构投资者的风险管理理念

风险管理理念是存在于企业中的一整套共通的信念和态度，它代表着企业的风险偏好，影响着企业文化，决定着企业在经营活动中如何识别风险、看待风险和管理风险。企业的风险管理理念在很大程度上来自公司创始人或高层领导个人的风险观念和价值观念，主要反映在经理层的日常经营活动中。但企业的风险管理不能只停留在经理层和风险管理部门，而是需要公司全体成员共同负责。

在参与股指期货的过程中，机构投资者不可避免地会接触各种性质和程度的风险。管理者应该对如何管理风险有着深刻而全面的认识，将风险管理理念作为企业经营管理理念的重要组成部分，建立具有风险管理意识的企业文化，并使其植根于全体员工的思想中，贯穿到股指期货交易的全过程。

1. 国外金融机构的风险管理理念

（1）美林公司（Merrill Lynch）的风险管理理念。在过去的20年中，随着金融计量工具的发展，利用数学模型来测量和评估市场风险逐渐成为世界范围内众多金融机构风险管理的主要内容，风险管理几乎成了风险测量的同义词。而美林公司则认为，由于风险管理的数学模型不能精确地将重大的金融事件予以量化，因此，使用数学模型只能提高可靠性，并不能提供成功管理风险的根本保证。所以，美林公司在日常运营中只将数学模型作为风险管理工作的补充，更加重视对风险管理理念的强化。

在美林公司，尽管风险管理的具体方法和策略一变再变，但以下述6个原则为基础的基本风险管理理念却从未发生改变：第一，任何风险规避方案中，最重要的工具是经验、判断和不断的沟通；第二，必须不断地在整个公司内部强化纪律和风险意识；第三，管理人员必须以清晰和简洁的语句告诫下属，在资本运营中哪些可以做，哪些不可以做；第四，风险管理必须考虑非预期的事件，探索潜在的问题，检测不足之处，协助识别可能的损失；第五，风险管理策略必须具备灵活性，以适应不断变化的环境；第六，风险管理的主要目标必须是减少难以承受的损失的可能性。这样的损失通常源自无

法预计的事件，大部分的统计和模型式的风险管理方法无法预计。

（2）摩根斯坦利（Morgan Stanley）的风险管理理念。摩根斯坦利认为，风险是投资银行业务的固有特性，与投资银行相伴而生。投资银行在经营活动中会面对各种各样的风险，如何适当而有效地识别、计量、评价和控制每一种风险，对其经营业绩和长期发展来说关系重大。在公司1999年的年报中明确指出，"风险管理是一个要求有独立监督的多层面的工作流程，需要持续沟通、准确判断并对专门产品和市场有着丰富的认识。"

可将风险管理工作细化为以下四项基本内容：第一，审阅交易对方的风险报告，监察对方的风险状况及其风险承受力；第二，分析新交易项目和计算所涉及的风险；第三，评估新的和现有交易对方的信用评级；第四，根据交易对的风险承受能力，批准\拒绝\再设计交易项目。

（3）瑞典银行业的风险管理理念。

①瑞典银行业广泛借助技术工具对风险进行管理。SEB，SHB等大型银行大量采用工程技术识别、衡量和监控风险，使得风险管理越来越多地体现出客观性和科学性的特征，也使得风险管理成为艺术性和科学性相结合的工作。SEB还对非预期事件进行考虑，探索潜在问题出现的可能，检测不足之处，协助识别可能的损失。

②瑞典银行对风险进行全员、全过程的管理。在北欧SEB银行，无论是董事长还是一线员工，都将风险管理贯彻到日常业务的每个环节，每个风险管理岗位都有明确的业务权限和制约机制，通过各级员工的充分沟通和相互配合来应对风险。

③对风险进行细分，建立统一的风险管理体系。瑞典的商业银行通常将风险划分为信用风险、市场风险和操作性风险等不同类型，公司、零售、金融机构等不同客户种类，资产业务、负债业务和中间业务等不同性质业务的风险都纳入统一的风险管理范围，并将承担这些风险的各个业务单位纳入到统一的管理体系中，对各类风险依据统一的标准进行测量，依据全部业务的相关性对风险进行控制和管理。

2. 全面风险管理理念

随着经济运行中不确定因素的增加，企业风险管理理念经历了由仅从内部控制角度出发的传统风险管理理念，到全面风险管理理念的发展过程。全面风险管理也成为近年来国际风险管理领域的前沿理论之一。

所谓全面风险管理，是指企业围绕总体经营目标，通过在企业管理的各个环节和经营过程中执行风险管理的基本流程，培育良好的风险管理文化，建立健全全面风险管理体系，包括风险管理策略、风险理财措施、风险管理的组织职能体系、风险管理信息系统和内部控制系统，从而为实现风险管理的总体目标提供合理保证的过程和方法。[①] 全面风险管理的核心理念是：将企业的风险管理融入企业战略、组织结构、经营流程等各个环节中，风险管理战略必须与企业的业务战略相适应，风险管理组织、流程、工具和系统必须服务于风险管理战略的实现。其基本流程是：首先对企业不同层面的风险进行评估，然后将风险评估结果综合考虑，得出优化风险管理的措施，并确定措施的优

---

① 国有资产监督管理委员会：《中央企业全面风险管理指引》，2006年6月出版。

先级。

目前，最具有代表性的全面风险管理理论是美国全国虚假财务报告委员会的发起人委员会（以下简称 COSO）颁布的企业全面风险管理框架。该框架采取三维立体的形式，有助于全面深入地理解、控制和管理对象，分析解决运营中存在的复杂问题。COSO 框架的三个维度分别是目标体系（上面维度）、管理要素（正面维度）和主体单元（侧面维度），每个维度又细分为不同的要素。COSO 的 ERM 整合框架见图 5。

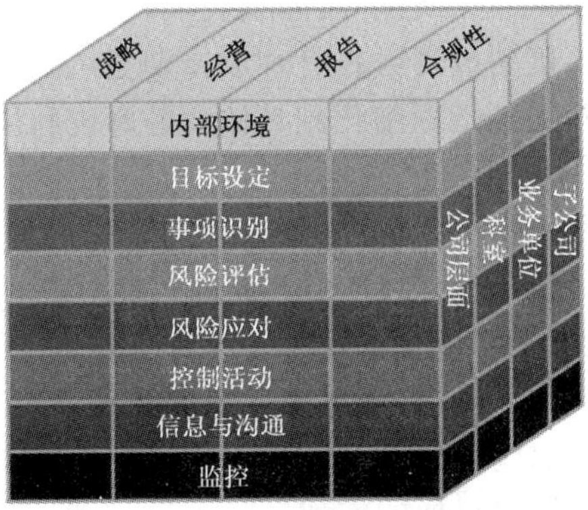

图 5　COSO 的 ERM 整合框架①

3. 机构投资者参与股指期货的全面风险管理理念

借鉴国外金融企业相关经验，并结合 COSO 企业全面风险管理框架，课题组认为，国内机构投资者参与股指期货的风险管理机制建设应基于以下理念：

（1）股指期货交易不能“回避”风险，只能“管理”风险。任何市场都存在着风险，股指期货市场也不例外。机构投资者参与股指期货不可能试图回避风险，而应该致力于如何更有效地管理风险，更科学地识别、衡量和分散风险。

（2）风险管理意识必须贯彻到全体员工，贯穿到股指期货业务的全过程。课题组经过调研发现，机构投资者大多由专门的风险管理部门来管理运营过程中可能出现的风险，因各部门间沟通协调不畅带来的风险失控状况时有发生。而股指期货的衍生品特性，放大了风险的破坏程度，这就要求机构投资者相关业务各个岗位上的员工在操纵过程中加强协调，时刻考虑风险因素，在风险可控，可测，可承受的前提下进行操作。

（3）股指期货的风险管理要同原有业务的风险管理有机结合。机构投资者参与股指期货交易的目的，更多地是为了通过套期保值来对冲股票市场的风险。因此，股指期货业务和原有业务是结合在一起的，其头寸相互匹配，风险相互关联。这就意味着机构投资者不能单一考虑股指期货业务的风险管理，必须与原有业务的风险管理有机结合起来，提高风险管理的效率。

（4）岗位人员设置遵循“四眼原则（Four Eyes Principal）”。这一原则源于西门子的管理制度，后来被欧洲商业银行特别是德国的银行系统广泛采用。“四眼原则”，即至少有四只眼睛同时盯住一笔业务。对于机构投资者参与股指期货，“四眼原则”强调

① 根据 COSO 英文原图翻译。

要有两只眼睛来自于期指交易部门，有两只眼睛来自于风险控制部门，同时审查一笔业务。

（5）根据不同的市场情况采取有区别的风险管理方法。由于特有的杠杆制度放大了风险和收益，用“瞬息万变”来形容股指期货市场，并不为过。在市场情况的变化过程中，各风险点往往呈现出不同的特点。机构投资者需要结合市场情况，具体分析，采取在机制上统一在方法上有区别的风险管理手段。

（6）建立适合本机构的风险管理指标体系。风险管理成败的关键在于风险控制指标设置的合理性和全面性。机构投资者在管理股指期货风险的过程中，应建立科学、全面的风险管理指标体系，并将各指标细化到具体业务岗位和风控岗位，提高风险管理的有效性。

（7）风险管理部门应保持独立。通过对期货投资失败的典型案例进行研究，课题组认为保持风险管理部门的独立性是风险管理机制发挥作用的必要保证。这种独立性应表现业务独立和人员设置独立两方面。

（8）建立符合本机构特点，有风险管理意识的企业文化。不同的机构投资者有不同的企业文化，风险管理意识应融入企业文化，促进企业风险管理水平、员工风险管理能力的提升，保障企业风险管理目标的实现。

4. 建立综合考虑收益与风险的激励机制

机构投资者在设置业绩考核标准时，应综合考虑风险管理和业务收益，力图使员工承担的风险和收益相对应。奖惩机制适当对风险管理严格的员工倾斜，以降低员工在操作中为博取超额收益而铤而走险的激励。

激励机制是现代企业治理结构的重要内容，其核心就是通过物质和精神的手段来激发员工的工作热情，以最大限度地实现企业的经营目标。激励机制从内容上看主要包括物质激励和精神激励。物质激励就是用经济的手段调整员工的收入差距来调动员工的工作积极性，包括工资、奖金、福利及与企业业绩相联系的股票期权等；精神激励是用经济手段以外的其他方式，如荣誉、成就、升职和工作培训等来调动员工的工作积极性。因为对于机构投资者参与股指期货交易进行风险管理是一个系统性、全员性的工程，因而也应当对包括风险管理者和从事期指交易的员工在内的所有与期指风险管理工作有关的人员制定合理的激励机制。

（1）法兴银行欺诈案回顾。2008 年 1 月 23 日，法国兴业集团宣布，因为交易员杰洛米·科维尔在股指期货上的违规操作，该集团损失 49 亿欧元（约 71.6 亿美元）。这一欺诈案损失金额大大超过 1995 年的巴林银行欺诈案（13 亿美元），成为全球银行业历史上最大规模的欺诈交易损失。法国兴业银行的欺诈案引起了世界性的轰动。迄今为止，舆论和专家的评价主要集中于兴业银行的前途命运和金融机构的内控机制。但是，此案反映出现代金融机构的激励机制问题，可能远比前者更为重大。

在现代金融机构的管理中，根据经典经济学和管理学的理论，为解决信息不对称引起的委托—代理问题或道德风险问题，普遍采用底薪加红利的激励机制。这样做的目的，是为了使雇员能分享部分公司利润，以更有效地激励雇员努力工作。但是在现实中，这一激励机制似乎已用得过了头。在华尔街的投资银行里，交易员的红利可达其底薪的十几倍。科维尔声称，他2006年应得奖金30万欧元，只得1500欧元。在一个以交易获利为判定奖金和地位标准的银行里，看着身边的明星交易员拿着几百万的红利，享受着独立办公室和私人秘书的服务，很难有人能够抵挡住铤而走险的诱惑。如果奖金能够从1500欧元涨到150万欧元，建立未经授权的欺诈性交易头寸又算得了什么呢？可见，正是至今仍被广泛运用、狂热追捧的激励机制，为法国兴业银行的悲剧早早播下了种子。

法国兴业银行欺诈案发生后，许多专家和学者都提出要加强金融机构的内控机制。从2006年6月到2008年1月，法兴银行的大多数风险控制系统自动针对科维尔的各种交易发出了75次报警。但是，风险控制部门负责调查的人员相信了科维尔的谎言，一份调查报告中说，“后台部门对中台部门发出警报，并对中台部门的答复感到满意。”如果遇到严格的风险调查人员或者质疑，科维尔就编造虚假邮件来发布授权命令。

金融机构的内控机制当然应当加强，但是问题的根源却不在此处。再完善的机制，也是要由人来执行；再灵敏的电脑，也是要由人来操作。科维尔正是利用自己以前在后台部门工作的经验，潜入系统删除并重新输入自己未授权的交易。如果没有解决激励机制的问题，单方面地加强内控机制不过是在公司内部玩猫捉老鼠的游戏。“道高一尺，魔高一丈”，终有一天会发生类似巴林这样的欺诈性交易事件。科维尔说，从一开始他的部门上司就不想干预。如他所供述，是自己以往高达15亿欧元的盈利业绩令上司对其违规行为置若罔闻，“我不相信上级主管没有意识到我的交易金额，小额资金不可能取得如此巨大的利润……日常交易中，一个交易员根本无法用正常的投资规模赚那么多钱。这让我相信，只要我能盈利，我的上司就会对我的交易手段和交易金额睁一只眼闭一只眼。”如果一家公司从上到下都以利润最大化为目标，不惜铤而走险，那么危机爆发也是早晚的事。

现代金融机构应该反思自己过度的激励机制，做一些有益的纠正。例如，加大薪酬中底薪的比例并减少红利的比例，在企业文化中强调长远、稳健、忠诚而不是金钱至上，减少雇员之间的薪酬差距，等等。尽管这些措施有可能会使利润下降，但踏踏实实地挣钱总比一夜之间千万人的财富化为乌有要好得多。

（2）建立合理的激励机制。金融机构为交易员盈利设立了诱人的奖励和提成比例（科维尔案发时仍念念不忘30万欧元的年终大奖，《财经时报》曾披露中航油规定每年将盈利的10%奖励公司老总，2003年陈久霖薪酬高达2300万人民币），此外，当然还有晋级和提升。虽然这些激励机制无可厚非，但奖惩不对称，事实上也起到了鼓励铤而走险的潜在作用。因而，可以考虑制定这样一种激励机制，加大员工薪酬中底薪的比例同时减少红利的比例，并且，在计算红利的提成基数（利润）时参考下面两种方法，将利润与风险挂钩。

①股东价值增值法（SVA）。这是大通曼哈顿银行在1998年引入的方法，其原理是在计算利润时从收入中扣除资金的风险调整费用，从而把绩效考核与风险管理的激励联系起来。大通银行的信贷审批人员认为承担的风险越大，则需要扣除的风险费用越高，如果只承担风险而没有风险费用作为补偿，信贷员的收益就会减少。由于SVA把业务人员的利益与股东的利益紧密地结合起来，提高了业务人员的积极性，因而对在组织内

传播风险意识起到了极好的效果。在引入 SVA 之前，大通银行的资产以 15% 的年增长率增长，尽管大通银行从中也实现了盈利，但这种资产规模的迅速扩大却给公司累积了大量的风险；引入 SVA 以后，大通银行的资产年增长率迅速下降到了 2%，而利润却保持了 17% 的增速。大通银行副总裁马克·夏皮罗认为，SVA 方法的引入是实现这一变化的基础。

②风险调整资本收益法（RAROC）。目前，国际上大银行采取经营业绩的评估体系是风险调整绩效度量方法（RAPM）。风险调整绩效度量方法是一个风险—收益均衡模型，在对不同投资方案进行比较时，该方法不同于传统的主要以股本收益率 ROC 为中心的绩效度量和资本分配模式，而是将银行获得的收益与其所承担的特定风险直接挂钩，更明确地考虑到风险对商业银行的巨大影响。风险调整资本收益法的公式为：

RAROC = 调整后的收入/经济资本（在险资本） = （收益 - 运营成本 - 费用 - 预期损失）/经济资本

RAROC 的实质是要求银行把未来预期的损失都量化到当期，直接从利润中减除，然后计算出利润。有了 RAROC 指标后，就可以对员工的激励目标与风险管理的绩效挂钩，当 RAROC 上升时，所得到的奖励就增加；当出现下降时，就取消其奖励的资格，甚至受到一定的惩罚；当稳定在一定水平，表明经营人员付出了努力保持了业务的风险和收益的稳定，也应作相应的奖励。

可以看到，SVA 方法和 RAROC 方法的本质是相同的，RAROC 无非是由 SVA 除以经济资本得到的。针对券商和基金等机构投资者参与股指期货进行风险管理时，亦可借鉴上述银行系统的激励方法。因为《证券公司参与股指期货指引》和《基金参与股指期货指引》明确规定，我国券商和基金参与股指期货要以套期保值为目的，因而目前在计算股指期货交易所获利润时，必须将期现货两个市场的投资收益结合起来计算，并以此作为采取具体激励措施的标准。

对于基金来说，目前基金管理者只能按照所管理基金资产净值的一定比例提取基金管理费，因而采用上述两种方法对基金管理者进行激励时，最好辅之以基金管理者业绩报酬制度的改革，即允许管理者根据基金的业绩直接分享收益，否则，不仅计算风险调整后的基金收益没有多大意义，就连对基金收益的计算都体现不出应有的意义。此外，要强化基金管理人对隐性激励的认知，从而促使其自觉地进行风险管理。基金长期保持业绩稳定能够提高基金的声誉，增加下一期投资者对该基金的持有量，从而提高基金管理人的预期薪酬，正向激励基金管理人加强风险管理，做好风险防范；同时，由于声誉产品的特性坚硬而脆弱，建立起来困难而破坏起来容易，从而促进基金管理人持续不断地进行风险管理。

（二）不同市场情况下的交易策略选择

股指期货推出之后，其区别于股票的双向交易制度和 T+0 交易制度为机构投资者主动规避风险带来了极大的便利，更使得机构投资者通过对市场走势的研判，借助杠杆获得超越甚至逆转指数的收益成为可能。同时，保证金交易制度也降低了机构投资者的交易成本。

股票投资的成败主要取决于机构投资者的选股能力和择时能力。在没有避险工具的环境中，机构投资者面临着较大的判断失误带来的风险。当风险超过自身承受能力时，不得不放弃投资机会和可能的收益。而一旦市场陷入盘整的格局，在大盘走势不明朗的情况下，机构投资者更是只能选择减仓观望。而借助股指期货等衍生品提供的避险机制，根据市场情况选取适当的交易策略，机构投资者几乎可以在任何市场状况下获得收益。概括地说，可以将交易策略按照适用的不同市场情况分为方向性策略，相对价值策略和事件驱动型策略三大类。本节试图在交易策略的基础上，将各种策略进行系统分类，提供在不同市场情况下的策略选择，即“（应用）策略的策略”。

1. 交易策略选择的基本原则

市场情况的变化和各种交易策略固有的特点，是选择交易策略的主要标准。市场走势大体上可以分为牛市，熊市和横盘整理三种情况。其中，前两种单边行情又可以区分为“慢牛”，“慢熊”和暴涨暴跌的极端行情。另外，市场走势的反转往往难以预料，给机构投资者带来巨大的风险。对市场走势的正确判断是投资成功的首要条件。

方向性价值策略，适用于市场处于单边市，或明确预期市场有可能反转的情况。相比单纯建立股票头寸，利用股指期货的杠杆机制，可以达到强化投资组合获取收益的能力，降低建仓成本的目的。根据策略的侧重点不同又可以细分为多空头策略、侧重做空策略、全球宏观策略和管理期货策略等。

相对价值策略适用于对市场走势判断不明的情况，通过对两组证券双边下注来博取相对价值变化带来的收益，从而规避了对市场走势的判断。它包括市场中性策略、固定收益套利策略等。

事件驱动策略是指通过对上市公司资本结构重大调整的正确预测，利用资本结构调整前后造成的估值无效获得收益。适用于某些人为因素导致的股票价格不正常波动的情况。它包括并购套利策略、危机证券策略等。

2. 方向性策略

方向性策略是最为常用的一种交易策略。通过对市场情况的正确研判，方向性策略几乎在任何市场情况下都能取得较好的收益。利用股指期货进行方向性策略操作，主要是进行风险对冲和杠杆操作，各个子策略之间的区别在于使用衍生品的额度和目的。

（1）股票多空头策略。该策略的优势在于利用多空头组合的风险对冲作用，使基金在享受指数上涨的好处的同时能够规避市场下跌的风险。利用股指期货可以增加投资组合的流动性，放大收益，也可以用股指期货代替现货构建多空组合。一般来说，股票多空头策略是在对后市有反转的担忧或对当前走势信心不足的情况下采取的一种稳妥型策略。在基准指数收益为正时，该策略受空头部位拖累，收益低于基准指数。而当基准指数收益为负时，空头部位则可以较好地对冲市场下跌的风险。

（2）侧重做空策略。该策略要求持有的空头部位大于多头部位，通过净空头头寸盈利。通过寻找高估值的市场并保持做空敞口，以期在市场下跌时获得收益。这是一种构造反转型杠杆的策略，适用于准确预测市场将下跌的情况下进行短线投资，长期来看并不是理想的选择。

其他的方向性策略有全球宏观策略、管理期货策略等。

3. 相对价值策略

采用此类策略时，投资者所关注的是两组相关联证券的相对价格而不是绝对价值，通过对两组证券的双边下注来博取相对价格变化所带来的收益。从而避免了对市场行情的研判，在任何市场走势中都可以通过相对价值的变化成功获得收益。

其中最为常用的是市场中性策略。与股票多空头策略类似，投资者将进行多空头方向的买卖。但不同的是，多空头策略中的两组资产是孤立的，而市场中性策略要求多空头寸之间严格匹配，或是利用衍生品将系统风险完全对冲掉，使得系统的 β 系数为零以保证投资组合是中性的。这种策略在理论上可以无视大盘的走势，能够利用价值稳定回归获得持续盈利。

此外，还包括固定收益套利策略、可转换套利策略、波动套利策略等。

4. 事件驱动型策略

与前两类策略不同，事件驱动策略是为了应对人为因素带来的市场异常波动。并购套利策略套利是最重要的事件驱动策略，是指在上市公司的并购事件公布后，利用并购方和被并购方两种等量资产交换的价格差来获得收益。事件驱动型策略的成功应用需要偶发事件的配合，其成功与否在一定程度上是独立于机构投资者研发能力之外的。

另外，还有危机证券策略、信用套利策略、行为主义策略等。

5. 国内市场可实现的策略

由于国内仅有股指期货一种衍生品，且目前只有沪深300一个产品，再加上监管部门对机构投资者制定了较为严格的监管措施，使得机构投资者在参与股指期货中受到较多的限制。借用英国《金融时报》的观点，机构投资者仍处于“戴着镣铐起舞”的状况①。除去市场环境和监管等限制，机构投资者在推出产品时的招募说明书也会对产品风格和风险收益特性做出相关的规定，这些规定也会给机构投资者在策略选择上带来一定的约束。

目前国内可应用的策略及适用情况见表9。

表9　　国内可采用的策略及适用情况

策略分类	具体操作	基金示例	适用情况
方向性策略			
股票多空头策略	卖空股票或股指期货	130/30 基金	对后市基本看多，投资风格稳健
侧重做空	卖空股票或股指期货	反向杠杆基金	对后市看空
全球宏观策略	广泛应用各种投资工具	QDII 基金	基于对经济周期的判断
管理期货	投资于股指期货和商品期货	期货投资基金	CTA 制度推出
相对价值策略			
股票市场中性	卖空股票或股指期货	Alpha 基金	对市场走势判断不明朗

① 英国《金融时报》网站，http://www.ftchinese.com/archiver/2010-10-29.

（三）机构投资者风险管理的组织架构研究

1. 机构投资者风险管理的组织架构现状及不足

组织架构（Organizational Structure，又译组织结构），是表明组织各部分排列顺序、空间位置、聚散状态、联系方式以及各要素之间相互关系的一种模式，是整个组织管理的“框架”。风险管理的组织架构，是对机构投资者的风险管理岗位进行统筹安排，将风险管理责任落实到每一个岗位，并提供风险管理的筹划、执行、控制以及跟踪检查的框架。建立适当的风险管理组织架构，能够保证机构投资者的经营绩效，有效地控制运营中的风险，保证风险负责人及时地被委派，风险信息迅速有效地反馈。

通过调研和文献研究，课题组归纳出目前国内具有代表性的机构投资者风险管理的组织架构现状（见表10）。

表10　国内机构投资者风险管理的组织架构现状

机构名称 组织架构	GX证券	GF证券	ZC证券	ZX投资	BS基金	YFD基金
第一层	董事会	董事会	董事会（稽核部）	董事会	董事会	董事会
第二层	风险管理委员会、审计委员会、薪酬与考核委员会	风险管理委员会、审计委员会、薪酬与考核委员会	风险管理委员会、审计委员会、薪酬与考核委员会	风险管理委员会、审计委员会、薪酬与提名委员会	风险管理部	风险管理委员会、薪酬与考核委员会
第三层	风险控制委员会、风险监管总部	风险管理部、风险控制委员会	风险控制部、法律合规部、稽核监察部	风险管理部	—	—

如表10所示，国内机构投资者大多采取事业部制的组织架构[①]，以业务为划分依据，各个事业部是相对独立的利润核算主体。这种组织架构的特点是集权和分权相结合，具有专业化、模块化，集成化的优势。大多数机构投资者已初步建立起三维立体的风险管理组织架构：从业务的进程来看，采取前、中、后台相分离的组织架构；纵深来看，建立起层级制，逐级负责的风险管理部门；横向来看，在各营业部设立专门的风险管理人员，负责该区域的风险管理。这种三维立体的风险管理组织架构，为机构投资者参与股指期货打下了良好的组织架构基础。

但是，我国资本市场尚值弱冠，市场机制仍未健全，机构投资者与国际领先的金融企业存在显著的差距[②]。机构投资者的风险管理组织架构仍存在许多不足：

（1）风险管理的各级组织架构权责划分不明确，少数机构投资者甚至没有成型的

① 吴奉刚：《证券公司集团化——模式与治理》。

② 胡俞越：《中国期货市场：从量的扩张到质的提升》。

组织架构。前、中、后台之间业务分工混乱，中层机构臃肿无法有效运行，股东大会、董事会、监事会、经营层和风险管理职能部门之间风险责任划分粗放，导致风险发生后相互推诿，难以追究责任。

（2）风险管理的组织架构形同虚设，难以发挥应有的作用。部分机构投资者的风险管理部门并不能形成对其他职能部门的有效约束，其管理风险的作用无从发挥。课题组认为，造成这种情况，一方面是因为机构投资者自身对风险管理的重视不足；另一方面，是因为机构投资者的评价机制存在问题，单纯考虑收益率，使得机构投资者必须铤而走险以维护自身的行业地位。

（3）各职能部门缺乏有效地配合，风险管理部门处于“单兵作战”的境地。要对参与股指期货过程中的风险进行全面管理，必须对业务的全过程所存在的风险进行实时跟踪监控，仅靠风险管理部门是远远不够的。如何将风险管理部门和其他业务部门结合起来，是机构投资者必须要解决的问题。

（4）少数机构投资者没有专门的审计委员会和薪酬管理委员会，对于董事会的决策和经营层的经营管理缺乏有效地监查。全面的风险管理组织架构的缺失，给制定监督评价标准，开展监督评价工作，出具监督评价审计报告带来了困难，使得机构投资者的风险管理往往停留在业务操作层面，而缺乏公司整体的自律自查。

2. 股指期货对机构投资者组织架构提出的深层次要求

（1）提高各部门的风险意识和规范性——以巴林银行为戒。股指期货投资失败最典型的案例是巴林银行宣告破产。而巴林银行的破产正是由于权责划分不明，风险管理形同虚设，导致交易员尼克·李森越权交易造成巨大损失。巴林银行的案例为机构投资者提供了以下借鉴：

第一，建立审慎严格的用人制度。股指期货业务具有高、精、尖、专的特点①，机构投资者必须选择确实有能力胜任股指期货业务的员工。另一方面，更要考察应聘者的职业道德，保证其严格遵守公司规定，在根本上杜绝员工的投机行为。只有这样，风险管理机制才能有效运行。

第二，提高管理层的风险管理意识。与巴林银行管理层对尼克·里森不断累计的交易差额和保证金之间的矛盾却视而不见不同，大通曼哈顿银行的财务及风险管理副总裁马克·希佩罗几乎每天都对实施综合风险管理的方案加以密切关注并进行及时的管控。正是高层领导对于风险的高度重视，成就了良好的经营成果。风险管理部门要完成风险识别、风险衡量、风险管理、风险报告与响应的整个流程，而这些工作往往不受业务部门欢迎，如果公司管理层没有给予风险管理部门足够的职权与支持，风险管理工作将难以落实。

第三，明确划断前、中、后台的人员和业务。巴林案例中，尼克·李森身兼交易主管和后台清算两个职位，为他伪造证据、隐瞒交易账户提供了便利。国内机构投资者应引以为戒，切实保证前、中、后台业务的相对独立性，强化业务之间的相互约束。课题组通过文献研究，发现海外先进金融机构均建立了适合自身特点的明确的业务层级划分

① 胡俞越：《中国期货市场：从量的扩张到质的提升》。

(见表11)。

表11 海外金融企业的业务层级划分

金融机构	前台部门设置		中后台部门设置	
美林银行	普通银行	公司和投资银行	财务部	风险管理部
德累斯顿银行	公司银行部	投资银行部	信息部	风险部
苏格兰皇家银行	资产管理业务部	零售业务(国民西敏寺银行)	战略部财务	风险及审计部
荷兰银行	组织营销部	投资者关系部	风险管理部	执行与法律部 人力资源部

(2)设立专门的股指期货风险管理部门。在参与股指期货的过程中,机构投资者可以借鉴现货企业管理商品期货风险的组织架构设置。例如,某国有大型粮食企业专门成立了专业化的期货公司,另外一些企业则设立“期货部”和“期货管理小组”专门负责操作和管理企业的商品期货业务。这种组织架构设置有助于期货业务专业化,并能有效地将商品期货的风险与公司主营业务的风险相互划分。机构投资者在参与股指期货时可以成立专门的“股指期货管理小组”。

(3)根据策略的交易流程改造原有组织架构。不同策略的交易流程有所区别,其涉及的职能部门、部门之间发生业务联系也不尽相同。为保证股指期货业务的顺利进行,必须使组织架构的设计便于交易策略的实施,以防止出现配合失误造成的运行风险。另外,根据业务流程设置风险管理岗位和人员,也可以保证策略实施的全过程处于受监控状态,及时应对可能出现的风险。基金套期保值操作流程见图6。基金套利操作流程见图7。

3. 建立完善的机构投资者组织架构

根据上述分析和研究,机构投资者应建立与自身实际相适应的、多层次的风险管理组织架构——包括董事会、管理层、各业务部门在内的多级风险管理组织架构。这一组织架构的核心,是对董事会负责的风险管理委员会。通过风险管理委员会及下属风险管理部门的工作,与业务部门积极配合,实现对公司风险的全面管理。具体地说,风险管理的组织结构大致可以分为四个层次:

第一层为董事会及对董事会负责的风险管理委员会,是监督券商全面风险管理组织架构的顶层,对公司的风险管理负最终责任。董事会的积极参与和对风险管理工作坚定的支持,是风险管理正常运作的关键。大多数董事的专业技能有一定的局限性,因此机构投资者还需要设立风险管理委员会,由董事会授权对日常运营中的风险管全面负责,全面审议企业风险管理的报告、解决方案、评估方案等,并向董事会提起申请。风险管理委员会的成员应该包括董事长、总经理、监事长和风险管理部门的负责人等公司的高级管理人员。该委员会中还需要有熟悉企业日常管理及业务流程的管理人员,以及具备风险管理知识或经验、具有一定法律知识的专业人士。如果公司业务规模庞大,还可以在风险管理委员会下设置市场风险组、信用风险组、投资组合风险组、风险基础结构组

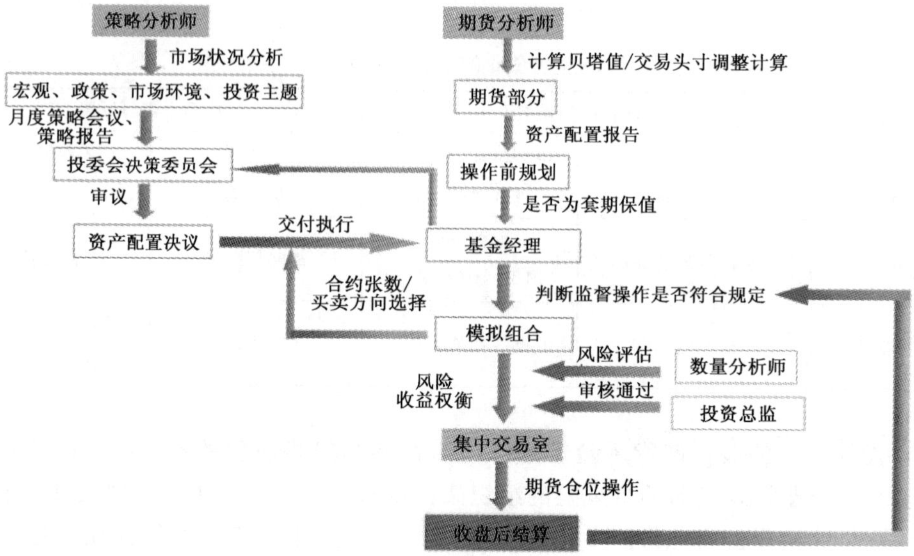

图 6　基金套期保值操作流程图

资料来源：东证期货研究所。

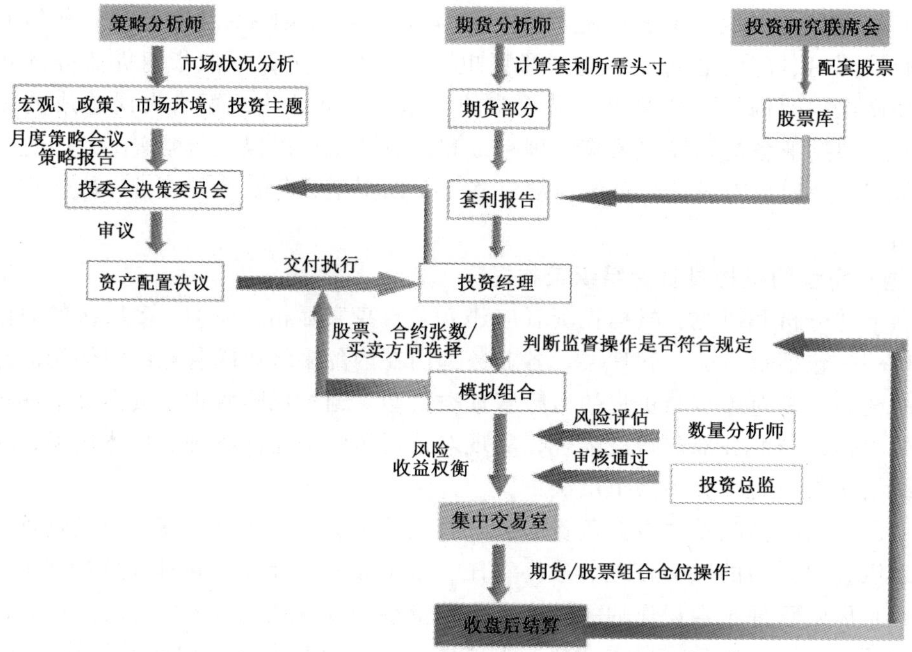

图 7　基金套利操作流程图

资料来源：东证期货研究所。

等部门，分别负责管理日常运行中不同类型的风险。

第二层是事业部制的风险管理部门。风险管理部门的职责是具体执行公司的风险管理策略，通过向各业务部门派驻工作人员或监控各部门的业务信息系统，具体实时地监控运营中的风险状态，保证公司的运营处于安全状态。风险管理的工作人员既要与所负责的业务部门保持联系相互配合，又要保持一定的独立性，不需要对部门负责人负责。

第三层是各营业网点和业务部门的风险管理负责人。他们隶属于所负责的部门，同时向本部门负责人和风险管理部门负责。在运营过程中，这些工作人员是业务组的成员，参与具体业务的计划和执行，他们负责将风险意识传达给业务人员，具体制定业务的风险监控指标，是风险管理组织架构的最前沿。

机构投资者除了按照上述组织架构建设符合自身业务特点的风险管理组织架构之外，还可以参照《中央企业全面风险管理指引》的相关规定，本着积极主动应对风险，高标准严要求运营的宗旨，打造面向业务创新和市场开放的风险管理组织架构。

（四）机构投资者参与股指期货风险管理的关键环节研究

在本节，将对机构投资者风险管理机制建设中的一些关键性问题进行专题研究，对风险管理机制建设的关键环节进行进一步的研究。

1. 风险管理中的信息问题

1948 年，美国数学家、信息论创始人仙农（Shannon）指出：“信息是用来消除随机不定性的东西”。[①] 根据这一定义，期货市场和期货业务过程中充斥着大量的信息：期货市场价格发现功能和避险功能的实现都将产生大量的价格信号，期货业务操作不但要处理大量来自内外部的信息，还要面对业务流程中的信息传递问题。

如何对信息进行科学有效的管理，很早就引起了人们的重视。计算机的出现和网络技术的广泛应用，为信息管理工作提供了可能。将信息理论、计算技术和工程技术相结合，建设适合企业组织架构，全方位全过程辅助企业日常运营的信息管理系统，成为人们的共识。目前，国际上已经形成成熟的信息管理系统建设模式——ERP（Enterprise Resource Planning，企业资源计划）。ERP 系统在制造业和服务业都取得了广泛的应用。

尽管近几年通过强化监管和期货公司自身的努力，期货公司信息系统建设有了明显提高，但因历史欠账多、建设起点低、人才培养周期长等原因，目前我国期货公司普遍存在信息系统建设滞后，信息不透明（当然，这也涉及商业机密问题），各部门相互沟通不畅的问题。期货公司信息系统是保障市场交易正常进行的基础。加强信息系统建设，进一步提高全行业信息技术水平是打造现代金融公司的关键任务之一。同时，在期货市场的监管，期货价格信号的利用上也存在着普遍的低效率。

本课题仅就如何建设机构投资者的风险管理信息系统，如何保证业务人员之间信息传递顺畅，做出探索性的分析。

（1）风险管理信息系统的构成要素。风险管理信息系统包含两个子系统，分别是内部管理信息系统和对外报告系统。内部管理信息系统的主要功能是识别、分析、计量有关风险信息，并给出相应的交易及避险策略。对外报告系统主要是为了满足外部使用者对企业风险信息的需求，主要涉及两方面：一是进行风险数据的收集、处理与报告，为制定交易策略和避险措施提供支持；二是促进公司内部与公司外部就风险因素形成良

① 仙农：“通讯的数学理论”，1948 年。

好的沟通。

对于机构投资者，风险管理信息系统至少应当具备以下几个模块：与经营活动紧密结合的数据采集模块；风险识别与分析、评估模块；风险决策支持模块；风险跟踪与反馈模块；风险报告模块；信息系统自身的审计和控制模块。

（2）双向的信息传递机制。风险管理信息系统不但要保证员工能够及时获取所需的相关信息，更要将各部门产生的信息准确快速地传输出去。风险信息往往来自一线的业务人员，而风险管理方法、策略则要由风险管理部门甚至是高层管理者逐级向下传达。因此，完整的风险管理信息传输路线可分为从下向上的信息传输和从上向下的信息传输。

在信息的传输过程中，应注意以下几点：第一，减少信息传输层级，保证信息传输的效率；第二，建立规范的信息传输途径，提高信息传输的准确性；第三，统一信息传输的格式和数据编码方法，便于信息系统统一集中地处理风险信息；第四，建立起信息的反馈机制，确保关键信息的传输始终处于被监控状态。

2. 机构投资者的内部控制

内部控制是指经济单位和组织在经济活动中建立的一种相互制约的业务组织形式和职责分工制度。内部控制的目的在于改善经营管理、提高经济效益。股指期货业务巨大的风险，要求机构投资者必须明确业务权限，并将风险责任具体到人。这就涉及授权和责任之间的匹配和员工、部门之间的相互制约问题。下面以某机构投资者为例，具体分析内部控制机制的建立原则。

案例：

H 证券公司，是一家大型的国有证券公司。公司经过多年迅速发展，鼎盛时期拥有 91 家营业部和 24 家证券服务部，成为第一家全国交易联网券商。然而，由于公司在内部控制上存在漏洞，挪用客户保证金、违规回购国债、账外经营等内部风险案件频发，使得该公司丧失了行业内的龙头地位。

通过对该案例相关资料的研究，课题组认为 H 证券公司在内部控制上存在的问题主要是：

第一，公司治理结构不完善。董事会和高层管理者之间没有形成有效的约束机制，人力资源政策不到位。

第二，内部监督乏力，内部控制在责任主体、政策和程序上存在缺陷。董事会弱化，不能对高管层实施有效监督，导致高层管理者滥用职权，对下层机构自由放任，过度授权。

第三，稽核审计部没有及时发现内部控制上存在的缺陷，更没有报告并提出整改意见。

（1）内部控制的构成要素，目标和原则。从案例中我们可以看出，内部控制的有效与否，是风险管理能否被有效执行的关键。下面将结合 COSO 全面风险管理报告中的“内部控制整体框架”、《证券公司内部控制指引》、《证券投资基金管理公司内部控制指导意见》，具体给出内部控制的构成要素。

第一，控制环境。又可理解为控制文化，即要求机构投资者在参与股指期货交易之前就应该建立完整的内部控制制度。

第二，风险评估。机构投资者分析和辨认参与股指期货的过程中可能发生的风险，然后通过风险管理来提高股指期货业务的效果。

第三，控制活动。机构投资者需要针对各类风险制定相应的应急预案，并保证该预案得到有效执行。

第四，信息与沟通。它是指业务部门人员必须能够获取他们所要的信息，并对其进行分析处理，传达到决策层进而制定高效的交易及应急策略。

第五，监督。实质上就是对机构投资者风险管理的监督，评估与督促其控制活动的设计和运作，保障风险管理得到持续执行。

内部控制应达到的目标是：

第一，保证经营的合法合规及公司内部规章制度的贯彻执行。

第二，确保在参与股指期货中的交易运作有序、风险可测、可控和可承受。

第三，保证公司交易记录、财务报告和相关信息的真实、完整。

第四，提高公司交易效率和套保效果。

与此同时，内部控制应当遵循健全性原则，有效性原则，独立性原则，相互制约原则，运行效益原则等五个基本原则。

（2）内部控制的主体和层级。机构投资者的内部控制主体和层级，主要由“董事会及专业委员会—中层经理—基层操作人员”三个层级构成。其组织架构见图8。

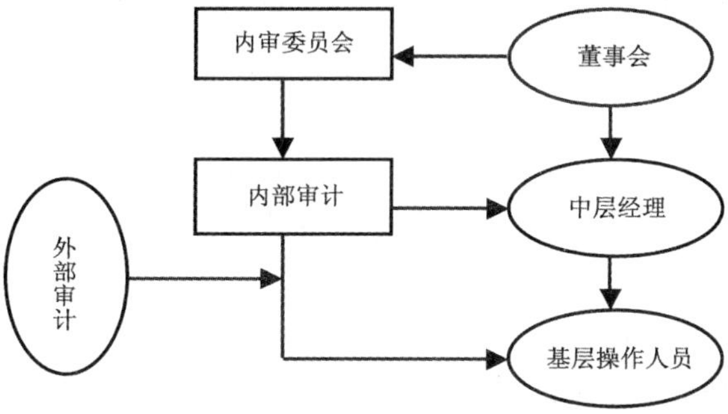

图8　内部控制组织架构图

（3）内部控制的客体和内容。内部控制的客体主要是交易活动和资金。其中，对业务人员的授权是内部控制的核心。由于目前激励机制的不健全，导致某些业务人员为了追求高收益而规避公司监管进行暗箱交易，却并不用承担相应的风险。巴林银行、法国兴业银行的失败无不因为业务人员的越权交易。可见，机构投资者必须对股指期货业务人员在资金额度，业务类型上做出具体的规定，严格执行，并由风险管理部门派专人负责进行监控。

内部控制的内容有经营活动控制、资金控制、信息控制、人力控制、会计系统控制、环境控制、内部稽核控制。

五、机构投资者参与股指期货的相关建议

我国股指期货市场运行尚不足一年。虽然股指期货成功实现了“高标准，稳起步，强监管，防风险，重功能，促发展”的目标，初步显现出规避风险的市场功能，[①] 但罗马不是一天建成的，股指期货市场也需要在运行中不断积累经验，完善市场机制。其中，最为关键的就是要优化投资者结构，大力培育股指期货的机构投资者。同时，股指期货市场的成熟，还要涉及监管部门和金融行业整体的努力。本部分将在课题前部分研究的基础上，进一步系统性地给出机构投资者管理股指期货业务的相关建议。

（一）完善机构投资者风险管理机制的建议

不论风险理念的建立，交易策略的选择，还是风险管理的组织架构，要想最终实现成功管理风险的目标，必须要通过内部控制来确保其落到实处。

1. 风险策略选择的建议

（1）结合自身特点对策略进行系统分类。按照不同的分类标准，可将交易策略分为不同的类型。对交易策略进行系统性的划分，目的在于建立一个“备选策略库”，以满足机构投资者在各种市场情况下对交易策略的要求。

（2）提高市场分析能力，恰当选取交易策略。投资成败从根本上取决于对市场情况的研判，机构投资者应该着力打造一支优秀的分析师团队，综合运用各种分析手段对市场进行分析，并在明确市场情况和自身交易目的的前提下，选择最优风险—收益特征的交易策略。

2. 风险管理技术的建议

在风险评估上有所改进。股指期货虽然属于期货的范畴，但是其归属于金融期货，与券商基金公司之前从事的股票交易有着巨大的差别。股指期货的风险指标主要包括业务规模、持仓限额、亏损限额、VaR 限额、资金风险指标、交易限额、止盈止损指标、有效性指标、绩效指标等。

借鉴海外先进经验，提高风险管理指标的科学性。海外金融机构在多年的市场实践中，摸索出了一套行之有效的风险管理技术体系。我国机构投资者应加强学习，在充分理解的基础上选择性的借鉴吸收。

3. 风险管理理念的建议

重视企业风险管理文化的建设。如果说风险管理技术是风险管理的“硬实力”，那么风险管理理念和风险管理文化就是风险管理的“软实力”。全面风险管理理念的确立，风险观念与企业文化的有机融合，是有效管理风险的根本性保证。

---

① 姜洋：《在第六届中国（深圳）国际期货大会上的讲话》；胡俞越：《从量变到质变的中国期货市场》。

4. 组织架构及内部控制的建议

（1）在控制环境上有所改进。随着股指期货业务的开展，券商、基金公司应该更加注重在企业文化上的建设，在公司范围内形成一种良性的氛围，公司上下有着共同奋斗目标，使得员工自觉遵守上级的指示，上级自觉遵守公司的授权，从而形成轻松且有效的控制环境。而且，培育坚实的风险管理文化也是至关重要的，它能够在源头处将股指期货业务和机构内部存在的风险化解掉。员工的风险管理意识提高，有利于公司、机构全面规避风险，实现严格的内部控制。

（2）增加相应的风控岗位。参与股指期货，相比于传统业务是全新的业务模式，其风险性质也与传统业务有所差别。这就要求券商基金公司需要增设一定比例的风控岗位，用以监控股指期货市场所特有的风险。

（3）在保证董事会职能正常行使的前提下，逐步强化独立董事的作用。董事会作为内部控制中的核心是无可置疑的。但是，近几年来诸多公司呈现出的公司被“内部人”控制的现象日趋严重，造成决策流程成为形式，给公司造成了很大的威胁，应该引起机构投资者的重视。而强化机构投资者中独立董事的作用，可以有效地保证决策的正确性以及客观性，而且也保证了董事会的领导地位。

（4）强化授权制度和分割业务范围。授权机制的重要性从诸多投资失败的案例以及前文中均可看出。在公司内部控制的设置上，要杜绝出现权力重叠、人员重叠和权力真空、人员真空两种情况。由独立的人员完成独立的业务，并独立地承担风险责任，是机构投资者岗位设置的目标。

（5）对业务进行重新划分。在股指期货推出之前，券商基金公司主要是按照自营和资管将业务进行分类。这种分类方式虽然可以保证相关资金划分清楚，但是却在面临股指期货业务时造成了交叉。股指期货业务需要的信息量较为庞大，并且涉及影响因素众多，倘若让自营业务与资管业务分开进行，可能会造成两者之间的信息脱节。因此，因业务类型而划分具有一定的不利因素。在保证资金分离的情况下，应该将与股指期货有关业务统一分配在一个业务组内进行管理，保证相关的技术人员可以共享信息。同时，应对综合套保、投机、套利三者共同的头寸、持仓和资金进行综合分析。

（6）在人力资源计划上有所改进。股指期货推出之前，期货从业人员资格考试就已经包涵金融期货的内容。在股指期货推出之后，资格考试又及时补充、强化了相关的内容。但是，这对于股指期货的实际操作是远远不够的。这就要求券商基金公司还需要结合自身业务，对员工进行培训，保证业务人员能够胜任工作。另外，业务知识的加强并不仅仅局限于基层操作人员，中、高层管理者也应该加强对股指期货相关知识的学习。这样才能在风险管理、内部控制上做到“专业”，在岗位实现“敬业”。

5. 风险信息管理的建议

（1）深化风险信息报告制度。主要从信息报告的频率以及形式上入手，分为随时报告和每日报告，即将报告系统化、专业化，防止出现因风险临近而出现慌张以及不必要的错误。首先，建立每日报告制度，设定由专业人员将信息整合生成报告，传达至领导层和决策层，以便上级对业务以及资金运行状况进行了解。其次，建立每时报告系统，即设立即时报告系统，以便风险突发时，可以迅速生成报告，传达至决策层进行风险规避，防止因风险突发而造成报告慌乱，难以有效传递信息的局面发生。

（2）打造适合于自身组织架构和业务流程的风险管理信息系统。借助国际先进的ERP技术和BPR（Business Process Reengineering，业务流程再造）方法，以股指期货业务的新特点为导向，在梳理原有业务流程的同时，建设适用于新环境的风险管理信息系统。当然，这也需要技术和资金上的支持。

（二）针对监管部门的建议

1. 应鼓励交易所开发多样化的股指期货品种，满足投资者多种需求，活跃市场，提高机构投资者参与程度

目前国内只有一个沪深300股指期货品种。而在国际上，一国期货市场或一家交易所有多个股指期货上市。例如2004年美国股指期货品种达34个，而EUREX则有45个股指期货品种。并且，选择的股票指数类型比较多样，除了综合大盘指数外，还有综合大盘、综合中盘、综合小盘、全市场、行业、风格等。上市多样化的股票指数期货，其优点在于，不同标的指数期货可以满足各种类型投资者的需要。对于持有不同股票组合的投资者来说，只能选择沪深300指数期货品种进行套期保值，相关程度的差异势必会影响套期保值效果。如果在沪深300指数基础上，再多开发具有不同风格的股票指数期货，投资者将会在选择套期保值工具上有更大的选择余地。对于ETF套利交易来说也是如此，开发更多股指期货品种，可以改善套利者模拟误差问题。此外，不同股指期货品种之间也可以进行套利操作，这不仅丰富投资者的操作策略，也有助于各种指数期货间合理关系的形成。

我国应除了进一步开发综合大盘股之外，还可以尝试中小盘股指数和行业类指数。此外，还可以在沪深300指数期货基础上推出迷你合约。

2. 尽快研究推动CTA等机构投资者相关制度建设和业务创新，使其成为机构投资者和股指期货市场的主力军

期货投资高、精、尖、专的特点，决定期货市场需要专业的机构投资者。机构投资者是成熟金融市场的参与主体。机构投资者代表着专业和理性，组合投资的方式又分散了其投资风险，因此，机构投资者是一个金融市场长期稳定健康发展的基础。

3. 给机构投资者在策略上更大的自由

现有制度对于券商和基金在空头套期保值的头寸的限制比较严，当大盘面临系统性下跌风险时，机构投资者将面临风险无法完全对冲的问题，反而会增加机构投资者的风险。

4. 放开对期现套利的限制，并在交易制度上增加期现套利的激励

在期现套利交易方面，虽然现有规定对券商和基金参与套利交易尚无明确许可规定，但由于期现套利操作与套期保值操作的界限难以区分，监管有一定难度，在套利利润比较具有吸引力的情况下，不少券商和基金已经开始涉足套利交易。期现套利交易有助于促进期货市场和股票市场之间的价格合理关系的形成以及流动性的增加，并且期现套利接近“无风险套利”，风险相对可控。因此，放开期现套利的限制，并增加相应的监管要求，则更符合实际情况。在交易制度上，可对套利采取优惠的措施，例如应允许使用债券、股票抵押保证金，从而减少保证金的占用。

5. 推动股指期权品种的上市，为投资者提供多样化的避险和投资工具

在国际上，场内期权交易与期货交易几乎平分秋色，股指期权品种也是交易非常活跃的品种，如韩国的 Kospi200 指数期权是全球交易量最大的期权品种。在目前只有沪深 300 股指期货品种情况下，交易者运用股指期货进行套期保值也存在一定的顾虑，因为一旦行情不利变化，期货市场出现亏损，从而降低整个组合的收益率，这会增加操作者的心理压力，降低套期保值操作的意愿。对套期保值者来说，使用期权避险，不仅能规避价格变动不利时的风险，同时也能够抓住市场有利变动的机会。这一点要优于股指期货。

（三）针对交易所的建议

1. 对套期保值头寸在施加监督管理的同时也应增加相应的政策优惠，鼓励机构投资者参与套期保值

在目前交易所的套期保值管理办法中，规定交易所对申请人的有关经营状况、资信情况及期货、现货市场交易行为进行监督和调查，会员及相关客户应当予以协助和配合。而给套期保值者的唯一的优惠政策就是套期保值持仓不受持仓限额的规定。从国外经验看，对于套期保值者在保证金收取上有一定的优惠措施。而目前我国股指期货最低交易保证金为12%，该保证金水平较高且对不同交易类型者没有区分，不利于套期保值者积极参与。

2. 对于套期保值有效性的评价标准需要进一步细化

在交易所对券商等机构投资者参与套期保值的管理上，也仿照会计准则中对高度有效的套期保值的认定标准“80% ~125%”。但在具体操作实施中，由于缺少详细的衡量方法，导致该指标无法真正落实。例如，以什么标准作为套期保值开始时的现货股票组合的价值，在套期保值期间和结束套期保值时，如果现货股票组合或期货头寸进行了调整将如何处理？另外，该标准是判断是否可以使用套期保值会计处理方法的依据，由于在套期保值期间，期指和现指变化出现较大差异会导致套期保值效果较差，这通常非操作者主观可控制的，仅从效果来评价对套期保值者，尤其是股指期货上市不久的市场状况来说，该指标过于简单和片面了。

3. 应对套利交易采取鼓励措施，促进套利者在各合约间、期现间套利，促进价格关系合理化，从而降低各种操作策略下的风险

例如在股指期货运行中，曾出现下列问题：例如现近月合约活跃远月合约冷清的问题，股市短时间内涨幅大导致期现基差增大的问题，以及期货合约在交割日期现不趋同的问题。这一系列问题都说明股指期货市场中跨期套利、期现套利还不够充分，从而影响相关价格之间的合理性，这无疑会增加套期保值者流动性风险、基差风险和展期风险。交易所应借鉴国外相关经验，在套利交易的保证金水平上、手续费上给予一定的优惠，并且开放多样的套利指令，方便交易者操作。

4. 完善市价指令的相关制度，避免价格异常波动

股指期货运行期间，曾发生三起日内价格异常波动的情况，这均与市价指令有关，其所带来的“钓鱼单”的问题，需要予以关注，完善该种指令的相关制度。

附录A：β值估计与套期保值有效性的实证检验

套期保值、α 策略、可转移 α 策略等各种与股指期货有关的策略的最终效果，往往与 β 值的估算有着直接联系。因此 β 值的预测有着十分重大的意义。

（一）β值估计方法

国外对于 β 值估计与预测的研究已经十分成熟，提出了众多方法。大体来说，可以分为静态计算法和动态计算法。静态计算法假设 β 值在某个时期内保持不变，并根据这个时段的 β 值来确定套保比率（如根据前一时段历史 β 值来确定整个套保期限内的套保比率；套保比率为 1 的传统套保法等），只有当资产组合的规模变化时才调整相应的股指期货头寸；而动态计算法则认为 β 值是时变的，所以必须为 β 值变动量设定一个临界值，当 β 值的变动量超过该临界值时便需要调整套保比率（如 GARCH 模型，状态空间模型等）。另外，还有一种介于上述两者之间的套保方法，即滚动时间模型，该方法利用滚动的特定时间窗口来计算套保比率，这相似于静态计算法中的历史 β 值计算法，但每天会产生一个新的 β 值，并利用动态计算法中的规则来调整套保比率。

ECM－GARCH 方法要求先对序列设定协整模型，得到误差修正项，并以误差修正项为均值方程设定 ECM－GARCHM 模型。其模型表达式为：

$$\Delta PO_t - \mu_s + \alpha_s \hat{\varepsilon}_{t-1} + e_{s.t}$$

$$\Delta IF_t - \mu_f + \alpha_f \hat{\varepsilon}_{t-1} + e_{f.t}$$

其中：$\hat{\varepsilon}_{t-1} = PO_{t-1} - \hat{b}F_{t-1}$。

$$\begin{pmatrix} e_{st} \\ e_{ft} \end{pmatrix}_{|\phi_{t-1}} \sim N\ (O,\ H_t)$$

$$H_t = \begin{bmatrix} h_{ss,t} & h_{sf,t} \\ h_{fs,t} & h_{ff,t} \end{bmatrix}$$

其中 $h_{ss,t}$、$h_{ff,t}$、$h_{sf,t}$ 由以下等式给出：

$$h_{ss,t} = c_1 + a_1 e_{s,t-1}^2 + b_1 h_{ss,t-1}$$

$$h_{ff,t} = c_2 + a_2 e_{f,t-1}^2 + b_2 h_{ff,t-1}$$

$$h_{sf,t} = c_3 + a_3 e_{f,t-1} e_{s,t-1} + b_3 h_{sf,t-1}$$

$h_{ss,t}$ 和 $h_{ff,t}$ 为残差 $e_{f,t}$ 和 $e_{s,t}$ 的条件方差，$h_{sf,t}$ 为其条件协方差。

此时，最优套保比为：

$$h = \beta = \frac{cov\ (\Delta PO_t \cdot \Delta IF_t \mid W_{t-1})}{Var\ (\Delta IF_t \mid W_{t-1})}$$

套期保值的绩效测度则是以套保所规避的现货价格风险的多少来度量的。t 时刻的套保有效度测度可具体表示为：

$$E_t = \frac{Var(\Delta PO_t) - Var(\Delta R_t)}{Var(\Delta PO_t)}$$

其中，$\Delta R_t = \Delta PO_t - \beta_t \Delta IF_t$。$Var(\Delta PO_t)$ 为 t 时刻未进行套期保值的资产组合收益率方差，$Var(\Delta R_t)$ 为套保后资产组合与股指期货头寸总收益率方差。

（二）β 值的确定及套期保值有效性的实证分析

1. 标的资产选取

下文中将以基金净值规模的大小，在 5 个不同净值规模分别选取一支股票型基金，并选取各基金 2010 年二季度季报披露的前 3 大重仓股，并将不重复的各股票以其流通总市值为权重构造资产组合，以指数形式来表示该资产组合，并将其初值设定为与套保开始日沪深 300 指数期货点位一致。选取的基金以及其前 3 大重仓股见表 A－1。最终选取股票及其权重见表 A－2。其市值确定日为 2010 年 4 月 15 日，即沪深 300 指数期货上市前一天。

表 A－1 选取基金及其重仓股

基金规模	50 亿元	100 亿元	200 亿元	300 亿元
基金名称	富国天合稳健股票	华夏成长混合	博时新兴成长股票	广发聚丰股票
基金代码	100026	000001	050009	270005
重仓股	中国平安	伊利股份	中国人寿	兴业银行
	贵州茅台	浦发银行	中金黄金	贵州茅台
	兴业银行	中金黄金	贵州茅台	苏宁电器

表 A－2 选取股票流通市值及权重

股票	代码	流通市值	权重
中国平安	601318	251430098.18	17.24%
贵州茅台	600519	139191624	9.55%
兴业银行	601166	174400000	11.96%
中金黄金	600489	21377595.73	1.47%
浦发银行	600000	180472435.79	12.38%
伊利股份	600887	25325810.42	1.74%
中国人寿	601628	607630605.4	41.67%
苏宁电器	002024	58294668.31	4.00%

用 PO 表示所构造的资产组合，为了方便分析，设其 2010 年 4 月 16 日的初值为 3450，即与当日沪深 300 指数期货开盘价相同，用 IF 表示沪深 300 指数期货。则两者的价格走势见图 A－1。

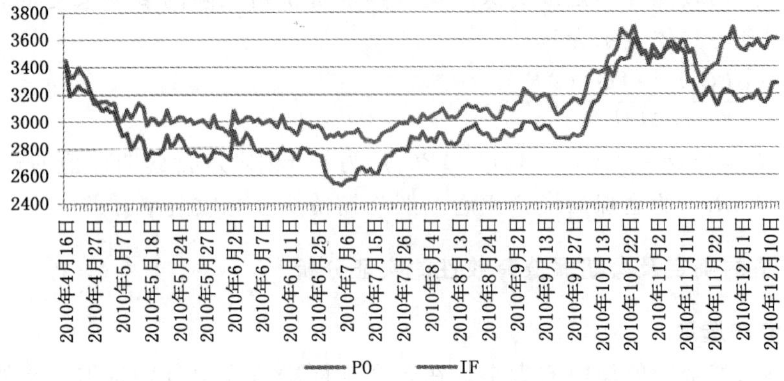

图 A-1　资产组合价格及 HS300 指数期货价格走势图

2. 不同方法下 β 值的估计

由于 HS300 指数期货于 2010 年 4 月 16 日正式上市交易，缺乏历史数据，因此本研究将不计算静态计算法中的历史 β 值，而选择用套保比率为 1 的传统套保法来代替。在下文中将分别用滚动时间模型和动态计算法中的 ECM - GARCH 模型两种方法来计算套保比率，并对两种模型下的 β 值进行分析。

（1）滚动时间模型。滚动时间模型利用滚动的特定时间窗口来计算套保比率，即选取特定长度的时间窗口，并在每个交易日分别对当日之前的特定长度时间窗口内 HS300 指数期货及资产组合价格指数进行回归，则每天可以得到 1 个拟合方程，提取每个方程的回归系数，即得到当天的 β 值。本文选用 OLS 方法对时间窗口内的样本进行回归，由于样本数据有限，并且在实务中套保期限一般不会超过 1 年，因此本文选取的时间窗口为 4 周（20 个交易日）、8 周（40 个交易日）及 12 周（60 个交易日）。根据不同时间窗口得出的 β 走势见图 A-2。

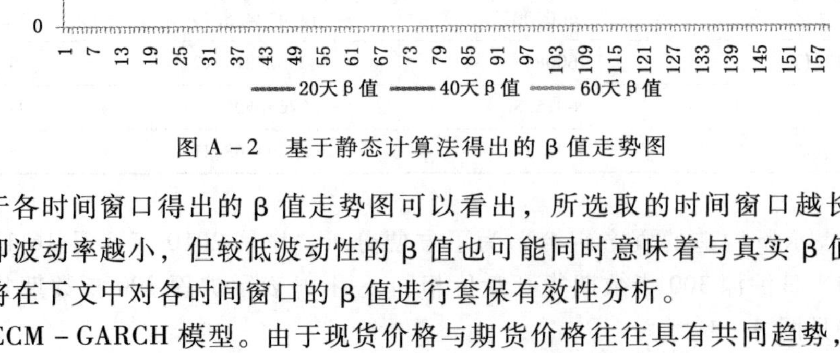

图 A-2　基于静态计算法得出的 β 值走势图

从基于各时间窗口得出的 β 值走势图可以看出，所选取的时间窗口越长，则 β 值越稳定，即波动率越小，但较低波动性的 β 值也可能同时意味着与真实 β 值的偏差较大。我们将在下文中对各时间窗口的 β 值进行套保有效性分析。

（2）ECM - GARCH 模型。由于现货价格与期货价格往往具有共同趋势，以往的研究也表明，两者之间确实存在协整关系，同时金融时间序列的回归残差一般都具有集群性，即 GARCH 效应，因此本文将考虑建立 ECM - GARCH 模型，来动态地估算 β 值。ECM - GRACH 模型不仅反映了资产组合与股指期货价格之间的共同趋势，而且考虑到了原回归中存在的条件异方差现象。

通过对 PO 和 IF 序列进行回归，得到误差修正项 ECM：

$ECM_t = PO_t - 0.615IF_t$

在均值方程中加入 ECM 项，建立 ECM - GARCH 模型，模型结果如下：

均值方程：

$\Delta IF_t = -19.921 + 0.027ECM_{t-1}$

$\Delta PO_t = -20.739 + 0.027ECM_{t-1}$

条件方差方程：

$\sigma_{1t}^2 = 495.352 + 0.039\mu_{1t}^2 + 0.806\sigma_{1(t-1)}^2$

$\sigma_{2t}^2 = 3795.270 + 0.060\mu_{2t}^2 - 0.443\sigma_{2(t-1)}^2$

条件协方差方程：

$cov(\sigma_{1t}, \sigma_{2t}) = 1485.908 + 0.0506\mu_{1t}\mu_{2t} + 0.293cov(\sigma_{1(t-1)}, \sigma_{2(t-1)})$

提取条件方差、条件协方差，并由上文提到的方法计算最优套保比率，则时变 β 值的走势见图 A - 3。

从图 A - 3 可以看出，时变 β 值的波动较大，若随时按照 β 值的变动来调整股指期货合约数，可能会产生较大的对冲成本，因此，在实务中必须为 β 值的变动设定一定的临界值，只有 β 值的变动量超过该值时，才需对股指期货头寸进行调整。本文接下来将比较各种 β 值计算方法下的套保有效性，由于在各种方法下对冲成本基本上是相同的，所以下文的分析将不考虑调整股指期货头寸的具体规则，假设每天均能按当天的 β 值对股指期货头寸进行调整。

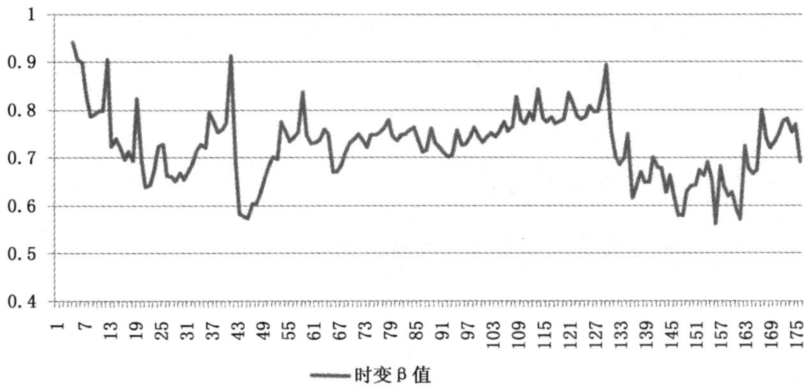

图 A - 3 基于 ECM - GRACH 模型估计的时变 β 值

3. 套保有效性的计算

在实务中，套保期限一般都低于 1 年，加上沪深 300 指数期货上市时间较短，因此本文选取的套保期限与计算 β 值选取的时间窗口相同，即 4 周（20 个交易日）、8 周

（40 个交易日）及 12 周（60 个交易日）。为了方便比较，我们在为不同套保期限选择套保比率时，选取时间窗口与套保期限相同时的 β 值。

套期保值的绩效测度则是以套保所规避的现货价格风险的多少来度量的。t 时刻的套保有效度测度可具体表示为：

$$E_t = \frac{Var(\Delta PO_t) - Var(\Delta R_t)}{Var(\Delta PO_t)}$$

其中，$\Delta R_t = \Delta PO_t - \beta_t \Delta IF_t$。$Var(\Delta PO_t)$ 为 t 时刻未进行套期保值的资产组合收益率方差，$Var(\Delta R_t)$ 为套保后资产组合与股指期货头寸总收益率方差。

分别应用原始套保法、滚动时间模型和 ECM－GARCH 模型得到的套保比，在不同套保期限的前提下进行套保有效性分析，得到结果见表 A－3。

表 A－3　　各种套保条件下的套保结果比较

		4 周	8 周	12 周
传统套保法	套保比	1	1	1
	套保有效度	0.040	0.128	0.735
滚动时间模型	套保比均值	0.742	0.721	0.699
	套保有效度均值	0.518	0.568	0.828
ECM－GARCH 模型	套保比均值	0.721	0.705	0.725
	套保有效度均值	0.525	0.577	0.823

由表 A－3 可以得到，随着套保期限的增长，套保有效性均逐渐提高，套保期限为 12 周的套保有效性在不同套保比率计算方法下均为最高，并且在滚动模型条件下的套保有效性达到了最高值 0.828，略高与 ECM－GARCH 模型的最高值 0.823。在套保期限为 4 周与 8 周的套保操作中，ECM－GARCH 模型条件下的套保有效性均值均高于滚动模型条件下的套保有效性均值，并且两者套保有效性均值均显著高于套保比为 1 的传统套保法。各套保期限的套保有效性走势见图 A－4、图 A－5、图 A－6。

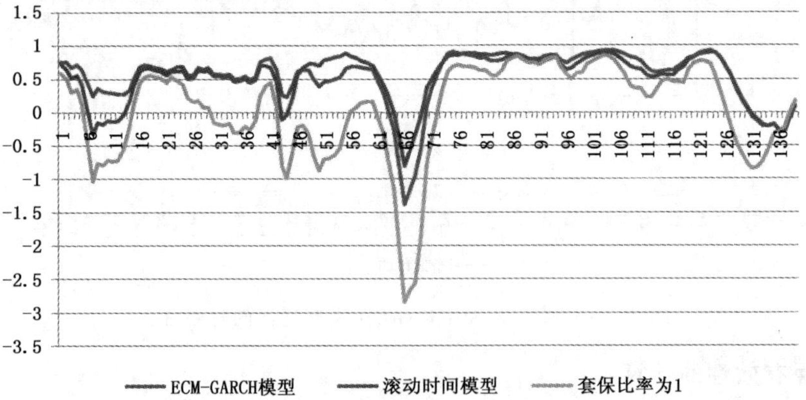

图 A－4　20 天套保期限的套保有效性走势图

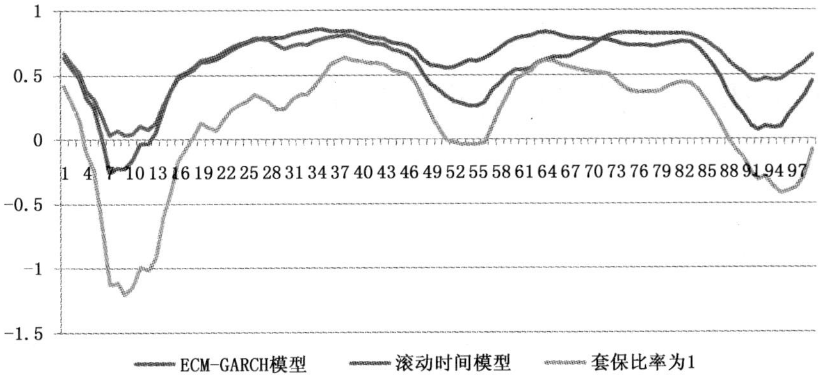

图 A-5 40 天套保期限的套保有效性走势图

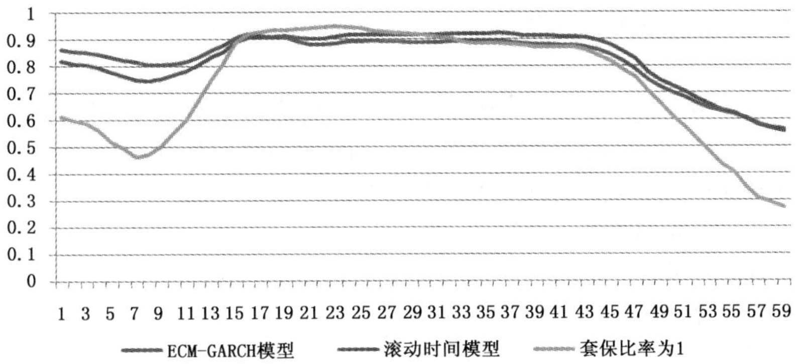

图 A-6 60 天套保期限的套保有效性走势图

由图 A-4、图 A-5、图 A-6 可以看出，各套保期限内基于 ECM-GARCH 模型和滚动时间模型的套保有效性相差不是很大，但两者均明显优于套保比率为 1 的传统套保法。套保期限为 20 天和 40 天的套保有效性均出现了一定量的负值，而套保期限为 60 天的套保操作的套保有效性则一直保持较高水平。这说明期限越短，资产组合与市场发生背离的几率越大，在较长期限内，两者可能恢复到共同趋势。

结论：课题组分别采用滚动时间模型和 ECM-GARCH 模型，估计了所构造的股票组合的 β 值，并以该 β 值被套保比率利用股指期货进行风险对冲。通过计算传统套保法（套保比率为 1）、滚动时间模型和 ECM-GARCH 模型条件下的套保有效性，课题组发现各套保期限内基于 ECM-GARCH 模型和滚动时间模型的套保有效性相差不是很大，但两者均明显优于套保比率为 1 的传统套保法；对不同期限的套期保值策略而言，随着套保期限的增长，套保有效性逐渐增加。

附录B：VaR 方法应用的实证分析

（一）风险值 VaR 简介

VaR 方法在金融风险管理中有着广泛的应用。由于 VaR 主要用来衡量金融资产的市场风险，所以，持有存在市场风险的金融资产的机构都可以使用 VaR 进行风险度量。

VaR 在概念上显得简单明了，并能把各种金融工具、资产组合以及金融机构总体的市场风险具体化为一个可以与其他经营指标相互比较的数字，使得投资者即使不是市场风险的分析专家，也能通过此数值来直观地判断因持有或从事金融工具的交易所面临的风险状况。

VaR 模型还可用于信用风险的评估。尽管 VaR 的计算主要针对金融工具的市场风险，但只要稍加调整就可以对金融工具的信用风险进行更精确的评估。一般，如果某金融工具在报表编制日的名义价值或公允价值为 V，一定时期的风险值为 VaR，则一定时期的信用风险的最大数额就为 V + VaR。

在套期保值中，风险管理人员可以依据金融机构的风险厌恶程度和损失承担能力选择一定的持有期和置信水平计算套期保值组合市场风险 VaR 值，密切关注市场风险的变动情况，并随时制定相应的对策。这样，即使金融市场的相关比率和价格发生不利的变动，公司也可以有备无患，应付自如。VaR 方法使金融机构资产组合风险管理动态化，摒弃了静态风险管理的思维方式。VaR 方法运用盯市损益核算的方法测算资产组合的风险状况，这对那些持有交易频繁、价值受市场因子变动影响较大的资产组合的投资者和金融机构而言是非常重要的，因为这些金融工具的价值经常处于变化之中，依据静态的账面价值和成本价值衡量风险是很有危险的。

从以上简介可以看出，机构投资者可以利用 VaR 方法根据所能承受的风险灵活地调整套保组合，动态地管理套期保值组合的风险。课题组将以具体的实例对套期保值组合的 VAR 进行测算。

（二）VaR 的计算方法

Jorion（1996）给了 Var 一个明确的定义：“给定置信区间的一个持有期内的最坏的预期损失”。更为确切说是指，在一定的概率水平下（置信度），某一金融资产或证券组合在未来的特定的一段时间内的最大可能损失。可表示为：

$$Prob(\Delta R_t < -Var_t(\alpha)) = \alpha$$

其中，ΔR 为资产组合在持有期 Δt 内的损益，Var 为资产组合在置信度 α 出于风险中的价值。

Var 的计算方法在统计上可以分为三大类：①参数的方法，包括方差—协方差分析、GARCH 模型法、EMWA 法。②半参数方法，主要有基于极值理论的尾指估计法和前四矩阵法。③非参数的估计法主要有历史模拟法、蒙特卡罗模拟法、核函数法等。

在此我们将使用 GARCH 模型法来对资产组合的 Var 进行估计。估计条件 Var 核心是估计市场波动率，一般来说，波动率越大，则风险越高。

对期货市场而言，由于做空机制的存在，投资者不仅需要关注价格下跌的风险，做空者还需要关注价格上行的风险。本文中我们是通过做空股指期货来对冲风险，因此在本文中主要是计算股指期货头寸价格上行的风险，具体表达式为：

$$Var_{l,t}(\alpha) = \mu_{l,t} + z_{l,\alpha} + \sqrt{\sigma_{l,t}} \quad (1)$$

本文中的现货市场是股票组合，因此只面临价格下跌的风险，其 Var 具体表达形式为：

$$Var_{l,t}(\alpha) = -\mu_{l,t} + z_{l,\alpha} + \sqrt{\sigma_{l,t}} \quad (2)$$

其中，$\mu_{l,t}$为市场 l 的条件期望，$z_{l,t}$为市场 l 的 GRACH 模型的标准残差服从的分布的左分位数。当 α 取 0.1、0.05、0.01 时，z_α分别取 1.28、1.65、2.33。

Var 模型准确性的最直接的检验方法就是考察实际损失超过 Var 的概率。把实际损失超过 Var 的估计极为失败，把实际损失低于 Var 的估计记为成功。如果假定 Var 估计具有时间独立性，则失败观察的二项式结果代表了一系列独立的贝努里试验，失败的期望概率为 $p^* = \alpha$。因此，检验模型的准确性相当于检验失败频率等于特定概率的零假设。

（三）VaR 分析

在此仍利用套期保值有效性的实证分析中建立的 ECM - GARCH 模型对投资组合进行 Var 分析。

分别提取两个市场条件方差方程中的条件方差和两个市场的条件期望，并分别取置信水平为 90%、95% 和 99%，其对应的 z_α 分别为 1.28、1.65、2.33。将上述各值分别代入（1）、（2）式，便得到期货头寸和股票组合的时变 VAR 序列，其走势图见图 B－1、图 B－2。其中，纵坐标为 VAR 值，横坐标为时间轨道。从两图中可以看出，期货头寸和股票组合的时变 Var 波动性较大，并且随着两者 Var 均在 90% 时最大，并随着置信水平的下降而增加，这与预期相同。图 B－3 是股指期货与股票组合构成的资产组合的时变 Var，从数值上看，资产组合在不同置信度下的 VaR 值差距减少，但仍随着置信水平的下降而增加。图 B－3 中结果表明，资产组合的 VaR 值相比于股指期货或者股票组合的 VaR 值有所下降，意味着套期保值组合规避了一定的市场风险。

接下来我们将通过 Kupic 提出的失败频率检验法，来对模型进行事后检验，以观察模型是否很好地把握了市场风险。假定 Var 的置信度为 95%，考察天数为 250 天，则实际损失超过以上方法计算的 Var 值的天数的非拒绝域为 0 天到 25 天。具体检验结果见表 B－1。

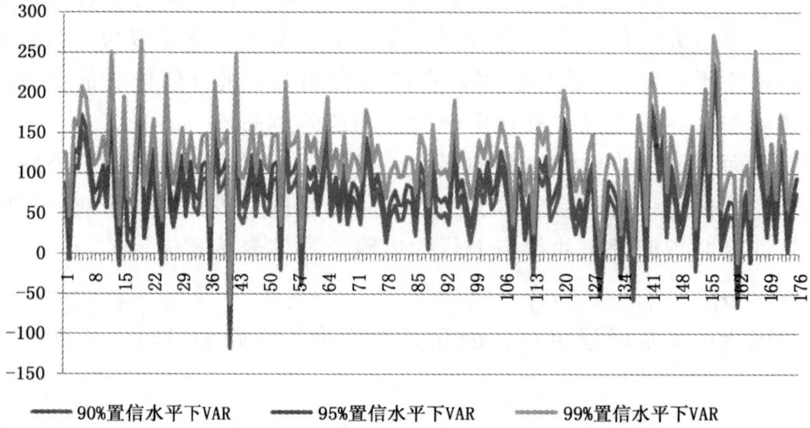

图 B-1 不同置信水平下股票组合的 Var 走势图

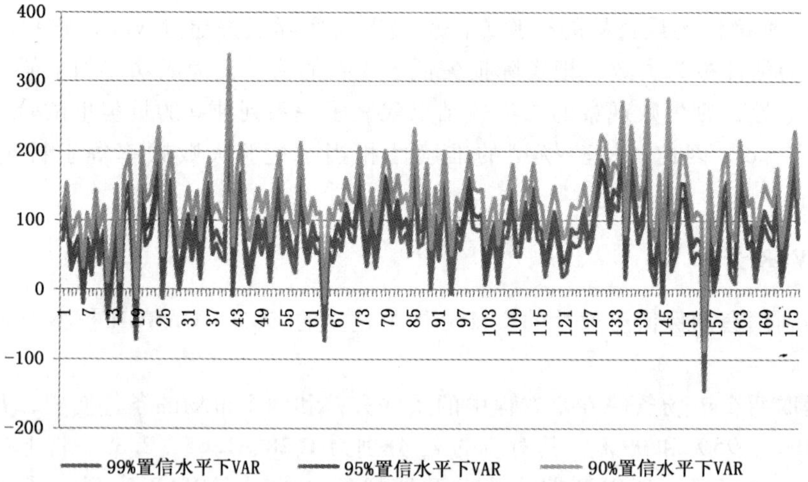

图 B-2 不同置信水平下股指期货头寸的 Var 走势图

表 B-1　　Kupic 检验结果

VAR 置信水平	90%	95%	99%
失败天数	9	18	27

由表 B-1 中结果可以看出，对投资组合在 5% 的尾部概率水平下，90% 和 95% 置信区间的 Var 的失败天数都落在 Kupiec 的 Var 准确性检验的非拒绝域内，而 99% 置信区间的 Var 的失败天数则在拒绝域外。因此可得出，90% 和 95% 置信区间下的 Var 基在较高的显著性水平下（较低的置信水平上）是有效的。

分别计算出股指期货头寸、股票组合头寸以及套保组合头寸不同置信区间在样本区间内的 VaR 均值，计算结果见表 B-2。表 B-2 中结果表明，在 90% 的置信区间下，样本区间内一份股票组合可能出现的最大损失的均值为 65.315 元，而根据由 ECM -

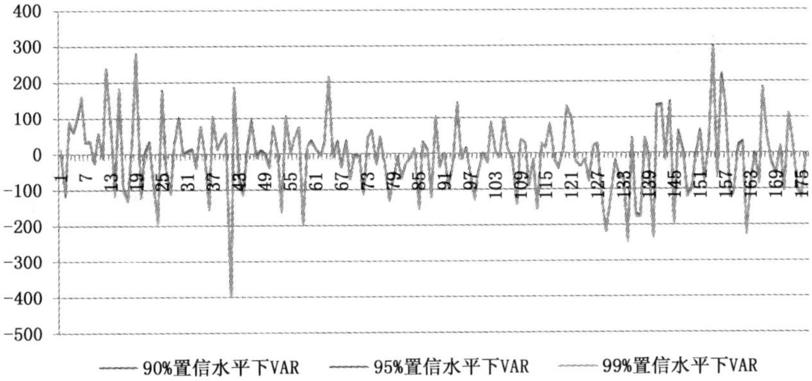

图 B-3 资产组合的时变 Var 走势图

GARCH 模型计算出来的套保比率进行对冲的股指期货可能出现的最大损失均值为 71.650 元；在 95% 的置信区间下，这两个值分别为 84.669 元、92.233 元；在 99% 的置信区间下，这两个值分别为 120.239 元、130.059 元；而套保组合在样本区间内，当置信区间分别为 90%、95% 和 99% 时，可能出现的最大损失均值仅为 6.353、7.563、9.821。

表 B-2　　不同条件下的 VaR 均值

项目＼置信区间	90%	95%	99%
股指期货	71.650	92.233	130.059
股票组合	65.315	84.669	120.239
套保组合	6.335	7.563	9.821

（四）小结

以 ECM-GARCH 模型为基础，课题组计算了该条件下的资产组合 VAR，并对得出的 VAR 进行了 Kupiec 检验。从失败天数与失败率来看，GARCH 模型能较好地刻画资产组合收益的变动，从计算的 Var 值来看，95% 和 90% 的显著性水平下，都落在 Kupiec 的 Var 准确性检验的非拒绝域内，表明在该显著性水平下，ECM-GARCH 模型能较好地刻画市场风险；而在 99% 置信度下，估计偏差较大，失败率与相应的尾部概率存在显著差异，这说明在 99% 置信度下，ECM-GARCH 模型是不合适的，模型对极端风险的捕捉不够准确，低估了市场风险，使得落在置信区间外的数据点偏多。

比较不同条件下各资产项的 VaR 均值可以发现，各资产的 VaR 值随着显著性水平的上升而逐步降低；同时，股指期货的 VaR 值在各显著性水平下均高于股票组合的 VaR 值，意味着股指期货头寸可能出现的最大损失要高于股票组合。而通过套期保值，由股指期货与股票组合构成的套保组合的 VaR 值在各显著性水平下均远低于股指期货或者股票组合的 VaR 值，意味着套期保值可以有效地降低可能出现的最大损失。

中期协联合研究计划（第六期）项目

期货公司客户风险评估与管理系统研究

课题负责单位：新湖期货有限公司
上海中期经纪有限公司
课题合作单位：同济大学上海期货研究院
浙江大学管理学院
课题负责人：马文胜　吴素萍
课题组成员：李北新　戎　萍　陈　熹　何　芳　姜礼尚
陈伟忠　刘春彦　许　威　任学敏　李少华
马卫锋　张　勇　蔡洛益　陈丽华　王舟懿
李　宁

一、绪　　论

（一）研究背景和目的

期货是在期货交易所中交易的标准化合约，期货的作用主要是价格发现和保值避险。一方面，期货市场通过高效、竞争的期货交易运行机制形成的期货价格反映了真实的市场供求状况，可以较准确地预测未来价格的变动趋势，因此国际性的期货市场往往也是世界性的定价中心，具有定价功能，并且还可以通过价格的变动达到资源配置的效果；另一方面，通过在期货市场上进行套期保值业务，可以使生产商和投资者有效地回避、转移或分散现货市场上价格波动的风险。

我国期货市场至今已经走过了二十年的风风雨雨，经历了超常规发展的初创期，也经历了问题迭出的整顿期，现在我国期货市场迎来了有史以来最好的发展时期。目前，我国市场开始放量增长，而且随着股指期货的上市，我国期货市场将迎来更加迅猛的发展。但是我们也必须承认，期货市场的发展一方面迅速弥补了我国传统经济体制的缺陷，但另一方面也为我国期货市场的规范发展带来了潜在的隐忧。

有学者认为，风险管理手段多是事中和事后的手段，如强制平仓、追加保证金，而缺乏风险预警等事前手段。随着我国期货市场进一步发展，加强期货公司对客户风险的分析与控制尤为重要。站在这个继往开来的十字路口，期货公司为了防范风险就更需要建立一套风险防范体系，从客户管理风险和经营管理风险着手进行防范。

经营管理风险是由期货公司根据自己的实情自行决定，所以目前社会上的学者更专注于对客户风险管理的研究。期货公司的客户风险，主要是指期货公司的客户信用风险，客户的任何信用危机都将影响到期货公司的业绩。客户信用风险有以下两种情况：一是客户因法人代表更迭，所有权变动等重大事件，经营状况的恶化及不可抗力的发生而不能履约；二是期货市场发生重大变化，价格急剧变动，使客户无力承受，无法履约。传统的客户风险管理理论与实际操作体系已经无法满足客户、期货品种日益增加及期货市场日趋复杂的现实，故我们非常有必要对客户信用评估与风险管理的方法进行深入探讨，寻找可以量化的客户信用评估及风险管理系统，构建客户管理风险体系，帮助期货公司进行更好的客户选择和客户服务，期货公司方可在期货市场中逐步实现盈利，从而推动期货公司的可持续性发展以及期货市场的稳步发展。

（二）研究意义

1. 理论意义

无论是在国外还是国内，期货公司研究客户的信用风险评级均是一项新兴的课题，现代金融行业的真正的兴起也只有几十年时间，在现代金融理论体系中融入了数理统计、系统工程等科学的研究方法后，国外虽然对信用风险指标评估体系有比较全面的认识，但是就针对期货公司客户的研究也还是比较少。国内的话，目前有少部分学者对期货公司本身的信用风险进行识别、计量和管理，但是对客户的信用风险体系的研究较为贫乏，主要的研究领域还是集中在商业期货公司、电力行业的企业客户阶段，就针对期货公司客户本身的研究是少之又少。故本文可以在一定程度上，为后来研究的学者提供一定的研究基础，为构建期货公司的信用风险指标体系贡献绵薄之力。

2. 现实意义

承担风险和管理风险是金融行业每个公司的基本工作。期货公司在运营过程中承担客户信用风险、市场运作风险、经营管理风险等各种风险。其中，客户的信用风险是引发潜在损失的最主要因素。值得注意的是，近几年我国期货市场高速发展的背后，风险事件也频繁发生。嘉陵期货公司挪用巨额客户保证金；寰宇期货公司客户“爆仓”，发生结算危机；中航油（新加坡）因总经理陈九霖的期权投机交易产生巨额亏损5.5亿美元以致破产清算；海口万汇期货公司高管携款潜逃……这一普遍现象的存在要求各家期货公司能够了解客户的资信状况以及风险承受能力，及早发现、揭示并量化客户存在的信用风险，采取防范风险的有效措施，尽量减少风险事件的发生。

从西方发达国家期货公司先进实践经验来看，通过建立和运用内部信用风险评级，可以把各种影响信用风险的因素加以归集、识别，进行标准化提炼与量化度量，期货公司的信用风险管理才能从经验型的传统管理提升为标准化、专业化的现代管理，信用风险评级实际上已经成为现代期货公司在管理上成熟的标志，成为外部市场评价期货公司管理能力的重要参数。就我国目前的信用风险评价体系而言，与国外的期货公司存在很大差距。我国整个期货市场正在起步，期货公司跟随期货市场慢慢成长，相信未来中国的期货公司也将逐渐引入自身的信用风险评价体系，正视自身面临的信用风险，加快风险管理进程改造，及时更新风险决策手段，故研究客户信用风险评级是提高期货公司自身核心竞争力的需要。

（三）研究思路

本课题首先提出了按照不同的分类标准对客户进行分类，进而研究了不同类别客户的风险来源。随后介绍了海外期货公司及商业银行的客户风险管理办法，同时，对我国期货公司客户风险管理的现状及问题进行了描述，提出了一些我国期货公司客户风险管理的建议。在客户风险评估体系方面，首先，对期货公司客户风险进行了度量，用VaR模型进行了实证研究。其次，基于VaR模型，构建了客户的保证金动态调整模型。接着对客户的信用评级体系进行了研究，介绍了模型评估方法，模型设计过程，指标体系构建，信用度计量及信用度动态调整过程，对不同类别的客户进行评级。最后，提出了本课题对期货公司应用的展望，并且给出了本文的不足之处。

二、期货公司客户风险及其来源

（一）期货公司客户类别

不同的划分标准导致不同的期货公司客户分类的方法。有关客户风险的期货公司客户类别，应该是期货公司在对客户信用分析的基础上，对其信用风险做出的一种规范性判断，是对市场参与主体履约能力及其可信度进行的一种综合分析和评定之后得出的分类。在成熟的金融市场上，往往实行基于投资者分类分层的监管，这样可以有效的控制金融市场的风险。整齐划一的监管模式虽然对一般投资者的利益给予了较好的保护，但同时也限制了那些有能力进行金融创新企业在业务上的灵活性。

1. 按照投资者的资金实力及专业程度分类

期货公司依据投资者的净资产大小、基础及专业知识、行业参与程度（可按成交量及在期货市场上的其他相关业务为依据）等方面的因素，对客户可以大致分为三类：普通市场参与者、中等投资者、老练投资者。这一分类并不是长期固定的，可以根据投资者在不同期限上的表现上下浮动。

对于不同层次的交易者，期货公司应对不同的客户信用风险，采取不同的风险监管控制标准，从而能更有效地提高公司效益，并且也保障了客户的权益。一般来说，相对于一般参与者和中等投资者而言，老练的投资者可参与更为复杂、风险更高的金融活动，其操作经验丰富，相对来说有较好的风险控制能力。因此，对于一般参与者和中等投资者，期货公司按照基本的交易规则和监管准则执行即可，但对于老练的投资者，可以适当降低其交易手续费，允许其参与一些风险较大、资金要求量高的业务。但是，对老练的投资者仍要进行谨慎的监管，督促其披露详细的信息（持仓合约、期限、后备资金量、公司生产经营状况等）。

2. 按照交易动机分类

期货公司按照投资者的交易动机可以把投资者分为套期保值者和投机者。套期保值者一般是资金量大，风险系数小，需要期货公司提供切实可行的套期保值方案。套期保值者是期货公司的基础客源。投机者与套期保值者不同，他们更愿意承担高风险，并且由于这种高风险的不确定性，他们一般只追求短期收益。

3. 按照持仓头寸分类

期货公司按照投资者所持有的头寸不同，可以把客户分为多头交易者和空头交易者。多头交易者会认为期货合约有涨价趋势，先期买进，企图涨价后售出，以获取差额利益。投资者由于未售出前手头多了一笔合约，所以称为多头交易者。空头交易者与之相反，会先期卖出合约，以期价格下跌买入获利。

4. 按照价格预测方法分类

投资者对于价格的预测所依赖的因素会不同，大体可以分为基础分析派和技术分析派。简单来说，基础分析派的投资者崇尚物有所值，重视合约内在价格和发展前景，而非每日价格涨跌情况。技术分析派投资者认为市场行为包含一切，价格朝趋势移动，并且历史会重演。

5. 按照每笔交易持仓时间来分类

按投机者每笔交易的持仓时间，可分为一般交易者、当日交易者、“抢帽子”交易者。一般交易者，又称部位交易者，这一类投机者在买进或卖出期货合约后，通常持仓数日或数周、数月以上，待价格变化有利时，再将合约平仓。这是大部分投机者通常采用的办法。当日交易者是指持仓时间为一天，即当天买进并卖出的交易者。他们只关心当日行情的变化，随时将期货合约平仓。一般是在对商品价格趋势摸不太清时采用的方法。所谓“抢帽子”交易者又称逐小利者，即利用价格频繁波动赚取微利的投机者。和当日交易者一样，这类交易者很少将手中的合约保留到第二天。

期货公司对客户进行风险评级和分类对提高期货公司风险控制实效具有非常重要的意义，不仅有利于期货公司作好客户的风险分类管理，还有助于推动期货公司保证金制度改革，并且能有效帮助期货公司搞好客户选择和客户服务。

（二）期货公司客户风险来源与分类

期货市场由各种主体构成主要主体包括政府、交易所、期货公司、投资者等。它们在这个市场中有不同的利益和要求，同时也承担着各种风险，如果其中某一主体行为不合规或风险管理失控，都可能带来危及其他主体利益的风险。对于期货公司来说风险管理的目标是将风险发生的影响力降到最小，使公司业务正常运作，公司利益、信誉得到维护。下面我们将对期货公司客户的风险做出详细介绍。

期货公司的客户风险，主要是指期货公司的客户信用风险，即由于客户穿仓而不能及时追加保证金时期货公司所面临的风险。我国期货市场还处于发展和完善阶段，国内投资者的风险意识和投资理念还不够成熟，个人信用体系并不完善，期货公司仅仅通过对客户的有限了解不足以掌握客户的资信情况。客户投资决策的失误和风险控制的不力，在其自身资信较低的情况下，将更多地转化为期货公司的风险。

期货公司客户风险的来源主要是以下几个方面：

1. 客户方面的风险来源

（1）客户的风险意识。在期货市场上，无论客户是风险规避者，还是是风险偏好者，都应当对面临的风险有足够的意识。在我国期货市场上，投资者风险意识不强，看重期货市场的投机功能，片面追求利润，一旦亏损，极易产生纠纷。

（2）客户的资信水平。期货投资者的资信水平高低不仅直接影响着投资者个人的信用风险，而且还可能给期货公司带来一定的风险。国内期货投资者的风险意识和投资理念尚不成熟，投资者决策和风险控制能力不足，整个社会的个人信用体系并不完善，期货公司对投资者的了解不足，这就使得我国的期货公司客户风险问题比较突出。

（3）生产经营者期货投资盲目性风险。期货市场的主要目的是规避风险，生产经营者参与期货市场，主要的目的是利用期货市场进行保值交易，以减少价格波动带来的风险，确保生产和经营的正常利润，为生产经营者寻找一种避险工具。如果生产经营者入市交易时，由于看重期货的高投机性，往往本末倒置利用工作之便进行投机，加上内部没有有效的监督管理机制，这样必然会造成盲目投资带来的风险损失。

（4）客户的市场风险。交易保证金是期货交易履约的资信保障，保证金的额度是由交易所根据交易商品的价格水平、波动幅度和其他因素制定的。当市场价格波动导致客户保证金不足时，期货公司若未能及时向客户追加保证金或强行平仓，则可能期货公司和客户均遭受损失。在期货市场行情剧烈波动时，客户持仓头寸方向不对，控制不利时，容易导致因亏损较大使客户保证金不足以弥补亏损，产生爆仓的风险。同时，如果大多数客户持仓头寸方向一致，则期货公司面临着较大的风险。

2. 期货公司方面的风险来源

（1）期货公司风险管理手段与管理形式。期货公司运用的风险管理手段主要集中于事中和事后而普遍缺乏风险等级划分、风险预警等事前手段。目前，我国期货公司风险管理的措施和手段大致相同，差异化和灵活性不足，从风险管理方法上看，期货公司也缺乏相应的组合工具来分散市场风险。

（2）保证金管理中的风险。期货市场套期保值者和投机者共同存在。对两者的保证金应区别对待，一般对套期保值者收取较少的保证金，对投机者则采用较高标准的保证金制度。但在我国，许多需要保值的生产经营者往往由于利益的驱使，采用变通的方法进入期货市场进行投机，致使保证金的来源各式各样，不便于管理，这样就形成了风险隐患。另一方面，由于我国现有的银行体制还不完善，有时资金流动性差，无法适应期货市场中每日无负债结算制度对保证金管理的要求，致使需要追加保证金时无法及时到位，给期货经纪公司管理保证金、调度资金和控制客户交易风险带来许多困难，从而造成风险失控。

（3）指令传达过程中的风险。这类风险是由于交易中的错误指令造成的，或者由于通讯系统的故障造成的。期货交易是信息网络化的全国性交易，经纪公司必须准确迅速地将客户的交易指令传输到各交易所场内的出市代表手中，并输入交易所计算机交易系统进行撮合成交，这当中任何环节的差错和延误，如指令的错误、报价系统的故障、长途电话的不畅通、交易跑道的拥挤等都可能导致客户的交易指令无法按预期执行，一旦客户的指令没有被准确、迅速执行，风险和纠纷便接踵而来。

3. 其他方面的风险来源

很多方面的因素都会影响市场的行情以及客户的交易行为，从而形成客户风险。比如，政府基于公众利益的考虑实施的物价调控措施、某些市场的重大改革措施甚至是基于控制期货市场风险的政策措施都可能在客观上对部分客户产生影响，给客户和期货公司带来风险。这些方面的风险源也需要期货公司格外注意。

三、海外期货公司及相关行业客户风险管理的经验

（一）海外期货公司客户风险管理

期货交易的起源可以追溯到中世纪的欧洲，但是现代商品期货市场是以1848年成立的美国芝加哥期货交易所（CBOT）和1877年成立的伦敦金属交易所（LME）为代表的。发达国家的期货市场发展的相对比较成熟，其监管模式也在不断改善，下面以美国福四通集团及飞马期货公司的风险管理为例，来了解风险管理方面的经验。

1. 福四通集团风险管理

近年来，国际期货市场发展变化的速度相当快。不仅交易品种快速增加，而且由于交易方式的快速变化，特别是随着电子化交易平台的推动，交易量和交易风险都在明显增大。福四通集团认为，期货公司首先面对的风险就是信用风险，包括法人杠杆、客户、交易对手和交易所等方面的风险；其次是交易对手风险，尤其是做场外交易的对手风险一般比较大。另外，期货公司也面临着追加保证金的风险、营运风险、规则调整风

险、人力资源管理风险（员工的忠诚度）、国家政治及政策调整等方面的风险。

为了管理、控制这些风险，美国各公司都专门成立了一个“风险/信用管理委员会”，每天实时监测、控制各方面的风险，福四通公司也不例外。美国的监管机构要求期货公司提供每周的报表，需要进行书面的总结。除了风险管理委员会，具体的执行是风险监管部门，这些人员天天在监控，是不是有客户需要斩仓，有什么风险要报告风险管理委员会等。

福四通期货公司认为，期货公司必须做好有关风险管理的培训工作。首先是对自己员工的培训，不管是交易法规或者规则、道德规范都要进行培训，使员工有最好的知识和经验来面对这个市场。福四通公司要求公司员工每个人都有责任监督相关风险，这会在最大程度上减少风险的发生。公司设置了“风险管理委员会—风险管理部门—全员风险管理责任”的风险管理结构，并认为这是风险管理所必须的。其次就是对客户进行培训，要使客户了解他所使用交易的系统、交易平台、相关规定和政策，还有他的期望值。让客户真正了解进入这个市场后，知道自己的优势和风险在哪里。这是期货公司必须做的两个方面。

2. 飞马期货风险管理

美国的飞马期货是世界最大的全球性的期货经纪商，属于法国兴业集团，可以为投资者提供各种期货、期权产品的交易和结算服务。飞马期货的母公司是法国兴业银行，在全球多个国家都有办事处，这给业务发展带来很大便利。商业银行的背景使得飞马期货在客户融资方面能够提供最优质的服务，是融资服务型期货公司的代表。

（1）风险管理组织、程序和方法。飞马期货公司的风险管理是由一个完整且独立的风险管理部门负责的。期货公司有一个专门向总部报告的风险管理中心，负责通过集团监控和集中风险管理，并与各地风险管理部门及股东的风险管理部门协作，以保证与集团的风险管理方法一致。

（2）对各类风险的管理。

①信用风险。信用风险的审定与飞马集团和股东实行的认定方法一致。飞马期货认为，信用风险产生于交易对手的垮台，主要可以分为三类：替代风险，可用信用 VaR 模型计算；债务人风险和转让风险，可用集团批准的风险计量方法计算。

在大多情况下，客户支付的初始保证金是以覆盖其组合市场价值的波动风险为目的的。同样，客户做的大部分场外市场交易也是以不追加保证金为条件的。飞马期货自 2004 年起，向其客户提供了综合保证金服务，这个服务系统可以在评估客户所有投资组合的风险后，单独计算每一个客户应该追加的保证金。

②市场风险。飞马期货使用基于历史和理论的情景压力测试计算市场风险。可接受缓冲的由股东市场风险管理部门设定。对所有交易的产品每天都要计算风险暴露水平。

发达国家的客户风险防范主要还是在保证金水平的确定方面，在不同的时期，期货市场风险大小不同，因此作为控制风险的手段，保证金应随着市场变化而调整。国外的期货交易所和期货公司都是按照市场变化规定和调节保证金的。

国外著名期货公司计算保证金所用的方法主要是通过 SPAN 系统和 TIMS 系统，来全面衡量市场风险。SPAN 系统主要特点是先分别计算出资产组合的价格风险值、跨月价差头寸风险值、交割头寸风险值等。然后算出投资组合总风险，进一步计算总头寸的净期权价值，可以用来表示头寸中所有期权按照现在市价立即平仓后的现金流量，正值表示流入，负值表示流出。SPAN 根据计算出的风险值，减去期权价值金额，作为应收客户的保证金。TIMS 系统是以资产群为基础预估价格风险的，在单一资产群的各种价格风险情形下，计算出不同资产组合以同方向变化时的损益，在计算风险值时如果将相同情形下的获利与损失值互相抵消，将会低收保证金。一般取价格风险情形最大的风险值为单一资产群的价格风险保证金，最后加上各资产组合的权益净值、跨月价差保证金、交割风险保证金，得到总保证金。

国外的 SPAN 系统可以全面地考虑各种风险的来源；在计算保证金时使得资产间价差抵扣的分析简化，并增加计算精确性。TIMS 系统可以全方位的考虑市场风险；能准确衡量单一标的资产的投资风险；资产群的设计使得运算得到简化；期权定价模型使计算更有弹性；并且区分了近月和远月的价差风险率，更符合市场实际。

3. 我国期货公司的约束条件及海外期货公司的启示

（1）我国期货公司发展的约束条件。相对于海外成熟市场经济国家，我国的期货市场尚处于初级发展阶段，期货公司的发展还有诸多约束条件。

①国有、家族股东限制了期货公司现代企业制度改革。目前，我国期货公司的控股股东仍以国有企业或当地政府的直属企业或家族形式为主。企业长期的国有企业体制、政府式、家族性经营思维方式使得其问责制度、督促和监督机制欠缺，没有动力去引进现代企业管理经验的职业经理人。

②期货市场的发展未受到政府足够重视。相对于证券市场、房地产市场，受经济危机的影响时，国家会连连出台救市措施，但期货市场却鲜多动作。表现在国家对期货市场没有连续、稳定的行业政策。直接导致了我国期货市场规模上不去，成熟稳定的盈利模式无法形成，拿不出资金和人力去完善公司，更没有精力去引进先进的风险管理技术和方法。

③相关法制体系尚需完善。美国的法制体系相对健全，他们的金融领域各体系的法律均有期货市场相关范畴。而我国法制体系不完善，监管效果不好。

④风险度量、评估技术和方法落后。期货公司所面临的风险中，很大一部分还只能定性地度量，无法进行定量地分析。目前，国外各类金融机构广泛运用风险价值法、压力测定法等定量分析方法，较为精确地测定自身的风险。我国期货公司主要是利用自己在行业内多年经历的教训和风险管理经验，大概地估计风险大小，进而做出客户交易保证金水平调整、风险警告、增加保证金通知、砍仓等风险应对措施。

（2）海外期货公司的经验启示。我国期货市场相比于海外期货市场仍有很大差距，从海外期货公司的客户管理经验来看，我们有以下方面需要提高：

①成立专门的风险监管委员会。我国期货公司应当像发达国家期货公司一样，建立专门风险监管委员会，每日对客户风险进行监控。

②建立自己的保证金系统和风险管理规则。我们应高度重视 SPAN 和 TIMS 系统的设计原理和基本思想，同时充分考虑中国资本市场的实际，使得期货公司的客户保证金收取更公平有效。

③对公司员工及客户进行培训。期货公司对员工进行培训，可以提高员工风险意识；对客户进行培训，可以很大程度上避免客户盲目交易。

④完善客户风险检测监管模型。期货公司应当采用完备的模型对客户保证金进行监管，发现问题及时补救，以有效地降低客户风险。

⑤提供综合保证金服务。期货公司应当单独计算每个客户应追加的保证金，严格保证金制度。

（二）商业银行客户风险管理

商业银行的信用风险是指获得银行信用支持的债务人由于种种原因不能或不愿遵守合同规定按时偿还债务而使银行遭受损失的可能性。信用风险是商业银行的主要风险。

1. 商业银行客户的分类经验

控制与防范风险是商业银行的最基础也是最重要的工作。商业银行信用管理的核心就是风险管理。客户是商业银行财富的源泉，同时也是风险的主要来源。对客户进行信用管理的目的是通过了解客户的信用状况，分析客户的信用能力，为商业银行授信决策提供依据。根据商业银行客户主体的不同，可以将银行的客户分为单一客户，集团客户和个人类客户三类。

（1）单一客户。按照服务对象的不同，商业银行的授信业务主要分为：企业授信业务与个人授信业务。

（2）集团类客户。企业集团是指以资本为主要联结纽带，以集团章程为共同行为规范的母公司、子公司、参股公司及其他成员企业或机构共同组成的具有一定规模的企业法人联合体，其自身不具有企业法人资格。集团类客户内部关联交易频繁，连环担保普遍，财务报表真实性差，系统性风险高。

（3）个人类客户。商业银行个人信贷业务所面对的客户主要是自然人，其特点表现为单笔业务资金规模小、业务复杂且数量大。

2. 商业银行客户的风险控制

商业银行风险涉及面广、损失大。由于商业银行具有信用创造职能，通过这一职能，信用活动风险被成倍扩大，并形成连锁反应，对存款人乃至整个经济体系形成极大的潜在威胁。因此，商业银行对客户的风险控制显得尤为重要。商业银行在控制客户风险时，应当遵照全面性、可比性、可操作性原则。

在商业银行的客户分类中，单一客户和集团客户的主体都是一些企业和公司，个人类的客户主要是由自然人组成的。虽然商业银行对客户进行了分类，但商业银行客户的主体是企业和公司，因此做好此类客户的风险管理对商业银行而言尤为重要。商业银行经过漫长时间的发展，现在主要有专家制度法和模型评分法等来对客户进行评级，控制可能发生的风险。

（1）专家制度法。专家制度法是依赖高级信贷人员和信贷专家自身的专业知识、技能和丰富经验，运用各种专业性的分析工具，在分析评价各种关键要素基础上依据主观判断来综合评定信用风险的分析系统。目前所使用的专家系统虽然有各种各样的架构设计，但选择的关键要素基本相似。比如常用的有 5Cs 系统，指的是商业银行通过品德

(Character)，能力（Capacity），资产（Capital），担保品（Collateral）和经营条件（Condition）来对客户进行评级的。其他常用的还有5Ps评价系统和CAMEL分析系统，将客户信用进行充分分析后再来决策，以最大限度降低客户的风险。

（2）模型评分法。模型评分法是利用可观察到的借款人的特征变量计算出一个数值来代表债务人的信用风险，并将借款人归类于不同的风险等级。在模型评分法中，影响最大、应用最广的是Z模型和ZETA模型。比如在Z模型中，商业银行一般选取流动性、盈利性、杠杆比率、偿债能力和活跃性作为特征变量，并赋予一定的权重，对历史数据进行回归分析，最终得出Z的值。得出数值后根据一定的指标要求，从而对客户进行了评级。

另外，商业银行还通常通过财务报表（利润表，资产负债表，现金流量表等）来对公司的信用能力进行调查，来了解公司的财务状况，保证银行如期收回贷款和保证贷款质量，从而有效防范客户信用风险。对于个人类的客户，商业银行还会通过对客户财务状况、投资经验、投资风格、投资目标和风险承受能力五大模块的评估来将客户进行分类。银行在对个人客户进行信用分析时，必须对客户可能出现的信用风险考虑全面，以最大限度地降低客户的风险。

3. 商业银行客户风险管理的典型经验

相比于商业银行的客户风险管理体系，期货市场由于发展较为缓慢，期货公司仍需要有很多的客户风险管理经验需要向商业银行汲取。

（1）利用历史数据评级。历史数据能很大程度上反映出客户的信用状况，商业银行之所以能较好地控制客户风险，是其利用很长时间积累了大量历史数据，利用这种向后看的模型可以反映出客户的信用风险。

（2）建立完善专家评级系统。期货公司也可以利用专家评级系统对客户进行评级，利用专家的经验对客户信用进行分析决策，在期货市场不是很发达的时候不失为一种有效地防范风险的方法。

（3）借鉴模型对客户信用评级。商业银行对客户的风险管理设置了各种模型评分，并且也设置了各种指标，要求客户信用达标。期货公司也应当引入与实际相适应的评级模型，为客户评级提供实证支持。

（4）注重企业的各种报表。企业的报表能反映出企业的经营状况，期货公司也可以通过企业报表的监管来控制客户的信用风险。

4. 银行经验对期货公司客户风险管理的启示

期货公司在借鉴海外期货公司和商业银行客户风险管理经验的同时，还应当结合自身的特点，从以下方面严格控制风险：

（1）客户开户的管理。客户开户是客户与经纪公司签署期货业务委托代理合同，这是客户能履行自己交易责任的法律保证。与客户签订合同必须有严格完备的手续，以避免由于手续不全引起的法律诉讼风险。

（2）建立客户培训辅导制度。经纪公司应对客户进行期货知识重点培训，让客户充分了解期货投资的风险性，并在风险说明书上签字。培养客户理性投资意识，增强客户对风险的心理承受能力，减少客户盲目投资产生的风险，稳步提高客户的盈利面。

(3) 严格每日无负债结算制度。期货市场价格波动幅度大，尤其是当我国期货市场出现过度投机情况时，价格会出现剧烈波动，对一些中小散户风险控制不好容易穿仓，从而亏损到经纪公司。经纪公司要严格实行每日无负债结算制度，必须对客户的资金状况进行及时监控，确保客户的交易保证金在下一个交易日开市前如数到位，限制风险的积累。

(4) 严格保证金的管理。交易保证金是期货交易履约的资信保障，保证金的额度是由交易所根据交易商品的价格水平、波动幅度和其他因素制定的。一般来说，对客户收取的保证金应高出交易所的规定标准，并制定出保证金管理细则。当客户因种种原因造成保证金不足时，应果断采取强制平仓的措施，以降低客户交易风险。

(5) 严格风险控制制度。在期货市场行情剧烈波动时，客户持仓头寸方向不对，控制不利时，容易导致因亏损较大使客户保证金不足以弥补亏损，产生爆仓的风险，这是经纪公司最大的风险。经纪公司应建立客户交易模拟风险控制系统，分析客户持仓结构，结合对行情走势的预测及客户的资信状况，判断客户的风险等级，据此采取不同的控制措施。不允许客户透支交易，要坚持强制平仓的制度，严格按制度办事，全流程风险控制。

(6) 交割月的限仓管理。随着最后交割日的临近，经纪公司应不断提醒客户减仓，对于不听劝告、超仓的客户必须强制平仓。对风险较大的品种，经纪公司还可以对交易保证金进行微幅调整，一方面抑制过度投机，另一方面也可以保护经纪公司的利益。

四、基于VaR的期货公司客户市场风险管理模型

综上所述，保证金是期货公司防御客户风险的最根本的屏障，保证金水平的高低直接影响到期货公司所面临的客户风险的大小。然而，保证金水平与客户资金的利用效率从根本上来讲是负相关的，如果保证金水平太高，虽然期货公司的客户风险大大降低，但又会影响客户的满意度甚至导致客户流失。因此，如何设置保证金水平，在保证客户风险可控的范围内使得客户满意度尽可能少受或不受影响，是需要研究的重要问题。为此，我们需要考虑风险的度量。

（一）期货公司客户风险度量

在风险管理的各种方法中，VaR 方法最为引人注目。VaR 之所以具有吸引力是因为它把银行的全部资产组合风险概括为一个简单的数字，并以美元计量单位来表示风险管理的核心——潜在亏损。VaR 实际上是要回答在概率给定情况下，银行投资组合价值在下一阶段最多可能损失多少。可表示为

$$\text{Prob}\ (\Delta P > \text{VaR}) = 1 - c \qquad (4.1)$$

其中，ΔP 为证券组合在持有期 Δt 内的损失，VaR 为置信水平 c 下处于风险中的

价值。

定义中有两个重要参数：持有期和置信水平。任何 VaR 只有在给定这两个参数下才有意义。

1. VaR 基本模型

假设期望收益率为μ，期初金融资产价值 P_0，则期末的资产价值为 $P = P_0(1+R)$。在给定置信水平 c 下，金融资产的最小价值 $P_{min} = P_0(1+R_{min})$，故下面的式子成立：

$$VaR = E(P) - P_{min} = -P_0(R_{min} - \mu) \tag{4.2}$$

因此计算 VaR，只要找出最小收益率 R_{min} 即可。设收益率分布的概率密度函数为 $f(R)$，则有：

$$1 - c = \int_{-\infty}^{R_{min}} f(R)dR \tag{4.3}$$

但 VaR 方法也有其局限性。VaR 方法衡量的主要是市场风险，如单纯依靠 VaR 方法，就会忽视其他种类的风险如信用风险。另外，从技术角度讲。VaR 值表明的是一定置信度内的最大损失，但并不能绝对排除高于 VaR 值的损失发生的可能性。所以在金融风险管理中，VaR 方法并不能涵盖一切，仍需综合使用各种其他的定性、定量分析方法。

2. 期货头寸的 VaR

令 $\Delta V(l)$ 代表金融头寸中，从时刻 t 到时刻 $t+l$ 时资产价值的变化。用 $F_l(x)$ 表示 $\Delta V(l)$ 的累积分布函数。

当资产价值增加［即 $\Delta V(l) > 0$］时，空头头寸的持有者遭受损失，这时 VaR 定义为：

$$p = \Pr[\Delta V(l) \geqslant VaR] = 1 - \Pr[\Delta V(l) \leqslant VaR] = 1 - F_l(VaR)$$

对于一个小 p，空头头寸的 VaR 为一个正值，其中正号表示一个损失。

VaR 关注的是累计分布函数 $F_l(x)$ 的尾部行为，对于一个多头头寸，$F_l(x)$ 的左尾很重要，然而对空头头寸则主要关注于 $F_l(x)$ 的右尾。注意到如果利用 $\Delta V(l)$ 的分布，则仅利用多头头寸来讨论 VaR 计算的方法就足够了。

3. VaR 计算方法

（1）分位数。分位数估计提供了 VaR 计算的非参数方法。除了假定该分布在预测阶段仍然成立以外，它不对组合的收益率作具体的分布假定。目前有两种类型的分位数的方法，第一种方法是直接利用经验分位数，第二种方法是运用分位数回归，本文采用第一种方法。

分位数可以通过下式估计（详细推导见附录）：

$$\hat{x}_p = \frac{p_2 - p}{p_2 - p_1} r_{(l_1)} + \frac{p - p_1}{p_2 - p_1} r_{(l_2)} \tag{4.4}$$

$r_{(i)}$ 称为样本的第 i 个次序统计量，l_1 和 l_2 表示与 np 最邻近的两个正整数，满足 $l_1 < np < l_2$，并定义 $p_i = l_i/n$。

（2）GARCH 族。由于正态分布是一种最保守的收益率分布的概率密度函数，本文假设收益率服从正态分布，即 $R \sim \phi(\mu,\sigma)$ 。将其转换为标准正态分布，令 $\omega = (R - \mu)/\sigma$ ，则 ω 服从均值为0、方差为1的标准正态分布 $\phi(0,1)$ ，即 $\omega \sim \phi(0,1)$ ，设 $-\alpha = (R_{min} - \mu)/\sigma$ ，所以有

$$1 - c = \int_{-\infty}^{R_{min}} f(R)\,dR = \int_{-\infty}^{-+\alpha} \phi(\omega)\,d\omega \tag{4.5}$$

其中，$\phi(\omega)$ 为标准正态随机变量密度函数。

通过查标准正态分布表，得到对应的标准正态分布下的分位数 α ，将得到对应的标准正态分布的下分位数 α ，将 $-\alpha = (R_{min} - \mu)/\sigma$ 代入前式，可以得到

$$VaR = P_0 \alpha \sigma \tag{4.6}$$

Bollerslev 在 1986 年提出了广义自回归条件异方差 GARCH 模型，它是一种重要的波动性估计方法。由于 Bollerslev 提出的 GARCH 模型在估计金融变量回报时的良好特性，即时变的方差和处理厚尾的能力，他跟 ARCH 模型提出者 Engel 一起于 2003 年获诺贝尔经济学奖。

GARCH 族模型是以 ARCH 族模型为基础的（详细推导见附录）。GARCH（p，q）模型很好地刻画了金融时间序列的波动聚集效应、厚尾效应及时变方差效应，适合于对金融时间序列的波动性进行建模，近年来在经济领域获得了广泛应用。

（3）极值理论 POT。极值理论是测量极端市场条件下风险损失的一种常用方法，它具有超越样本数据的估计能力，可以准确地描述分布尾部的分位数。极值理论主要包括两类模型：样本极大值模型（BMM）和阈值 POT 模型。样本极大值模型需要采集大量的数据，实际中往往不能满足这一条件。POT（Peaks Over Threshold）是极值理论中最有用的模型之一，它对样本数据中超过某一充分大的阈值的所有样本数据进行建模，即只考虑对尾部的近似表达，而不需要对整个分布进行建模。这克服了其他度量方法在解决厚尾分布上的缺陷。极值理论对分布尾部的估计方法主要有两种：半参数方法和全参数方法。我们采用全参数方法，即对于充分大的阈值，样本中超过阈值的数据（超额数据）的分布函数可以用广义帕累托分布近似，据此可以估计出相应的分位数，从而计算 VaR。

4. 经流动性调整的 VaR 模型讨论

越来越多的学者和实物工作者注意到 VaR 忽视了市场中流动性风险的存在，长期资本管理公司（LTCM）濒临破产的原因之一是其应用的 VaR 模型没有考虑流动性风险。Almgren 与 Chriss（1999）提出流动性调整后的 VaR 方法，他们将该 VaR 定义为在一定时期和一定置信水平下变现行为产生的最大损失；Bangia 等人（1999）将买卖价差的变动作为流动性风险的度量，将其纳入到 VaR 框架中，并对外汇市场做了相应的实证研究。

模型构建思路是，在变现一定头寸时因变现成本而产生的风险，借鉴思路构建流动性风险测度指标如下：

$$L = \left| \frac{\ln(F_t) - \ln(F_{t-1})}{V_t / N_t} \right| \tag{4.7}$$

式中，F_t 是期货当前结算价格，F_{t-1} 是期货前一时刻的结算价格，V_t 是从前一时刻到

当前时刻的成交量，N_t 是该期货合约当前持仓量。这个流动性指标的分母是换手率，分子是这段时间的对数收益率。指标的含义是单位合约换手率给价格带来的影响，当换手率一定的时候，价格变化越大，指标值也越大，说明流动性越差；价格变化越小，指标值也越小，流动性就越好。

定义期货的流动性风险值：在一定概率水平下，在未来特定时期内抛售一定数量的资产或资产组合所导致的最大可能损失，用 L_VaR（Liquidity Value at Risk，简称为 L_VaR）表示。与一般 VaR 不同的是，L_VaR 确定的是资产损失变动的上限（右界，流动性不得高于某一特定值），区别于一般 VaR 的资产变动的下限（左界，即投资组合价值不得低于某一特定的价格）。

已知 L^* 的分布密度 $f(x)$ 以及分布参数，根据 L 的函数关系可推导出 L_VaR，取置信度为 99%，具体推导过程如下：

$$P(L< L\_VaR) = \int_{-\infty}^{L\_VaR} f(x)\,dx = 99\% \tag{4.8}$$

经流动性风险调整后的风险值（VaR^*）等于价格风险值（VaR）加上流动性风险值（L_VaR），可表示为

$$VaR^* = VaR + L\_VaR \tag{4.9}$$

5. Kupiec 检验

上述的 VaR 度量的参数和非参数模型方法各有其优缺点。由于 VaR 是在某个置信水平下给出的统计估计值，与其他所有统计估计问题相同，它的准确程度受估计误差的影响，所以对 VaR 度量有效性的检验时非常必要的。

VaR 模型的准确性的最直接的检验方法就是考察实际损失超过 VaR 的概率。我们把实际损失超过 VaR 值的事件称为失败，把实际损失低于 VaR 的事件称为成功。如果假设每次事件具有独立性，则观察的结果代表一系列独立的贝努里试验，失败的期望概率为 α，$1-\alpha$ 为置信度。因此，检验 VaR 度量有效性的模型，相当于检验失败概率是否等于特定的概率问题。Kupiec 检验方法就是基于这种思想。

Kupiec 检验的基本方法是：将数据样本分成估计样本与评价样本两部分，估计样本用来对模型中的参数进行估计，而评价样本用来对模型的有效性进行后验检验，通过统计评价样本中实际的损失值大于估计得到的 VaR 值的次数，得出该度量 VaR 方法的有效性（详细推导见附录）。

（二）基于 VaR 方法的保证金调整

1. 追加期货保证金的确定原理

期货交易的保证金主要分为初始保证金与追加保证金。初始保证金通常是由交易所自行制定的一个比例水平。对同一种期货的交易合约，这个初始保证金水平是固定不变的。而对于追加保证金，其设定主要是期货公司考虑到使保证金能够抵御下一日或未来几日内的价格波动风险，即最大波动幅度。保证金情况见表 1。

表 1　　相关期货品种保证金情况　　单位：%

上期交期货品种	交易所规定保证金比率	交易所规定涨跌比率	新湖期货公司保证金比率	公司保证金浮动比率
铜	10	6	16	6
锌	12	6	14	2
天然橡胶	13	6	15	2
黄金	10	6	15	5

综观国内外期货市场，目前期货保证金的具体确定方法主要有两种，一种是按期货合约价值确定，我国即以这种方法确定期货保证金；另一种是按期货价格 VaR 和波动率变动范围确定，主要为国外交易所采用。期货交易所设定的各种期货保证金比率是最低的保证金比率，我们这里所要考虑的是期货公司应该在交易所最低保证金上追加多少保证金比率。从抵御风险角度来讲，期货公司完全可以在最低保证金基础上追加大约等同于涨跌幅的保证金比例。但是，这样做会占用客户过多的资金，增加客户的机会成本。类似的，过低的保证金比例不能覆盖下一日的波动风险，可能导致“预警”和“穿仓”，对客户和期货公司本身都是极为不利的。从上面可以看出，期货公司需要确定一个合适的追加保证金比率，使其既能覆盖下一日的波动风险，又能减少占用客户的资金。因此，我们用计算得到的下一日的 VaR 作为期货公司下一日应该追加的保证金比率。考虑到期货公司不可能也没有必要频繁的更改追加的保证金比率，我们将计算的结果进行简单的“进位”处理作为下一日追加的保证金比率。例如，计算得到下一日 VaR 为 0.023647，那么期货公司下一日追加的保证金比率为 0.03，即在交易所规定的最低保证金比率上增加 3 个百分点。

2. 新期货合约追加保证金比率的确定

对于期货交易所新推出合约的波动预测，有以下几种措施可供期货公司参考、选择。一种方法是参考现货市场的波动来估计其期货市场。一般情况下，现货价格与期货价格是同方向变动的，而且通过当前现货价格与往年现货价格比较来预测期货的价格趋势。这些都有助于期货公司对新推出合约价格波动情况的预测。另一种情况是参考国外同种商品期货的波动。由于套利的存在，所以跨市场的期货价格是大致趋同的，因此利用国外期货市场的期货价格来对国内市场期货价格进行预测也是一种很好的方法。最后一种是参考相关产品的期货价格波动。如果新推出的期货品种的相关产品合约在国内或国外市场出现，由于这些产品价格之间存在一定关联，多以可以根据这些产品的价格来对新推出期货合约的价格进行波动预测。期货公司可以根据具体的实际情况来对以上三种方法进行选择或者综合运用。

3. VaR 实证研究

我们选取上海期货交易所的铜合约，郑州商品交易所的糖合约以及大连商品交易所的豆一合约，选取各自的连续合约构成连续结算价时间序列。沪铜从 2009 年 1 月 5 日至 2010 年 1 月 13 日共 250 个样本。以第 1 天至第 t 天的数据为样本，计算第 $t+1$ 天的 VaR，其中 $150 \leq t \leq 249$。郑糖为 2009 年 11 月 10 日至 2010 年 12 月 22 日，计算最后 72

天的 VaR。豆一为2009年10月30日至2010年12月22日，计算最后79天的 VaR。数据来源为上海期货交易所和上海中期期货公司。这里，我们以沪铜计算过程为例，其他期货合约的 VaR 具体计算过程省略。

（1）对数收益率的计算。

运用公式 $r_t = \ln \frac{P_t}{P_{t-1}}$ 计算第 t 日结算价对数收益率。

（2）ADF 检验和正态分布检验。

运用 Eviews 绘出结算价涨跌率的图形见图1。

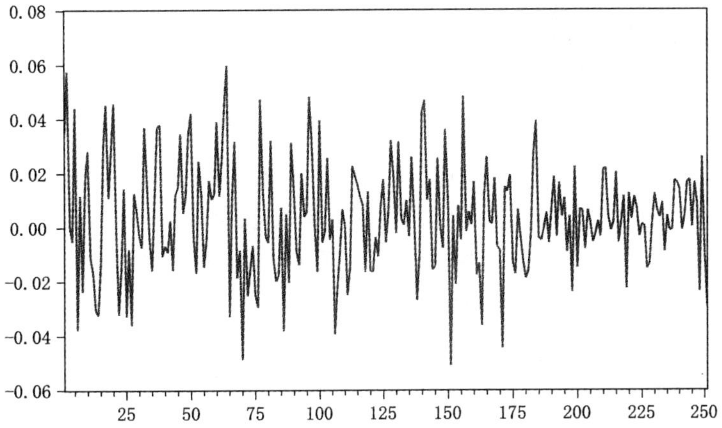

图1 沪铜合约对数收益率

从图1中可以看出，沪铜合约对数收益率时间序列在一些时间段剧烈波动，而在有些时间段中波动平缓，从中可看出明显的聚集效应。另外，从图中看出涨跌率在0值附近波动，呈现出一定的平稳性。运用 ADF 检验得出的结果也同样说明了涨跌率时间序列具有平稳性。如表2所示，ADF 原假设为存在单位根，即序列非平稳。下表中所示在显著性0.01时，所得 ADF 为 -13.8838，小于临界值 -3.4564，即拒绝不平稳的原假设，说明沪铜合约对数收益率时间序列具有平稳性。

表2　　ADF 平稳性检验

		t - Statistic	Prob *
Augmented Dickey - Fuller test statistic		-13.88380	0.0000
Test critical values:	1% level	-3.456408	
	5% level	-2.872904	
	10% level	-2.572900	

* MacKinnon (1996) one - sided p - values.

又从对数收益率统计量表中可以看出，偏度系数为0.139，近似趋于0；峰度系数为3.081，近似趋于3。另外，我们通过正态分布检验——Jarque - Bera 检验可知，相伴概率为0.6437，大于0.05，因此接受正态分布的原假设。所以，我们将沪铜合约对数收益率时间序列看作服从正态分布（见图2）。

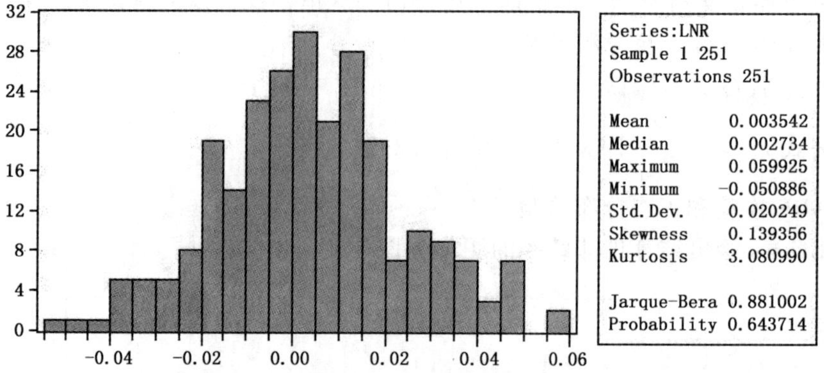

图2　对数收益率统计量和J－B检验

（3）未经流动性调整的各VaR值。运用S－PLUS和R语言软件计算未经流动性调整的各种VaR值，由于分位数－VaR与POT－VaR长期会被拉回历史平均水平，无法很好拟合结算价的波动性，但是这两种方法在短期情况下效果显著，因此这里只计算该两种方法的30天VaR，具体计算结果如图3、图4、图5所示。

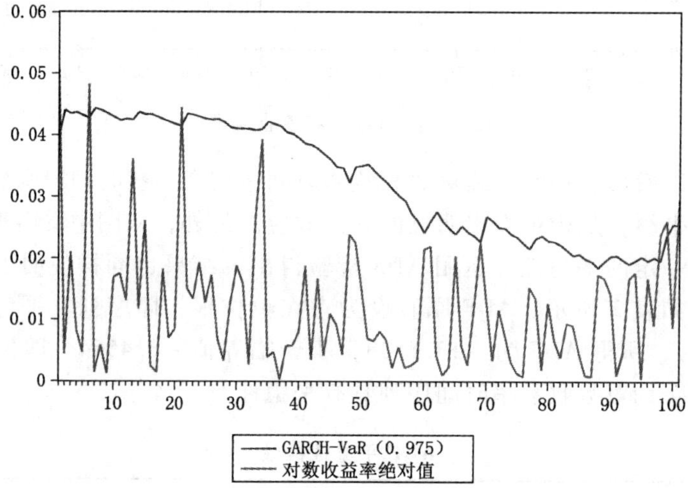

图3　GARCH－VaR和对数收益率绝对值

（4）Kupiec检验。分别对以上三种模型计算出来的VaR进行有效性检验，运用Kupiec检验，结果见表3。

表3　VaR的Kupiec检验

类型	N	T	p	统计量（2lnλ）	临界值	是否接受原假设
GARCH－VaR	6	101	0.025	3.560316	3.841	是（统计量小于临界值，VaR有效）
POT－VaR	2	30	0.025	1.477513	3.841	是（统计量小于临界值，VaR有效）
分位数－VaR	1	30	0.05	0.197791	3.841	是（统计量小于临界值，VaR有效）

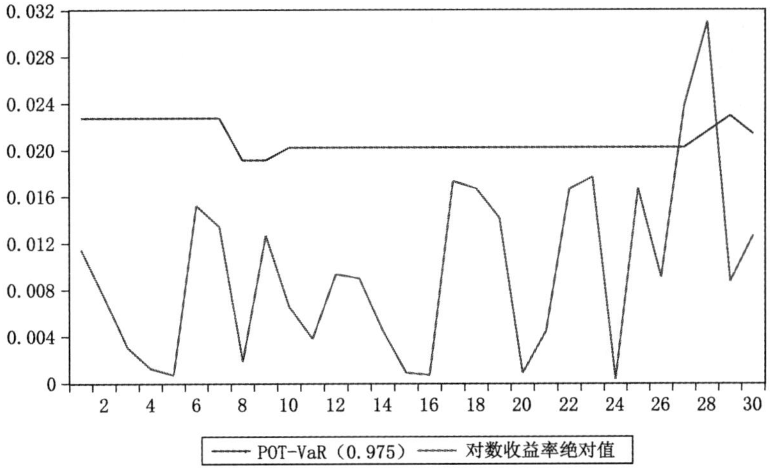

图 4　POT－VaR 和对数收益率绝对值

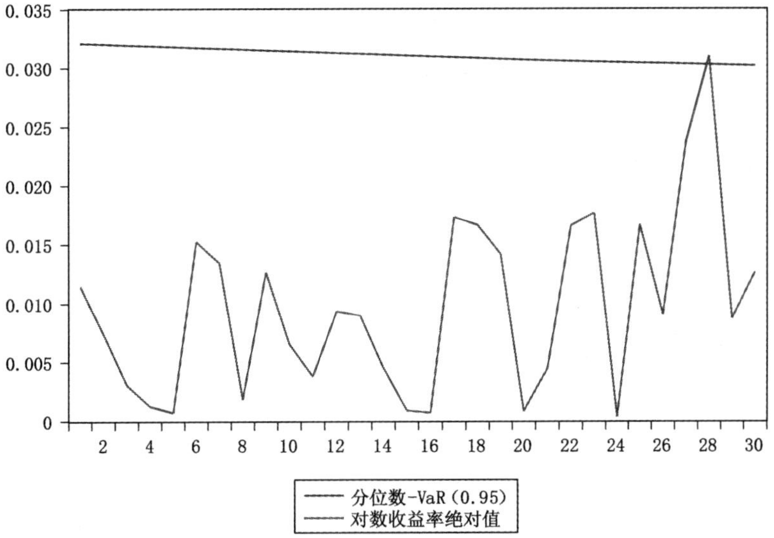

图 5　分位数－VaR 和对数收益率绝对值

从表 3 中可以看出，我们运用三种模型计算出来的 VaR 都是有效的。

（5）流动性风险调整。运用公式（5.22）和（5.23）计算得到 50 天内（2010.2.11～2010.3.31）流动性风险（0.95）（见表 4），因此我们可以在原各种 VaR 基础上增加 1 个百分点，用来抵御铜期货合约的流动性风险。

表 4　铜期货流动性风险

0.00727422	0.00696673	0.00691236	0.0075382	0.0073266	0.007201521
0.00697760	0.007228787	0.00688398	0.0072644	0.0072704	0.007302948
0.00722243	0.007256877	0.00717035	0.0072033	0.0070857	0.007136188
0.0068983	0.007140944	0.00719141	0.0072164	0.0073032	0.007274135
0.006946205	0.006944321	0.00663802	0.0069980	0.0071998	0.007092625

(6) 期货公司追加保证金的确定。我们用上文提到的原理来确定期货公司追加保证金比率。运用三种 VaR 计算方法可以得到三种不同的追加保证金比率，具体结果如图 6、图 7 所示。

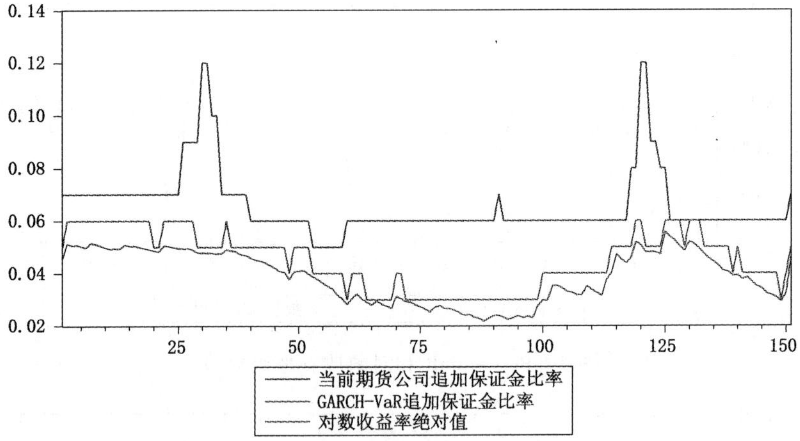

图 6　150 天内 GARCH - VaR 追加保证金比率

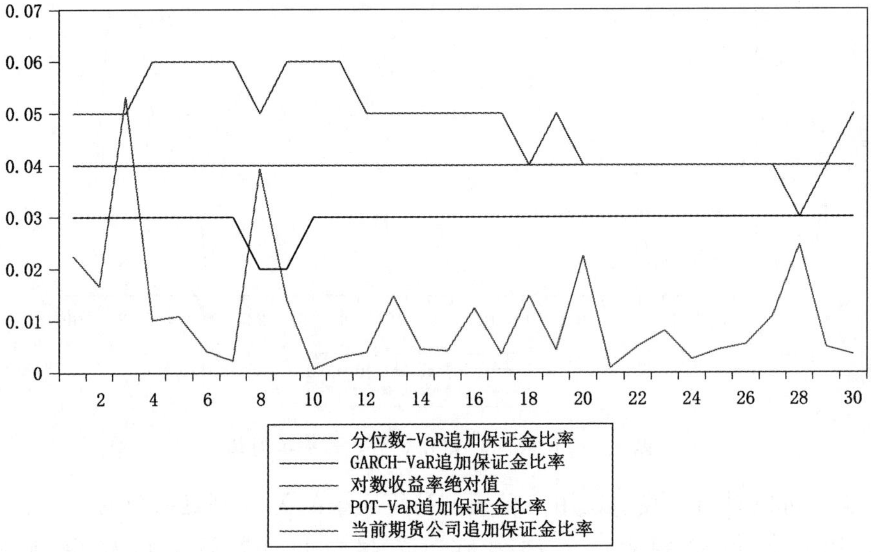

图 7　30 天内多种 VaR 方法追加保证金比率

(7) 其他合约追加保证金的确定。与沪铜确立追加保证金方法相似，我们确定郑糖合约和豆一合约的追加保证金比率，具体结果见图 8、图 9、图 10、图 11。

(8) 结论。

首先，我们运用三种方法计算出来的 VaR 都是有效的。但是，每个模型对涨跌率的拟合程度，即对于涨跌率波动的拟合效果各不相同。相对来说，运用 GARCH 方法计算出来的 VaR 不仅能够很大程度上覆盖涨跌率的波动，而且还能对其进行很好的拟合。而另外两种方法得出的 VaR 虽然能很大程度上覆盖涨跌率的波动，但是由于自身方法

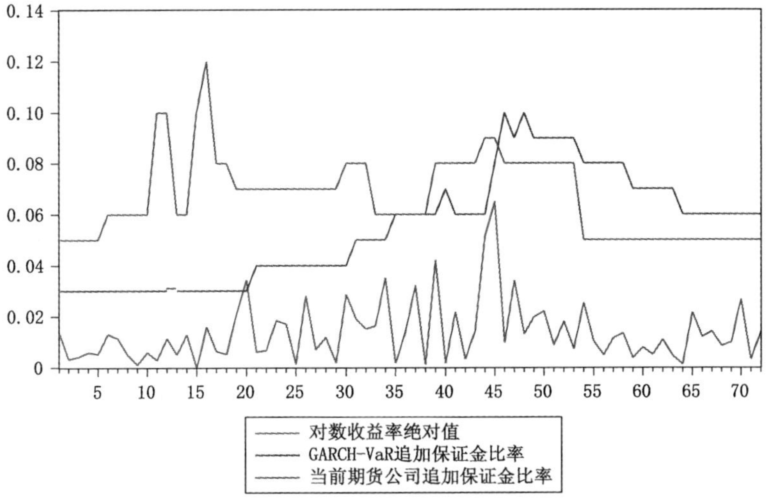

图 8　72 天内 GARCH－VaR 追加保证金比率（郑糖）

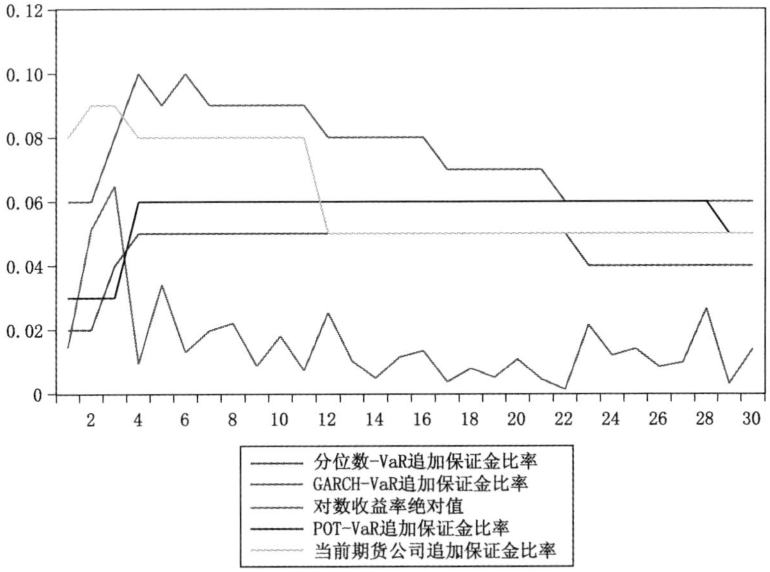

图 9　30 天内多种 VaR 方法追加保证金比率（郑糖）

的问题，对未来涨跌率波动的短期拟合效果一般，但是能很好地预测未来涨跌率的趋势方向。

其次，从上面的计算和分析中可以看出，三种方法计算出来的 VaR 各有利弊，有的拟合度高，但是需要不断的动态调整；有的虽然拟合度一般，但是把握了大的趋势方向，并且不需动态调整；有的覆盖率高，但是相对来说占用过多的追加保证金，机会成本较高。而这些不同的 VaR 对应着不同的追加保证金比率。如何对每个客户设定适当的追加保证金比率，这又需要与客户自身的信用风险联系在一起。因此，对于不同的客户信用风险，需要选择不同的 VaR 来作为追加保证金比率。

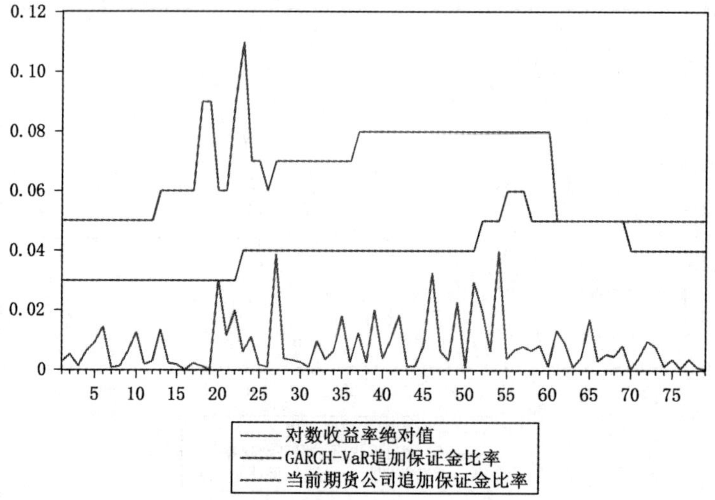

图 10　79 天内 GARCH - VaR 追加保证金比率（豆一）

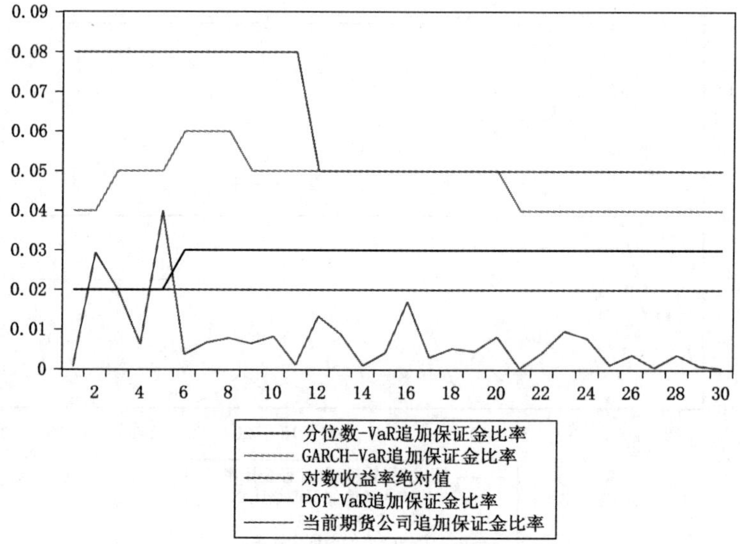

图 11　30 天内多种 VaR 方法追加保证金比率（豆一）

五、基于客户行为的信用风险度量模型

期货公司的客户风险不仅来源于市场价格波动及市场流动性的变化，还会受客户信用风险的影响。

（一）期货公司客户信用评级

1. 期货公司信用评价指标体系

客户信用风险取决于很多因素，度量其大小需要建立信用评级指标体系。

信用评级指标体系是信用评级机构在对被评对象的资信状况进行客观公正的评价时所采用的项目的总称，这些项目形成一个完整的体系，就是信用评级指标体系。根据定义，期货公司的信用评级体系就是指其本身对期货公司的客户的资信状况进行客观的评价，评级指标体系包括评估要素、评估指标、评估方法、评估标准、评估权重和评估等级等项目。

期货公司只有建立一套科学、系统的信用评级指标体系，把反映企业信用状况各个方面的各项特征指标综合起来，客观性、公正性和科学性地显示出企业信用状况的全面情况，从而保证信用评级结果的准确性。否则，期货公司的信用评级体系只会流于形式，评级工作就无法开展，最终无法达到预期效果。

有学者从资产情况、历史风险状况与当前风险状况，这三大类构建风险指标体系（见表5），以帮助期货公司从投资行为这一方面，动态的屏蔽不必要的风险事件的发生。如果综合评分在某个等级之上，那就是属于价值比较高的用户，可以适当的给予降低保证金率；如果综合评分在某个等级之下，那就只能提高保证金率，以免发生意外。

表5　分类评价指标及说明

分类指标	具体指标	指标说明
资产情况	资产规模	企业客户的总资产或个人客户的总资金
	金融投资所占比重	证券、期货、基金投资规模/总资产
	期货投资所占比重	期货投资规模/总资产
历史风险状况	盈亏次数比	亏损次数/盈利次数
	盈亏稳定性	盈利额（亏损额）标准差
	追保次数	—
	强平次数	—
	历史风险度	资金占用率大于80%的概率（公司标准保证金）
当前风险状况	最大净持仓比例	某品种净持仓数量/公司在该品种该方向上的总持仓数
	投资组合风险度1	公司标准保证金占用/客户总权益
	投资组合风险度2	交易所标准保证金占用/客户总权益
	最大风险度1	各合约风险度1中最大值
	最大风险度2	各合约风险度2中最大值

本部分从盈利能力与预测能力这两方面去考察该客户，关于指标体系方法我们放到下部分中。客户的盈利能力是客户存在价值很重要的一个方面，也是他能够持续获利的重要保障。在前文也提到过，在非理性的交易行为中，很多客户都是在凭着自己的直觉在与期货博弈，而不是真正地依靠自己的预测能力。原本预测能力是一个比较抽象的感

觉，无法用客观的方法进行评分，而带有主观性的评判就更不可能，因为期货公司不可能直面自己的每一个客户，即使直面也不能就靠一时的时间给他一个评分。Michael（2001）提出了一个很好的研究设计，从客户在期货市场上对自己持有商品的操作以及他的一个绩效跟踪，可以推算出，此客户到底是凭着自己的运气，还是依靠自己不断交易经验累积而来的推断预测能力在期货市场博弈。

2. 信用风险评估方法

（1）信用模型评估方法。客户信用评估是指企业在采用信用销售时对客户的资信状况进行诊断。评估客户信用状况的方法可分为定性、定量、综合应用三大类。定性法偏重于资信评估人员的主观判断，客观法偏重于均衡地解释客户信息，从而衡量客户信用状况。

①定性信用评估法。在1970年以前，主要依据专家的经验和主观分析来评估信用风险，如5C分析法：5C信用评估法是被普遍采用的一种信用评估方法，它从品质（Character）、能力（Capacity）、资本（Capital）、抵押（Collateral）和条件（Conditions）五个方面评估客户信用状况。品质特指客户履行偿债义务的意愿，能力主要指客户的偿债能力，特别是指短期偿债能力。资本指客户的财务实力和财务状况，可用所有者权益及其与负债的比例（杠杆率）来表示，表明客户可用于偿还债务的实力保证。如果客户违约，企业可对抵押物享有要求权，要求权的优先性越高，企业债权的保障性就越好。条件指可能影响客户付款能力的经济环境，包括客户和其所处行业对经济周期和技术变化的敏感性，以及通货膨胀对客户资产、负债和现金流量的影响和行业前景等。

②其他信用评估法（定量与综合）。针对目前我国企业信用评估中主观性太大，缺乏行业内同类企业的可比性等问题，结合国内外相关研究的现状与进展，分别运用了层次分析法、不确定层次分析法、加权平方法、主成分分析法和多维偏好线性规划法等信用评估法，以定量分析为主，定性分析为辅，定量分析和定性分析相结合的方法对企业信用评估方法及其应用进行了一些探索性的研究。

AHP法：即在建立了企业信用评估指标层次结构体系之后，使用AHP法对客户信用评估进行研究。利用层次分析法对企业信用评级进行了研究，用层次分析法确定权重比人工估计权重科学，是对传统信用评估方法的一大改进。

UTAHP法：即为不确定层次分析法，UTAHP法是银行客户信用评估的一种新方法，它可以降低AHP法的主观性，该方法创造性地将区间数判断方法和模糊互补判断矩阵排序方法结合起来，得到了较好的评估结果，拓宽了AHP法的应用领域。

加权平均法：以原始数据为基础，利用加权平均法对信用评估指标进行客观赋权，将一种新的思想——理想点法引入到银行客户信用评估中，给出了两种求解理想点和指标权重的新算法和信用得分的新定义。

主成分分析法：用主成分分析方法评估信用状况，其在信用评估上也是一种较新的方法。利用主成分分析法研究企业信用评估问题，借助SPSS软件，根据主成分得分可以划分企业的信用等级，既避免了主观因素，又不需专门计算权重，且使用非常方便。

（2）风险模型评估方法。

①理论研究。客户风险评估一般是以客户的交易行为为依据，学术界运用各种方法构建信用风险评估模型已经经历了很长的一段时间。从最初利用多元统计方法挖掘企业各类财务指标与信用风险之间的关系所得到的Z值模型、ZETA模型，到利用Black - Scholes期权公式构建的KMV模型，再到利用各种人工智能仿真方法构建的各类模型，在模型判断准确率、普适性等方面有了长足的进展，但目前还未出现一种学术界、实业界公认的、全球范围使用的信用风险评估模型。

美国纽约大学斯特商学院教授奥特曼（Edward Altman）在1968年提出了著名的Z值模型（Z Score Model），Z值模型是一种多变量式的分辨模型，主要是根据数理统计中的辨别分析技术，对银行过去的贷款案例进行统计分析，选择一部分最能反映借款人财务状况、对贷款质量影响最大、最具预测或分析价值的比率，设计出一个能最大程度地区分贷款风险度的数学模型（即判断函数），对贷款申请者进行信用分析及资信评估。1977年奥特曼又对该模型进行了修正和扩展，建立了第二代Z值模型ZETA信用风险模型（ZETA Credit Risk Model）。但该类项模型分辨破产企业和非破产企业的准确性不太高。

国内在信用风险研究的最初阶段大多使用Z值模型，如张玲等利用Z值模型对我国上市公司进行信用评级，并研究发现我国上市公司资信品质的一些特点；周兴荣等针对我国实际情况研究了“Z - SCORE”模型；罗栋梁、黄湘等学者也做了相应的研究工作。

②实践研究。20世纪90年代中期，国际各大银行和咨询中介机构积极研究和开发信用风险模型，主要包括J. P. Morgan开发的信用度量技术（Credit Metries），KMV公司开发的信用监测模型（Credit Monitor Model，1993），CSFB的信用风险附加法（Credit Suisse Financial Products’ Credit Risk +，1997）模型，麦肯锡公司（Wilson and Mckinsey）开发折信贷组合分析模型（Credit Portfolio View，1998）等。商界在每个时期推出的模型都有其特点的社会背景，也是时代发展的一种象征。

（3）数据挖掘技术。虽然我国的信用风险评分体系研究比较落后，但是要将这样一些方法直接运用于我国金融机构的信用风险管理体系评估是不妥的，其原因主要有以下两点：第一，我国的信息披露制度和会计准则和国外有差异，因此信用风险评估指标不可能完全一样。第二，国外文献有大量的历史数据，所以文献研究都是基于将假设样本是服从多元正态分布，且是等方差的，我国没有像国外那样的大量历史数据，不可能对样本分布做出合理的假定。因此，我们需要开发出适合我国国情的新的信用评估方法。

我国金融机构客户信用风险评级体系比较落后，如存在多以定性为主的评级方法，评级过程中存在很强的人为因素，评级采用的指标体系有待科学化和完善化，评级体系信息智能化程度低、无法满足市场环境的动态变化，“信息孤岛”等缺陷。基于数据挖掘技术来构建客户信用风险评级体系较我国金融机构传统的客户风险评级体系的优点主要有：第一，数据挖掘可以基于数据仓库的基础上对数据进行多维视角的分析，从而提高客户信用风险评级体系对数据处理的完整性。第二，数据挖掘可以完成概念描述、关联分析、分类聚类、孤立点分析、时序演变分析等功能，可以深入分析客户信用风险评级指标之间、及客户信用风险评级指标与评级结果之间复杂的关系，从而提高客户信用风险评级体系的科学性。

（二）基于客户行为的信用风险度量基本模型

接下来我们希望通过数据挖掘技术，能够从客户的信用资信和历史交易数据两个层面对期货公司的信用风险状况进行实证分析。

1. 对客户行为的定义与分析

期货市场价格变动的方向，非涨即跌，而期货市场又是一个双向交易的市场，牛市中可以做多，熊市中可以做空，无论是投资者还是投机者皆可以盈利。换言之，在期货市场的博弈中，即使是一个完全不懂行的交易者，也有50%概率盈利的可能性。但是通过现实数据的观察，期货市场上总是不断有人亏损，但是依旧有大量的人群仍在不断地参与到期货的博弈之中。原因何在？是因为期货市场上也总有一小部分人能够在风口浪尖稳定盈利，这个事实说明，这些交易者在他们自身信念中存在着一套盈利的方法与理念，他们不只是简单的投机或投资，他们的投资理论与决策正在悄悄地撰写着他们的期货生涯。

而对每一家期货公司而言，用户预测合约行情走势的一致性与准确性将是他们制定保证金的重要度量变量之一。目前，由于期货市场变化的复杂性与错综性，每家期货公司制定的保证金制度都是依据历史的行情走势，当然更多地是凭借着领导、专家的各种意见而对所有的交易者提供统一的保证金率。从交易者角度来看，这是对他们的一种不公平，他们没有享受到更加便利或者更加优惠的待遇；从期货而言，这是他们经营管理上的一个缺陷，他们没有根据每位交易者操作上的特殊性而为其量身定做。故从以上观点来看，基于用户交易行为的信用度度量是极具现实意义与深远的行业发展意义的，本文将从交易者的预测一致性与预测盈利这两个方面的能力构建相应的模型，以此评判交易者的信用风险度。

（1）交易者的预测一致性能力。通过观察，在期货市场上盈利的交易者往往具备高度的预测能力，而他们高度的预测能力会引导他们理性的交易行为。这些成功或是失败的交易者，有可能投资目标不一样、资金分配不一样，但是，有一点一定是可以值得探讨的，那就是预测一致性能力。预测一致性能力，即为这些交易者可以准确地预测期货市场行情的走势。从交易数据来看，如果交易者在今日时间T买入一份合约，那么无论交易者出于何种目的，至少交易者对整个行情是看多的，那么我们就可以通过预测在下一个T+1时间段的合约行情走势来判断交易者是否预测成功。如果交易者预测成功，那么我们可以初步判定，该投资者是具备交易者预测一致性能力的，也就是说，该投资者的信用风险系数不大，期货公司在对其设置保证率的时候，可以适当下调，低于市场总体的保证金率；如果预测不成功，那么我们亦可以初步断定，该投资者不具备这样的能力，也就是说，该投资者的信用风险系数较高，期货公司要及时关注此投资者的交易行为，如果此投资者的信用风险系数高于一定标准后，应在市场保证金率的基础上提高该投资者的保证金率。

（2）交易者的预测盈利能力。如果要成为期货市场上的最大赢家，只是具备预测市场行情的一致性能力是远远不够的。通过历史数据观察可知，如果此番市场行情有较大波动，那么交易者将会对自己的持仓量有所调整。基于以上假设，本文将会引入净头寸的概念对交易者的预测盈利能力进行度量。所谓的预测盈利能力，即投资者获得最大盈利的可能性的一种度量。如果该投资者具备超过一般投资者的盈利能力，那么期货公司可以在市场保证金率的基础上，降低其保证金率的比例，这样既可以调动投资者的交易热情，同时也可以改善公司的经营管理方式，以此吸引更多的有识之士加入其中。然而，如果该投资者的预测盈利能力较低的话，那么期货公司应该时刻注意投资者是否达到了警戒标准，实时准备上调该客户的准备金率，减小双方的各自风险，这在一定程度上会降低操作者的交易热情。

2. 基于客户行为信用风险基本模型

（1）构建预测一致性能力的逻辑回归。本文引入由 CM 修正的非参数统计方法，来测验交易者的预测一致性能力。假设引入一个二分变量 $Z(t)$ 来表征市场行情中合约的走势，即如果在交易时间 T 和时间 $T+1$ 的时间段内，若市场行情走高，则 $Z(t)$ 赋值为1；反之，若市场行情走低，则 $Z(t)$ 赋值为0。引入另一个二分变量 $U(t)$，用 $U(t)$ 来表征交易者的交易行为，即如果交易者在交易时间 T 买入合约，则认为交易者对此份合约的后期行情走势看涨，则 $U(t)$ 赋值为1；反之，若交易者在交易时间 T 卖出合约，则认为交易者对此份合约的后期行情走势看跌，则 $U(t)$ 赋值为0，且他们之间的验证模型可用逻辑回归予以证明，如下所示：

模型一：$\log\left\{\frac{\text{probability}\ [Z(t)=1]}{\text{probability}\ [Z(t)=0]}\right\}=\text{a}+\text{B}U(t)$

基于这样的假设，如果交易者在时间 T 买入合约或者卖出合约后，市场行情在时间段 T 和 T+1 内，果真上涨或者下跌，那么我们则判定交易者具备这样的预测一致性能力。通过模型的演算，即如果系数 B 显著大于零，则说明交易者具备这样的预测一致性能力；如果系数 B 为零，则说明交易者不具备这样的预测一致性能力，如果系数 B 小于零，则说明交易者的预测能力不佳，交易行为总是逆市而为，则该交易者的信用风险较大，期货公司可以以此系数 B 对他们的预测一致性能力进行判断验证。

（2）构建预测盈利能力的线性回归。同样，参照 CM 的非参数检验理论，本文为测量交易者的盈利能力构建线性回归模型。在此模型中，引入数值型变量 $R(t)$ 来表征合约在时间 T 的行情波动率。假设该合约在时间 T 的最高价为 X_1、最低价为 X_2，则文中用 $R(t)=X_1-X_2$ 这个值的大小来表征合约的波动大小。引入数值型变量 $LS(t)$，作为自变量，表征交易者的净头寸，即在时间 T 交易者对此份合约行情的持仓量是多少，二者之间的关系用线性回归给予显示，如下所示：

模型二：$R(t)=a'+B'LS(t)+e(t)$

基于这样的假设，如果交易者在时间 T 对某合约的净头寸上涨或者下跌，则合约行情的波动亦是正向波动较大或者负向波动较大，则我们判断该交易者拥有预测盈利的能力；反之，我们则认为交易者不具备这样的预测能力，或者亏损的可能性较大。通过模型的演算，如果系数 B' 显著大于零，则我们判断该交易者拥有较强的盈利能力，期货公司可相应在市场保证金率的基础上，降低该交易者的保证金率；如果系数 B' 为零，则交易者不具备这样的能力；如果系数 B' 小于零，则交易者亏损的可能性较大，则期货公司应适时跟踪交易者行为，对其追加保证金或者强制平仓，以防后期波动过大而导致风险放大。

（三）基于客户行为的信用风险度量扩展模型

1. 期货公司客户的资信研究

在期货市场上，一部分人利用期货合约的买卖进行套期保值，分散市场价格波动的风险，还有一部分人甘冒市场价格波动的风险进行投机。尽管对套期保值者来说，期货市场是规避价格风险的场所，但价格风险并不是在期货市场上消失了，而是在期货交易过程中，在不同市场主体之间发生了转移、分散，如果管理不当，控制不严，就可能产生各种类型的风险。所以，有必要梳理一个完整的模型去标注客户的信用风险度。邢有洪和程江（2008）在对客户信用评估方法探析时提及，评估客户信用风险状况的方法可分为主观法和客观法两大类，主观法偏重于资信评估人员的主观判断，客观法偏重于均衡地解释客户信息，从而衡量客户信用状况。而本文的客户信用评估体系是综合了主观法和客观法，既依靠资信评估人员对客户进行主观判断，同时，也使用客观数据对客户的信用风险状况进行衡量。

（1）客户自身特征。一般来说，有关这一类特征的信息来自于企业与客户的日常接触和公共资料中。曾辉在《基于数据挖掘的银行个人客户信用评分模型的研究》中运用专家建议法筛选出来的22项属性，后又经过决策树模型对这22个属性进行处理，最后留下了13个属性，分别是性别、年龄、婚姻状况、健康状况、最高学历、行业、职位、本地居住时间、家庭人均月收入、是否有本行信用卡、是否参加养老保险、连续拖欠月数、家庭资产负债比率。Vijay S. Desai（1996）在他的论文中提到了用于表征客户的属性，其中有一些是客户自身特征，很多与曾辉筛选出的属性一样。但是，还是有些不同，它们是信用卡数量、现有工作的年份、客户年龄段，还有美国地区特有的一些项目报告的数量。

综合考虑之后，先暂时筛选出以下表示客户自身特征的属性，如表6所示。

表6　　客户自身特征

客户自身特征属性 A	
性别 A1	家庭人均月收入 A9
年龄 A2	是否有本行信用卡 A10
客户年龄段 A3	信用卡持有量 A11
婚姻状况 A4	本地居住时间 A12
健康状况 A5	现有工作的年份 A13
最高学历 A6	连续拖欠月数 A14
行业 A7	家庭资产负债率 A15
职业 A8	是否参加养老保险 A16

(2) 客户优先性特征。客户的优先性特征主要是指企业在挑选客户时优先考虑的因素，一般如客户交易可获得的利润率与利润额、该客户对企业市场竞争力的影响以及该客户的可替代性等。一般来说，这一类特征反映在企业的业务部门所掌握的资料中，带有很大的主观性。对这一类因素必须给予足够的重视，因为它直接地反映了企业对客户进行评估的目的，但是最后的计算总分是客观的。杨静（2007）从6个维度，对期货公司客户构建了22类指标，分别从营运能力、贡献能力、盈利能力、风险偏好、风险管理、合规操作这6个维度进行考核。

参考杨静设计的22类指标，本文将客户的营运能力、贡献力能力和权益状况这三项一级指标将作为此期货公司的客户优先特性。本文假设运营能力这个一级指标将由3个二级指标组成，他们分别为投资报酬率、投资净利润率和盈亏稳定性。其中，投资报酬率=盈利/（期初资金+本期入金－本期出金），投资净利润率=（盈利－手续费）/（期初资金+本期入金－本期出金），盈亏稳定性则是通过计算每次的平均盈利或者亏损的平均方差来得到。贡献力评价则假设通过保证金贡献率、手续费贡献率、手续费置换率由这三项指标得出。其中，保证金贡献力=期末客户权益/公司保证金总量，手续费贡献力=客户手续费留存量/公司总的手续费收入，手续费置换率=手续费留存量/客户权益。客户权益是期货市场中经常使用的词汇，本文中的权益状况亦是如此，即客户权益=上日结存+出入金－手续费+平仓盈亏+持仓盯市盈亏。客户优先性特征见表7。

表7　客户优先性特征

客户优先性特征 B		
营运能力评价 B1	保证金贡献率 B11	期末客户权益/公司保证金总量
	手续费贡献率 B12	客户手续费留存量/公司总的手续费收入
	手续费置换率 B13	手续费留存量/客户权益
贡献力评价 B2	投资报酬率 B21	盈利/（期初资金+本期入金－本期出金）
	投资净利润率 B22	（盈利－手续费）/（期初资金+本期入金－本期出金）
	盈亏稳定性 B23	期末客户盈利或者亏损的平均方差
权益状况 B3	客户权益 B3	上日结存+出入金－手续费+平仓盈亏+持仓盯市盈亏

(3) 客户财务及信用特征。客户财务及信用特征主要是指直接反映客户信用状况和财务状况的因素，如银行信用状况、付款记录、诉讼记录、资本和利润增长情况及其债务状况等。参考众学者对商业银行设立的信用指标体系，对客户的偿债能力进行密切关注，这个偿债能力的一级指标主要通过对客户的以下五个方面加以控制，分别是保证金安全存管补充协议签署的及时性、月度结算单签署及时性、入金手续完整性、入金承诺兑现情况、强制平仓的次数以及保证金不足时补仓的及时性。同时，本文还添加了对客户合约操作的完整性与及时性进行了相关的考量（见表8）。

表 8 客户财务及信用特征

客户财务及信用特征 C	
信用记录评价 C1	保证金不足，补仓的及时性 C11
	强制平仓次数 C12
	入金承诺兑现情况 C13
	入金手续完整性 C14
合规操作评价 C2	月度结算单签署及时性 C21
	保证金安全存管补充协议签署及时性 C22

2. 基于客户行为信用风险度量扩展模型

（1）引入客户资信变量。在前文已经提到，基于客户行为的逻辑回归模型只是单一依靠客户自身的预测能力与盈利能力，而基于客户行为的数据分析还可以计算客户的历史交易模式、风险偏好以及自我风控能力等，但是始终缺乏对客户整体信用风险研究，故构建基于客户行为分析的扩展模型。即在模型中引入对客户资信状况的变量，使模型能够更加准确地预测交易者的信用风险能力。

本文已经从客户的自身特征、客户优先性特征与客户财务及信用特征这三个方面对客户资信状况进行了分析，现综合如上数据，引入数值型变量 $S(t)$ 度量客户的资信能力，公式如下：

$$S(t) = \beta_1 \cdot X_A + \beta_2 \cdot X_B + \beta_3 \cdot X_C$$

本文用系数分别表示客户三种资信特征的权重，分别表示客户三种资信能力的大小，故数值型变量 S（t）即可计算得出客户的总体资信能力。

（2）客户资信的计算模型。因子分析是将观测变量分类，将相关性较高即联系比较紧密的变量分在同一类中，而不同类的变量之间的相关性则较低。那么每一类的变量实际上就代表了一个本质因子，或一个基本结构，因子分析就是寻找这种类型的结构。聚类分析是从一组给定的物理的或抽象的对象数据集中，根据它们之间的相似程度，搜索数据对象之间的有价值联系。

本文的客户资信变量，就是通过因子分析，缩小指标间的相互干扰和遗漏以及各指标权重不能科学确定等问题，将各因子的贡献率作为其所包含的各个指标的总权重，然后具体指标以其载荷系数为权重分配因子项的分值。最后本文将新得到的数据进行基于 K - means 聚类分析，即可以实现对客户的信用风险做一个综合评分，这也是所有期货公司细分客户市场的重要依据之一。

在杨静（2007）论文中指出，因子分析包括以下步骤：因子模型建构、因子负载矩阵求解、因子旋转和综合因子的得分求解。运用 KMO（Kaiser - Meyer - Olkin）检验模型与巴特利特球度检验（Bartlett's Test of Sphericity）对数据进行检验，运用这种方法构建的信用评级模型较好地解决了评级指标的选择与指标权重的确定问题。

在做完信用评价指标因子分析之后，模型将会有所筛选地排除不满意的值和不允许的值，然后将重组后的指标构建成新的信用体系，此时将这些指标标注为 Factor1、Factor2、Factor3……Factor X，然后对这 X 个 Factor 进行相关性检验的结果。因为可以将它们看做是相互独立的，从而可以使用聚类分析。

K－means 聚类分析算法如下：

①从 n 个样本数据中任意选择 C 个样本作为初始聚类中心。对所剩余样本，则根据最短距离的原则，分别将它们分配给与其距离最短的（聚类中心所代表的）聚类。

②计算每个新聚类中所有对象的均值，将它定义为新的聚类中心。

③不断重复前两个步骤直到标准测度函数开始收敛为止。

（3）信用风险度量的改进模型。综合上文所述的理由，引入经过因子分析计算可得的 $S(t)$，带入下述的两个方程中，构建改进后的模型一，阐述如下：

模型一（新）：$\log\left\{\frac{\text{probability}\ [Z(t)=1]}{\text{probability}\ [Z(t)=0]}\right\}=a+B_1U(t)+B_2S(t)$

即在文献中引入 S（t）变量，借此充实只是基于客户行为的基本模型。同理，在预测客户盈利能力的时候，同样也是引入 S（t）这个变量充实模型，以此达到模型构建的完整性。

模型二（新）：$R(t)=a'+B'_1\cdot LS(t)+e(t)++B'_2\cdot S(t)+e(t)$

（四）基于客户行为信用风险度量最终模型

1. 模型条件假设

根据我们的历史经验，如果交易者获利，那么我们将会预计该交易者的预测一致性能力较强，如果交易者获利较多，那么我们还可以假设交易者的预测盈利能力较强，反之亦然。故根据以上思想，我们在模型验证前，提出验证模型前的两个假设条件：

假设一：如果交易者在时间 T 和时间 T＋1 时间段获利，则该交易者预测合约与市场行情一致的能力强；反之，如果交易者在时间段内亏损，则预测一致性能力弱。

假设二：如果交易者在时间 T 和时间 T＋1 时间段获利多，则该交易者具备预测盈利能力强；反之，如果交易者在时间段内亏损，则预测盈利能力弱。

如果交易者具备前两者的交易能力，那么我们就可以评判出该交易者的个人信用风险概率值较低，那么期货公司可以给他更低的保证金率，以此可以为交易者创造更加有效的资本运作平台。

2. 构建最终模型

结合以上章节的所有内容，最终模型确定如下：

客户信息风险概率值 $Y_p=\alpha_1\cdot B+\alpha_2\cdot B'+\alpha_3\cdot B''$

每一个 α 值各自代表了各自自变量的权重，B 表示拥有预测一致性能力的可能性，B'表示拥有预测能力的可能性，B''表示资信状况的度量。所以我们的最终目的就是构建一个完整的，结合个人资信状况与交易行为的信用风险度量模型，期货公司就可以根据交易者的综合概率值从而确定该交易者是否该追加保证金，还是该强制平仓。

（五）模型验证

鉴于模型本身是涉及众多交易者的个人数据，即数据应包括资信状况与历史交易数据，而我们现在的数据是交易者在 2009 年 9 月至 2010 年 8 月的一年历史数据，故我们暂时只能对我们的基本模型一和基本模型二进行验证。

步骤一，鉴于我们拿到的数据是交易者在一年期间的历史操作数据，所以我们在计算交易者获利多少的时候，是将交易者已经买卖成功后的合约进行计算，卖出标记为正，买进标记为负，对已经成功交易后的合约进行统计结算，计算所得的结余即为交易者在时间 T 和时间 T+1 时间段之间的获利。

步骤二，一共 3928 份数据样本，其中个人交易者的样本数量为 3800 份，机构交易者的数量为 128 份，两者之间的比例为 29.6875：1。将所有样本先分为两个部分，选取方式采用分层抽样，共取 500 份样本，最后通过生成 1 到 8 之间的随机数 RAND( )·(7)+1 选取个人交易者为 484 份样本 PA，机构交易者为 16 份样本 PB。

步骤三，在样本 PA/PB 中筛选出获利前 10% 的样本数据与获利后 10% 的样本数据进行模型演算，具体验证基本模型一和基本模型二。

1. 基本模型一检验

根据上述步骤，我们将选取具有代表性的客户交易行为以及数据进行了分析，其中列举了以客户号分别为 10270（个人投资者）、11860（机构投资者）和 10112（个人投资者）三个客户的样本加以说明。模型的实证检验涉及了交易行为、期货商品的市场行情、当天的合约波动和持仓量等数据，使用 SPSS 17.0，得出的检验结果如表 9、表 10、表 11 所示。

表 9　客户编号为 11860（机构投资者）的基本模型一检验

		方程中的变量					
		B	S. E.	Wald	df	Sig.	Exp (B)
Step 1[a]	买卖属性	.942	.342	7.588	1	.006	2.565
	Constant	.556	.212	6.863	1	.009	1.743

a. Variable (s) entered on step1：买卖属性。

表 10　客户编号为 10112（个人投资者）的基本模型一检验

		方程中的变量					
		B	S. E.	Wald	df	Sig.	Exp (B)
步骤 1[a]	买卖属性	.864	.334	6.708	1	.010	2.373
	常量	.522	.213	5.990	1	.014	1.686

a. 在步骤 1 中输入的变量：买卖属性。

表 11　客户编号为 10270（个人投资者）的基本模型一检验

		方程中的变量					
		B	S. E.	Wald	df	Sig.	Exp (B)
步骤 1[a]	买卖属性	.568	.302	3.524	1	.061	1.764
	常量	.190	.206	.850	1	.357	1.209

a. 在步骤 1 中输入的变量：买卖属性。

（1）结果解释。根据表 9 可得，客户编号 11860（机构投资者）显著性 P 值为 0.006，相关系数 B 值为 0.942，结果显示该样本数据显著大于零，因此判定该名机构交易者具备预测一致性能力。

根据表 10 可得，客户编号 10112（个人投资者）显著性 P 值为 0.010，相关系数 B 值为 0.864，结果显示该样本数据显著大于零，因此判定该名个人交易者具备预测一致性能力。

根据表 11 可得，客户编号为 10270（个人投资者）显著性 P 值为 0.061，这说明该样本数据不符合逻辑回归模型，因此判定该名交易者的决策更多地取决于他的运气而不是准确的市场行情预测能力。

（2）结果分析。通过对样本编号 11860、10112 与样本编号 10270 的对比，我们不难发现，前者获利较多，投资回报率较高，而后者在交易时间段内亏损，投资回报率低。这在一定程度上验证了假设一的合理性，也同样反过来证明了逻辑回归模型的准确性，即交易者如果在期货商品上获利较多，则其预测期货商品行情一致性的能力较强；反之，如果该名交易者亏损较多，则其不具备预测行情商品一致性能力，交易风险较高。

编号 11860 的样本数据来自于机构，编号 10112 的样本数据来自于个人，通过对样本编号 11860 与样本编号 10112 的比对，我们不难发现，编号 11860 样本的相关性系数为 0.942，编号 10112 样本的相关性系数为 0.864，虽然他们都具备预测期货商品一致性能力，但是客户的预测能力大于个人的预测能力，这在很大程度上验证了我们模型的准确性与有效性。

2. 基本模型二检验

在日常期货市场的交易经验中，一个能真正在期货市场中获得长期有效利润的交易者，不单单只是具备了预测行情走势的能力，更重要的是其具备预测期货商品的盈利能力。即在期货商品波动较大的时候，增加某合约的持仓量或者减少某合约的持仓量，已达到资本运作的有效性，以此获得期货市场的极大利益。

所以对于模型二的数据检验来自于模型一，即我们假定所有交易者必须先具备基本的预测一致性能力之后，才具备期货商品盈利能力的可能性更大。故我们在基本模型一的数据运行之后，筛选出具备预测能力的交易者样本数据，然后再对其进行基本模型二的假设检验分析。本文则选取前文的机构样本 11860 与个人样本 10112，验证结果如表 12、表 13 所示。

表 12　　客户编号为 11860（机构投资者）的基本模型二检验

模型		系数 a				
		非标准化系数		标准系数	t	Sig.
		B	标准误差	试用板		
1	（常量）	50.948	21.578		2.361	.036
	LS（t）	.189	.044	.781	4.333	.001

a. 因变量：震幅 R（t）。

表 13　　客户编号为 10112（个人投资者）的基本模型二检验

模型		系数 a				
		非标准化系数		标准系数	t	Sig.
		B	标准误差	试用板		
1	（常量）	185.021	28.778		6.429	.000
	LS（t）	.059	.021	.391	2.849	.007

a. 因变量：震幅 R（t）。

（1）结果解释。根据表 12 可得，客户编号 11860（机构投资者）显著性 P 值为 0.001，相关系数 B 值为 0.189，结果显示该样本数据显著大于零，因此判定该名机构交易者具备预测盈利能力。根据表 13 可得，客户编号 10112（个人投资者）显著性 P 值为 0.007，相关系数 B 值为 0.059，结果显示该样本数据显著大于零，因此判定该名个人交易者具备预测盈利能力。

（2）结果分析。通过对比编号 11860 与编号 10112 的样本数据，不难发现，两者的实际获利能力（投资回报率）确实较高，故其具备预测盈利能力的可能性很大，这和基本模型二的分析结果不谋而合。同样，对比其两者的持仓量放大时的盈利能力和持仓量较小时候的盈利能力，也可以得出其具有较好的盈利能力，即获利能力强的客户具备预测盈利能力。因此，可以认为该模型是准确的。

编号 11860 样本的相关系数 B 值为 0.189，显著大于编号 10112 样本的相关系数 B 值 0.059，因此，可以认为编号 11860 的客户盈利能力大于编号 10112 客户的盈利能力。而对两者的实际投资收益进行比对，编号 11860 的机构投资者的获利能力确实是大于个人投资者 10112 的获利能力，即基本模型二是准确有效的。

六、结合信用风险评级的 VaR 动态调整模型

由于上一部分基于客户交易行为的信用风险度量需要基于海量数据进行挖掘分析，短期内难以投入使用。本部分基于目前期货公司特保户信用风险管理的现有经验，建立信用评价指标体系，并将客户信用风险纳入保证金动态调整的模型中，建立综合的客户风险管理系统。

（一）期货公司特保户信用风险管理的现有经验

期货公司通常会对少数有特殊投资操作需求的客户给予特殊交易保证金比例，该比例适当低于公司普通客户保证金，但高于交易所保证金比例。特保户具有更高的期货交易杠杆，也聚集着更高的资金风险，因此，期货公司对特保户的风险管理也有着其特殊性。

1. 特保户准入机制

首先，凡是申请特殊保证金的客户，均要签订相关特保协议。期货公司对客户进行风险提示，客户则应承诺其交易模式及风险控制能力等，双方还应约定对风险的处理方式等内容。

其次，期货公司依据客户的背景资料、权益状况、历史交易模式、风险偏好、自我风控能力及信用记录等情况进行特保准入评估，对于符合条件的客户批准给予特保。

最后，则是考量给予客户的特保值。一般情况下，可将特保户群体根据交易模式分为几种类型，例如套利客户、套期保值客户、短线交易客户、趋势交易客户等等，再结合他们的资金能力、风控能力、信誉状况等因素，分别给予客户在交易所基础上加一到四个百分点不等的特殊保证金。

2. 特保户交易风险管理

对特保户的交易风险管理可分为静态风险管理与动态风险管理。

静态风险管理即对特保户进行多因素风险评估并管理。根据特保户交易的复杂性与风险的特殊性，期货公司应建立一套科学、有效的风险评估模型对其进行风险评估。风险评估模型的参数包括各种影响交易风险的因素，诸如客户权益、持仓比例、特保比例、交易模式、客户资信等，并对这些影响因素赋予一定权重，从而得出每个特保户的风险值。按照风险值的大小，将特保户划分为高风险、中风险、低风险三类风险等级，再根据客户风险等级分别采取严密监控、重点关注、适当关注等措施进行差异化风险管理。

动态风险管理主要指每个交易日对客户动态风险的管理。包括对客户持仓风险的动态监控，客户出入金管理，根据行情走势分析对客户持仓风险的预判等。动态风险管理需要随时与客户沟通，在风险较大的情形下，需要客户立即追加资金或者平仓，必要的时候，期货公司可以根据协议约定对客户进行强平，以及时化解风险。

3. 特保户退出机制

对特保户的管理必须有退出机制，即将不满足约定条件的特保户取消特保资格，恢复为公司普通客户保证金标准。

一般情况下，可以将出现以下情形之一的客户取消特保：①发生一次出现风险未自行处理而被公司执行强平的情况；②连续两个交易日结算后处于追加风险状态；③三次违反特保协议中承诺的操作模式。出现以上情形的均属于高风险特保户，应及时取消他们的特保资格。

另外，对于一些偶尔违反操作模式、在特保户风险评估中持续处于高风险级别，或者最近一年无交易记录的客户，我们也可以定期取消他们的特保资格。

4. 特保户内部操作管理

在期货公司的内部操作方面，也应该有相应的制约机制来对特保户风险进行控制管理。

(1) 特保户申请建议权。期货公司应根据各业务部门的风控能力，来给予其特保户建议权。风险意识高、风控能力强的部门可适当多满足他们的特保户申请；反之，对于风控能力弱的部门则谨慎对待他们提出的特保要求，严格审核，甚至可暂时取消其建议权。这样便形成了“良好的风险管理可以促进业务拓展”的理念和氛围，获得了良性循环的风控管理局面。

（2）特保户风险问责制。

①特保户出现风险，相关经纪人应及时与客户沟通，及时减仓或追加保证金以化解风险，部门经理负有督促的管理责任。

②因特保户持仓达不到风险管理要求，引起报警、被公司强平的，将取消相关经纪人的保证金比例调整建议权，并将经纪人所建议保证金收取比例恢复到公司标准。

③特保户出现穿仓的，造成风险损失的，责任经纪人与部门将承担较一般风险事故更多的赔偿责任。

对特保户的风险管理，是一个持续改进的过程，期货公司需要在实践中既要根据动态的监控情况，又要根据客户的特殊情况，在差异中寻找共同点，在统一标准中差异化管理，全方位全过程地进行风险控制。

（二）期货公司客户信用风险评价体系

上述期货公司特别户信用风险管理的经验是期货行业长期发展中摸索出来的比较有效的做法。然而随着市场的不断深入发展，这种做法也面临种种挑战，比如存在保证金水平设定的合理性及其动态调整等问题。

期货公司客户信用风险评级，即期货公司企业在对客户信用分析的基础上，对其信用做出的一种统一、规范的判断。通过客户信用评价体系，期货公司可以综合推理对客户信用进行评级，使得客户信用评级更加客观、科学。期货公司一方面建立了客户信用档案，维护期货市场运行次序；另一方面，通过客户的信用评级，对信用级别不同的客户实现差异化的服务，来提高经营效率。因此，建立健全期货公司客户信用评价体系是非常必要的。

1. 评价指标体系的构建

（1）指标选取原则。

①全面性原则。指标体系应能反映待评个人信用信息的综合情况，指标体系的全面性评价功能应大于各分指标的简单总和。同时指标体系还要尽量满足综合评价的相关性要求，既要全面反映贷款申请人的各方面的特征，又要尽量避免指标间的重叠。

②科学性原则。指标体系应以科学理论为指导，以客观系统内部因素及它们之间的本质联系为依据，定性和定量相结合，正确反映评价模型整体和内部相互关系的数量特征。定量指标注意绝对量和相对量结合使用，绝对量反映总量和规模、相对量反映强度和密度；定性指标可作适当量化处理。

③简明性原则。要结合我国现有银行管理水平和人员素质，模型计算力求简单快捷，便于评估人员掌握；评估结果不仅能够反映借款人总的信用状况，而且能体现借款人的各个方面的评估结果。

④可操作性原则。实践应用是理论研究的最终目的，因此选取的指标的数据来源一定是能够直接或间接得到的，模型必须有可操作性。

（2）评价指标体系的构建。期货公司客户信用风险的大小取决于多种因素，根据期货公司的经验，本研究从期货公司客户资产状况、历史信用状况以及历史运营状况三个方面来对客户信用等级进行评价。

期货公司客户信用评级体系构建见表14。

表14　　期货公司客户信用评级体系构建

	一级指标	序号	二级指标	考核内容
期货公司客户信用评级体系	资产状况	1	资产规模	总资产
		2	期货资产比重	期货投资规模/总资产
	历史信用状况	3	强行平仓次数	强行平仓次数
		4	追加风险状态次数	追加风险次数
	历史运营状况	5	期货交易时间	交易经验
		6	净投资利润率	（盈利－手续费）/（期初资金＋期间入金－期间出金）
		7	盈亏次数比	亏损次数/盈利次数
		8	盈亏稳定性	盈利（亏损）数额标准差

2. 期货公司客户信用风险值的计量

（1）层次分析法（AHP）。层次分析法（The analytic hierarchy process）简称AHP，在20世纪70年代中期由美国运筹学家托马斯·塞蒂正式提出。层次分析法是一种定性与定量分析相结合的多因素决策分析方法。这种方法在目标因素结构复杂且缺乏必要数据的情况下使用更为方便，因而在实践中得到广泛应用。层次分析的几个基本步骤：

首先，在确定决策的目标后，对影响目标决策的因素进行分类，建立一个多层次结构；可以将问题包含的因素分为：最高层（解决问题的目的）；中间层（实现总目标而采取的各种措施、必须考虑的准则等。也可称策略层、约束层、准则层等）；最低层（用于解决问题的各种措施、方案等）。把各种所要考虑的因素放在适当的层次内。用层次结构图清晰地表达这些因素的关系。期货公司客户信用评级的层次分析模型见图9。

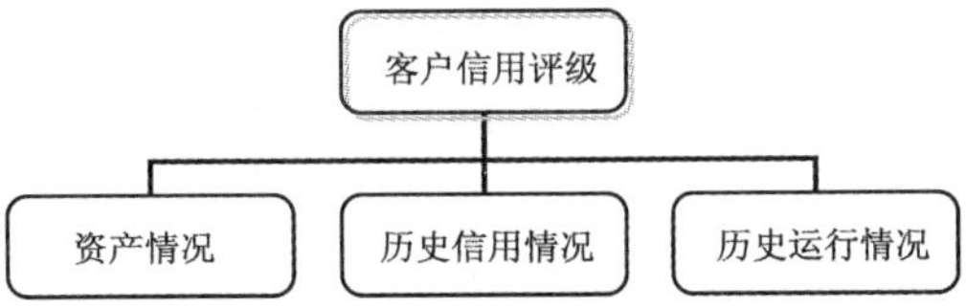

图9　客户信用评级的层次分析模型

其次，比较同一层次中各因素关于上一层次的同一个因素的相对重要性，构造成判断矩阵。判断矩阵表示针对上一层次指标，本层次指标之间两两比较的相对重要性，这个相对重要性用数值表示就构成判断矩阵，两两比较的相对重要性数值一般按五级标度法通常取1～5及其倒数（见表15），相对重要性指标两两比较能进一步细化的可按托马斯·塞蒂的九级标度法取1～9及其倒数，托马斯·塞蒂九级标度法及其含义见

表 16。

表 15　　五级标度法

标度	定　义
1	因素 i 与 j 同样重要
3	因素 i 与 j 明显重要
5	因素 i 与 j 绝对重要
2，4	上述两相邻判断的中间值
1~5 的倒数	因素 i 与 j 的比较的标度值等于因素 j 与 i 比较的标度值的倒数

表 16　　九级标度法及其含义

标度	定义（比较因素 i 与 j）
1	因素 i 与 j 同样重要
3	因素 i 比 j 稍微重要
5	因素 i 比 j 较强重要
7	因素 i 比 j 强烈重要
9	因素 i 比 j 极端重要
2，4，6，8	上述相邻尺度的中间值
1~9 的倒数	因素 i 与 j 的比较的标度值等于因素 j 与 i 比较的标度值的倒数

表 17　　期货公司客户评级体系一级指标重要性矩阵

指标	资产状况	历史信用状况	历史运营状况	权重
资产状况	1	1/5	1/3	0.1048
历史信用状况	5	1	3	0.6370
历史运营状况	3	1/3	1	0.2582

运行 MATLAB 后，在其命令窗口中仅输入以下指令：

输入矩阵，b = [1，5，3；0.2，1，0.333；0.333，3，1]。

$[x,d] = eig(b)$，输入结果中矩 d 的对角线元素即为特征值。

$$\begin{matrix} 3.0380 & 0 & 0 \\ 0 & -0.0190+0.3420i & 0 \\ 0 & 0 & -0.0190-0.3420i \end{matrix}$$

$\lambda_{max} = 3.0380$

$W_A = x\ (:,\ 1)\ /sum\ (x\ (:,\ 1))$，矩阵 X 的列向量即为特征值所对应的特征向量。

相应特征向量 $\bar{\omega}_A =$ $(0.1048,\ 0.6370,\ 0.2582)^T$

在实际操作中，可取数个权重向量，然后取其权重向量的综合平均求得一级指标的权重向量。

然后，通过对随机一致性指标 CR 的计算，检验判断矩阵的一致性。由于不同个体对指标权重的存在差异，出现判断矩阵不一致的情况也十分常见，因此有必要对判断矩阵一致性进行检验。当 $CR \leqslant 0.10$ 时，判断矩阵具有满意的一致性，$CR<1$ 时被认为一致性可以接受。若无满足一致性，则对成对判断矩阵进行修改，以达到可以接受的一致性。判断矩阵的一致性检验步骤如下：

①计算判断矩阵的最大特征值（或最大特征根）λ_{max}。

②计算一致性指标 CI：

$CI=(\lambda_{max}-n)/(n-1)$

式中，n 为判断矩阵的行数，也即层次子系统中的指标个数。

计算随机一致性比率 CR：

$CR=CI/RI$

RI 为随机一致性指标（见表 18）。

表 18　　平均一致性指标

n	2	3	4	5	6	7
RI	0	0.5189	0.8638	1.0959	1.2550	1.3390
n	8	9	10	11	12	13
RI	1.3954	1.4338	1.4901	1.5118	1.5383	1.5550

此例在一级指标的确定过程中，CI = 0.019；CR = 0.037 显然满足一致性要求。

再次，在符合一致性检验的前提下，计算与判断矩阵最大特征值相对应的特征向量，确定每个因素对上一层次该因素的权重；计算各因素对于系统目标的总排序权重并决策。

采用上述方法，求得一级指标下的各二级指标权重向量，得到各指标权重（见表 19）。

表 19　　一级指标下的各二级指标权重向量

一级指标	一级权重	二级指标	二级权重	指标最终权重
资产状况	0.1048	资产规模	0.7501	0.0786
		期货资产比重	0.2499	0.0262
历史信用状况	0.6370	强行平仓次数	0.8333	0.5308
		追加风险状态次数	0.1667	0.1062
历史运营状况	0.2582	期货交易时间	0.5596	0.1445
		净投资利润率	0.0955	0.0247
		盈亏次数比	0.0955	0.0247
		盈亏稳定性	0.2495	0.0643

最后，无量纲化。在确定各指标权重之后，下一步就是对各指标做综合评价。然后由于各指标的单位以及数量级各不相同，因此，要对各指标做同度量化处理，即无量纲

化处理。这里，我们选择均值化处理。指标 x 经过无量纲处理后的数据为 x'：

$$x' = \frac{x}{\bar{x}}$$

式中，$\bar{x}$ 为指标观测值 x 的样本平均值。通过均值法进行无量纲化处理，不仅可以消除各指标变数量级上的影响，还保留各指标变异程度的信息。

信用评级模型：$R = Y \times W$

式中，R 为期货公司客户综合评价结果向量；Y 为期货公司客户各项指标的无量纲化数据矩阵；W 为指标权重的向量矩阵。最终，根据 R 的大小对各客户的信用进行排名。

（2）关联分析法。假设对期货公司 m 个客户的 n 项指标进行综合评价，设 $X^* = [X_1^*, X_2^*, \cdots, X_n^*]$ 为期货公司所设定 n 项指标的最优值，即最优指标。

首先，建立样本矩阵。

确定最优指标后，结合具体的客户指标数据构造样本矩阵：

$$\begin{bmatrix} X_1^* & X_2^* & \cdots & X_n^* \\ X_{11} & X_{12} & \cdots & X_{1n} \\ \vdots & \vdots & & \vdots \\ X_{m1} & X_{m2} & \cdots & X_{mn} \end{bmatrix}$$

其次，指标标准化处理。

由于各指标的单位以及数量级各不相同，因此要对各指标做标准化处理，其效果等同于此前的无量纲化。具体方法如下：

$$Y_{ik} = \frac{X_{ik} - \min(X_{ik})}{\max(X_{ik}) - X_{ik}};\ i=1, 2, \cdots, m;\ k=1, 2, \cdots, n。$$

$Y_{ik} \in (0, 1)$

最后，综合评价结果。

将期货公司客户的具体指标值与最优指标对比，计算其相关系数。某客户指标关联度越大，则其与最优指标越接近，信用等级越高。相关系数 ε_{ik} 计算如下：

$$\varepsilon_{ik} = \frac{\min_i \min_k |C_k^* - C_k^i| + \rho \max_i \max_k |C_k^* - C_k^i|}{|C_k^* - C_k^i| + \rho \max_i \max_k |C_k^* - C_k^i|}$$

式中，$\rho \in (0, 1)$，一般取 $\rho = 0.5$。

最终，根据期货公司各客户的 ε_{ik} 值来进行排序。

（三）综合的保证金动态调整模型

根据上一章 VaR 的内容，我们将计算 VaR 得到的追加保证金比率与信用联系起来。首先，我们先选择 5 个样本，客户信用评价情况见表 20。

表 20 客户信用评价表

	客户 1	客户 2	客户 3	客户 4	客户 5	平均值
资产规模	1000000	300000	500000	200000	500000	500000
（无量纲指标）	2	0.6	1	0.4	1	
期货资产比重	0.3	0.2	0.3	0.2	0.4	0.28
（无量纲指标）	1.071429	0.714286	1.071429	0.714286	1.428571	
强行平仓次数	0	-1	0	-2	0	-0.6
（无量纲指标）	0	-1.66667	0	-3.33333	0	
追加风险状态次数	0	1	1	2	0	0.8
（无量纲指标）	0	1.25	1.25	2.5	0	
期货交易时间	5	3	4	2	5	3.8
（无量纲指标）	1.315789	0.789474	1.052632	0.526316	1.315789	
净投资利润率	0.21	-0.12	-0.13	0.03	0.12	0.022
（无量纲指标）	9.545455	-5.45455	-5.90909	1.363636	5.454545	
盈亏次数比	0.83	0.53	0.45	0.76	0.69	0.652
（无量纲指标）	1.273006	0.812883	0.690184	1.165644	1.058282	
盈亏稳定性	0.34	1.23	1.66	0.67	0.45	0.87
（无量纲指标）	0.390805	1.413793	1.908046	0.770115	0.517241	
信用得分	0.667748	-0.59571	0.385307	-1.26563	0.500286	

期货公司根据客户信用的具体分数，对客户信用等级进行划分。对于信用度最高的一部分客户，期货公司可以适当降低其追加交易保证金比例（但必须在期货交易所规定的标准之上）；对于处于信用度中等的客户，期货公司也可以根据行情对客户追加保证金比率做适度调整，这一部分客户占期货公司客户总量的大多数；而对于信用评级较差的这部分客户，期货公司则需要在期货交易所规定的标准之上对客户追加保证金做更高的要求。通过对期货公司客户的进行信用评级对期货公司客户保证金做差异化管理，提高客户资金的使用效率的同时，提高期货公司的效益并有效控制了信用风险。

具体来说，由以往数据计算可得 2010.12.22 期货公司对于郑糖期货合约需要追加的保证金比率为三个值，分别是 0.04，0.05，0.06。将上面的 5 个客户的信用得分进行排序，对于信用最好的（即第一名）给予最低的追加保证金比率（即 0.04）；对于信用最差的（即最后一名）给予最高的追加保证金比率（即 0.06）；其他三个人给予中等的追加保证金比率（0.05）。

七、结论与展望

本课题首先将客户按照不同标准进行分类，从而研究了不同类别客户的风险来源，同时描述了我国期货公司客户风险管理目前存在的相关问题。为了能够借鉴境外的先进管理方法与经验，解决我国当前期货公司客户风险管理中的问题，我们随后介绍了境外期货公司及商业银行的客户风险管理办法，并结合我国实际提出了一些期货公司客户风险管理的建议。为了能够很好地识别与度量客户的风险，我们运用 VaR（风险价值）方法计算了我国铜期货、大豆期货、棉花期货的 VaR，并根据追加保证金确定原理，将计算得到的几种 VaR 分别作为客户的追加保证金比率，在很大程度上覆盖了期货市场的系统性风险、流动性风险。在覆盖风险的同时，也降低了客户以往追加保证金的比率，减少占用客户过多的资金，减少客户的机会成本。不同的 VaR 对应着不同的追加保证金比率，为了能够提高资金的使用效率，同时规避一定的风险，我们将追加保证金比率同客户的信用联系起来。我们将客户的信用评级分为两个层面，一个为事前信用评级，一个为事中信用评级。对于事前信用评级，我们主要是针对客户的一些基本信息，构建指标体系，给出客户信用度的评估。对于事中信用评级，我们着重关注的是客户行为的信用风险。同时，将这两种信用评级结果与之前计算的几种追加保证金比率（VaR）相结合，对信用度较高的客户给予较低的追加保证金比率，对信用度较低的客户给予较高的追加保证金比率，并根据期货市场的行情实行动态调整。最后本课题提出了期货公司客户风险控制制度方面的建议，并重点对特保户的风险管理进行了说明。

相对境外比较成熟的期货公司，目前国内期货公司客户风险管理还比较落后，结合客户信用风险的基于 VaR 方法的保证金动态调整系统的引入，会大大改善当前客户风险管理的局面，提高管理的效率和效果。由于数据（特别是与期货公司客户信用相关的数据）方面的局限，我们只是根据交易者的历史交易数据进行模型验证，无法加入交易者的资信状况，也就无法充分验证模型和系统的有效性；由于时间方面的局限性，我们的工作尚停留在研究层面，系统的各组成模块之间的有效联结、相关软硬件接口问题、数据导入问题等系统实现方面的工作尚未开展，还不能实现实用性方面的预期。

因此，我们非常希望能得到中国期货业协会的持续支持，在后续研究中不断检验、完善模型，最终开发出能够在业内使用的期货公司客户风险管理系统。系统的设计构架见图 10。

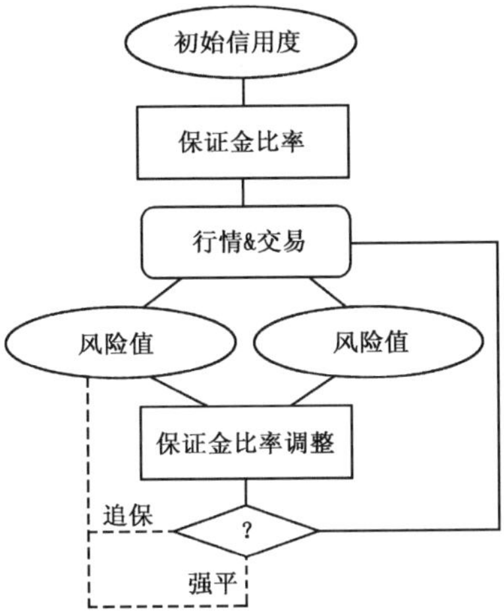

图 10　客户公司客户风险管理系统设计构架图

八、附录

（一）分位数方法

假定收益率的分布在预测期间与样本期间是一样的。可以利用收益率 r_t 的经验分位数来计算 VaR。令 r_1，…，r_n 表示样本期间内组合的收益率。样本的次序统计量是这些值用递增次序排列后的值。我们利用记号：

$r_{(1)} \leqslant r_{(2)} \leqslant \cdots \leqslant r_{(n)}$

表示这个排列，并将 $r_{(i)}$ 称为样本的第 i 个次序统计量。特别，$r_{(1)}$ 表示样本极小值，$r_{(n)}$ 表示样本极大值。

假定收益率是独立同分布并有一个连续分布的随机变量，其分布密度函数（pdf）为 $f(x)$，cdf 为 $F(x)$。那么由统计文献，对次序统计量 $r_{(l)}$，其中 $l = np$，$0 < p < 1$，我们有下面的渐进结果。

令 x_p 表示 $F(x)$ 的 p－分位数，则 $x_p = F^{-1}(p)$。假定分布密度函数 $f(x)$ 在 x_p 处不等于0，即 $f(x_p) \neq 0$，则次序统计量 $r_{(l)}$ 是渐进正态的，且均值为 x_p、方差为 $p(1-p)/[nf^2(x_p)]$。也就是说：

$$r_{(l)} \sim N\left[x_p, \frac{p(1-p)}{n[f(x_p)]^2}\right], \quad l = np \qquad (附 1)$$

根据前面的结果，可以利用 $r_{(l)}$ 来估计分位数 x_p，这里 $l = np$。实际中，感兴趣的概率 p 可能并不满足 np 是一个正整数。在这种情况下，可以利用简单的插值来得到分位数估计。对非整数 np，令 l_1 和 l_2 表示与 np 最邻近的两个正整数，满足 $l_1 < np < l_2$，并定义 $p_i = l_i/n$。前面的结果证明了 $r_{(l_i)}$ 是分位数 x_{p_i} 的一个相合估计。由定义，$p_1 < p < p_2$，因此，分位数可以通过下式估计：

$$\hat{x}_p = \frac{p_2 - p}{p_2 - p_1} r_{(l_1)} + \frac{p - p_1}{p_2 - p_1} r_{(l_2)} \tag{附 2}$$

（二）ARCH

GARCH 族模型是以 ARCH 族模型为基础的，ARCH（q）模型具体形式如下：

$$y_t = x_t\gamma + \varepsilon_t \tag{附 3}$$

$$\varepsilon_t \mid M_{t-1} \sim \Phi(\mu, \sigma_t^2) \tag{附 4}$$

$$\varepsilon_t = z_t\sigma_t \tag{附 5}$$

设 σ_t 具有如下形式：

$$\sigma_t^2 = \alpha_0 + \sum_{i=1}^{q} \alpha_i \varepsilon_{t-i}^2 \tag{附 6}$$

$$\alpha_0 > 0, \alpha_i > 0 (i = 1, 2, \cdots, q)$$

式中，y_t 为均值方程因变量；x_t 为均值方程自变量；γ 为均值方程自变量系数；ε_t 为随机误差项；σ_t^2 为条件异方差；σ_t 为条件标准差；$\Phi(\mu,\ \sigma_t^2)$ 为均值为 0、条件异方差为 σ_t^2 的正态分布；z_t 为独立同分布的随机变量，且 $E(z_t) = 0$，$\mathrm{var}(z_t) = 1$；M_{t-1} 为第 $t-1$ 期获得的信息集；α_0 为常数项；α_i 为条件异方差方程系数。

ARCH 模型认为收益率的方差可预测，条件异方差不仅取决于最新的信息，也取决于以前的随机误差项。但用 ARCH（q）模型研究一些长记忆的时间序列会存在一些不足。当 q 较小时，自相关函数衰减很快；而当 q 较大时，会带来多重共线性问题。为更精确地描述尾部分布特征，在条件方差的方程中加上了滞后项，即在 ARCH（q）模型中增加 p 个自回归项，得到 GARCH（p，q）族模型。GARCH（p，q）模型的 σ_t^2 具体计算公式如下：

$$\sigma_t^2 = \alpha_0 + \sum_{i=1}^{q} \alpha_i \varepsilon_{t-i}^2 + \sum_{j=1}^{p} \beta_j \sigma_{t-j}^2 \tag{附 7}$$

$$\alpha_i \geqslant 0,\ \beta_j \geqslant 0 (i = 1, 2, \cdots, q;\ j = 1, 2, \cdots, p)$$

其中，α_i、β_j 为条件异方差方程系数。

如果在 GARCH（p，q）模型均值方程中引入一个特殊的变量（条件异方差 σ_t^2 或条件标准差 σ_t），就得到了 GARCH2M 模型，它所估计的系数则反映了风险、收益的替代关系。均值方程变为

$$y_t = \lambda\sigma_t^2 + x_t\gamma + \varepsilon_t \tag{附 8}$$

其中，λ 为条件异方差项系数。

（三）极值理论 POT

1. 广义帕累托分布 GPD（General Pareto Distribution）

POT 探讨的是在样本中超过阈值的分布，从而发展出用 GPD 来描述超过阈值的分

布。GPD 描述的是超越阈值的分布，所以 GPD 只描述样本中超越阈值的极值集合的分布，而不是描述整个样本的分布。超越阈值的分布（Excess Distribution）可以用下式表示。

$$
\begin{aligned}
F_u(y) &= P(X - u \leqslant y \mid X > u) \\
&= \frac{F(u+y) - F(u)}{1 - F(u)} = \frac{F(x) - f(u)}{1 - F(u)}
\end{aligned} \tag{附 9}
$$

$0 \leqslant y \leqslant x_F - u, x_F \leqslant \infty$

其中，u 为阈值；X 为超过某一充分大的阈值 u 的样本观察值；y 为超额数；x_F 为分布右边的极值。

由于变量大部分集中在（0，u）区间内，此区间的函数 F 的估计没有问题，但在（u，x_f）区间，即极值分布的区域，观察的样本量很少，函数 F 的估计有些困难。Balkema 和 Haan（1974），以及 Pickands（1975）证明，对于一个充分大的阈值 u，超过阈值的分布会逐步趋近一个 GPD 分布。

令 $x = u + y$，当 $u \to \infty$ 时，

$$F_u(y) \approx G_{\xi,\beta}(y) \tag{附 10}$$

GPD 一般定义为：

$$
G_{\xi,\beta}(x) = \begin{cases} 1 - (1 + \xi \dfrac{x}{\beta})^{-\frac{1}{\xi}}, & \xi \neq 0 \\ 1 - \exp(-\dfrac{x}{\beta}), & \xi = 0 \end{cases} \tag{附 11}
$$

其中，$\xi \in R$，$\beta > 0$。且当 $\xi \geqslant 0$ 时 $x \geqslant 0$，$\xi < 0$ 时 $0 \leqslant x \leqslant -\beta/\xi$。$\xi$ 是分布的形状参数，β 是尺度参数。当 $\xi > 0$ 时，对应于厚尾的普通帕累托分布，相应超额数据的分布函数表示为：

$$F(X) = (1 - F(u))G_{\xi,\beta}(X - u) + F(u), \quad X > u \tag{附 12}$$

根据式子构造出 $F(X)$ 的一个尾部估计，并反求出分位数的形式。首先要估计和确定各个参数。

2. 阈值的确定和参数估计

阈值 u 的确定非常关键，它是正确估计参数 β 和 ξ 从而精确度量 VaR 和 ES 的前提。过高的 u 值会导致超额数据太少，从而估计参数的方差会偏高。而太小的 u 值则会产生有偏的估计量。通常有两种方法来确定阈值 u。其一是根据超额均值函数 MEF 的性质，即选取充分大的 u 值，使得 $X > u$ 时，MEF 是近似线性的。其二是根据 Hill 图。令 $X_{(1)} > X_{(2)} > \cdots > X_{(n)}$ 表示独立同分布的有序数据。尾部指数的 Hill 统计量定义为：

$$H_{k,n} = \frac{1}{k}\sum_{i=1}^{k} \ln(\frac{X_{(i)}}{X_{(k)}}) \tag{附 13}$$

Hill 图定义为点 $\{(k, H_{k,n}^{-1}), 1 \leqslant k \leqslant n-1\}$ 的集合。阈值 u 选择图形中尾部指数的稳定区域起始点的横坐标 k 所对应的数据 X_k。可以把两种方法相比较以更准确地确定阈值。参数 β 和 ξ 的估计值 $\hat{\beta}$ 和 $\hat{\xi}$ 可以用极大似然估计法求得。

3. VaR 和 ES 模型

尽管 VaR 已被广泛接受，但它本身存在一些不足。一是没有考虑到尾部风险，即

损失超过 VaR 值的风险；二是它不满足次可加性，因为不是一个一致的风险度量工具。为了弥补这些缺陷，Artzner（1997）提出了 Expected Shortfall（ES）的概念。其定义为：在给定的置信水平 p 下，设 X 是描述资产组合损失的随机变量，

$$ES_p = -E\{x \mid F(x) \leqslant (1-p)\} \tag{附 14}$$

式中，N 代表样本数据的总数，N_u 代表所有大于阈值 u 的样本数据个数。那么对于给定的概率 p，应用完全参数方法求出 VaR 和 ES 的表达式如下：

$$VaR_p = \begin{cases} u + \dfrac{\beta}{\xi}\left(\left(\dfrac{N}{N_u}p\right)^{-\xi} - 1\right), & \xi \neq 0 \\ u - \beta\ln\left(\dfrac{N}{N_u}p\right), & \xi = 0 \end{cases} \tag{附 15}$$

$$ES = VaR_p + \frac{\beta + \xi(VaR_p - u)}{1-\xi} = \frac{VaR_p}{1-\xi} + \frac{\beta - \xi u}{1-\xi} \tag{附 16}$$

（四）Kupiec 检验

后验检验的似然比检验方法

假设计算 VaR 的置信度为 $1-\alpha$，即 VaR 模型的失败概率为 α；样本容量为 T，样本中失效的天数为 N，则失败的频率为 N/T。

观察实际发生的损失是否超出 VaR 的预测值，则有：

$$X = \begin{cases} 1 & \text{实际的损失} > VaR \text{ 的值} \\ 0 & \text{实际的损失} \leqslant VaR \text{ 的值} \end{cases}$$

显然，总体 X 服从 0－1 分布。分布列：

$$f(x) = p^x(1-p)^{1-x} \quad x = 0,1 \tag{附 17}$$

设 X_1，X_2，…，X_T 是来自总体 X 的独立同分布样本，则 VaR 模型的似然比检验为：

$$H_0: \frac{N}{T} = p \qquad H_1: \frac{N}{T} \neq p$$

构造似然比统计量：

$$\lambda(X_1, X_2, \cdots, X_T, p) = \frac{\prod_{i=1}^{T} f(X_i, \hat{p})}{\prod_{i=1}^{T} f(X_i, p)} \tag{附 18}$$

其中，$\hat{p}$ 是 p 的极大似然估计。

样本的极大似然函数为：

$$L(X_1, X_2, \cdots, X_T, p) = \prod_{i=1}^{T} f(X_i, p) = \prod_{i=1}^{T} p^{X_i}(1-p)^{1-X_i} = p^{\sum_{i=1}^{T} X_i}(1-p)^{T-\sum_{i=1}^{T} X_i} \tag{附 19}$$

$$LnL(X_1, X_2, \cdots, X_T, p) = \sum_{i=1}^{T} X_i Lnp + \left(T - \sum_{i=1}^{T} X_i\right) Ln(1-p) \tag{附 20}$$

$$\frac{\partial LnL}{\partial p} = \frac{\sum_{i=1}^{T} X_i}{p} - \frac{T - \sum_{i=1}^{T} X_i}{1-p} = 0 \Rightarrow \hat{p} = \frac{1}{T}\sum_{i=1}^{T} X_i = \bar{x} \tag{附 21}$$

若 $X_1, X_2, \cdots, X_T$ 中有 N 天的损失超过 VaR，则：

$$\sum_{i=1}^{T} X_i = N,\ \hat{p} = \frac{N}{T}$$

将其代入前式有：

$$\lambda(X_1, X_2, \cdots, X_T) = \frac{\hat{p}^{\sum_{i=1}^{T} X_i}(1-\hat{p})^{T-\sum_{i=1}^{T} X_i}}{p^{\sum_{i=1}^{T} X_i}(1-p)^{T-\sum_{i=1}^{T} X_i}} = \frac{\left(\frac{N}{T}\right)^N\left(1-\frac{N}{T}\right)^{T-N}}{p^N(1-p)^{T-N}} \quad (附 22)$$

Kupiec（1995 年）证明了上式的自然对数统计量的近似分布：

$$2Ln\lambda(X_1, X_2, \cdots, X_T) = 2Ln\left[\left(\frac{N}{T}\right)^N\left(1-\frac{N}{T}\right)^{T-N}\right] - 2Ln[p^N(1-p)^{T-N}] \sim \chi^2(1) \quad (附 23)$$

给定显著水平 $\alpha(0 < \alpha < 1)$，有：

$$P(2Ln\lambda \geqslant \chi_\alpha^2(1)) \leqslant \alpha \quad (附 24)$$

即有拒绝域：$2Ln\lambda \geqslant \chi_\alpha^2(1)$，于是得：

$$2Ln\lambda = 2Ln\left(\frac{\bar{X}}{p}\right)^N\left(\frac{1-\bar{X}}{1-p}\right)^{T-N} \geqslant \chi_\alpha^2(1) \Rightarrow \left(\frac{\bar{X}}{p}\right)^N\left(\frac{1-\bar{X}}{1-p}\right)^{T\left(1-\frac{N}{T}\right)} \geqslant e^{\frac{1}{2}\chi_\alpha^2(1)}$$

$$\Rightarrow \left(\frac{\bar{X}}{p}\right)^N \geqslant \left(\frac{1-p}{1-\bar{X}}\right)^{T(1-\bar{X})} e^{\frac{1}{2}\chi_\alpha^2(1)} \Rightarrow NLn\frac{\bar{X}}{p} \geqslant Ln\left[\left(\frac{1-p}{1-\bar{X}}\right)^{T(1-\bar{X})} e^{\frac{1}{2}\chi_\alpha^2(1)}\right]$$

整理得：

$$\bar{X} \geqslant \frac{(1-\bar{X})[Ln(1-p) - Ln(1-\bar{X})] + \frac{1}{2T}\chi_\alpha^2(1)}{Ln\,\bar{X} - Lnp} \quad (附 25)$$

上式给出了似然比检验中的拒绝域，该拒绝域没有明确的解析解。

中期协联合研究计划（第六期）项目

期货公司客户风险管理系统设计与开发研究

课题负责单位：上海交通大学
课题合作单位：上海大陆期货有限公司
上海万纬信息技术有限公司
课题负责人：叶中行
课题组成员：秦梅梅　史海龙　杨　波　潘晓晨　林　宏
张　晶　葛佳毅　黄军雷　张泓知　田　昆
山　檠　张晓峰　何张翼

一、研究背景及意义

从1571年伦敦开设第一家商品远期合同交易所——皇家交易所以来，期货经过了近500年发展，已经日渐成熟，并在全球经济中占有重要比重。我国期货市场经历了跌宕起伏、极不平凡20多年的发展。1990年10月在郑州粮食批发市场中首次引入期货交易机制，是中国期货市场诞生的标志；1992年5月成立上海金属商品交易所；1993年2月成立大连商品交易所，到1994年前后，全国有近300家期货公司。但1995年5月国债期货的“3·27事件”和“3·19风波”导致中国第一只金融期货——国债期货夭折，期货业发展进入整顿调整期，1998年原来的14家期货交易所合并为大连、郑州、上海3家。2000年12月29日作为期货行业自律组织的中国期货业协会正式成立，第二年中国期货市场开始复苏，2006年中国金融期货交易所在上海成立，2010年4月16日沪深300股票指数期货合约在中国金融期货交易所正式上市。股指期货上市以来交易总量已经超过现货总量，与此同时股指期货的风险也日益显现。这期间期货公司完成了大规模的收购重组。期货业进入稳步发展期。直到2009年，我国期货公司已经超过160家，资产已经达到130亿元以上，商品期货累计成交额达130万亿元，累计成交期货合约约2157429818手。到2010年全国期货市场累计成交期货合约约3133049200手，累计成交额达308万亿元，是2001年的100倍（以上数据引自文献［27］）。与此同时，众多投资者都对期货产生了浓厚的兴趣，参与期货交易的投资者人数不断增加，到2009年已经有54万个人与机构在进行期货交易。2009年9月1日，对期货公司实行5类11个级别的分类监管。目前，监管部门正酝酿一系列改变期货投资者结构的措施，这将有助于期货业的健康发展。

期货交易不同于一般的交易，需要由期货公司作为媒介。众多的投资者在期货公司建立账户，期货公司在期货交易所中拥有席位。投资者需要通过期货公司，才能在期货交易所中进行交易。期货交易与传统交易不同的是，投资者只需要缴纳一定数量的保证金，就可以拥有100%的标的资产，而一般的保证金比例在20%以下，也就是说放大比例一般在5倍以上。这种杠杆作用不仅使期货交易有着更大的潜在收益，同样亏损将被放大。风险一经放大，就会给投资者、期货公司甚至整个市场带来巨大影响。因此，期货行业作为一个高风险的投资行业，控制风险是永恒的主题。

在我国160多家的期货公司中，很少有公司对风险进行量化管理，有的仅根据投资者的登记信息对其进行粗略的信用评估。但实际上这种评估并不能反映投资者参与期货交易后的实际风险。对有交易行为的投资者一般都是对出现了风险警示的投资者进行强平仓操作，例如投资者未及时追加交易保证金，投资者持仓超出持仓限额标准，出现违规、违约等。期货交易所会对该投资者所在的期货公司或者投资者本人进行强行平仓。这样不仅会给投资者带来很大损失，同时殃及到期货公司。其中包括监管部门对期货公司进行扣分惩罚等。因此，期货公司对投资者设置的保证金比例往往会高于期货交易所要求的保证金比例，以避免投资者爆仓风险。但保证金设置过高，势必加大投资者的交易成本，所带来的后果就是降低了公司市场开拓力度。因此，适度的保证金设置水平能够确保在有效控制风险的前提下，提高期货公司的市场竞争力。

管理期货公司就是管理风险，而信用风险是期货公司面临的首要风险。本课题的研究核心是如何识别、规避和控制投资者的信用风险或者说如何根据投资者的交易行为（习惯）来判断其交易信用程度，进而调整其保证金水平，以便完成在低成本中低（无）风险交易的操作。目前在我国还没有一个期货公司开发此类系统。因此本论文研究的方向不仅在国内期货业是首创的，而且具有重要的理论意义和应用价值，在期货业具有广泛的推广前景。

经过10多年的发展，期货公司已经积累了大量的投资者交易数据，使得统计分析工作成为可能。但据了解，目前国内的期货公司普遍采取的是以客户经理的经验为基础，缺乏科学的评价体系和可操作的计算机系统。

本课题首次从理论上设计科学的投资者信用风险评估指标体系和评估数学模型，包括依据投资者登记信息的预评估和依据投资者实际交易信息的实时评估，并结合期货公司客户经理的实际经验，最终实现计算机自动识别和控制系统。这对提高我国期货公司的风险控制水平有重要的应用价值。

本课题创新性地提出利用无教师的智能分类方法对客户进行分类，再通过期货公司检验后再用有教师学习的方法给出简单而有现实意义的解释，系统完成后可用于新客户的分类，为期货公司控制客户风险提供基本依据，期货公司可以对不同类型的客户采用不同的风险控制方法。

二、国内外相关文献综述

国内外对期货保证金计算有比较成熟的方法，如利用 SPAN 或其他的保证金计算系统，例如 CBOT、CME、LIFFE、LME 等，采取动态保证金收取方式，每天都计算下一交易日所需收取的保证金比例，并不定期调整保证金。SPAN 和 TIMS 等系统完全是黑箱操作，适用于期货、期权之间和不同期货之间的组合投资风险的确定。SPAN1988 年 12 月由 CME 启用，用以衡量结算会员总头寸的总风险，从而决定应收取的保证金金额；TIMS 则由美国的期权清算公司（OCC）在 1986 年启用。SPAN 和 TIMS 都是基于情节模拟法发展出来用以衡量结算会员头寸风险的。中国香港地区保证金设定方法——EWMA 模型根据历史数据测算股指期货合约的市场波动率，从而定出保证金水平，且足以覆盖超过 99% 概率的期货合约单日价格的波动。目前使用的是单指数加权移动平均模型（EWMA），即基于变动率指标的保证金模型来确定基准保证金。每日更新期货市场波动率估算时，须删除由（n+1）日前的一个数据点及每日加入一个数据点，在计算指数加权移动平均数及价格变化的波动率时，越近的数据所占的比重越大。中国台湾期货保证金的设定主要是根据 VaR 模型对市场风险的监测结果进行动态调整，这些方法仅适用于期货保证金的计算，并不是客户信用风险的评估。

信用评估在金融业有重要位置，包括银行贷款信用评估，个人信用评估，企业信用评估等（参见文献［11，12，13］），国内外机构也已经开发出商业系统，我们在这方面也积累了丰富的经验（见文献［1～6］）。但是这些系统均不完全适用于期货公司对客户的信用风险评估，在依据客户登记信息的预评估时可以借鉴这些方法，因为期货公司客户的真实的信用风险只有客户参与了期货交易后才能显现，并且呈现动态的变化，只有基于客户交易状况对客户风险进行识别和分类，动态的监控才可能实现。目前，在我国还没有一个期货公司开发出此类系统。因此，期货公司对客户的信用风险进行分类和控制是期货公司面临的具有挑战性的问题。

要开发这个系统需要解决下列问题：

1. 分类依据的变量是什么

由于不同客户交易数据各有不同，甚至会有很大差别，不能直接用于分类，因此必须提取他们公共的特征变量，但是如何提取，如何计算，要哪些、要多少特征变量，这方面并没有前人的工作可以参考，需要结合监管部门的要求和期货公司的日常业务需要来选择并确定这些变量。

2. 分类依据的方法是什么

有了特征变量后，每个客户的交易数据如何转化成特征数据，如何用于分类？期货公司业务经理有实践经验，但没有严格的分类标准。因此，我们面临的是一个无教师的分类问题，好在数据挖掘技术提供了无教师学习和分类，称之为聚类分析的理论和方法（参见文献［7，8，18～26］）。但是，实践经验表明并不存在一种最优的方法适用于所有实际问题，它们各有利弊，对于我们面临的问题，恰当的方法是尝试各种不同的方法，然后将这些方法的结果加以比较和融合。

3. 如何解释分类的结果

通过聚类分析将客户分类后，如何解释各类客户的综合特征呢？我们可以参与统计分析中的主成分分析法得到描述他们主要特征的综合指标，就可以恰当地解释各类客户的特征。

4. 如何展现分析的结果

能否将上述分析计算结果，并结合公司日常报表业务，以方便期货公司业务人员能利用该系统对客户进行分类管理？

5. 如何用软硬件实现

最后是把以上如何将计算结果模块化，形成软件系统，并安装在期货公司的管理系统里。同时，最好不增加额外的设备，这样成本相对较低。

本课题的研究过程就是提出和解决上述问题的过程。

关于特征变量设计，我们在期货公司按照证监会要求需要统计的数据变量的基础上，进行了二次开发，设计了数十个特征变量，它们计算方便，容易理解，完全适应下一步分类的需求。

对客户的分类所用的聚类分析（Cluster Analysis）又称群分析，是根据“物以类聚”的道理，对样品或指标进行分类的多元统计或智能分析方法，它们讨论的对象是大量的样品，要求能合理地按各自的特性来进行合理的分类，没有任何模式可供参考或依循，即是在没有先验知识的情况下进行的。聚类是将数据分类到不同的类或者簇这样的一个过程，所以同一个簇中的对象有很大的相似性，而不同簇间的对象有很大的相异性。

课题组考察了聚类分析的主要计算方法：分裂法（Partitioning Methods）、层次法（Hierarchical Methods）、基于密度的方法（Density－Based Methods）、基于网格的方法（Grid－Based Methods）、基于模型的方法（Model－Based Methods）。分裂法又称划分方法（PAM：PArtitioning Method）首先创建 k 个划分，k 为要创建的划分个数；然后利用一个循环定位技术通过将对象从一个划分移到另一个划分来帮助改善划分质量。层次法（Hierarchical Method）创建一个层次以分解给定的数据集。该方法可以分为自上而下

（分解）和自下而上（合并）两种操作方式。为弥补分解与合并的不足，层次合并经常要与其他聚类方法相结合，如循环定位。基于密度的方法，根据密度完成对象的聚类。它根据对象周围的密度（如 DBSCAN）不断增长聚类。基于网格的方法，首先将对象空间划分为有限个单元以构成网格结构；然后利用网格结构完成聚类。基于模型的方法，它假设每个聚类的模型并发现适合相应模型的数据。此外，还有人工智能算法，如本课题使用的自组织映射算法。

以上方法各有利弊，且应用于低维空间效果较好。而本课题面临的问题是有数十个变量的高维问题。高维聚类分析已成为聚类分析的一个重要研究方向。同时高维数据聚类也是聚类技术的难点。随着技术的进步使得数据收集变得越来越容易，导致数据库规模越来越大、复杂性越来越高，如本课题所采集的交易数据、许多在低维数据空间表现良好的聚类方法运用在高维空间上往往无法获得好的聚类效果。高维数据聚类分析是聚类分析中一个非常活跃的领域，同时它也是一个具有挑战性的工作。针对本课题面临的高维数据，我们创新性地采用了多种方法，并进行融合，取得较好的效果。

本课题开发的报表展现系统，吸收了常用报表展现系统的功能，增加了灵活组表的功能，使得期货公司风险管理人员不仅能通过这个系统查询客户的分类情况，投资行为和风格的变化，还能根据工作需要灵活地组建不同的统计报表，大大提高了工作效率。

最后一点，本系统模块化后形成软件系统，并安装在期货公司的管理系统里，无需增加额外的设备，成本相对较低。

三、研究成果

本项目研究的“期货公司客户风险管理设计与开发系统”包含客户预评估设计、数据采集和转换、特征提取、客户分类、模型检验、系统集成和未来改进设想等部分，其中特征提取、客户分类与系统集成是重点。

（一）客户预评估设计

对开户的客户进行信用预评估是防范风险的重要环节，目前国内期货公司尚无统一的要求和标准，大陆期货公司设计了“开户申请表（自然人）”（见附录表1），本课题组还收集了新加坡期货业“大华黄金和期货有限公司个人和联合账户”（见附录表2），进行了比较研究，认为借鉴新加坡的经验建立客户预评估指标体系非常必要。我们有以下认识和建议：

1. 预评估目的：通过了解客户的基础信息及资信信息，对客户做出客观的抗风险能力预评估，能够对客户进行较为详细的风险分类管理，达到科学量化控制风险的目的。建议预评估体系要素见表1。

表 1　　期货客户开户登记表

姓名		性别		出生年月	
身份证号码				有效期限	
联系地址				邮政编码	
联系电话	（固定电话）			手机号码	
教育程度	□小学　□中学　□高中　□大专　□本科　□硕士　□博士				
当前工作情况	单位名称				
	单位地址				
	企业性质				
	职位或职称				
	工作年限				
上一次的工作（如当前工作年限少于 3 年）	单位名称				
	单位地址				
	企业性质				
	职位或职称				
	工作年限				
投资风险偏好	□低风险	□中等风险	□高风险		
证券投资经验	______年		期货投资经验	______年	
净资产	现金和银行存款				
	证券/股票/股份/债券				
	房产	市场价值			
		地址			
		所有权			
	其他资产				
	贷款				
	其他应付款				
收入来源	工作年薪				
	投资收入				
	自营企业收入				
	继承和接受馈赠				
	其他收入				
预计入市资金					
直系家庭成员	姓名	关系	组织	部门	职务

预评估要求：①客户必须亲自填写预评估材料；②客户必须保证提供的预评估信息是真实的。

预评估的实现：①监管层及交易所制定配套的法律、法规，将预评估要素作为期货公司客户开户的必要条件；②预评估要素的真实性应有相应的确认体系的核查支持。

我们认为建立客户信用风险预评估体系非常必要，但目前实施相当有困难，例如：①客户填写涉及隐私的个人和家庭信息是不愿意的，即使客户愿意填写也担心缺少法律的保障导致资料的外泄问题；②客户填写的预评估信息数据是否真实，也缺少相对应的确认核查体系的支持；种种情况下，现行法律、法规都难以保障客户信用风险预评估数据的有效性。

（二）数据采集和转换

1. 数据采集：本课题首先采用大陆期货公司提供的客户真实的交易数据，首批包括约5000个客户2009年一年的交易数据（含每笔交易数据、每个交易日的结算数据、保证金和手续费交纳数据等）。第二批采集2010年1～9月份2000个客户的数据。

2. 数据预加工：期货公司庞大的客户交易的原始数据中，由于历史原因存在着一些杂乱、重复、不完整等异常数据，这些异常数据会影响分析模型的建立。因此，进行数据分析之前，必须对收集到的原始数据进行预处理。源数据预处理主要包括数据清理、数据集成、数据变换与数据归约等技术。数据预处理主要保证基础数据的准确性和一致性。在本课题数据采集和预处理过程中，采取的措施举例如下：去除源数据中空格等异常字符；把源数据中的业务数据转换为后台处理的逻辑数据，譬如，“long（买入）”和“short（卖出）”转换为“1”和“0”等；同一个字段的源数据在不同时期有不同格式的，调整成相同格式（一般为起初预定义的格式）。经过数据采集和预处理，首批5000个客户的数据经清洗后能用于分类的约占2/3。

（三）特征提取

1. 指标设计：这是本项目的关键问题之一。采集的数据并不能直接用于客户分类，需要从中提取公共特征，我们以此为基础，设计出约50个特征指标，包括少量定性指标，用于客户身份鉴别，其他均为定量指标，包括衡量客户交易行为的指标、风险的指标、收益的指标以及缴纳手续费的指标等。例如：交易频数、交易量比例、交割量比例、保证金比例、手续费贡献度、盈亏比例、风险偏好（长线、短线）、强平仓频率及次数、追加资金到位及兑现的情况等，大部份都需要从原始数据计算得到。

2. 指标计算：对设计出的这些特征指标，给出计算公式，并进行计算，对所有客户计算出各自的特征指标。

（四）客户分类

1. 分类原理：假设共有N个特征指标，分别为X_1，X_2，…，X_N；共有M个客户，第i个客户的特征指标为$X_i=(X_{i1}, X_{i2}, \cdots, X_{iN})$，$i=1, \cdots, M$；在分类中，将每个客户看成一个样本，也即有$M$个样本，每个样本对应一个$N$维向量。从数据分类的角度来看，就是基于$M$个由$N$维向量构成的样本集合，建立客户分类的数学模型。

2. 分类方法：我们综合运用各种统计和智能方法，并将各种方法的分类结果进行融合，完成最终的分类模型。分类建模分两个阶段：无教师学习阶段和有教师学习阶段。

（1）第一阶段：先利用无教师学习方法进行分类。其原理结构见图1。

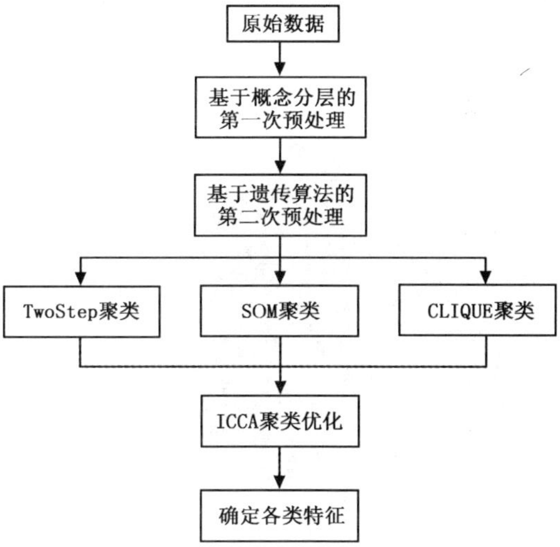

图1 客户分类识别系统工作原理

第一步，已经对首批数据应用各种分类方法，如两步法、自组织映射法和CLIQUE法等几种基于不同原理的聚类算法，得到各自的分类结果。具体算法如下：

①两步法：两步聚类算法（Two Step Cluster）。这是一种分层聚类算法（Hierarchical Algorithms），输入包含M个数据对象的数据库，输出为自动确定的k个聚类。其算法步骤如下：

步骤一，逐个扫描样本，每个样本依据其与已扫描过的样本的距离，被归为以前的类，或生成一个新类。

步骤二，对步骤一中的各类依据类间距离进行合并，然后按一定的标准停止合并。

②自组织映射（Self－Organizing Mapping 简记 SOM）。自组织映射网络是一种无教师的聚类方法，通过寻找最优参考矢量集合来对输入模式集合进行分类。每个参考矢量为一输出单元对应的连接权向量。与传统的模式聚类方法相比，它所形成的聚类中心能映射到一个曲面或平面上，而保持拓扑结构不变。对于未知聚类中心的判别问题可以用自组织映射来实现。它仅由输入层和输出层（竞争层）两层构成。网络下层为输入层，输入包含n个样本（m维向量）的训练集。网络上层是输出层，输出n个样本的聚类情况，该层所有神经元按照任意一种非最优匹配形式排成一个邻域结构。

③CLIQUE聚类分析。CLIQUE（Clustering In QUEst）算法是IBM的Almaden研究中心数据挖掘课题的研究成果。该算法综合了基于密度和基于网格的聚类方法，它对于大型数据库中的高位数据的聚类非常有效。CLIQUE算法依赖如下性质：基于密度的粗的单调性。如果一个点集在n维（属性）上形成一个基于密度的簇，则相同的点集在这些子集上也是基于密度簇的一部分。

第二步，将把各种方法的分类结果进行融合。利用一种基于交集的聚类组合算法

(Intersection - based Clustering Combination, ICCA) 求得类合并处理争议客户形成分类标准。鉴于 TwoStep 聚类算法处理大规模数据的能力以及可自动确定类的数目等特点，选择两步聚类算法所得的聚类结果作为基准，分别计算两步聚类算法与 SOM 算法及 CLIQUE 算法所得聚类结果的相应 T - Measure 值。得到第一阶段分类结果（见图 2）。

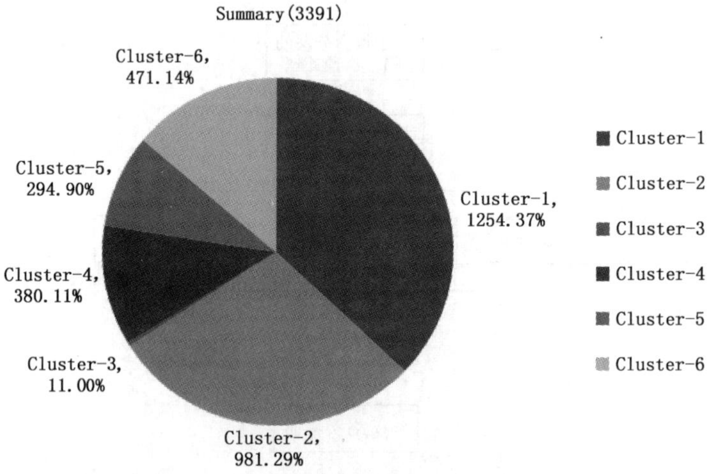

图 2　客户分类识别系统测试结果

最后将利用随机子抽样及自助法进行检验。利用检验集中的 863 个客户对象对期货公司客户分类识别系统进行测试（见图 3）。

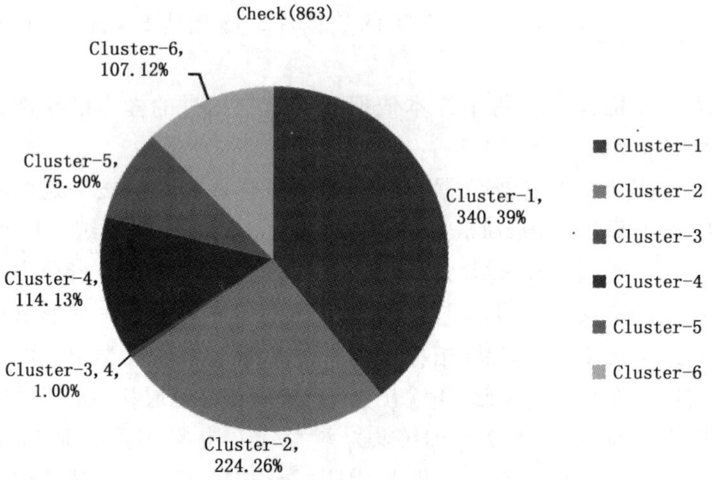

图 3　客户分类识别系统测试结果

将检验集中的 863 个客户对象进行第一次预处理，即概念分层。然后将检验集中的 863 个点跟类核中的每一个点进行比较，把它分配给离自己最近的点所在的簇，点间的距离我们选用欧几里得距离。最终，863 个客户对象被分配到上述六个类中。在每一类中随机抽取 60% 的客户，由客户经理进行校对，高达 87.7% 的客户与相应类别的特征相符，这足以说明期货公司客户分类识别系统的可靠性及有效性。

（2）第二阶段：有教师学习分类。在第一阶段无教师学习分类的基础上，开始第二阶段有教师学习分类。主要采取主成分分析法、多元回归法对各类别进行定性解释。

根据最终的聚类结果，分析每一类的客户所代表的实际意义（见表2）。

表2　各类综合指标定性描述

类　别	特　点
第一类	高收益，高风险，高贡献，高换手率，高交易率
第二类	低收益，低风险，高贡献，低换手率，高交易率
第三类	低收益，高风险，低贡献，高换手率，高交易率
第四类	高收益，低风险，高贡献，低换手率，低交易率
第五类	低收益，高风险，低贡献，高换手率，低交易率
第六类	低收益，低风险，高贡献，低换手率，低交易率

（五）模型检验

对以上模型得出的分类结果，与大陆期货公司客户经理的实践经验相结合进行检验，然后由大陆期货公司再提供约2000个客户的新数据用于对模型的检验和修正，完成最终分类模型。

由于客观存在的困难未能得到其他期货公司的客户数据，对我们的系统应用于其他期货公司将在今后择机进行。

（六）前台报表展现

在客户分类基础上，结合期货公司的日常业务，本课题还完成前台报表展现的模块开发研究。由于目前在我国还没有一个期货公司开发出此类系统，期货公司对客户的信用风险进行分类和控制还没有成熟的方案，前台报表需要展现的具体指标还没有明确，需要一个摸索确认的过程。为了满足灵活报表的需求，前台报表展现将采用多视角报表功能。多视角报表是通过参数驱动、报表关联、What－if等技术产生多种报表，将数据从应用逻辑、业务层次等不同的角度、以不同的形式展现给处在不同“权限树”上的用户，增强了不同用户观察和分析数据的能力。通过友好的用户界面上的参数面板，可以设置参数而无需刷新数据。通过由一份报表满足多种需要，有助于减少需要维护的报表数量以及相关的IT成本。前台报表展现的功能举例如下：

1. 盈亏分析

盈亏分析是分析期货公司客户账户资金在一段时间的盈亏情况，它对期货公司客户风险评估起辅助参考作用。

盈亏分析可以选择分析项目，比如，“用户编号”、“盈亏状态”等。输入正确的特定用户编号，出现该指定用户的分析界面（见图4）。

如图4所示，可以指定用户编号为“0675”的客户进行盈亏分析。

盈亏分析还可以对该用户进行“资金对账详表”、“持仓总汇详表”、“成交明细详

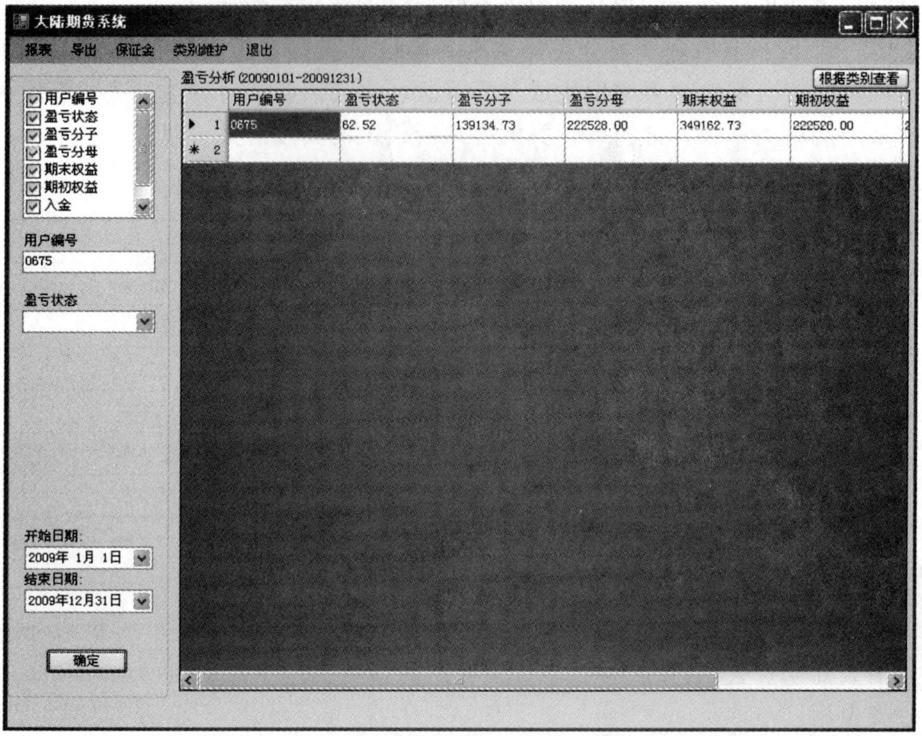

图 4　根据特定用户编号分析

表”等分析，如图 5 所示。

图 5　指定用户详细分析菜单

对特定用户进行“资金对账详表”、“持仓总汇详表”、“成交明细详表”、“未处理风险明细”等分析，可以多角度分析跟踪特定用户的风险情况。

指定用户的资金对账详表如图6所示。

资金对账详表

导出 关闭

	客户号	交易日	出金	入金	手续费	上交手续费	留存手续费
1	0675	20090105	0.00	22000.00	305	107.00	198.00
2	0675	20091124	0.00	0.00	735	347.00	388.00
3	0675	20091125	0.00	0.00	258	107.00	151.00
4	0675	20091126	0.00	0.00	267	109.00	158.00
5	0675	20091127	0.00	0.00	415	182.00	233.00
6	0675	20091130	0.00	0.00	249	115.00	134.00
7	0675	20091201	0.00	0.00	263	131.00	132.00
8	0675	20091202	0.00	0.00	192	90.00	102.00
9	0675	20091203	0.00	0.00	205	97.00	108.00
10	0675	20091204	0.00	0.00	213	92.00	121.00
11	0675	20091207	0.00	0.00	561	256.00	305.00
12	0675	20091208	0.00	0.00	358	158.00	200.00
13	0675	20091209	0.00	0.00	271	129.00	142.00
14	0675	20091210	0.00	0.00	169	66.00	103.00
15	0675	20091211	0.00	0.00	362	150.00	212.00
16	0675	20091214	0.00	0.00	388	183.00	205.00
17	0675	20091215	0.00	0.00	233	109.00	124.00

图6 指定用户的资金对账详表

指定用户的持仓总汇详表如图7所示。

持仓总汇详表

导出 关闭

	客户号	交易所	席位	品种	交割期	买持仓	卖持仓
1	0675	大商	大连席位	黄大豆	0909	1	0
2	0675	大商	大连席位	黄大豆	0903	0	4
3	0675	大商	大连席位	玉米	0909	0	13
4	0675	大商	大连席位	玉米	0905	0	11
5	0675	大商	大连席位	豆粕	0908	1	0
6	0675	大商	大连席位	豆粕	0907	1	0
7	0675	大商	大连席位	豆粕	0905	1	0
8	0675	大商	大连席位	豆油	0909	2	0
9	0675	大商	大连席位	豆油	0908	2	0
10	0675	郑商	郑州席位	菜籽油	0909	5	0
11	0675	郑商	郑州席位	菜籽油	0905	6	0
12	0675	郑商	郑州席位	强麦	0905	0	17
13	0675	大商	大连席位	黄大豆	1007	0	24
14	0675	大商	大连席位	黄大豆	1005	0	11
15	0675	大商	大连席位	黄大豆	1003	1	0
16	0675	大商	大连席位	豆粕	1009	1	0
17	0675	大商	大连席位	豆粕	1008	1	0

图7 指定用户的持仓总汇详表

指定用户的成交明细详表如图 8 所示。

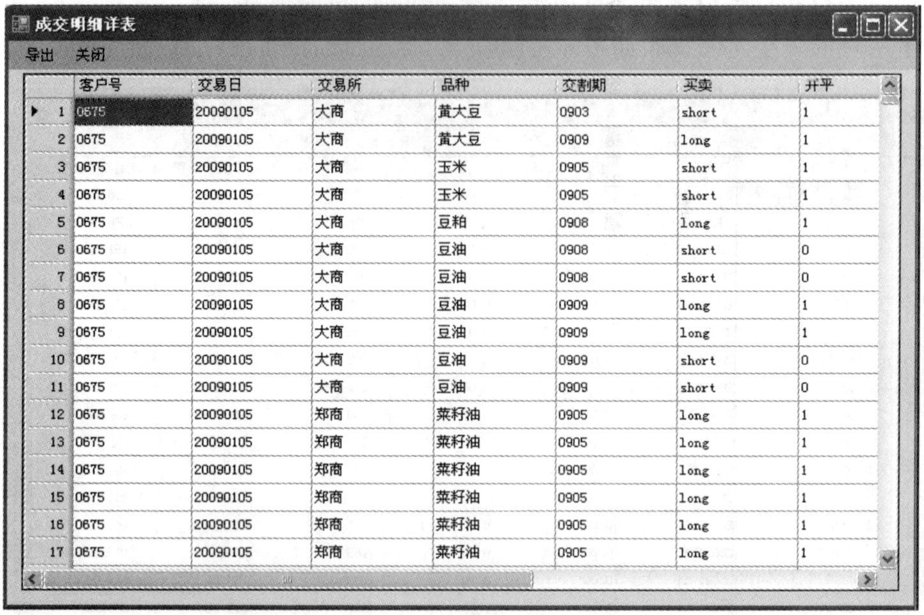
成交明细详表

导出 关闭

	客户号	交易日	交易所	品种	交割期	买卖	开平
1	0675	20090105	大商	黄大豆	0903	short	1
2	0675	20090105	大商	黄大豆	0909	long	1
3	0675	20090105	大商	玉米	0905	short	1
4	0675	20090105	大商	玉米	0905	short	1
5	0675	20090105	大商	豆粕	0908	long	1
6	0675	20090105	大商	豆油	0908	short	0
7	0675	20090105	大商	豆油	0908	short	0
8	0675	20090105	大商	豆油	0909	long	1
9	0675	20090105	大商	豆油	0909	long	1
10	0675	20090105	大商	豆油	0909	short	0
11	0675	20090105	大商	豆油	0909	short	0
12	0675	20090105	郑商	菜籽油	0905	long	1
13	0675	20090105	郑商	菜籽油	0905	long	1
14	0675	20090105	郑商	菜籽油	0905	long	1
15	0675	20090105	郑商	菜籽油	0905	long	1
16	0675	20090105	郑商	菜籽油	0905	long	1
17	0675	20090105	郑商	菜籽油	0905	long	1

图 8　指定用户成交明细详表

盈亏分析也可选择不同的盈亏状态进行分析，如图 9 所示。

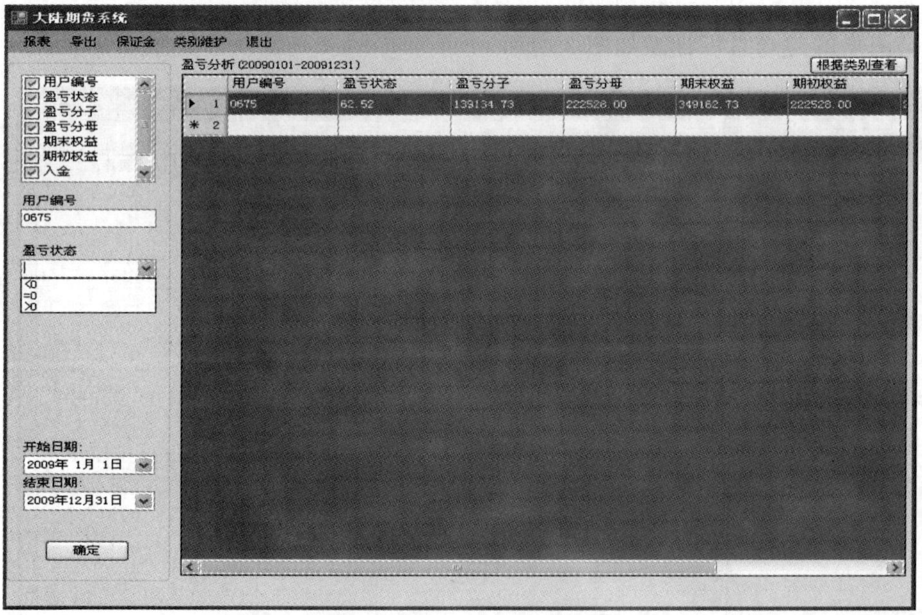

图 9　根据盈亏状态分析

如图 9 所示，可以选择盈亏状态“<0”、“=0”、“>0”三种情况对期货公司的客户进行分析。

2. 风险度分析

风险度分析根据期货公司客户以往与保证金风险有关的操作纪录，对客户的交易行为与风险处理进行评估和分析，是对期货公司客户风险评估和管理的重要依据。

风险度分析的操作界面如图 10 所示。

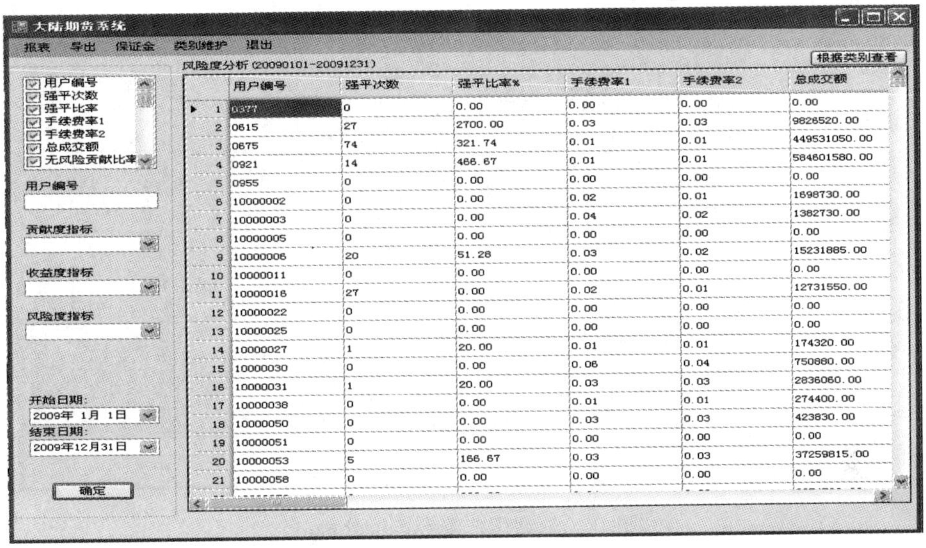

图 10　风险度分析界面

风险度分析，如图 10 可以选择多种分析项目，如“追缴次数”、“强平次数”等。具体如图 11 所示。

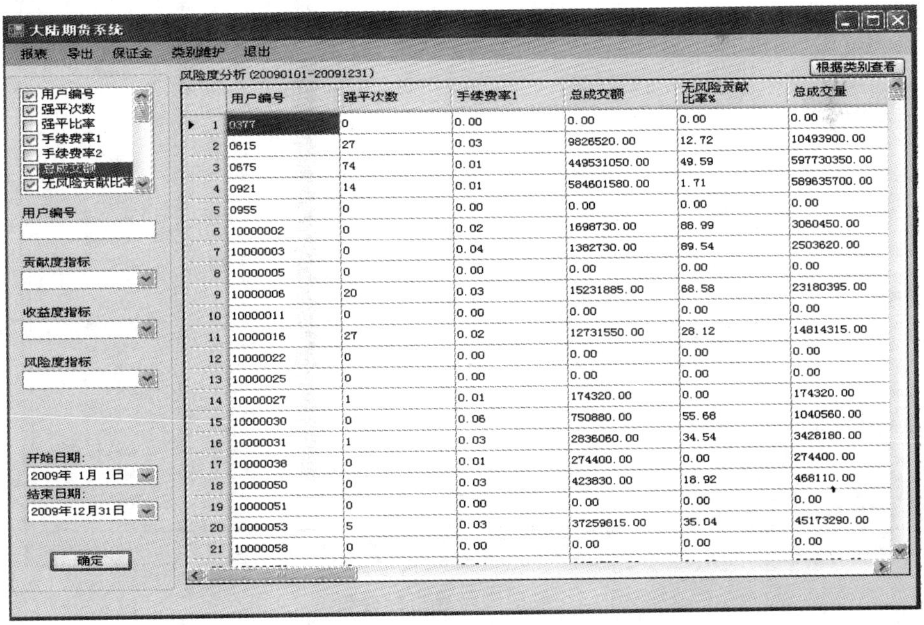

图 11　根据项目分类进行保证金风险度分析

风险度分析还可以根据用户编号，选择特定的用户进行分析，如图 12 所示。

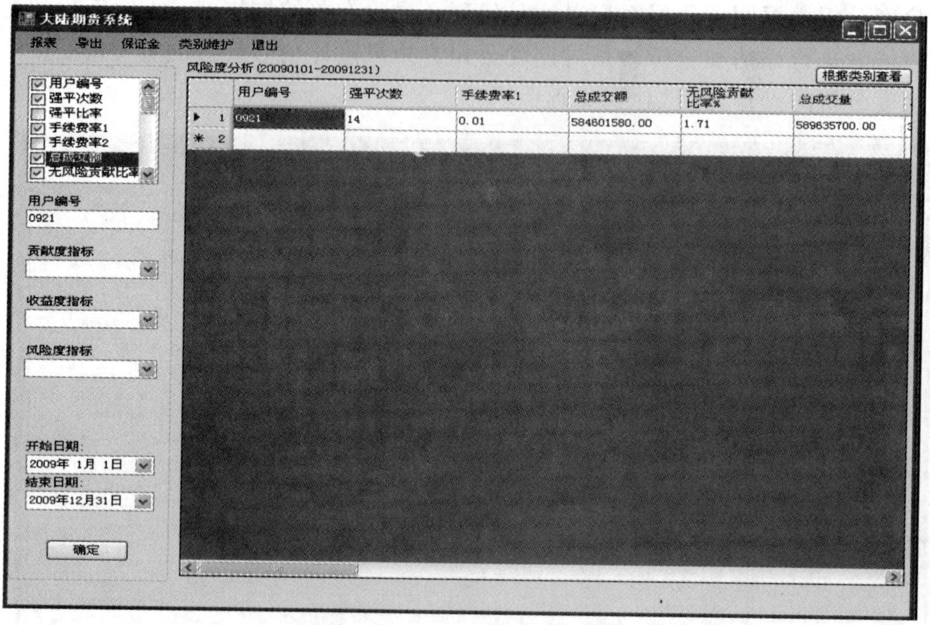

图 12　根据用户编号进行分析

如图 12 所示，指定用户编号为“0921”的客户进行风险度分析。

风险度分析还可以根据风险度指标，选择特定的用户进行分析，如图 13 所示。

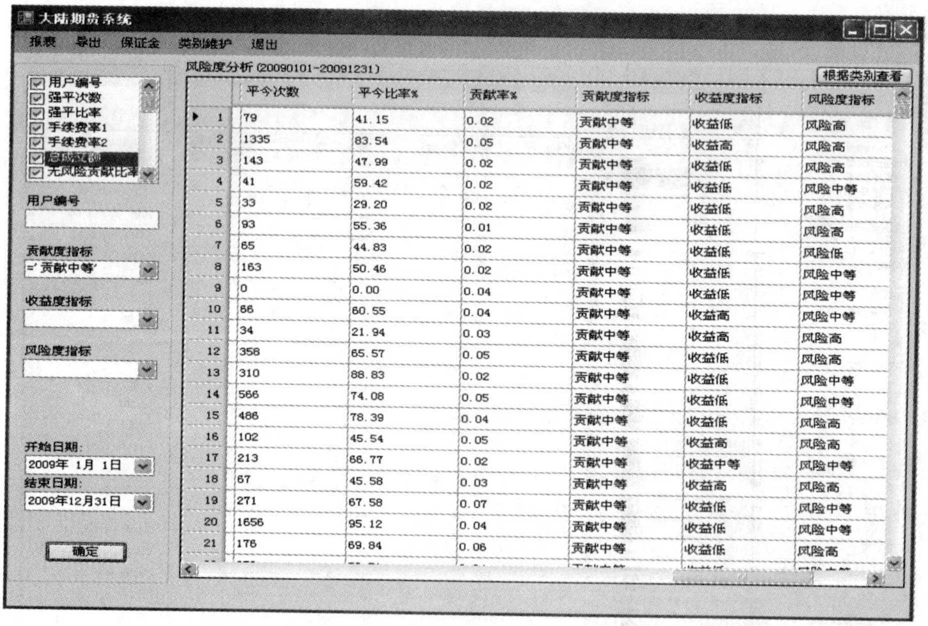

图 13　根据风险度指标分析

如图 13 所示，指定贡献度指标为“贡献中等”的客户进行分析。

在风险度分析的时候，还可以进行组合分析，“风险中等”、“贡献低”、“收益中等”的组合分析如图 14 所示。

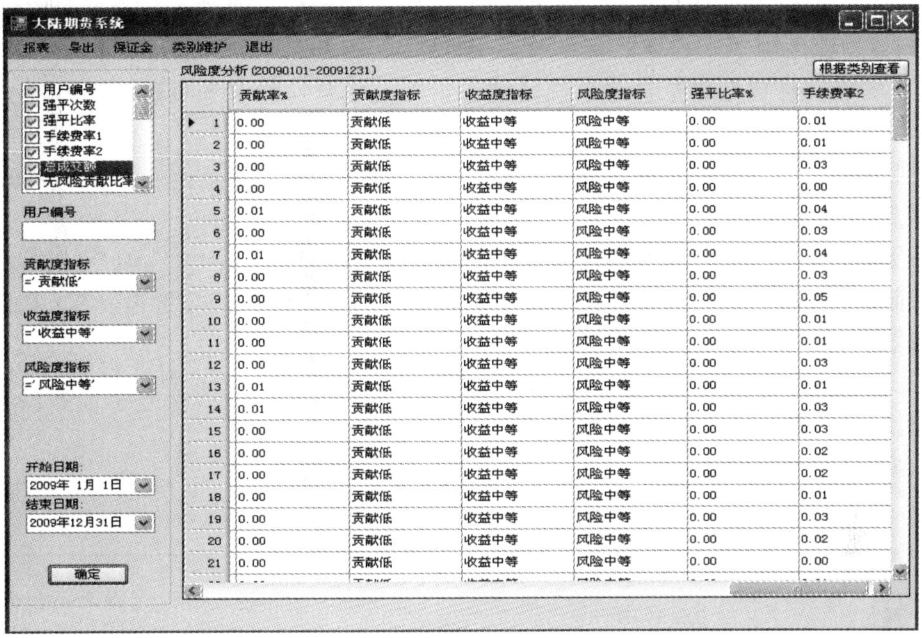

	贡献率%	贡献度指标	收益度指标	风险度指标	强平比率%	手续费率2
1	0.00	贡献低	收益中等	风险中等	0.00	0.01
2	0.00	贡献低	收益中等	风险中等	0.00	0.01
3	0.00	贡献低	收益中等	风险中等	0.00	0.03
4	0.00	贡献低	收益中等	风险中等	0.00	0.00
5	0.01	贡献低	收益中等	风险中等	0.00	0.04
6	0.00	贡献低	收益中等	风险中等	0.00	0.03
7	0.01	贡献低	收益中等	风险中等	0.00	0.04
8	0.00	贡献低	收益中等	风险中等	0.00	0.03
9	0.00	贡献低	收益中等	风险中等	0.00	0.05
10	0.00	贡献低	收益中等	风险中等	0.00	0.01
11	0.00	贡献低	收益中等	风险中等	0.00	0.01
12	0.00	贡献低	收益中等	风险中等	0.00	0.03
13	0.01	贡献低	收益中等	风险中等	0.00	0.01
14	0.01	贡献低	收益中等	风险中等	0.00	0.03
15	0.00	贡献低	收益中等	风险中等	0.00	0.03
16	0.00	贡献低	收益中等	风险中等	0.00	0.02
17	0.00	贡献低	收益中等	风险中等	0.00	0.02
18	0.00	贡献低	收益中等	风险中等	0.00	0.01
19	0.00	贡献低	收益中等	风险中等	0.00	0.03
20	0.00	贡献低	收益中等	风险中等	0.00	0.02
21	0.00	贡献低	收益中等	风险中等	0.00	0.00

图 14　风险度组合分析

（七）系统集成

本课题已经完成“期货公司客户风险管理系统”的集成和试运行，进入正式运行阶段。系统集成的架构如图 15 所示。

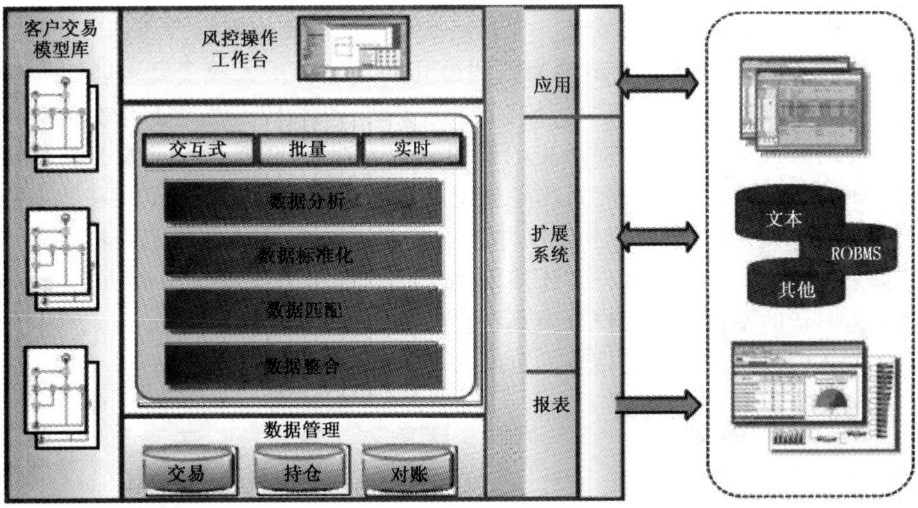

图 15　系统架构

整个系统包含ETL、投资者交易模型库、业务数据库、数据接口、前端工作台等部件。

- ETL主要负责将分布在用户系统中的数据进行抽取、清洗、整合，并将数据存储到业务数据库之中。
- 投资者交易模型库是整个系统的核心组件，主要功能对于投资者的各种交易行为进行分析归类。
- 业务数据库为投资者日常交易信息、持仓信息、核账信息统一按照一定模式存入，供前端工作台展现所用。
- 数据接口，主要与其他第三方程序进行数据交换。
- 前端工作台，是用户日常使用操作的客户端，提供查询、分析报表等功能。

1. 软件环境

服务器系统软件：Microsoft Windows 2003 Server。

数据库服务器安装：Microsoft SQL Server。

2. 硬件环境（见表3）

表3 硬件环境

CPU	推荐使用双核CPU以上
网卡	至少100M
主板	总线速度尽量要高
内存	至少2G内存
硬盘	至少7200转/秒，容量根据具体数据量确定

（八）行业推广

以上完成的系统已在××期货公司安装，运行正常。未来争取在本项目完成后继续将该系统在一家或多家期货公司安装，取得经验后继续向其他期货公司推广。在实施过程中注意解决以下问题：①进一步增大试用公司的范围，扩大投资者样本，增强实用性。②按照本课题立项时的计划，已经完成了对2009和2010年度客户的分类分项。今后将结合新的期货公司数据增加对历史数据的分析，对2009年以前期货公司客户的历史数据进行相应的处理，找出历年进出期货交易市场的客户的特征。③对机构客户与散户分别进行分类研究，我们已经对2009年度机构客户数据单独进行了分析，得到一些有益的结果，并发现了与散户客户有所不同的特征。但由于机构客户所占比例不够高，因此还需在开拓新的期货公司客户分类系统时，收集更多的机构客户，分别对散户和机构客户做分类分析，以达到分类指导的目的。

四、课题的特色与创新

据本课题组所知，国内期货公司还没有一家已经开发出此类系统，本课题的整体设计属国内首创，关键技术包括特征指标设计、分类的数学模型、软件实现和系统集成等都是创新的，最终将形成具有中国自主知识产权的期货客户信用风险辨识、分类和控制系统。期货公司的客户经理可以利用该系统对客户的交易进行监控，也可以利用该系统定期地对客户的信用风险进行分析，并对客户进行分类管理，采取不同的风险控制措施，如调整客户保证金标准、对客户提供风险警示等。该系统还可以及时发现客户交易行为的变化。期货公司的管理层可以监控所有客户的交易情况、分析客户经理和营业部的工作状况，有利于业绩考核。总之，本系统的成功开发将大大提升期货公司的风险控制能力，进而提高其核心竞争力。

2009 年以来，面临大宗商品价格的大幅波动，监管部门审时度势，相继出台一些规定以加强市场运行的监测监控力度，抑制过度投机，确保期货市场的长期、健康、稳定发展。中国证监会持续推进期货市场规则制度的修改完善，具体表现在限制投机持仓、方便产业客户申请套期保值、扩大合约价值等方面。例如 2010 年 10 月证监会下发的《关于修订“期货公司分类监管规定（试行）征求意见》将引入服务产业经济的内容，满足产业客户的风险管理要求，进一步提升期货市场服务实体经济的能力。之后，山东省金融办联合山东证监、山东银监等十部门也率先出台《关于利用期货市场促进实体经济发展的意见》，着力促进实体企业充分利用期货市场价格发现和套期保值功能。本项目的基本思路和方法对于期货公司的企业客户仍然适用，本系统有利于区分客户风险偏好，针对不同客户差异化进行管理，有助于抑制投机，达到期货服务产业的目的。

五、理论成果

本课题的主要成果有：

[1] 叶中行、何张翼、唐新璐：“期货公司客户风险的智能化分类系统”，2010 Asia - Pacific Conference on Information Theory 论文集（ISTP 检索），2010 年 11 月。

[2] 叶中行：“金融数据挖掘的若干案例分析”，第四届全国金融数学与金融工程学科建设与学术研讨会大会报告，2010 年 8 月。

[3] 叶中行：“Case Studies of Financial Data Mining”，国际一般系统研究会中国分

会第7次学术研讨会大会报告，2010年7月。

［4］何张翼、唐新璐：“期货公司客户分类识别系统的研究”，参加中期协首届“期望杯”高校期货论文大奖赛，2010年9月。

［5］山燊、张晓峰：“期货公司客户分类与风险控制系统的研究”，参加中期协首届“期望杯”高校期货论文大奖赛，2010年9月。

［6］Zhongxing Ye、Zhangyi He、Xinlu Tang：*Intelligent Clustering Analysis Of Clients' Risk For Futures Company*，《Advances in Systems Science and Applications》，2010年12月。

六、参考文献

［1］叶中行、姚奕、金永红：“信用评估中的非线性方法”，《东方科技论坛》，2003年总第35期。

［2］叶中行、姚奕：“信用评估中的智能化方法”，第十三届全国神经计算学术会议论文集，2003年11月。

［3］姚奕、叶中行：“基于支持向量机的银行客户信用评估系统研究”，《系统仿真学报》，2004年第4期。

［4］陈凯风、叶中行：“基于矩阵判定分析法和小波网络的银行信贷信用分类方法”，《上海交通大学学报》，2005年第3期。

［5］叶中行、余敏杰：“基于遗传算法和分类树的银行信贷信用分类方法”，《系统工程学报》，2006年第4期。

［6］叶中行、陈凯风：“基于粗糙集和小波网络的银行信贷信用分类方法”，中国现场统计研究会第十三届学术年会论文集，2007年。

［7］邓祖新编著：《数据分析方法和SAS系统》，上海财经大学出版社2006年版。

［8］高惠璇编著：《应用多元统计分析》，北京大学出版社2005年版。

［9］谭海军：《我国期货公司风险管理研究》，合肥工业大学2008年版。

［10］元昌安：《数据挖掘原理与SPSS Clementine应用宝典》，电子工业出版社2009年版。

［11］李曙光：《个人信用评估研究》，中国金融出版社2008年版。

［12］Cossin D and Pirotte H：*Advanced Credit Risk Analysis*，John Wiley & Sons，Ltd.，2005.

［13］Lyn C. Thomas，David B. Edelman，Jonathan N. Crook：*Credit Scoring and Its Application*，Society for Industrial and Applied Mathematics，2002.

［14］Vladmir N. Vapnik著，张学工译：《统计学习理论的本质》，清华大学出版社2000年版。

[15] Vapnik V. N. : *Statistical Learning Theory*, Wiley&Sons, Ltd.

[16] 大华黄金和期货有限公司个人和联合账户，新加坡。

[17] *UOB Bullion and Futures Limited Margin Trading Agreement*, 新加坡。

[18] M. R. Anderberg: *Cluster Analysis for Applications*, Academic Press, 1973.

[19] P. Arabie, L. J. Hubert and G. De Soete: *Clustering and Classification*, World Scientific, 1996.

[20] D. Fisher: *Knowledge Acquisition Via Incremental Conceptual Clustering*, Machine Learning, 2: 139 -172, 1987.

[21] S. Guha, R. Rastogi, and K. Shim. Rock: *A Robust Clustering Algorithm for Categorical Attributes*, *In ICDE*'99, pp. 512 -521, Sydney, Australia, March 1999.

[22] G. Karypis, E. -H. Han, and V. Kumar: *Chameleon*: *A Hierarchical Clustering Algorithm Using Dynamic Modeling*, *Computer*, 32 (8): 68 -75, 1999.

[23] L. Kaufman and P. J. Rousseeuw: *Finding Groups in Data*: *an Introduction to Cluster Analysis*. John Wiley & Sons, 1990.

[24] G. J. McLachlan and K. E. Bkasford: *Mixture Models*: *Inference and Applications to Clustering*, John Wiley and Sons, 1988.

[25] P. Michaud: *Clustering Techniques*. Future Generation Computer Systems, 13, 1997.

[26] E. Schikuta. Grid clustering: *An Efficient Hierarchical Clustering Method for Very Large Data Sets*, Proc. 1996 Int. Conf. on Pattern Recognition.